Doreen Virtue

DEIN LEBEN IM LICHT

Heilung durch Selbsterkenntnis

*Aus dem Amerikanischen übertragen
von Angelika Hansen*

WILHELM HEYNE VERLAG
MÜNCHEN

HEYNE ESOTERISCHES WISSEN

Herausgegeben von Michael Görden
13/9951

Die Originalausgabe erschien 1997 unter dem Titel
THE LIGHTWORKER'S WAY
im verlag Hay House, Inc., Carlsbad, CA

Umwelthinweis:
Dieses Buch wurde auf chlor- und
säurefreiem Papier gedruckt.

2. Auflage

Deutsche Erstausgabe 05/2003
Copyright © 1997 by Doreen Virtue
Copyright © der deutschsprachigen Ausgabe
2003 by Ullstein Heyne List GmbH & Co. KG, München
Der Wilhelm Heyne Verlag ist ein Unternehmen der
Ullstein Heyne List GmbH & Co. KG.
www.heyne.de
Printed in Germany 2003
Umschlaggestaltung: FranklDesign, München
Umschlagillustration: Shivananda Ackermann
Satz: Fotosatz Völkl, Türkenfeld
Druck und Bindung: Ebner & Spiegel, Ulm

ISBN 3-453-86889-7

INHALT

Vorwort 7
Einleitung 11
Einführung: Den Geist befreien 15

TEIL I: DIE REISE ZUM LICHT

KAPITEL 1   Frühe Wunder 21
KAPITEL 2   Familieneinflüsse 29
KAPITEL 3   Geist und Materie 43
KAPITEL 4   Ein Besuch aus dem Jenseits 61
KAPITEL 5   Dem Geist vertrauen 73
KAPITEL 6   »The Care Unit« 87
KAPITEL 7   Der göttliche Plan 101
KAPITEL 8   »Eine neue Tür wird sich öffnen« 119
KAPITEL 9   Die Präsenz 125
KAPITEL 10   Ein Erwachen 143
KAPITEL 11   Die Gaben der Lichtarbeiter 155
KAPITEL 12   Das »dritte Auge« öffnen 171
KAPITEL 13   Der Schleier hebt sich 183
KAPITEL 14   Frieden mit Gott 201
KAPITEL 15   Wunder des Einsseins 215
KAPITEL 16   Der erleuchtete Weg 223

TEIL II: ANLEITUNGEN ZU ÜBERSINNLICHER KOMMUNIKATION UND SPIRITUELLER HEILUNG

Einführung: Die parallelen Welten von Energie und
Geist 233
KAPITEL 17   Die Vorbereitung auf hellsichtiges und
spirituelles Heilen 237
KAPITEL 18   Verbesserung der übersinnlichen
Empfänglichkeit 257

KAPITEL 19   Die Durchführung von hellsichtigen
              Readings und Energieheilungen 263
KAPITEL 20   Medialarbeit und Clearings 281
KAPITEL 21   Die Hilfe der Engel 295
KAPITEL 22   Spirituelles Heilen 299
KAPITEL 23   Die Welt heilen 327

Das Gebet des Lichtarbeiters 339
Anmerkungen 342
Danksagung 349
Über die Autorin 351

VORWORT

von Louise L. Hay

In der Unendlichkeit des Lebens, in der wir uns alle befinden, ist alles vollkommen, ganz und vollständig. Das ist die Wahrheit unseres Seins. Wir wurden mit diesem Wissen geboren, doch viele von uns haben es vergessen. Vielleicht wuchsen wir bei Eltern heran, die gelernt hatten, das Leben mit angstvollen Augen zu sehen. Angst kann viele Generationen zurückreichen. Unsere Eltern, Großeltern und Urgroßeltern hatten diese Wahrheit vielleicht auch schon verloren. Wenn wir von furchtsamen Menschen erzogen werden, kann es leicht passieren, dass wir den Kontakt zu der Essenz dessen, was wir wirklich sind, verlieren. Ich bin zutiefst davon überzeugt, dass wir göttliche, wunderbare Ausdrucksformen des Lebens sind, ausgestattet mit einem ungeheuer großen Potenzial. Wir tragen viele Talente und Fähigkeiten in uns, die wir erst noch entdecken müssen.

Die Fähigkeit zu heilen ist uns allen zu Eigen. Es handelt sich dabei um einen normalen und natürlichen Vorgang. Manche Menschen sprechen vom »Handauflegen«, als wäre es etwas Anomales und Ungewöhnliches. Und doch legen wir, wenn uns etwas wehtut, sofort eine Hand auf die betreffende Stelle, damit es uns besser geht. Das tut jeder, denn es ist normal und natürlich. Wir sollten alle Formen von Heilung auf diese Weise betrachten. Wenn Sie sich dazu berufen fühlen, heilend tätig zu werden oder Readings zu geben, dann machen Sie sich bewusst, dass Sie alle notwendigen Voraussetzungen dafür besitzen, um diese Dinge erfolgreich durchzuführen. Ich möchte alle zukünftigen Heiler und Menschen mit übersinnlichen Fähigkeiten dazu ermutigen, ihrem Traum zu folgen und so viel wie möglich über die verschiedenen Heilungsmethoden zu lernen.

Unsere Gedanken besitzen so viel Macht, dass sie die Umstände erschaffen, in denen wir leben. Die Art und Weise, wie wir über uns selbst denken, über andere und über das Leben schlechthin, hat enorme Auswirkungen auf unser Dasein. Was wir ausstrahlen und geben, kommt unweigerlich zu uns zurück. Wenn wir also in Harmonie und Wohlbefinden leben wollen, dann müssen wir in unserem Inneren beständig harmonische, liebevolle Gedanken hegen. Wir werden nie in der Lage sein, diesem Planeten zu helfen, wenn wir andere Menschen, Orte und Ereignisse kritisieren und verdammen. Um wahre Heiler zu sein, müssen wir unsere geistige Energie darauf konzentrieren, das Positive immer auch dann zu sehen, wenn die Realität uns etwas anderes zeigt.

Wann immer ich von einem Kriminellen, unehrlichen Politiker, Drogenhändler, Diktator oder sonst irgendjemandem höre, der der Welt Schmerzen zufügt, segne ich ihn mit göttlicher Liebe, da ich weiß, dass auch in diesem Menschen das Gute lebt, so wie in jedem von uns. Wir alle haben die Fähigkeit, uns von einem Augenblick zum anderen an diesen Teil in uns selbst zu wenden. Wenn ich von einer Krise oder einem Unglück höre, sende ich sofort Liebe und heilende Energie an den betreffenden Ort. Im täglichen Leben visualisiere ich die Welt als harmonisch und geheilt, mit ausreichend Nahrung, Obdach und Kleidung für alle. Ich stelle mir vor, wie jeder Mensch einer sinnvollen Tätigkeit nachgeht und ein ausreichendes Einkommen hat. Ich visualisiere Harmonie in den Familien und zwischen den einzelnen Nationen. Ich benutze meinen Geist, um so viel positive Energie wie möglich in die Atmosphäre auszustrahlen. Wir alle können durch unser kollektives Bewusstsein zur Heilung der Welt beitragen.

Wenn Sie das Gefühl haben, viel zu unbedeutend zu sein, um im Bereich des Heilens tätig zu werden, dann erinnern Sie sich bitte daran, dass unser wahres Selbst und Gott die Quelle unserer Heilkraft sind. Heilung hat nichts mit Vertrauen in uns selbst zu tun. Wir alle sind von einer höheren Macht abhängig, die uns unterstützt. Wenn wir uns mit dieser höheren

Macht verbinden, kann Großartiges erreicht werden, können Wunder geschehen. Mit *Dein Leben im Licht* hat Doreen Virtue ein Buch geschrieben, das jeden, der sich auf dem Weg der Heilung befindet, inspirieren und ermutigen wird.

Louise L. Hay

Für meine Großväter
Ben Reynolds und Fount Leroy Merrill,
deren Besuche aus dem Jenseits
die Erinnerung in mir weckten,
warum ich hier bin.

*

»Alle Propheten, Seher, Weise und Erlöser in der Geschichte
der Menschheit wurden zu dem, was sie waren,
und erlangten die Macht, die sie hatten,
durch einen ganz natürlichen Prozess.
Ihnen allen gemeinsam war die bewusste Erkenntnis
ihres Einsseins mit dem Leben.«

RALPH WALDO TRINE,
Metaphysiker und Autor von *In Tune with the Infinite* (1897)

EINLEITUNG

Lichtarbeiter sind jene Menschen, die sich vor ihrer Geburt freiwillig bereit erklärt haben, dem Planeten und seiner Bevölkerung zu helfen, sich von den Auswirkungen der Angst zu heilen. Jeder Lichtarbeiter ist aus einem besonderen Grund hier. Sehr oft kann es jedoch passieren, dass das Leben auf der Erde mit seinem Fokus auf das Materielle zu einer Art von Amnesie bei den Lichtarbeitern führt, sodass sie ihr göttliches und vollkommenes Wesen vergessen sowie ihre Fähigkeiten, der Erde und allen auf ihr lebenden Wesen auf wunderbare Weise zu helfen. Wenn Lichtarbeiter ihre wahre Identität und Aufgabe nicht mehr kennen, fühlen sie sich verloren und sind von Angst erfüllt.

Sie sind ein Lichtarbeiter, wenn:

- Sie sich berufen fühlen, andere zu heilen;
- Sie die sozialen und Umweltprobleme der Welt lösen wollen;
- Sie glauben, dass spirituelle Methoden jede Situation heilen können;
- Sie mystische Erfahrungen gemacht haben, wie zum Beispiel übersinnliche Vorahnungen oder Begegnungen mit Engeln oder ähnlichen Wesenheiten;
- Sie schlimme Lebenserfahrungen gemacht haben, die das Wissen um Ihre göttliche Vollkommenheit untergraben haben;
- Sie als ersten Schritt zur Heilung der Welt Ihr eigenes Leben heilen wollen;
- Sie sich dazu berufen fühlen, zu schreiben, zu lehren oder über Ihre Heilungserfahrungen zu berichten;
- wenn Sie wissen, dass Sie zu einem höheren Zweck hier sind, selbst wenn Sie nicht sicher sind, worin er besteht oder wie Sie ihn erfüllen können.

Überall auf der Welt beginnen sich in diesem Augenblick Lichtarbeiter langsam daran zu erinnern, warum sie auf die

Erde gekommen sind. Sie hören einen inneren Ruf, den sie nicht ignorieren können. Dieser Ruf ist eine Mahnung, dass der Zeitpunkt gekommen ist, die eigene Energie nicht länger auf materielle Träume zu verschwenden, sondern sich an die Arbeit zu machen.

Viele Lichtarbeiter entdecken ihre inneren Gaben, wie zum Beispiel die Fähigkeit zu übersinnlicher Kommunikation oder zum spirituellen Heilen. Dies sind die Geschenke, die wir benutzen können, um die Erde und ihre Bevölkerung während der entscheidenden Jahrzehnte rund um die Jahrtausendwende zu heilen. Unser Kommen wurde in Prophezeiungen vorausgesagt, und nun ist es an der Zeit, dass wir unsere göttliche Aufgabe erfüllen. Die Welt braucht uns!

Dies ist ein Buch über meine eigene Reise der Erinnerung an meine wahre Identität und meine Fähigkeiten als Lichtarbeiterin. Es soll Ihnen dabei helfen, sich an Ihre eigene göttliche Mission und an Ihre naturgegebenen spirituellen Fähigkeiten zu erinnern. Aus diesem Grund erzähle ich, wie ich selbst meine Gaben der übersinnlichen Kommunikation, der Manifestation und der Heilung wieder entdeckt habe. Darüber hinaus beschreibe ich wissenschaftliche Studien und Methoden, die Ihnen helfen können, Ihre spirituellen Fähigkeiten wiederzuerlangen.

Während ich dieses Buch schrieb, hatte ich das Gefühl, vollkommen vom göttlichen Geist geleitet zu werden. Auch wenn ich darin mein Heranwachsen innerhalb einer bestimmten Religionsgemeinschaft und meine Kontakte zu verschiedenen anderen Religionen beschreibe, handelt es sich doch nicht um ein religiöses Buch. Ich schreibe lediglich über meine Erfahrungen mit Religionen, die mir auf meinem Weg des spirituellen Wachstums und Bewusstseins begegnet sind. Auch wenn Spiritualität und Religion sich oft überlagern, glaube ich doch nicht, dass das eine vom anderen abhängig ist. Außerdem beschreibe ich auch meine Arbeit zur Heilung von »religiösem Missbrauch«.

Die Fertigstellung dieses Buches ist Teil meiner heiligen Mission als Lichtarbeiterin. Ich bin – genau wie Sie – hier, um den Weg für die noch schlummernden Lichtarbeiter zu erhellen, die gerade jetzt beginnen, zu erwachen und sich an ihre Aufgabe zu erinnern.

Friede sei mit Ihnen.

Doreen Virtue

Einführung:
Den Geist befreien

Der verstorbene Vater meiner Klientin Laura befand sich neben ihrer rechten Schulter und bat sie um Vergebung. Laura konnte zwar die Gegenwart ihres Vaters spüren, ihn jedoch weder sehen noch hören. Also benutzte ich meine Fähigkeiten als Heilerin und Medium, um ihr Gespräch zu moderieren.

»Er sagt, dass es keine Entschuldigung gibt für sein schlechtes Verhalten Ihnen gegenüber«, berichtete ich Laura. »Er bittet Sie jedoch um Ihr Mitgefühl und Verständnis und bittet Sie zu glauben, wie Leid es ihm tut und wie sehr er Sie liebt. ›Bitte verzeih mir‹, wiederholt er ständig.«

Laura saß da mit vor der Brust gekreuzten Armen, während ihr die Tränen über die Wangen liefen. Mit stockender Stimme sprach sie von ihrem Wunsch, ihrem Vater sein brutales Verhalten zu verzeihen. Sie fürchtete jedoch, dass ihre Vergebung so verstanden werden könnte, als würde sie die schlechte Behandlung, die sie durch ihn erlitten hatte, gutheißen. Laura begriff, dass sich der Groll, den sie seit vielen Jahren ihrem Vater gegenüber empfand, negativ auf ihren tiefen Wunsch auswirkte, spirituell zu heilen. Sie wusste, dass sie ihren aufgestauten Zorn loslassen musste, um wirksam heilen zu können, doch war sie sich nicht sicher, ob sie ihrem Vater vergeben wollte. Schließlich hatte er ihr große Schmerzen zugefügt.

Während Laura noch nach Worten suchte, erschien ein zweiter Geist zu unserer Sitzung. Er war groß, hatte ein gerötetes Gesicht und trug einen unordentlichen Bart. Ich sah, dass dieser Mann, als er noch lebte, große körperliche Kraft besessen hatte. Als ich Laura seine charakteristischen Merkmale beschrieb, identifizierte sie den Mann als ihren Großvater väterlicherseits. Seine Persönlichkeit kam machtvoll durch, als er Laura durch mich wissen ließ: »*Ich* bin derjenige, der um deine Vergebung bitten muss. Ich war derjenige, der deinen Vater in seiner Kindheit geschlagen und damit in einen zornigen jungen Mann verwandelt hat, genau wie ich es war. Es war mein Fehler, dass er seine ganze Wut an dir ausgelassen hat.«

Lauras Großvater erklärte, dass er sich oft betrank, um seine Angst vor dem Verlust des Familienunternehmens zu betäuben. Das führte zu einer gefährlichen Mischung aus Wut und körperlicher Gewalt. Ohne zu versuchen, die Verantwortung für seine Taten abzuwälzen, bat Lauras Großvater uns, seinen Standpunkt und seine Rolle in Lauras traumatischer Kindheit zu verstehen. Er bat seine Enkelin, sowohl ihm als auch ihrem Vater zu verzeihen, damit sie alle Erlösung finden konnten.

Bei diesen Worten schluchzte Laura in ihr Taschentuch. Überwältigt von Gefühlen und unfähig, auch nur ein Wort hervorzubringen, nickte sie heftig mit dem Kopf und hob ihre rechte Hand, so als wolle sie sagen: »Ja, ich bin bereit, dir zu verzeihen, Großvater.« Er legte Laura einen ätherischen Arm um die Schulter und drückte sie zum letzten Mal liebevoll an sich. Dann sah ich eine Gestalt, die sowohl Lauras Vater als auch ihren Großvater zu so etwas wie einer Plattform begleitete, von der ein goldenes Leuchten ausging, und dann verschwanden sie.

Nachdem Laura sich ein paar Minuten lang ausgeruht hatte, forderte ich sie auf, sich auf mein Sofa zu legen. Vor Beginn unserer Sitzung war ihr Solarpelxus-Chakra sehr vergrößert gewesen. Als ich jetzt ihre Chakren mit meiner rechten Hand überprüfte, pulsierten sie mit reiner, strahlender Energie. Sie setzte sich auf und lächelte. Als sie sich vor dem Spiegel die verschmierte Wimperntusche abwischte, bemerkte sie, dass der Ausschlag im Gesicht, unter dem sie seit einiger Zeit gelitten hatte, verschwunden war.

Später rief Laura mich an, um mir von den Fortschritten zu erzählen, die sie seit unserer Sitzung gemacht hatte. Ich freute mich zu erfahren, dass sie sich von vielen Ängsten befreit fühlte, die sie davon abgehalten hatten, ihren Wunsch, Heilerin zu werden, in die Tat umzusetzen. Ihre freudige Mitteilung überraschte mich jedoch nicht, da viele meiner Klienten von ähnlichen Resultaten berichten. Tatsächlich ist es so, dass meine eigenen intuitiven und spirituellen Fähigkeiten das Ergebnis einer Reise spiritueller Befreiung und Vergebung sind, die ähnlich verlief wie die von Laura. Ich erinnere mich, wie sehr ich von Angst erfüllt war – genau wie Laura –, als ich die ersten Schritte auf dem Weg des Lichts machte.

TEIL I

DIE REISE ZUM LICHT

KAPITEL 1

Frühe Wunder

»Oh Herr, Deine Macht ist größer als alle Mächte.
Unter Deiner Führung brauchen wir nichts zu fürchten.
Du bist es, der uns prophetische Macht gegeben
und es uns ermöglicht hat,
alles vorauszusehen und zu interpretieren.«

Gebet der DINKA (Sudan),
traditionelle afrikanische Religion

Meine früheste Erinnerung hinsichtlich der Macht des Geistes ist ein Ereignis, bei dem ein Wunder eine Krise in meiner Kindheit gelöst hat. Meine Mutter, die selbst in einer spirituell orientierten Familie herangewachsen war, hatte mich seit frühester Kindheit gelehrt, Visualisierung, Gebet und Affirmationen zu benutzen. Eines Tages, als ich noch sehr jung war, wurde ich Zeugin der Macht dieser spirituellen Praktiken.

Als ich ins Bett kletterte, stellte ich fest, dass mein kleiner roter Geldbeutel nicht mehr da war. Am Nachmittag war ich auf dem Heimweg von der Schule mit Freundinnen vor dem Schaufenster eines Geschäfts stehen geblieben und hatte meinen Geldbeutel dort liegen gelassen. Er enthielt nicht nur mein Milchgeld für die Woche, sondern auch mehrere meiner Kindheitsschätze. Ins Spiel mit meinen Freundinnen vertieft, war ich weitergegangen und hatte mein Portemonnaie vor dem Schaufenster vergessen.

Ich rief nach meiner Mutter. Diesen Geldbeutel zu verlieren war für mich genauso schlimm, als hätte ich ein Lieblingsspielzeug verloren. Es ging mir dabei nicht so sehr um das Geld; am traurigsten machte es mich, dass ich so nachlässig gewesen war. Es fühlte sich beinahe so an, als hätte ich ein geliebtes Spielzeug achtlos ausgesetzt, und ich stellte mir vor, wie einsam es sich fühlte, so allein dort zurückgelassen. Ich wollte meinen Fehler wieder gutmachen und die kleine rote Geldbörse zurückhaben.

Meine Mutter hielt meine Hände in den ihren und sagte mit fester Stimme: »Ich möchte, dass du folgende Wahrheit mehrmals für dich wiederholst, Doreen: ›Im Geiste Gottes ist nichts jemals verloren.‹« Ich glaubte meiner Mutter ohne Vorbehalte und hatte volles Vertrauen in ihre Zusicherung, dass diese Worte meine Geldbörse zurückbringen würden. Ich schloss die Augen und wiederholte den Satz, bis ich schließlich vor lauter Erschöpfung einschlief. Am Morgen galt mein erster Gedanke der Geldbörse. Ich öffnete die Augen in der Erwartung, sie zu sehen. *Und tatsächlich, da lag sie, direkt neben meinem Bett!* Ich war sehr aufgeregt, aber nicht überrascht. Schließlich hatte meine Mutter ja versprochen, dass das Gebet funktionieren würde. Jahre später fragte ich meine Mutter, ob sie die Geldbörse vielleicht gefunden und sie dann neben mein Bett gelegt habe. Sie schwor, dass sie mit dem mysteriösen Wiederauftauchen des Geldbeutels nichts zu tun gehabt habe. Und ich glaube ihr, da diese Art des Gebets mir seither oft geholfen hat.

Und warum sollte ich auch nicht an Wunder und spirituelle Heilung glauben? Tatsächlich war meine eigene Geburt eine direkte Folge der Anfrage meiner Mutter um Fürbitte bei den Geistlichen der Religious-Science-Organisation. Meine Eltern waren unglücklich darüber, dass sie nach vielen Jahren noch immer keine Kinder hatten. Also versuchte meine Mutter es mit Beten – wobei sie Gott nicht so sehr um ein Baby *bat*, sondern *affirmierte*, dass ein Baby auf dem Weg zu ihr war. Weniger als einen Monat nachdem sie ihre Bitte um ein Fürgebet ausgesprochen hatte, empfingen meine Eltern mich.

Diese affirmative Herangehensweise ans Beten, bei der man das gewünschte Resultat als eine gegebene Tatsache zum Ausdruck bringt, basiert auf der Erklärung im Neuen Testament: »Alles, worum ihr betet und bittet – glaubt nur, dass ihr es schon erhalten habt, dann wird es euch zuteil.«

(Mk 11,24) Wenn wir um das flehen, was wir uns wünschen, basiert unser Gebet auf Angst. Da das Gesetz von Ursache und Wirkung alles erschafft, woran wir wirklich glauben, geschieht es oft, dass sich unsere Ängste materialisieren und Form annehmen.

Ich erinnere mich, dass ich als Kind geistige Visionen hatte. Als kleines Mädchen sah ich »Engelslichter« in vielen Schattierungen von Grün und Blau. Als ich ein Teenager und eine junge Frau war, erschienen mir diese Lichter in Form weißer Blitze, wie bei einer Stroboskoplampe. Heutzutage weiß ich, dass ein Engel in der Nähe ist, wenn ich kleine, sternähnliche Explosionen funkelnden weißen Lichts sehe.

Mein übersinnliches Sehvermögen gestattete es mir darüber hinaus, Geistwesen zu sehen, auch wenn ich als Kind noch annahm, dass es sich dabei um gewöhnliche Menschen handelte. In der Regel berichtete ich meiner Mutter davon, und sie überzeugte mich, dass es sich bei den Erscheinungen lediglich um Reflexionen von Bildern handelte, die aus unserem Fernsehgerät im Wohnzimmer kamen. Davon überzeugt, dass meine Mutter mit ihren Behauptungen immer Recht hatte, schaltete ich meine Fähigkeit, Geistwesen zu sehen, für viele Jahre ab.

Heute weiß ich, dass ich jenseits des Schleiers des Todes geblickt habe und dass sich meine medialen Fähigkeiten bereits in einem sehr frühen Alter zeigten. Ich glaube, dass viele, wenn auch nicht alle Kinder hellsichtig begabt sind. Ihre unsichtbaren Freunde sind geistige Führer, die nur einigen wenigen Erwachsenen und den noch nicht abgestumpften Augen von Kindern sichtbar sind. Kürzlich sah ich im Fernsehen ein Interview mit einem Mann, der während einer Nahtoderfahrung feststellte, dass nur Kinder ihn in seiner Geistform sehen konnten. In einer Studie zu dem gleichen Thema aus dem Jahre 1995 entdeckte William MacDonald von der Ohio State University, dass hellsichtige und telepathische Fähigkeiten bei jungen Menschen statistisch häufiger auftreten als bei Erwachsenen.[1]

Wir müssen also sehr vorsichtig sein, wenn wir mit Kindern über ihre Visionen sprechen, da wir sie ganz leicht davon überzeugen können, dass diese falsch sind. Solche Kinder werden dann, wie ich es getan habe, ihre spirituelle Sehfähigkeit abschalten, um ihren Eltern zu gefallen. Wenn wir jedoch diese Gabe mit Liebe betrachten, werden wir feststellen, dass die übersinnlichen Fähigkeiten unserer Kinder und auch unsere eigenen genauso wunderbar sind wie alle anderen natürlichen Fähigkeiten. Als Lichtarbeiter wird von uns erwartet, diese Fertigkeiten so oft und so viel wie möglich zu nutzen und sie zu genießen.

Viele von uns beginnen heute wieder, sich an die wunderbare Macht zu erinnern, die wir alle ganz natürlich besitzen. Da wir als Ebenbild eines allmächtigen Gottes geschaffen wurden, besitzen wir erstaunliche Fähigkeiten und Kräfte, deren wir uns vielleicht überhaupt nicht bewusst sind. Lichtarbeiter haben die Fähigkeit, mit ihrer geistigen Kraft den Planeten vollständig zu heilen.

Meine Eltern sorgten dafür, dass ich an meine Grenzenlosigkeit glaubte, und als kleines Kind war ich vollkommen davon überzeugt, dass alles möglich ist. Ich erinnere mich, wie ich manchmal in der Pause auf dem Schulhof den Wind aufforderte zu wehen. Mit Autorität in der Stimme befahl ich: »Wind, wehe jetzt!« Und jedes Mal fühlte ich dann, wie ein starker Luftstoß durch mein Haar und über meine Haut fuhr.

Ich habe keine Ahnung, was mich auf die Idee brachte, den Wind zum Wehen aufzufordern. Vielleicht erinnerte ich mich an das göttliche Geschenk, das uns allen gemeinsam ist und das uns die Macht gibt, die Erde zu heilen. Dies ist das Geschenk, das uns erlaubt – sobald wir es voll annehmen und nutzen –, uralte Muster von Erdbeben, Tornados, Orkanen und Überschwemmungen zu heilen.

Weltweite wissenschaftliche Untersuchungen über die Verbindung zwischen menschlichen Gedanken, Gefühlen und dem Wetter bestätigen derzeit, was viele Lichtarbeiter schon seit langem ahnen: Unsere Gedanken beeinflussen das Wetter, die Struktur von Wolken und Wasser, die Temperatur von Wasser und Luft.[2] Angst erzeugt destruktive Muster, und Liebe heilt sie. Wir müssen Tragödien und Katastrophen nicht als naturgegeben oder unausweichlich akzeptieren. Mit Sicherheit handelt es sich dabei nicht um »höhere Gewalt«, es sei denn, man bezieht sich dabei auf das göttliche Gesetz von Ursache und Wirkung, das besagt, dass sich unsere Gedanken in Wirklichkeit verwandeln. Glücklicherweise erlaubt dieses Gesetz den Lichtarbeitern, eine heile Erde zu erschaffen, indem sie bewusst friedliche und liebevolle Gedanken hegen.

Bis zu meinem zehnten Lebensjahr brachte mich meine Mutter jeden Sonntag in die Sonntagsschule der Unity Church. Ich erinnere mich nicht, dass die Lehrer dort viel über Metaphysik, Religion oder die Bibel sprachen. Stattdessen malten wir und lasen Kinderbücher, bis wir mit den Erwachsenen zusammen in der Kirche die Hymnen sangen, die das Ende des sonntäglichen Gottesdienstes anzeigten. Es ist überraschend, dass sich vor dem ganz normalen und in keiner Hinsicht außergewöhnlichen Hintergrund dieser Sonntagsschule eine meiner tiefgreifendsten Lebenserfahrungen ereignete.

Als ich acht Jahre alt war, ging ich eines Nachmittags nach dem Ende der Sonntagsschule den Bürgersteig entlang zum Auto meiner Mutter. Es war ein milder, warmer Tag mit blauem Himmel und hellem Sonnenschein, und ich empfand das strahlende Weiß des Bürgersteigs, auf dem ich ging, an diesem Tag als besonders blendend. Plötzlich stoppte mich eine unsichtbare Macht, und ich fühlte mich wie gelähmt, festgefroren in einer stillstehenden Zeit. Meine nächste bewusste Wahrnehmung war, dass ich mich außerhalb meines Körpers befand und aus ungefähr dreißig Zentimetern Entfernung zu mir hinüberblickte. Mir war völlig unklar, wie ich aus meinem Körper geschlüpft war, da es innerhalb eines Bruchteils einer Sekunde geschehen war. Ich war schockiert, dass mein Körper von alleine stehen konnte, ohne dass »ich« mich in ihm befand.

Eine männliche Stimme von außen und über meiner rechten Schulter sagte mit fester Stimme: »Das ist, was du lehren sollst, Doreen – diese Spaltung zwischen dem Geist und dem Körper, genauso wie du es jetzt gerade erlebst. Du bist hier, um die Menschen zu lehren, dass der Geist den Körper kontrolliert.« Genauso plötzlich, wie ich aus meinem Körper getreten war, befand ich mich plötzlich wieder in ihm. Überraschenderweise machte mir dieses Erlebnis keine Angst; mehr als alles andere war ich verwirrt über das, was die Stimme gemeint hatte, als sie von der »Spaltung zwischen Geist und Körper« sprach. Erst viele Jahre später war ich in der Lage, die einzelnen Schritte der außerkörperlichen Erfahrung zusammenzufügen, die ich als Kind an diesem Tag erlebt hatte.

In seinem Buch *Verwandelt vom Licht* schreibt der Arzt Melvin Morse über seine Forschungen an Erwachsenen und Kindern mit außerkörperlichen Erfahrungen. Morse stellte fest, dass Menschen, die außerkörperliche oder Nahtoderfahrungen gemacht hatten, im Anschluss daran im Vergleich zu Kontrollgruppen verstärkt zu nachweisbaren übersinnlichen Aktivitäten neigten.[3] Ich glaube, dass ich – wie alle Kinder – mit übersinnlichen Fähigkeiten geboren wurde. Außerdem glaube ich, dass die außerkörperliche Erfahrung in meiner Kindheit in starkem Maße diese natürlichen Kanäle des Bewusstseins öffnete.

Zu dem Zeitpunkt, als es mir passierte, hatte ich noch nie von außerkörperlichen Erfahrungen gehört. Obgleich ich in einer spirituell orientierten Familie heranwuchs, diskutierten wir nie übersinnliche Phänomene. Sie lagen außerhalb unseres Wissensbereichs und unserer Interessen.

Wenn sie von meinem Kindheitserlebnis hören, bitten mich manche Menschen, ihnen Bücher oder Seminare zu empfehlen, in denen man erfährt, wie man so etwas erleben kann. Ich erkläre dann immer, dass mein außerkörperliches Erlebnis spontan eintrat und nicht willentlich von mir herbeigeführt wurde. Und selbst wenn ich damals gewusst hätte, dass es möglich ist, seinen Körper zu verlassen, hätte ich es nicht willentlich getan. Obwohl ich Bücher gesehen habe, die beschreiben, wie man außerkörperliche Erfahrungen herbeiführen kann, hatte ich noch nie das Bedürfnis, ein solches Buch zu lesen. Jedoch muss jeder Mensch seiner eigenen inneren Führung folgen. Ich denke, dass wir hinsichtlich unseres persönlichen Weges immer unserer Intuition folgen sollten.

Jedoch bin ich mir nicht sicher, ob es hilfreich wäre, außerkörperliche Erfahrungen zu erzwingen. In manchen Meditationen habe ich sehr reale Reisen ins Jenseits unternommen und dabei deutlich Gebäude aus Kristall und ätherische Landschaften in strahlenden Farbschattierungen gesehen. Doch habe ich nie *bewusst versucht*, eine außerkörperliche Erfahrung herbeizuführen. Dass mein Bewusstsein sich in diesen Meditationen außerhalb der irdischen Sphäre befand, war immer zweitrangig und nicht das primäre Ziel.

Das Erlebnis bewirkte kaum Veränderungen in meinem Leben, die mir aufgefallen wären. Erst viele Jahre später erzählte ich anderen davon. Ich wollte damals nicht darüber sprechen, da mir das Erlebnis – obgleich es ungewöhnlich und nicht von dieser Welt war – ganz natürlich und irgendwie vorbestimmt schien. Heute glaube ich, dass ich diese Erfahrung vor meiner Inkarnation geplant hatte, um mich an meine Lebensaufgabe zu erinnern. Das Erlebnis war überraschend, doch nicht so unerwartet wie viele meiner anderen mystischen Erfahrungen im Laufe der nachfolgenden Jahre.

Im nächsten Kapitel möchte ich Ihnen ein wenig mehr über die Einflüsse in meiner frühen Kindheit erzählen.

KAPITEL 2

FAMILIENEINFLÜSSE

*»Jede Seele ist unsterblich – denn alles, was sich in unablässiger
Bewegung befindet, ist unsterblich. Die Seele jedes Menschen ist
durch das Gesetz ihrer Geburt Zeuge ewiger Wahrheit geworden,
oder sie hätte niemals diese sterbliche Gestalt angenommen,
und dennoch ist für es die Menschen schwierig, sich durch die
gegenwärtige Existenz an ihre Vergangenheit zu erinnern.«*

PLATO (427–347 v. Chr.),
griechischer Philosoph

Als ich noch ein Kind war, arbeitete mein Vater als techni-
scher Zeichner und Grafikdesigner bei der Space Electronics Corporation, einem mit der NASA verbundenen
Raumfahrtprogramm. Das Einkommen unserer Familie war
mehr als ausreichend, doch war mein Vater mit seiner Tätigkeit nicht wirklich zufrieden.

Als ich sieben Jahre alt war, fusionierte Space Electronics
mit einer anderen Firma und wurde zu Space General Corporation. Das Unternehmen zog in den ziemlich weit entfernten
südkalifornischen Vorort El Monte. Um den täglichen langen
Pendelverkehr zu vermeiden, beschloss mein Vater, von nun
an als freiberuflicher Berater zu arbeiten. Das gab ihm die
Möglichkeit, andere Aufgaben zu übernehmen, die ihm mehr
lagen, wie zum Beispiel für Zeitschriften Artikel über Modellflugzeuge zu schreiben, ein Hobby, das er seit seiner Kindheit
pflegte. Außerdem war er freiberuflich als Lektor für ein kleines Verlagshaus in der Nähe unseres Wohnorts tätig.

Eines Tages gründete er mit zwei Freunden ein kleines Versandhaus, das Pläne für Modellflugzeuge erstellte, die der
Kunde bestellen konnte und per Post ins Haus geliefert
bekam. Irgendwann überließen seine beiden Freunde meinem
Vater das Geschäft, was zur Folge hatte, dass er eine Reihe von

Büchern über Modellflugzeuge schrieb. Meine Eltern erweiterten darauf das ursprüngliche Unternehmen in ein Versandhaus, das sich auf Bücher spezialisierte, die mit der Fliegerei zu tun hatten. Dieses Versandhaus führen sie auch heute noch.

Obgleich das Unternehmen später prächtig florierte, sank das Einkommen unserer Familie zunächst einmal drastisch ab. Mein Vater begann, rund um die Uhr in seinem Büro zu Hause zu arbeiten. Er war immer daheim, jeden Tag, dennoch sah ich ihn selten. Er verbrachte seine meiste Zeit damit, Artikel und Bücher zu schreiben und Pläne für Modellflugzeuge zu zeichnen. An Wochenenden ging er zu Modellflugzeug-Veranstaltungen, weil ihn das entspannte und ihm darüber hinaus die Möglichkeit gab, zukünftigen Kunden die Flugfähigkeit seiner Modelle vorzuführen.

Wenn er nicht arbeitete, schenkte mein Vater mir viel Aufmerksamkeit, um die verlorene Zeit auszugleichen. Ständig übertrug er mir kreative Schreibprojekte, in die ich mich glücklich hineinstürzte – um meinem Vater zu gefallen und weil ich Herausforderungen genoss. Außerdem verwickelte er mich in Debatten über rhetorische Konzepte, um meinen logischen Verstand zu schärfen und mich darin zu üben, philosophische Ideen von allen Seiten zu beleuchten.

Mein Vater ist ein sanftmütiger Mensch mit seiner eigenen Form von Spiritualität. Er war nie ein Freund organisierter Religion und zog es vor, persönlich für Toleranz und Großzügigkeit einzutreten und diese auch zu praktizieren. Wann immer wir gemeinsam unterwegs waren, wurde mein Vater nie müde, mir die Bedeutung von Höflichkeit zu veranschaulichen. Er hielt stets Fremden die Tür auf, ob sie ihm nun dafür dankten oder nicht. Mein Vater brachte mir außerdem bei, dass alles aus einem bestimmten Grund geschieht und dass es so etwas wie Zufälle nicht gibt. Er sagte, dass man dann, wenn man einen bestimmten Gedanken festhält, ihn unweigerlich in seinem Leben manifestiert. Einmal lehrte er mich das »Gesetz des Fließens«, indem er sagte: »Wir sind alle wie Röhren. Dinge fließen in unser Leben, und wir müssen sie wieder aus unserem Leben herausfließen lassen, sonst verstopfen wir. Das ist der Grund, warum ich stets die verschiedenen Bücher und Artikel weiterreiche, die man mir schickt, und sie weggebe, sobald sie in mein Leben kommen. Doch tritt immer mehr in mein Leben ein, als hinausgeht.«

Mein Vater muss wohl seine Großzügigkeit und spirituelle Natur von seinen Eltern geerbt haben. Mein Großvater väterlicherseits, Ted Hannan, war ein Großhändler, der seine gehobene Position erreicht hatte, indem er zukünftigen Händlern und Kunden Fülle demonstrierte. Ted trug Visitenkarten, bei denen Silberdollars zwischen zwei Karten mit Löchern geklemmt waren, sodass man die Münzen sehen konnte. Auf diesen Karten stand zu lesen: »Möchten Sie mehr davon? Rufen Sie Ted Hannan an!« Teds Vorstellung von Spaß bestand darin, auf der Brücke in der Nähe seines Hauses die Mautgebühr für etliche Autos hinter ihm zu zahlen. Er meinte dazu: »Den ganzen Tag über stelle ich mir vor, wie überrascht diese Autofahrer wohl sind, wenn sie an die Mautstelle kommen und man ihnen sagt, dass bereits von jemand anderem für sie bezahlt wurde!«

Auch die Mutter meines Vaters, Pearl, beeinflusste seine spirituelle Natur. Wenn ich sie in ihrem Haus besuchte, spielten wir oft mit ihren Wahrsagestäbchen. Ähnlich wie bei Tarotkarten war jedes Stäbchen mit einer eingravierten Zahl versehen. Man stellte eine Frage, zog ein Stäbchen und las in einem Begleitbuch, was die Zahl bedeutete. Das Buch und die Stäbchen faszinierten mich, besonders da die Antworten in dem Buch zutiefst bedeutungsvoll schienen und immer für die Frage relevant waren, die ich gestellt hatte.

Meine Großmutter Pearl war eine Frau von großer physischer und emotionaler Schönheit. Sie las viel und verschlang oft zwei oder drei Bücher pro Woche. Außerdem liebte sie Süßigkeiten, vor allem Schokolade, doch zeigte sie nie Anzeichen von Gewichtsproblemen. Sie begegnete meinem Großvater Ted zum ersten Mal, als sie in jungen Jahren in einem Kurzwarengeschäft arbeitete. Er kam herein und fragte, was er als Geschenk für das hübscheste Mädchen kaufen konnte, das er je gesehen hatte – sie selbst!

Leider wurde ihre Ehe geschieden, und beide heirateten später einen anderen Partner. Doch Ted ließ es sich nicht nehmen, ihr weiterhin zu jedem Geburtstag einen Strauß roter Rosen zu schicken. Ich bezweifle, dass die jeweiligen neuen Ehepartner davon etwas wussten. Pearl heiratete Ben, den ich liebevoll »Pop« nannte. Ben war der Mann, den ich als meinen Großvater betrachtete, während ich heranwuchs. Die beiden lebten viele Jahre lang ganz in unserer Nähe im San Fernando Valley. Dann ging Ben in den Ruhestand, und meine Großeltern zogen nach Bishop im Landesinneren von Kalifornien, damit er dort in den Seen fischen konnte. Ein- oder zweimal im Jahr kamen Ben und Pearl uns besuchen, und das war jedes Mal eine ganz besondere Freude für mich.

Auch die Familie meiner Mutter war tief spirituell. Meine Großmutter Ada hatte viele Jahre lang zur Glaubensgemeinschaft von Christian Science gehört, genau wie meine Urgroßmutter mütterlicherseits. Adas erste Ehe war sehr stürmisch gewesen, hauptsächlich weil mein Großvater Fount Leroy ein starker Alkoholiker war. Die beiden stritten sich ständig, manchmal so sehr, dass meine Mutter vor Übelkeit Bauchschmerzen bekam. Fount Leroy starb an einer alkoholbedingten Krankheit, bevor ich geboren wurde. Nur selten wurde über ihn gesprochen, und viele Jahre lang ging ich davon aus, dass Adas zweiter Mann, Lloyd Montgomery, mein echter Großvater war.

Sowohl mein Vater als auch meine Mutter hatten als Kinder sehr unter den Streitigkeiten ihrer Eltern gelitten, bei denen es oft um Alkohol ging. Deshalb schworen sie, sich niemals vor den Augen ihrer Kinder zu streiten. Außerdem tranken sie fast während ihres gesamten Lebens keinen Alkohol. Bis auf den heutigen Tag kann ich mich an keine einzige Auseinandersetzung zwischen meinen Eltern erinnern. Ich bin davon überzeugt, dass sie im Laufe der Jahre so manche Meinungsverschiedenheit gehabt haben müssen, doch ich kann nur annehmen, dass sie diese auf den langen Spaziergängen, die sie zusammen unternommen haben (und immer noch unternehmen), irgendwie auf friedliche Weise beilegten.

Im November 1968, als ich zehn Jahre alt war, zogen wir nach Escondido, nördlich von San Diego. Ich war furchtbar unglücklich über diesen Umzug. In North Hollywood besaß ich sowohl in der Schule als auch in der Nachbarschaft viele Freundinnen. Mein Leben dort war voller Magie, ein einziger wunderbarer Wirbel. Doch meine Eltern machten sich Sorgen wegen der steigenden Kriminalität, dem immer stärker werdenden Smog und dem zunehmenden Verkehr rund um Los Angeles. Also fand meine Mutter eine Neubausiedlung in Escondido.

Sie fuhr mit uns zu dem Modellhaus, und die farbenfrohe mediterrane Ausstattung entzückte mich. In einem Schlafzimmer stand ein Elefant aus Korbgeflecht, der über und über mit kleinen Spiegelchen geschmückt war. Ich erinnere mich, wie ich dachte: »Das ist mein Schlafzimmer! Ich liebe diesen Elefanten und die anderen indischen Dekorationen!« Als wir jedoch endlich in unser neues Haus einzogen, musste ich schockiert feststellen, dass mein neues Schlafzimmer und das ganze übrige Haus völlig leer waren! Ich hatte einfach angenommen, dass der Korbelefant und die anderen Dekorationen zu dem Haus gehörten.

Hier war ich also in einer neuen Stadt, in einem neuen Zuhause, und kannte niemanden. Schlimmer noch, meine Aufnahmeprüfung für den Schuldistrikt von San Diego hatte gezeigt, dass meine Leistungen weit über dem Durchschnitt lagen. Also ließ man mich die fünfte Klasse überspringen und schickte mich gleich in die sechste Klasse. Statt über diese Beförderung begeistert zu sein, schämte ich mich, weil ich die jüngste Schülerin in der Klasse war. An der neuen Schule vermisste ich zutiefst das Gefühl des Angenommenseins und der Beliebtheit, das ich in meiner alten Schule in North Hollywood empfunden hatte. Mehrere Mädchen machten sich über mich lustig und sagten, dass meine Kleidung und meine

Frisur überholt und altmodisch seien. Ich fragte mich, wie es möglich war, dass es von einer Stadt zur anderen einen so großen Unterschied in der Mode gab.

Heute weiß ich, dass es meine eigene Befangenheit war, die die anderen Kinder dazu veranlasste, mich zu meiden. Jeden Morgen vergrub ich mich im Bett unter meinen Decken und betete glühend darum, dass ich zurück in North Hollywood wäre, sobald ich die Augen öffnete. Doch jeden Morgen war ich immer noch in Escondido. Ich glaube, damals entstanden in mir die ersten Zweifel an der Wirksamkeit von Gebeten.

In der ersten Zeit nach unserem Umzug gingen meine Eltern sonntags mit mir und meinem Bruder in die Unity Church in Escondido. Meine Mutter verbrachte einen Großteil ihrer Zeit damit, sich im Geigespiel zu üben, und trat bald dem Orchester des Palomar Community College bei. Sie freundete sich mit einer Frau namens Lois Crawford an, die im Orchester neben ihr saß. Lois gehörte zu den Christian Scientists, und sie lud meine Mutter ein, mit ihr gemeinsam eines der nächsten Seminare zu besuchen. Meine Mutter nahm diese Einladung dankbar an und fühlte sich von dem Prediger dort sehr inspiriert.

Am Abend dieses Seminars hatten meine Großeltern Ada und Lloyd, meine Urgroßmutter sowie meine Großtante und mein Großonkel einen Verkehrsunfall, bei dem ihnen ein anderes Auto in die Seite fuhr. Ihr Wagen überschlug sich, was dazu führte, dass alle Insassen kopfüber in ihren Sicherheitsgurten hingen. Mein Großvater und meine Großtante Ruby erlitten schwere Verletzungen.

Meine Mutter sagte mir später: »Die Wahrheiten, die ich bei jenem kurzen Vortrag gelernt hatte, waren ein echter Trost für mich, und ich bin sicher, dass sie dazu beitrugen, dass die beiden rasch wieder gesund wurden.«

Diese Heilung inspirierte meine Mutter, der örtlichen Christian-Science-Gemeinschaft beizutreten. Sie nahm meinen jüngeren Bruder Kenny und mich beiseite und erklärte, dass wir ab jetzt den Gottesdienst in einer neuen Kirche besuchen würden. Sie ließ uns wissen, dass sie von uns erwartete, dass wir dort in die Sonntagsschule gingen, und dass sie keine Entschuldigungen oder Ausreden akzeptieren würde. Ich weiß nicht, warum sie so streng sprach – vielleicht hatten wir uns seit dem Umzug manchmal ziemlich aufgeführt, weil wir so unglücklich waren, nicht mehr in unserer alten Umgebung zu wohnen. Wie auch immer, es dauerte nicht lange, und ich wurde dort in Escondido zur Sonntagsschule angemeldet.

Mir gefiel es dort überraschenderweise sofort sehr gut. Die Schule war eine Oase, in der ich mich völlig akzeptiert fühlte. Meine Lehrer waren faszinierend, und jede Woche erzählten sie uns Geschichten darüber, wie unser Geist unsere Realität beeinflusst. Zum Beispiel hörte ich die Geschichte einer Frau, die im Krieg ihren Mann verloren hatte. Als er starb, stand für diese Frau die Zeit still, und sie hörte auf zu altern. Sie saß einfach Tag für Tag in ihrem Schaukelstuhl und wartete auf ihren Mann, der nie mehr zurückkommen sollte. Für den Rest ihres Lebens blieben die Haare und die Haut dieser Frau genauso, wie sie an dem Tag waren, als ihr Leben erstarrte. Außerdem hörten wir von Menschen, die durch Gebet von Verletzungen und Krankheiten geheilt wurden. Der Unterricht in der Sonntagsschule erinnerte mich an die Dinge, die meine Mutter mich gelehrt hatte, als ich noch ein kleines Mädchen war.

Einer meiner Lehrer in der Sonntagsschule, Forrest Holly, war ein erstaunlicher Mann, der einen großen Eindruck auf mich machte. Offensichtlich beeindruckte Forrest viele Menschen, denn im Jahre 1996 erschienen ein Fernsehfilm und ein Buch mit dem Titel *What Love Sees* über seine Lebensgeschichte.[1]

Forrest war auf beiden Augen blind, doch konnte er auf vielerlei Arten »sehen«. Weit davon entfernt, behindert zu sein, war Forrest ein erfolgreicher Bauunternehmer und Architekt, der Stöckchen aus Balsaholz benutzte, um die Grundrisse seiner architektonischen Pläne auszulegen. Er hatte das schöne und weitläufige Haus entworfen, in dem er und seine Familie in Escondido wohnten. Forrest schrieb sogar für die

Lokalzeitung eine wöchentliche Kolumne über Themen rund ums Bauen. Seine Frau Jane war ebenfalls blind, genauso wie eines seiner vier Kinder. Von Forrest lernte ich, dass unsere einzigen Begrenzungen diejenigen sind, die wir uns selbst auferlegen. Davon abgesehen, gibt es nichts und niemanden, der uns im Weg steht.

Eines Tages benutzte Forrest während der Sonntagsschule einen »Viewmaster«*, um uns eine metaphysische Wahrheit zu verdeutlichen. Er ließ den Viewmaster durch die Klasse gehen und sprach darüber, wie unser Gehirn zwei flache Bilder in ein dreidimensionales Bild verwandelt. Forrest erklärte, dies sei ein Beispiel dafür, auf welche Weise unsere Wahrnehmung den Eindruck erweckt, dass Materie real sei, während es sich in Wahrheit um eine Illusion handelt. Ein Schüler schaute sich das besonders schöne Foto eines majestätischen, schneebedeckten Berges an. Vor lauter Ehrfurcht angesichts dieses Bildes hielt er förmlich den Atem an und reichte den Viewmaster schnell einem anderen Schüler weiter, wobei er ausrief: »He, schau dir das mal an!«

Forrest unterbrach den Jungen mit der Frage: »Warum können wir es oft nicht erwarten, eine schöne Erfahrung, die uns persönlich tief berührt, weiterzugeben, anstatt uns einen Augenblick Zeit zu nehmen und sie voll zu genießen?« Er erklärte, wie wichtig es ist, etwas Gutes vollkommen anzunehmen und dem Impuls zu widerstehen, die Schönheit nur oberflächlich wahrzunehmen und sie dann sofort weiterzugeben. »Nehmt die Schönheit vollkommen in euch auf und teilt sie dann erst mit anderen«, betonte er ausdrücklich.

Meine Mutter ging ebenfalls gerne in die Christian-Science-Kirche, vielleicht weil es die Religion war, mit der sie aufgewachsen war. Es dauerte nicht lange, und sie meldete sich für Kurse in spirituellem Heilen an. Danach hatte sie bald so viele Klienten, dass sie einen eigenen Raum dafür anmieten musste.

---

* Ein Gerät ähnlich einem kleinen Fernrohr, mit dessen Hilfe das betrachtete Bild dreidimensional erscheint (Anm. d. Übers.).

Doch nach wie vor riefen die Klienten meiner Mutter auch bei uns zu Hause an, und sie ging völlig in ihrer Heilarbeit auf.

Wann immer wir uns beim Spielen wehgetan hatten, benutzte meine Mutter spirituelle Behandlungsmethoden. Ich erinnere mich, dass unsere Kratzer und blauen Flecken häufig praktisch vor unseren Augen verschwanden. Da ich so oft Zeugin dieser Heilungen an mir selbst, meinem Bruder, den Klienten meiner Mutter und den anderen Mitgliedern unserer Kirche war, fühlte ich mich bald erneut in Harmonie mit Gott. Ich verzieh ihm, dass ich in Escondido leben musste, und begann, das verloren gegangene Gefühl des Friedens in meinem Leben wieder zu finden.

Einmal hörten wir in der Sonntagsschule von einem Einbrecher, der am Ende des Tages von seiner »Arbeit« nach Hause kam, nur um zu entdecken, dass jemand in seine eigene Wohnung eingebrochen war. »Weil Unehrlichkeit für ihn normal war, erlaubte und schuf er Unehrlichkeit in seinem eigenen Leben«, erklärte uns unser Lehrer. Die Geschichte fand jedoch ein gutes Ende: Der Einbrecher erkannte, dass sein kriminelles Leben die mentalen Voraussetzungen für den Einbruch in seiner eigenen Wohnung geschaffen hatte. Als er feststellte, dass er ein Opfer seiner eigenen Art von Kriminalität geworden war, beschloss er, ehrlich zu werden.

Mein empfänglicher junger Geist dürstete nach solchen Geschichten, da sie mein wachsendes Wissen bestätigten, dass wir selbst alle unsere Erfahrungen erschaffen. In der Nacht nach der Erzählung von dem bekehrten Einbrecher hatte ich einen besonders lebhaften Traum, in dem ich erwachsen war und in meiner eigenen Wohnung lebte. Ich träumte, dass ein Mann mit Gewalt bei mir eingedrungen war und drohte, mir etwas anzutun und mich auszurauben. Anstatt mich seinen Forderungen zu fügen, schrie ich ihn laut an: »Nein!« Dann rief ich: »Gott ist gut!« Als er diese Worte hörte, blieb der Eindringling wie angewurzelt stehen und machte sich im nächsten Moment wortlos aus dem Staub.

Ich erwachte aus dem Traum mit einem Gefühl großer innerer Kraft. Ich wusste, dass die Schlussfolgerungen sehr real waren, auch wenn es sich bei diesem Erlebnis nur um einen Traum gehandelt hatte. Ich erkannte, dass ich selbst meine Grenzen bestimmen konnte hinsichtlich dessen, was ich vom Leben und von anderen Menschen akzeptieren würde.

Diese neu gefundene innere Kraft kam mir in einigen Bereichen meines Lebens sehr zugute, doch leider hatte ich nach wie vor Schwierigkeiten mit meiner Situation in der Schule. Ein Grund, warum ich mich von den anderen Kindern getrennt fühlte, bestand darin, dass die spirituellen Praktiken unserer Familie wie ein Geheimnis behandelt wurden. Es herrschte eine heimliche Übereinkunft, nicht über unsere Erfahrungen mit Wunderheilung zu sprechen, um zu verhindern, dass andere Leute uns für irgendwie seltsam hielten. Außerdem hatte ich bereits einmal Ablehnung erfahren, als mich eine Mitschülerin fragte, in welche Kirche wir gingen. Als ich erwiderte, »Christian Science«, meinte sie: »Oh, ihr gehört zu den Leuten, die nicht an Ärzte glauben!« In ihrer Stimme schwangen Verachtung und Sarkasmus mit, und das gefiel mir überhaupt nicht. Von da an hielt ich meine spirituellen Glaubenssätze und Praktiken geheim, außer vor meinen engsten Freundinnen.

Zwei meiner engeren Freundinnen, Anita und Sylvia, gingen ein paar Mal mit mir in die Sonntagsschule, und es schien ihnen zu gefallen. Anita erlebte eine wunderbare Heilung ihrer chronischen Akne, die allen Behandlungsversuchen ihres Vaters, der Apotheker war, getrotzt hatte. Nach einer spirituellen Behandlung, bei der ein Christian-Science-Heiler für sie betete und ihr auftrug, täglich bestimmte Abschnitte aus der Bibel zu lesen, dauerte es nicht lange, bis ihre Haut in reiner, ungetrübter Schönheit erstrahlte. Obgleich sie nicht viel über Gott oder Spiritualität sprach, fühlte ich, dass sich Anitas Leben als Resultat ihrer Erfahrung mit dem Wunderbaren zu verändern begann. Sie schien glücklicher und zufriedener mit sich selbst zu sein, und diese innere Freude vervollkommnete noch ihren strahlenden neuen Teint.

Außer Anita und Sylvia wusste jedoch niemand in der Schule von den Wundern, die in unserer Familie praktisch zum Alltag gehörten. Mittlerweile ging ich regelmäßig mit meiner Mutter zu den Treffen am Mittwochabend, bei denen die Kirchenmitglieder Zeugnis ablegten und wo ich erfuhr, wie andere Menschen spirituelle Behandlungsformen in ihrem Leben verwendeten. Ich erinnere mich, von Krebsheilungen gehört zu haben, von der Heilung gebrochener Knochen und von der Abwendung von Autounfällen und ähnlichen Unglücken.

Denjenigen unter Ihnen, die nichts über Christian Science wissen, möchte ich nachstehend ein wenig über die Entstehung dieser Bewegung und ihren Hintergrund berichten. (Ich möchte an dieser Stelle ausdrücklich betonen, dass ich nicht über Christian Science schreibe, um Ihnen diese Religion ans Herz zu legen, sondern lediglich, um meine Herkunft und meinen Werdegang zu erklären. Da Christian Science eine solch tiefgreifende Rolle in meinem Leben gespielt hat, füge ich dieses Material bei, damit Sie meine frühen Einflüsse besser nachvollziehen können.)

Kurz zusammengefasst, verdankt Christian Science seine Entstehung hauptsächlich den Lehren des spirituellen Heilers Phineas Quimby (1802–1866) und seiner Interpretation des Christentums. Eine der Patientinnen Quimbys war Mary Baker Eddy, die im Jahre 1866 Christian Science begründete. Jahre später gab Emma Curtis Hopkins, eine Patientin von Mrs. Eddy, Kurse über die Philosophie von Phineas Quimby, und einige ihrer Schüler wurden die Begründer anderer »New-Thought«-Religionen. Zum Beispiel begründete Ernest Holmes 1927 die Religious-Science-Bewegung, Charles und Myrtle Fillmore legten den Grundstein für die Unity Church im Jahre 1889, und Nona Brooks gründete gemeinsam mit Fannie James und Althea Small 1898 Divine Science.

Quimby, oft als »Vater der New-Thought-Bewegung« bezeichnet, stammte aus bescheidenen Verhältnissen und war ein armer, ungebildeter Mann, der von einer unersättlichen Neugier hinsichtlich Wissenschaft und Spiritualität beseelt war. Nachdem Quimby an einem Seminar von Franz Mesmer, dem Vater der modernen Hypnose, teilgenommen hatte, beschloss er, Menschen zu hypnotisieren, um sie zu heilen. Quimby stellte fest, dass er hellsichtig die Gedanken erkennen konnte, die zu der Krankheit des Patienten geführt hatten. Darauf sprach er mit dem Patienten über diese falschen Glaubenssätze und Überzeugungen, bis seine Symptome verschwunden waren. Quimbys Heilungspraxis war so erfolgreich, dass er – abgesehen von ein paar Artikeln – wenig Zeit hatte, seine Philosophie einer breiteren Öffentlichkeit zugänglich zu machen.

In einem dieser seltenen Artikel schrieb Quimby:

>*Jede Krankheit ist eine Erfindung des Menschen und hat keine spirituelle Wirklichkeit, doch für jene, die daran glauben, ist sie Wahrheit. Es mag jenen, die gesund sind, eigenartig erscheinen, dass unsere Glaubenssätze uns so sehr beeinflussen. Tatsache ist, dass es für uns nichts anderes gibt als unseren Glauben. Er ist alles, was der Mensch besitzt. Er ist das Einzige, was verändert werden kann, und er liegt allem zugrunde, was der Mensch je gemacht hat oder je machen wird. Die Menschen scheinen nie an die Tatsache gedacht zu haben, dass sie die Verantwortung für ihren Glauben tragen. Den eigenen Glauben zu analysieren bedeutet, sich selbst kennen zu lernen, die wichtigste Aufgabe des Menschen. Es gibt etwas, das die meisten Menschen nicht wissen. Es ist dies, dass sie unter ihrem eigenen Glauben leiden, zwar nicht bewusst, aber mit ihrer eigenen Zustimmung.*«[2]

Quimby glaubte unerschütterlich daran, dass Medikamente und Kräuter nur wirksam waren, weil der Patient seinem Arzt vertraute. Er bezichtigte die Mediziner, Patienten zum Tod und zu Krankheiten zu »verurteilen«, indem sie Diagnosen stellten, die die Patienten als ihr unweigerliches Schicksal akzeptierten.

Mary Baker Eddy, die sowohl Schülerin als auch Patientin von Quimby war, kombinierte seine Philosophien mit ihren eigenen Einsichten in die Ursprünge von Gott, Mensch und Krankheit. Quimby wie auch Mrs. Eddy betonten immer wieder die mentalen Ursprünge menschlicher Erkrankung und Heilung. Jedoch unterschieden sie sich in anderer Hinsicht. Zum Beispiel glaubte Quimby, dass fehlgeleitete Gedanken Disharmonien im Körper erzeugen, die letztlich zu Krankheiten führen.

Mrs. Eddy dagegen behauptete, dass fehlgeleitetes Denken die *Illusion* von Krankheit schafft und dass die körperlichen Funktionen genauso illusorisch sind wie die so genannte Krankheit. Quimby spezialisierte sich auf eine Behandlung des Geistes, die sich auf die Gedanken des Patienten konzentrierte. Im Gegensatz dazu erklärte Mrs. Eddy, dass der »sterbliche Geist« des Menschen nicht real sei. Sie behauptete, dass nur die vollkommene Konzentration auf den Geist Gottes die Menschen zur Wirklichkeit vollkommener Gesundheit zurückführen könne.[3]

Heute befürworten die Kirchen der New-Thought-Bewegung die Anwendung von Gebet und Affirmationen in ihren Heilbehandlungen. Worte an und für sich besitzen keine Macht. Sie können jedoch benutzt werden, um die Gedanken des Heilers und des Klienten auf Gott und die Christusenergie einzustimmen. Worte heilen, weil sie uns helfen, unsere Gedanken von der Angst wegzuführen und uns der Liebe zu öffnen.

Christian Scientists benutzen bei ihren Heilbehandlungen eine Affirmation, die als die »wissenschaftliche Erklärung des Seins« (»*The Scientific Statement of Being*«) bezeichnet wird. Sie wiederholen diese Aussage so oft, bis der Geist die falschen Glaubenssätze loslässt, die zu Tod, Krankheit und Begrenzung führen. Sie lautet:

> »*Es ist kein Leben, keine Wahrheit, keine Intelligenz und keine Substanz in der Materie. Alles ist unendliches GEMÜT und seine unendliche Manifestation, denn GOTT ist Alles-in-allem. GEIST ist unsterbliche WAHRHEIT; Materie ist sterblicher Irrtum. GEIST*

ist das Wirkliche und Ewige; Materie ist das Unwirkliche und Zeitliche. GEIST ist GOTT und der Mensch ist Sein Bild und Gleichnis. Folglich ist der Mensch nicht materiell; er ist geistig.«[4]

Affirmative Worte unterstützen uns bei der Konzentration auf das, was wahr und ewig ist, und helfen uns, dem Würgegriff einer angstbesetzten Denkweise zu entkommen. Wenn wir erst einmal unsere Angst loslassen und uns auf die unveränderliche Wahrheit des Lebens konzentrieren – Harmonie, Gesundheit und Glück –, wird die äußere Situation unsere positiven Erwartungen widerspiegeln. Sobald die Affirmationen unsere Gedanken geheilt haben, manifestiert sich nach dem Gesetz von Ursache und Wirkung als Auswirkung unserer Gedanken eine geheilte Welt.

---

* *»There is no life, truth, intelligence, nor substance in matter. All is infinite Mind and its infinite manifestation, for God is All-in-all. Spirit is immortal Truth; matter is mortal error. Spirit is the real and eternal; matter is the unreal and temporal. Spirit is God and man is His image and likeness. Therefore, man is not material; he is spiritual.«* Mary Baker Eddy benutzte sieben Synonyme für Gott, die im Englischen groß und in der deutschen Übersetzung in Kapitälchen geschrieben werden. Dazu zählen auch Mind und Spirit, die in der deutschen Literatur von Christian Science mit Gemüt beziehungsweise Geist übersetzt werden, um sie voneinander zu unterscheiden (Anm. d. Übers.).

KAPITEL 3

GEIST UND MATERIE

»*Das Gesetz herrscht in allen Bereichen des Lebens –
ein Gesetz, das nicht einfach nur intelligent ist,
sondern die Intelligenz selbst.*«

RALPH WALDO EMERSON (1803–1882),
amerikanischer Autor und Philosoph

Als ich in die High School kam, fühlte ich mich in zwei Richtungen gezogen. Einerseits fühlte ich mich zu Hause und in der Sonntagsschule sicher und zufrieden. Ich genoss es, mit meiner Freundin Anita zusammen zu sein, und wir verbrachten viele glückliche Stunden mit unseren Spielzeugpferden. Außerdem spielten wir oft mit unseren Lieblingstieren, zu denen Katzen, Hasen, Eidechsen und sogar Ratten gehörten.

Ich hatte mir die Ratten für ein wissenschaftliches Schulprojekt zugelegt, bei dem ich die Auswirkungen von engen und übervölkerten Lebensbedingungen auf die Aggression erforschen wollte. Während des Projekts steckte ich meine Ratten in immer kleinere Käfige und zählte dann die Anzahl der aggressiven Handlungen, wie beispielsweise Kratzen und Beißen der Tiere untereinander. Natürlich wurden die Ratten immer bösartiger, je mehr ich ihren Lebensraum reduzierte. Als das Experiment abgeschlossen war und meine Hypothesen bestätigt waren, gab ich den Ratten einen größeren Käfig und stellte bald fest, dass sie mir ans Herz gewachsen waren. Also beschlossen Anita, mein Bruder und ich, sie als Haustiere zu behalten. Die Ratten waren saubere Tiere mit schwarzweiß geflecktem Fell, deren Barthaare lustig vor- und zurückzuckten, wenn sie genüsslich das Gemüse und Obst sowie die Erdnussbutter-Sandwiches kauten, die wir ihnen gaben. Anita und ich nahmen unsere Ratten überallhin mit, selbst in die Kirche.

Eines Tages spielten wir mit den Ratten draußen im Hof, als unsere Aufmerksamkeit einen Moment lang abgelenkt war. Die Ratten huschten weg; wir suchten sie überall, konnten sie jedoch nicht finden. Da erinnerte ich mich an die spirituelle Vorgehensweise, die meine Mutter mich gelehrt hatte, als ich meine Geldbörse verloren hatte. Anita und ich hielten uns feierlich an den Händen, während ich den Satz wiederholte: »Im Geiste Gottes ist nichts jemals verloren.« Wir riefen uns in Erinnerung, dass Gott wusste, wo die Ratten waren, auch wenn *wir* sie nicht sehen konnten. Was bedeutete, dass sie in Wahrheit nicht wirklich verloren gegangen waren.

Der Frieden, der durch solch eine spirituelle Vorgehensweise entsteht, löst den schweren Mantel der Angst auf, der die Harmonie behindert. Das spirituelle Lehrbuch *Ein Kurs in Wundern*[1] sagt: »Wunder sind natürlich. Wenn sie nicht geschehen, ist irgendetwas falsch gelaufen.« Ich glaube, dass das »Irgendetwas«, das verhindert, dass Wunder sich frei entfalten, unsere Anspannung und Angst ist. Wenn Sie die Affirmation sprechen: »Diese Situation ist bereits geheilt, genau in diesem Moment«, wird die besänftigende Wirkung der Worte die Angst lange genug aufheben, sodass Wunder ganz natürlich geschehen können.

In dem Moment, als ich erklärte, dass unsere Ratten im Geiste Gottes nicht verloren waren, empfing ich eine starke innere Eingebung, die mir sagte: »Denke so, wie eine Ratte denken würde, und du wirst sie finden.« Ich hatte das Gefühl, ich sollte mir die Kiefernhecke ansehen, die unsere Hauseinfahrt begrenzte. »Wenn ich eine Ratte wäre, würde ich diese schützende Hecke entlanglaufen«, sagte ich zu Anita. Wir gingen ein paar Meter die Hecke entlang und fanden tatsächlich unsere geliebten Ratten, die unter zwei Kiefern kauerten.

Spirituelle Heilung ist auch bei Tieren sehr wirksam, zum Teil aufgrund der Tatsache, dass die Gedanken und Gefühle der Menschen die physische Gesundheit ihrer Haustiere beeinflussen.[2] Es ist sogar so, dass man viel über die emotionale

Gesundheit einer Familie aussagen kann, wenn man sich die körperliche Gesundheit ihrer Kinder und Haustiere anschaut. Durch die Erzählungen in unserer Kirche und die Heilpraxis meiner Mutter hatte ich gelernt, dass Babys, Kinder und Tiere den Stress in einem Haushalt wie Schwämme aufsaugen. Wenn Paare sich häufig streiten, ist ihr Zuhause von giftigem Stress erfüllt, der bei ihren Kindern und Haustieren zu gesundheitlichen Problemen führt. Glücklicherweise reagieren Kinder und Tiere auch schnell, wenn wieder Frieden und geistige Gesundheit in der Familie einkehren.

In unserer Familie hatten wir damals ein junges Kätzchen namens Alfalfa adoptiert. Der kleine Kater schien völlig gesund, wenn er auch wesentlich weniger mutwillig war als die meisten anderen Katzenjungen. In meiner Erinnerung war Alfalfa scheu, aber sehr süß. Dann wurde er plötzlich zu meinem Schrecken todkrank. Bis heute weiß ich nicht, ob er etwas Giftiges gefressen, irgendwelchen Stress von unserer Familie absorbiert hatte oder ob es einfach seine Bestimmung war, uns die Macht der Liebe zu zeigen. Ich weiß nur, dass Alfalfa ganz plötzlich starb, als er noch sehr jung war.

Ich erinnere mich, wie meine Mutter seinen erschlafften, leblosen Körper liebevoll in ihren Armen hielt, während sie im Schneidersitz auf dem Linoleumboden der Küche saß. Ich weinte lauthals und flehte meine Mutter an, etwas zu tun. »Bring ihn zurück, bring ihn zurück!«, schrie ich sie regelrecht an. Der arme Alfalfa hatte sein Leben doch gar nicht richtig begonnen, und mir war der Gedanke unerträglich, dass ich seine schnurrenden Liebkosungen nie mehr spüren würde. Meine Trauer war überwältigend, doch vertraute ich darauf, dass meine Mutter ihn retten konnte.

»Sei ohne Furcht; glaube nur, dann wird sie gerettet«, sagte Jesus zu Jaïrus, bevor er seine Tochter von den Toten erweckte.[3] Als kleines Kind hatte ich diese Art intensiven Glaubens in die Fähigkeit meiner Mutter, mein kostbares kleines Kätzchen zu retten. Meine Mutter schloss die Augen, und das vertraute Lächeln himmlischer Liebe erstrahlte auf ihrem Antlitz. Sie sprach ein paar Worte zu dem Kater, wie »Es gibt keinen Tod« und »Alles ist Liebe«. Plötzlich sah ich in dem kleinen Nest aus Pelz in den Armen meiner Mutter eine Bewegung. Ich glaubte, mir das nur einzubilden, doch gleichzeitig hatte ich volles Vertrauen, dass die Gebete meiner Mutter Alfalfa zurückbringen würden.

Ich saß ungefähr zwei Meter von meiner Mutter und Alfalfa entfernt und fühlte mich wie benommen, als ich zuschaute, wie mein kleiner Kater ins Leben zurückkam. Während er Augenblicke zuvor schlaff und leblos gewesen war, sah er jetzt wie ein Wesen aus, das aus einer eisigen Kälte auftaucht. Das Gesicht meiner Mutter strahlte, doch fand ich meine eigene Überraschung in ihren Augen gespiegelt. Sie wirkte leicht benommen. Ich glaube, dass sie in eine Trance gefallen war, die sie in einen veränderten Bewusstseinszustand versetzt hatte. Obwohl sie eigentlich immer eine klare und hellwache Frau war, erinnert sie sich bis auf den heutigen Tag nur bruchstückhaft an Alfalfas Heilung.

Dieses Wunder lehrte mich, wie wichtig es ist, das Ziel der Heilung in unserem Bewusstsein loszulassen. Wir können eine Heilung nicht erzwingen, wir können nur das Wissen um die göttliche Wahrheit in unserem Geist und Herzen festhalten. Dann müssen wir jegliche Erwartungshaltung hinsichtlich eines bestimmten Resultats aufgeben und Gottes Gesetz der Liebe wirken lassen. Forschungen auf dem Gebiet spiritueller Heilung betonen, dass der Erfolg abhängig ist von der Fähigkeit des Heilers, positive Erwartungen zu hegen, ohne zu sehr den Versuch zu machen, das Ergebnis zu beeinflussen.[4]

Ein Haupthindernis bei jeder Form von Heilung ist der Gedanke, dass Tod, Krankheit oder Verletzung reale Zustände sind, die »ungeschehen« gemacht werden müssen. Heilung resultiert *allein* aus dem Wissen darüber, was wahr und ewig ist, und nicht aus dem Akzeptieren dessen, was zeitlich bedingt ist. Forschungen im Bereich der Quantenphysik haben den Beweis dafür erbracht, dass unsere Erwartungen und

Einstellungen bestimmen, ob wir Gesundheit oder Krankheit sehen und erleben.[5]

Nehmen wir an, Sie möchten sozusagen als »Medium« zur Heilung eines kranken Freundes dienen. In einem solchen Fall sollten Sie nicht von der Voraussetzung ausgehen, dass die Krankheit ein realer Zustand ist, und dann versuchen, diesen zu beseitigen. Heilungsversuche, die auf dem Gedanken basieren, dass die Krankheit verschwinden soll, wurzeln in der fälschlichen Annahme, dass es sich dabei um ein Problem handelt, das eine Lösung erfordert. Auf diese Weise geben Sie *dem* Energie und mentale Kraft, das nicht existiert, was bedeutet, dass Sie die Krankheit als etwas sehen, das ein eigenes Leben hat. Doch dem ist nicht so; es gibt keine einzige Erkrankung, bei der dies der Fall wäre.

Das Wichtigste bei spiritueller Heilung besteht darin, sich in Erinnerung zu rufen, dass es keine Probleme gibt, dass weder Tod noch Krankheiten und Verletzungen wirklich existieren. Es gibt nichts, was geheilt, repariert oder verändert werden müsste, da die Wirklichkeit bereits vollkommen ist. Wenn wir diese Tatsache bewusst als Wahrheit erleben, und sei es nur für einen Moment, wird die Liebe uns von der Angst heilen. Dann werden sich unsere Erfahrungen auf der materiellen Ebene verändern und unsere geheilte Geisteshaltung widerspiegeln.

Alle Materie reagiert auf unsere Gedanken, nicht nur lebendiges Fleisch. Der Einfluss des Geistes auf die Materie wurde zum Beispiel von den Forschern Robert Jahn und Brenda Dunne von der Princeton University untersucht. Sie setzten Freiwillige vor eine Maschine, die willkürlich Münzen ausspuckte. Die Testpersonen wurden gebeten, sich darauf zu konzentrieren, die Münzen so zu beeinflussen, dass sie auf eine bestimmte Weise landeten, zum Beispiel mit dem Kopf nach oben. Die meisten Freiwilligen waren in der Lage, die Münzen auf statistisch signifikante Weise zu beeinflussen. Später reproduzierten die beiden Forscher ihre Ergebnisse in einem ähnlichen Experiment, diesmal mit einem riesigen

Flipperautomaten, der neuntausend Kugeln enthielt. Die Testpersonen konzentrierten sich darauf, die Kugeln in den äußeren Behältern landen zu lassen. Auch dabei waren die Ergebnisse erfolgreich sowie von statistischer Relevanz.[5]

Die Forschungsergebnisse von Jahn und Dunne sollten uns jedoch nicht überraschen. Warum sollten wir die Materie nicht mit unseren Gedanken kontrollieren können? Schließlich ist alles in der materiellen Welt eine Reflexion unserer Gedanken und Glaubenssätze. Dies ist ein wichtiger Punkt, den wir Lichtarbeiter nie vergessen sollten, da unsere größten Beiträge zum Wohlergehen des Planeten auf einer mentalen und geistigen Ebene geleistet werden. Wenn Lichtarbeiter frustriert sind, weil sie das Gefühl haben, nichts zur Welt beitragen zu können, verringern solche Gedanken ihr Heilungspotenzial. Das Gleiche gilt, wenn Lichtarbeiter sich über dieses oder jenes Weltproblem Sorgen machen, da solche Gedanken das angstvolle Massenbewusstsein noch verstärken.

Der Stoff, aus dem unser Körper gemacht ist, unterscheidet sich in keinster Weise von jeder anderen Form der Materie. Daher reagiert alle Materie auf Beten und korrektes Denken. Diese Tatsache habe ich bereits als Kind gelernt, als meine Mutter und ich eines Tages vom Einkaufen nach Hause fuhren. Plötzlich gab unser Auto den Geist auf, und wir saßen am Straßenrand fest, mit all den Lebensmitteln auf dem Rücksitz. Meine Mutter versuchte, den Wagen wieder zu starten, doch der Motor reagierte nicht.

Sofort begann meine Mutter, die »wissenschaftliche Erklärung des Seins« laut aufzusagen und zu erklären, dass die gesamte Situation bereits geheilt war. Ich schloss mich ihrem Gebet an. Nach fünf oder zehn Minuten drehte meine Mutter den Schlüssel im Zündschloss, und das Auto schnurrte los, als hätte es nie ein Problem gegeben. Und natürlich *hatte* es tatsächlich nie ein Problem gegeben, außer den falschen Gedanken, die überhaupt erst zu der Situation geführt hatten. Ich habe im Laufe meines Lebens seither viele ähnliche »Heilungen« von Autos, Computern und anderen Maschinen erlebt.

Obgleich spirituelle Wahrheiten und Heilung für mich also etwas ganz Natürliches waren, schien es mir schwer zu fallen, dieses Wissen in Bezug auf mein eigenes Selbstbild anzuwenden. Der Umzug meiner Familie nach Escondido und die Tatsache, dass ich eine Klasse übersprungen hatte, hatten meine Selbstachtung gefährlich erschüttert. Es sollte viele Jahre dauern, bevor mein spirituelles Wachstum wieder Harmonie und Gleichgewicht in mein Leben brachte.

Anita und ich begannen das zweite Jahr an der High School nach einem wunderbaren, gemeinsam verbrachten Sommer. Wir hatten uns Pferde geliehen und verbrachten ganze Nachmittage mit Dressurreiten und Springen, und hier und da nahmen wir sogar an Veranstaltungen teil. Unsere heranreifenden Körper waren gewachsen und hatten sich in jenem Sommer besonders deutlich verändert. Anita war eine große, gertenschlanke Schönheit geworden, und die Jungs schenkten ihr viel Aufmerksamkeit – wesentlich mehr, als mir zuteil wurde. Tatsächlich war sie an unserer High School bei beiden Geschlechtern extrem beliebt. Ich hatte Angst, sie zu verlieren und bald ganz ohne meine beste Freundin dazustehen.

Als Christian Scientist folgte ich mehreren Richtlinien bezüglich meiner Lebensweise, die mich gegenüber meinen Mitschülerinnen deutlich als »anders« brandmarkten. Unsere Religion verlangte, bewusstseinsverändernde Substanzen wie zum Beispiel Koffein, Alkohol und Tabak zu meiden, die die Kommunikation mit dem Göttlichen behindern und unter Umständen einen anderen »Gott« vor den wahren Gott stellen können.

Christian Science forderte außerdem, den Kontakt mit allen Medien und Programmen zu meiden, die lehren, dass Krankheit, Unglück oder Tod real sind. Da es unsere Gedanken sind, die zu Krankheiten führen, können wir eher körperlich gesund bleiben, wenn wir medizinische Fernsehprogramme und Ähnliches meiden. Menschen, Haustiere und kleine Kinder, die von Erkrankungen heimgesucht werden, haben diese aus dem Massenbewusstsein der Menschheit aufgenommen. Wenn wir also unseren Geist freihalten von medizinischen Theorien über Krankheiten, sorgen wir nicht nur dafür, dass wir selbst gesund bleiben, sondern üben gleichzeitig eine positive Wirkung auf die ganze Welt aus.

Wann immer eine Werbung oder ein Programm zum Thema Krankheit auf dem Bildschirm erscheint, schalte ich auch heute noch um oder verlasse den Raum. Außerdem spreche ich innerlich die »wissenschaftliche Erklärung des Seins«, um alle ungesunden und schädlichen Gedanken loszulassen, die dabei vielleicht in mir aufgetaucht sind. Ich glaube, dass dies einer der Gründe ist, warum ich selten krank werde.

In den USA sind Christian Scientists per Gesetz von der Teilnahme am Gesundheitsunterricht in der Schule befreit. Da ich mich nicht von den anderen Kindern unterscheiden wollte, bestand ich zunächst darauf, an dem üblichen Unterricht teilzunehmen. Doch bereits am ersten Schultag sprach unser Lehrer über das Thema Unfälle und hielt einen Vortrag darüber, wie man Unfälle zu Hause und im Auto vermeiden kann. Seine Worte standen im Widerspruch zu meiner Überzeugung, dass es keine Unfälle gibt, sondern nur Resultate von richtigem oder falschem Denken. Am Ende der Stunde, als der Lehrer uns aufforderte, einen Aufsatz zu schreiben und zu definieren, was ein Unfall ist, musste ich einfach das schreiben, was ich wirklich glaubte: »Ein Unfall ist eine Lüge und eine Illusion, verursacht durch Irrtümer im Denken der betreffenden Person.«

Glücklicherweise fühlte sich der Lehrer weder angegriffen noch hielt er meine Erklärung für einen dummen Scherz. Stattdessen nahm er mich beiseite und legte mir nahe, das Formular auszufüllen, das Mitglieder der Christian Scientists vom Gesundheitsunterricht befreit, und mir andere Kurse auszusuchen. Von da an belegte ich zusätzliche Kunstklassen, anstatt den üblichen Unterricht in Biologie und Naturwissenschaften. Ich liebte meine Mal-, Zeichen- und Schreibstunden. Und doch führte das zu einem weiteren Riss in meinem sozialen Selbstbild, denn es war ein zusätzliches Beispiel dafür, dass ich anders war als meine Mitschülerinnen.

In der Zwischenzeit hatte Anita begonnen, immer mehr Zeit mit der exklusiven Clique an unserer Schule zu verbringen. Sie kleideten sich nach der neuesten Mode, fuhren teure Autos und hatten für die anderen Schüler nur Gleichgültigkeit übrig. Da Anitas Familie wesentlich wohlhabender war als meine, konnte sie sich modische Kleider leisten. Meine Familie lebte von dem Einkommen meines Vaters, das er durch das Schreiben von Büchern und Artikeln über Modellflugzeugbau verdiente, und von dem, was meine Mutter mit ihrer Heilpraxis einnahm. Auch die Wertbegriffe meiner Eltern unterschieden sich deutlich von denen von Anitas Eltern. Daher stieß ich nicht auf viel Sympathie, als ich meinem Vater und meiner Mutter erzählte, dass ich mich auch so kleiden wollte wie die beliebten Schülerinnen in meiner Schule. Es sei nicht vernünftig, Geld für irgendwelche kurzfristigen Trends auszugeben, sagten sie mir. Besser sei es, mir Kleidung im klassischen Stil zu kaufen, die lange tragbar ist.

Während Anita also mit den coolen Kids herumhing, verbrachte ich immer mehr Zeit mit Kindern, die Bücherwürmer waren, genau wie ich. Plötzlich gab es zwischen Anita und mir eine soziale Barriere, und das gefiel mir überhaupt nicht. Das brachte all die alten Gefühle von Ablehnung wieder hoch, die ich gerade erst mühsam überwunden hatte.

Eines Tages erzählte mir Anita, dass sie und ihre neuen Freunde angefangen hatten, Marihuana zu rauchen, und sie stellte mir ein Ultimatum. »Wenn du nicht auch anfängst zu rauchen, will ich nichts mehr mit dir zu tun haben«, sagte sie mit einer ganz neuen Kälte. Heute weiß ich, dass das Marihuana mir die Anita genommen hatte, die ich kannte und liebte. Doch damals empfand ich nur ein Gefühl von Schock und einen brennenden Zorn auf meine Freundin.

In den folgenden Tagen ging ich Anita absichtlich aus dem Weg; ich fühlte mich von ihr hintergangen und war traurig, dass sie Marihuana rauchte. Ich tat mich mit den anderen

Bücherwürmern zusammen, doch stellte ich bald fest, dass ich Anitas fröhlichere und anregendere Gesellschaft vermisste. Mittlerweile hatte sich Anita eng mit zwei Mädchen angefreundet, die in der Nähe der Orange Glen High School wohnten. Eine von ihnen, Tammy, war hoch gewachsen, braun gebrannt und ebenso schön wie Anita. Das andere Mädchen, Amy, war ein ziemlicher Wildfang. Sie lebte auf einer kleinen Ranch und hatte ein Pferd, mit dem sie auf Pferdeshows ging. Jeden Nachmittag rauchten die drei Pot und gingen reiten. Ich meinerseits hatte nur die Gesellschaft der Pferde in den Büchern von Marguerite Henry und Wesley Dennis. Ich sehnte mich nach den Erfahrungen, die Anita gerade machte, nach dem Gefühl der Erdverbundenheit, das ich beim Reiten echter Pferde empfand, und nach einem aufregenden Leben.

Eines Tages auf dem Heimweg von der Schule stieß ich zufällig auf Anita, und sie beschrieb mir aufgeregt die vielen Partys, an denen sie und ihre Freundinnen teilnahmen. Sie erklärte, dass alle Jugendlichen sich in den Orangenhainen in der Nähe von Amys Ranch versammelten. Der ältere Bruder eines der Jungen ging dann Bier kaufen und brachte es in seinem Auto zu dem Orangenhain. Dann tranken alle, hörten laute Musik und hatten viel Spaß miteinander. Anita fragte mich, wobei sie mich aus den Augenwinkeln heraus beobachtete: »Möchtest du zu unserer Party am nächsten Wochenende kommen?«

Die verlockende Aussicht auf Freundschaft und Spaß mit Anita war sehr verführerisch für mich. Doch ich machte mir Sorgen, wie ich jemals die Erlaubnis meiner Eltern bekommen sollte, so lange auszubleiben. Und angesichts des Alkoholverbots unserer Religion – ich hatte bisher noch nicht einmal ein alkoholisches Getränk in der Hand gehalten – hatte ich keine Ahnung, wie ich mich in einer solch gefährlichen Situation verhalten sollte. Anita wischte meine Bedenken mit einem Schulterzucken beiseite, indem sie sagte: »Kein Problem! Tammys Mutter ist echt cool, und sie hat nichts dagegen, wenn wir die ganze Nacht unterwegs sind. Erzähl deinen Eltern einfach, dass du die Nacht bei ihr verbringen wirst.«

Anita behielt Recht – meine Mutter hatte nichts dagegen, dass ich die Nacht bei Tammy verbringen wollte. Mir selbst gegenüber rechtfertigte ich die Situation damit, dass ich meiner Mutter ja schließlich die Wahrheit gesagt hatte, da ich die Nacht ja wirklich bei Tammy verbringen wollte. Natürlich hatte ich meiner Mutter nichts von den anderen unschönen Details erzählt, wie zum Beispiel: »Oh, bevor ich es vergesse, Mom, ich gehe auf eine heiße Party in einem Orangenhain in der Nähe. Das macht dir doch nichts aus?«

Meine Mutter fuhr mich am Samstagnachmittag zu Tammys Haus. Als Erstes fiel mir auf, dass der Plattenspieler im Wohnzimmer lautstark Rockmusik spielte und dass Tammys Mutter das nichts auszumachen schien. Sie war in der Küche und kochte Spaghetti, während Tammy in aller Öffentlichkeit Zigaretten rauchte, ein Paar glitzernde Ohrringe für die Party auswählte und im Beisein ihrer Mutter laut fluchte. Ich war sowohl schockiert als auch beeindruckt. Fluchen, durchstochene Ohrläppchen, Rockmusik und Zigaretten waren alles Dinge, die bei mir zu Hause verboten waren. Noch nie hatte ich von Eltern gehört, die so etwas tolerierten. Um die Wahrheit zu sagen, mir waren diese Dinge auch nie erstrebenswert erschienen, bis zu dem Moment, als Tammy sie mir wahnsinnig cool erscheinen ließ.

Tammy sah mich an und sagte: »Oje, diese Bluse passt überhaupt nicht.« Sie ging zu ihrem Kleiderschrank und gab mir ein rotweiß kariertes Pendleton-Hemd, das ich anzog und in meine Jeans stopfte. Jetzt sah ich wie Anita, Amy und Tammy aus, als wir vier die Viertelmeile bis zu dem Platz gingen, wo die Party steigen sollte.

Wie überrascht war ich, als ich drei der bestaussehenden Jungs unserer Schule sah, die auf einem großen Stein in dem Orangenhain saßen und völlig ungeniert Bier tranken. Bisher hatte ich es nie gewagt, diese Jungs auch nur zu grüßen. Und jetzt stießen wir mit den Biergläsern an und lachten über unsere Lehrer. Der ganze Abend erschien mir wie ein Märchen, und bevor ich wusste, wie mir geschah, hatte ich mehrere Flaschen Bier intus. Ich merkte gar nicht, wie betrunken ich war, bis ich aufstehen wollte und feststellen musste, dass meine Beine nicht mitmachten. Der Rest des Abends verschwand in einem Nebel aus Lachen, Amys Verrücktheiten und den süßen Jungs aus der Schule, die bei uns waren.

Im Laufe der folgenden Monate gewöhnte ich mir das Rauchen an. Tammy, Amy und Anita rauchten ganz offen in Cafés, im Schnellimbiss oder in der Mall. Ich jedoch hatte furchtbare Angst, dass ein Mitglied unserer Kirche mich beim Rauchen ertappen könnte, da Zigaretten definitiv verboten waren. Bevor ich mir eine anzündete, schaute ich jedes Mal in alle Richtungen, um sicherzugehen, dass sich kein vertrautes Gesicht aus meiner Gemeinde in der Nähe befand.

Wann immer ich konnte, ging ich mit Anita zu Partys und ritt mit Amy aus. Eines regnerischen Nachmittags saßen wir alle im Schutz der trockenen, muffigen Scheune. Amy zog einen lose gerollten Joint aus ihrer Hosentasche und zündete ihn an. Sie nahm einen tiefen Zug und reichte ihn weiter. Als der Joint zu mir kam, nahm ich ihn und schaute ihn mir an. Die anderen Mädchen wussten, dass ich noch nie Pot geraucht hatte, und zeigten mir, wie man einen Zug nimmt. Sie sagten mir, ich solle den Rauch tief in meine Lungen ziehen, doch als ich es versuchte, musste ich so stark husten, dass es wehtat. Die Mädchen erklärten immer wieder, wie stoned sie wären, doch dieses erste Mal spürte ich nicht das Geringste.

Mit Amy, Anita, Tammy und den anderen Pot zu rauchen bedeutete, dass ich nun zu den coolen Kids der Schule gehörte. Meine Bücherwurm-Freundinnen begannen mir aus dem Weg zu gehen, meine Noten wurden schlechter, und sowohl meine Persönlichkeit als auch meine Interessen veränderten sich auffallend. Ich ging nicht mehr zu den teuren Geigenstunden, für die meine Mutter bezahlt hatte, und begann stattdessen, Gitarre zu spielen. Wenn ich nicht mit meinen Freundinnen zusammen war, saß ich alleine in meinem Zimmer und imitierte die Gitarenriffs meiner Led-Zeppelin- und Robin-Trower-Platten. Mein musikalisches Gespür war so gut, dass ich bald die meisten Songs von Jimmy Page spielen konnte.

Ich bat meine Eltern, mir eine elektrische Gitarre zu kaufen. Mein Vater stellte die Bedingung, dass ich zuerst ein Zeugnis mit lauter erstklassigen Noten nach Hause brachte. Das war Anreiz genug, und ich konzentrierte alle meine Gedanken und Bemühungen auf meine Schularbeit. In jenem Halbjahr hatte ich nur Einser und Zweier, und Dad kaufte mir eine Gitarre mit Verstärker. Ich trat einer Rockband bei, der mehrere Mitglieder einer christlichen Kirche angehörten, und wir spielten auf Partys und bei Tanzveranstaltungen in der Schule.

Obwohl ich nun plötzlich mehr Freunde hatte, als mein Zeitplan erlaubte, genoss ich diese Tatsache nicht sonderlich. Mitschüler, die sich einige Zeit zuvor darüber lustig gemacht hatten, dass ich so ein streberhafter Bücherwurm war, wollten jetzt mit mir befreundet sein. Diese plötzliche Beliebtheit fühlte sich falsch und unehrlich an, und so begrenzte ich meinen Umgang auf Anita, Amy und Tammy – und natürlich auf meinen neuen »Freund«, das Marihuana.

Meine Bandmitglieder müssen irgendwie von meinem Marihuanakonsum erfahren haben, denn eines Tages konfrontierten sie mich und stellten mir ein Ultimatum. »Du kommst ab sofort in unsere Kirche, oder du musst die Band verlassen«, sagten sie. Ich dachte nicht eine Sekunde darüber nach. Ich packte meine Gitarre ein und ging ohne ein weiteres Wort.

Nach wie vor besuchte ich regelmäßig die Christian-Science-Sonntagsschule, doch der Kater nach den Samstagnachtpartys behinderte eindeutig jeden gedanklichen Tiefgang. Manchmal gingen Anita und ich stoned zur Sonntagsschule, was wir aus irgendeinem Grund für unglaublich witzig hielten. Als der Zeitpunkt für meinen jährlichen Sommeraufenthalt im Jugendlager in Colorado gekommen war, packte ich zusammen mit Schlafsack und Zelt auch mehrere Joints ein.

Dieses Zeltlager verband Aktivitäten in der freien Natur, wie beispielsweise Klettern, Reiten und Kanufahren, mit inspirierenden Seminaren. Berühmte Mitglieder der Christian-Science-Kirche, wie Jean Stapleton, Ginger Rogers und Alan Young, hielten dabei Vorträge. In diesem Sommer jedoch isolierte ich mich von den anderen Kindern und schlich mich in die dichten Wälder in der Umgebung, um Pot zu rauchen.

Eines Tages kam ich nach einem solchen Ausflug in meine Hütte zurück und stellte fest, dass meine Sachen durcheinander waren. Unvermittelt standen mir die Nackenhaare zu Berge, weil ich begriff, was das bedeutete. Ich war nach Drogen durchsucht worden, und sie hatten mein Marihuana gefunden! Ich wusste, dass mir etwas Schlimmes bevorstand, und mir sackte das Herz in die Hose, während ich auf die unausweichliche Strafe wartete. Schließlich sind harte Drogen in jedem Jugendlager verboten. Aber dies war ein Christian-Science-Jugendlager, und Drogen jeglicher Art waren nicht gestattet.

Die Strafe kam schnell und gnädig. Eine Betreuerin fuhr mich mit strengem Blick in einem Golfwagen zum Verwaltungsbüro des Camps. Dort angekommen, saß ich in einem schmucklosen Raum, während sie von einem Nebenraum aus meine Eltern anrief. Mom und Dad mussten ein Flugticket für meine umgehende Abreise zurück nach Kalifornien besorgen.

Ich war tief beschämt, als ich die geröteten, feuchten Augen meiner Eltern sah, die mich am Flughafen abholten. Mein Vater war zornig, doch ihm fehlten die Worte. Meine Mutter starrte auf der Heimfahrt einfach nur still vor sich hin. Ich nehme an, sie betete, doch mein Schuldgefühl stieg und stieg mit jeder wortlos zurückgelegten Meile.

Meine Freundinnen Anita und Amy fanden die Tatsache, dass ich aus einem Jugendlager der Kirche hinausgeworfen worden war, total cool, und sie schüttelten sich aus vor Lachen, als sie die Geschichte hörten. Je enger meine Verbindung mit meinen Freundinnen wurde, desto weiter entfernte ich mich von Gott und meinen Eltern. Ich war süchtig nach Marihuana und nach der Bestätigung und Gesellschaft meiner Freundinnen.

Neben dem bisschen Geld, das ich als Gitarristin verdiente, hatte ich begonnen, Airbrushmalereien zu verkaufen, wobei ich T-Shirts mit Wolken und exotischen Vögeln bemalte. Diese Shirts waren so beliebt, dass der Laden in unserer High School bald begann, sie in seinen Bestand aufzunehmen und zu verkaufen. Ich liebte es, etwas Schönes zu schaffen und für meine Freunde und Lehrer tragbare Szenen aus der Natur anzufertigen. Oft war ich stoned, während ich Regenbögen und Möwen auf die Baumwollhemden malte.

In der Zwischenzeit wurde meine Mutter in der Christian-Science-Kirche immer aktiver. Ihre Heilpraxis war ständig überfüllt, und sie wurde eine Art Diakonin in unserer örtlichen Kirche. Außerdem arbeitete sie ehrenamtlich im Leseraum der Christlichen Wissenschaft in Escondido und wurde allgemein als eine verlässliche Säule der Kirche betrachtet. Ich ging nach wie vor zur Kirche, obwohl ich bemerkte, dass viele Leute von dem Zwischenfall beim Kirchenlager im Sommer wussten. Ich fühlte mich von einigen Mitgliedern der erwachsenen wie auch der jugendlichen Gemeinde ausgestoßen und verurteilt. Doch übernahm ich Verantwortung für meinen neuen Status als gesellschaftliche Außenseiterin, und anstatt die Betreffenden zu beschuldigen, ging ich ihnen meinerseits ebenfalls aus dem Weg.

Damals war es mir nicht klar, doch meine Mutter und mehrere andere Gemeindemitglieder beteten fieberhaft darum, dass ich aufhören würde, Marihuana und Zigaretten zu rauchen. Nach meinem Rauswurf aus dem Jugendlager hatte ich mit meiner Mutter ein vertrauliches Gespräch über meinen Drogenkonsum geführt. Ich hatte genügend Vertrauen zu ihr, um ihr meine Gedanken und Gefühle bezüglich Marihuana mitzuteilen, und sagte ihr, dass ich es nicht für schädlich hielt. Sie hielt mir keinen Vortrag, sondern hörte einfach nur zu.

Es war sehr klug von meiner Mutter, mit Gebeten statt mit Strafen zu reagieren. Eines Tages wachte ich morgens auf und verspürte nicht mehr den geringsten Wunsch danach, Marihuana zu rauchen. Wenn meine Freunde nach der Schule einen Joint herumreichten, lehnte ich dankend ab. Das geschah vollkommen unvermittelt: An einem Tag war mein Appetit auf Pot allumfassend, doch am nächsten Tag hatte sich etwas in mir verändert und ich verspürte absolut kein Verlangen mehr. Die Gebete meiner Mutter hatten mich geheilt, und das alles ohne mein Wissen oder mein Einverständnis.

In seinem Buch *Heilende Worte* beschreibt Larry Dossey wissenschaftliche Studien über die Wirksamkeit von Gebeten.[6] Viele Untersuchungen zeigen, dass Beten einen statistisch signifikanten Effekt hat, ob der Patient nun über die Gebete Bescheid weiß oder nicht. Andere Untersuchungen zeigen beispielsweise, dass Pflanzen und Mikroorganismen, für die gebetet wird, schneller wachsen als solche, denen diese Behandlung nicht zuteil wird.[7] Alle diese Untersuchungen machen deutlich, dass spirituelle Heilung mehr ist als nur ein Placeboeffekt, der auf die positiven Erwartungen des Patienten zurückzuführen ist.

Meine eigene dramatische Heilung von der Drogenabhängigkeit – obgleich ich keine Heilung wollte, nicht glaubte, dass ich eine Heilung brauchte, und nichts über die Gebete anderer für mich wusste – bewies mir die Wirksamkeit des Betens. Dies war eine besondere Lektion für mich, die mir später als Psychotherapeutin bei der Behandlung von Suchtkranken gute Dienste leistete.

Der Genuss von Marihuana hatte meine Gedankenprozesse vernebelt, und es dauerte ungefähr drei Tage, bevor mein Kopf wieder klar war. Ich war erstaunt und glücklich, dass ich von einer Sekunde auf die andere problemlos jegliches Verlangen nach Marihuana, Alkohol und Zigaretten verloren hatte und diese Dinge nicht im Geringsten vermisste. Die Heilung war ganz natürlich eingetreten, so als ob man einfach von einem Raum in einen anderen geht.

Als ich von der Wirkung der Drogen befreit war, widmete ich mich wieder bereitwillig meinen spirituellen Studien an der Sonntagsschule. Meine Heilung hatte mein Interesse an der Verbindung von Geist und Körper verstärkt, und ich sog begierig alles auf, was ich über Metaphysik las oder hörte. Ich empfand ein Glücksgefühl, wie ich es noch nie erlebt hatte, ein High, das viel größer war als jeder durch Drogen hervorgerufene Zustand.

KAPITEL 4

Ein Besuch aus dem Jenseits

*»Ah, die Geister meiner Ahnen haben vom Himmel herabgeschaut,
haben über mich gewacht und sind mir zur Seite gestanden.«*

Nihon Shoki 3,
japanischer Shinto-Text

Durch meine Zeit als Partygirl, meine öffentlichen Auftritte als Leadgitarristin in örtlichen Bands und meine erfolgreichen Airbrushmalereien hatte ich mein Ziel gesellschaftlicher Beliebtheit erreicht. Doch war dies ein leerer Sieg, da ich wusste, dass die anderen Jugendlichen mich nur für das mochten, was ich tat, und nicht für das, was ich in meinem Inneren wirklich war. Die endlich errungene Beliebtheit gab mir nicht die geringste Befriedigung. Ich fühlte mich nur wohl in der Gesellschaft von Menschen, die bereits vor meiner Zeit als Künstlerin und Gitarristin meine Freunde gewesen waren.

Es stellte sich heraus, dass die meisten dieser wahren Freunde zu meiner Familie und zu unserer Kirche gehörten. Meine Familie hatte sogar dann zu mir gehalten, als meine Stimmung aufgrund des Marihuanakonsums stark geschwankt hatte und es fast unmöglich war, mit mir zu leben. Meine Kirchenfamilie hatte mir – mit einigen wenigen Ausnahmen – bedingungslose Liebe zuteil werden lassen. Diejenigen, die zu mir gehalten hatten, liebten mich, weil ich – wie jeder Mensch – ein heiliges Kind Gottes war. Ich verdiente ihre Liebe aus dem einfachen Grund, weil ich ein Kind Gottes war.

Die bedingte Liebe, die mir in der Schule entgegengebracht wurde, verblasste im Vergleich dazu. Zurückblickend erkenne ich heute, dass die meisten meiner Schulfreunde nicht wussten, wie man Liebe zeigt. Viele von ihnen kamen aus schwierigen oder gestörten Familienverhältnissen. Vor allem aber trübten Drogen unsere Gedanken und Gefühle und damit auch unser Bewusstsein für die Gegenwart von Liebe. Obwohl ich also von wohlmeinenden Freunden umgeben war, fühlte ich mich einsam in der Menge.

Als ich siebzehn war, kamen Pearl, meine Großmutter mütterlicherseits, und mein Stiefgroßvater Ben, um uns für ein paar Tage in unserem Haus in Escondido zu besuchen. Ich erinnere mich, wie aufgeregt ich auf ihre Ankunft wartete und wie ich angestrengt auf das Geräusch ihres Wagens lauschte, wie er in unsere Einfahrt einbog. Wir hatten eine wundervolle Zeit miteinander. Ich fühlte mich meinen Großeltern sehr nahe, als sie schließlich wieder ins Auto stiegen, um nach Bishop zurückzufahren.

Einige Stunden nach ihrer Abreise klingelte das Telefon. Ich sah, wie mein Vater den Telefonhörer in der Hand hielt und sein ganzer Körper zitterte. »Ben und Mom hatten einen Autounfall«, sagte er verstört. »Ein betrunkener Autofahrer ist frontal auf sie aufgefahren. Mom ist im Krankenhaus, und … Ben ist tot.«

Wir alle brachen in Tränen aus und riefen: »Oh nein, oh nein!« Ich rannte in mein abgedunkeltes Schlafzimmer, schnappte mir meine Gitarre, umschlang sie wie zum Trost, spielte ein paar Riffs, und die Musik half mir, Frieden zu fühlen. Ich konnte meine Eltern und meinen Bruder im Wohnzimmer weinen hören und fühlte mich schuldig, weil ich ihre Trauer nicht teilte. Natürlich liebte ich Pop genauso sehr wie die anderen. Natürlich würde ich seine Gegenwart sehr vermissen. Doch in der Tiefe meiner Seele spürte ich keine Trauer über seinen Tod. Meine einzige Verzweiflung galt der Tatsache, dass ich keinerlei Trauer empfand.

Genau in diesem Augenblick erregte ein glühendes Licht am Ende meines Bettes meine Aufmerksamkeit. Ich schaute hinüber, und dort, klar und deutlich, stand mein Großvater. Er sah genauso aus wie das letzte Mal, als ich ihn gesehen hatte. Er trug ein kariertes Hemd und eine bequeme Hose, nur war er kleiner und ein wenig durchsichtig. Die Farben seiner Kleidung waren von dem bläulich weißen Licht gedämpft, das aus seinem Inneren zu strahlen schien. Er sagte mir deutlich durch eine Art telepathischer Übermittlung: »Deine Gefühle entsprechen der Wahrheit, Doreen. Es geht mir gut, und alles ist okay.« Dann löste sich sein Bild auf, und er war verschwunden. Ich blieb mit der Gewissheit zurück, dass mein Gefühl inneren Friedens angemessen war.

Als ich meinen Eltern später von Bens Erscheinen erzählte, sagten sie mir, dass Bens Bruder – der weit entfernt von uns lebte – ihn ebenfalls kurz nach seinem Tod gesehen hatte. Hatte Pop jeden Einzelnen von uns besucht, ohne dass es die anderen Familienmitglieder wussten? Vielleicht verhinderte die tiefe Trauer meiner Eltern und meines Bruders, dass sie seine Gegenwart spürten, oder vielleicht blockierten ihre starken Gefühle sogar sein Erscheinen. Ich bin mir dessen nicht sicher, doch weiß ich mit Sicherheit, dass Trauer – auch wenn sie ein völlig normales Gefühl ist, das durchaus heilsam wirken kann – unser Bewusstsein für das Leben nach dem Tod blockieren kann.

Meine neue Nüchternheit, Bens Tod und meine gemischten Gefühle über meine Beziehungen in der Schule verwirrten mich. Ich fühlte mich wesentlich älter als meine siebzehn Jahre, jedoch unsicher über die Richtung, die ich im Leben einschlagen sollte. Irgendwie fiel mir ein Selbsthilfebuch in die Hände, das mich von meinen Selbstbeschuldigungen retten sollte. *Glücklichsein ist keine Kunst* von Laura Huxley[1] war wie heilender Balsam für mein verwundetes pubertäres Ego. Ihre Worte überzeugten mich, dass ich kein Opfer war und dass ich die Kontrolle über meine Gedanken und Gefühle übernehmen konnte. Ich las das Buch so oft, bis die Seiten Eselsohren hatten. Ich beschloss, eines Tages einen ähnlichen Beitrag zu leisten und ein Selbsthilfebuch zu schreiben, wenn ich erst einmal erwachsen war.

Schreiben war schon immer meine Leidenschaft gewesen, angefangen mit den Aufsätzen in den ersten Klassen bis hin zu meinem Job als Nachwuchsreporterin bei der Schulzeitung meiner High School. Mein Vater, Autor von mehr als einem Dutzend Büchern und einer monatlichen Zeitschriftenkolumne über Modellflugzeuge, hatte mich stets zum Schreiben ermuntert. Außerdem arbeitete er ein paar Jahre lang als Lektor für einen kleinen Verlag in der Nähe von Los Angeles, der auf das Thema Flugzeuge spezialisiert war. Während dieser Zeit hatte der Verlagsleiter einen unbekannten Schriftsteller entdeckt, der Artikel über seine Gespräche mit einem Vogel schrieb. Er überzeugte den Autor, diese Artikel zu einem inspirierenden Buch zusammenzufassen, und mein Vater lektorierte das Manuskript.

Ich erinnere mich, wie ich als kleines Mädchen mit meinem Vater in seinem VW Käfer unterwegs war. Wie Kinder es oft tun, beschwerte ich mich darüber, wie lange die Fahrt dauerte. Um mich abzulenken und meine unaufhörlichen Fragen: »Wann sind wir endlich da?«, zum Versiegen zu bringen, reichte Dad mir einen Stapel dünner, dicht bedruckter Blätter nach hinten. Es handelte sich um das Buch, das er lektorierte, und ich las mit großem Interesse diese Fahnenabzüge über die Lebensphilosophie eines Vogels.

Irgendwann im Verlauf des Publikationsprozesses entschied der Autor, sein Manuskript einem größeren Verlagshaus anzubieten. Der Chef meines Vaters gestattete dem Autor zögernd, doch ohne ihm Schwierigkeiten zu machen, sein Buch woanders herauszubringen. Das Buch, dessen Titel ich aus Respekt vor den Wünschen meines Vaters hier nicht nennen möchte, wurde später ein internationaler Erfolg.

Natürlich waren mein Vater und sein Chef enttäuscht, dass ihre harte Arbeit nun einem anderen Verlag zugute kommen sollte. Doch freuten sie sich immerhin, dass sie an der Verwirklichung eines Buches beteiligt gewesen waren, das schließlich vielen Menschen helfen würde. Eines Tages war der Autor Gast einer Talkshow, in der er für sein Buch warb und einige verletzende Bemerkungen über das Verlagshaus machte, bei dem mein Vater arbeitete. Das war zu viel! Der Chef meines Vaters beschloss, den Autor wegen Vertragsbruchs zu verklagen. Das führte zu einem langwierigen Prozess, und mein Vater war tagelang mit Rechtsanwälten zugange. Dad warnte meinen Bruder und mich, keine Fragen von Fremden zu beantworten, weder am Telefon noch an der Haustür. Die ganze Angelegenheit zeigte mir, dass ein Buch das Leben vieler Menschen in vieler Hinsicht nachhaltig beeinflussen kann.

In der letzten Klasse der High School sorgten meine Drogenabstinenz und meine neu erwachte Begeisterung fürs Schreiben dafür, dass meine Noten sich ganz erheblich verbesserten. Die Veränderung war sogar so dramatisch, dass mein Geschichtslehrer den Verdacht hatte, ich würde bei meinen Hausaufgaben schummeln. Unmittelbar vor der Abschlussprüfung musste jeder Schüler der Klasse einen Aufsatz über eine historische Persönlichkeit schreiben, die er bewunderte.

Ich wählte Charles Lindbergh, und wie ich es auch heute noch mache, stürzte ich mich voller Elan in die Recherchen über mein Thema. Nach vielen Stunden in der Bücherei fühlte ich mich schließlich ausreichend inspiriert und informiert, um über Lindbergh zu schreiben. Die Worte flossen mühelos aus meinen Fingern, während ich eifrig vor mich hin tippte. Stellen Sie sich meinen Schock und meine Enttäuschung vor, als der Lehrer mir den Aufsatz eine Woche später mit einer Sechs zurückgab! Als ich ihn nach den Gründen fragte, meinte er, dass der Aufsatz so gut war, dass ich ihn offensichtlich irgendwo abgeschrieben hatte.

Ich stammelte einen Protest und versuchte zu erklären, dass es sich um mein eigenes Werk handelte, von mir selbst geschrieben, doch der Lehrer wollte nicht auf mich hören. Die Sechs auf diese Arbeit drohte meinen High-School-Abschluss zu gefährden. Schließlich musste mein Vater in die Schule gehen und mit dem Lehrer reden, bevor wir ihn davon überzeugen konnten, dass ich tatsächlich die alleinige Verfasserin meines Aufsatzes war. Gerade noch rechtzeitig für meine Abschlussprüfung änderte der Lehrer meine abschließende Note in eine Eins plus, und bei der feierlichen Abschlusszeremonie entschuldigte er sich wiederholt dafür, mich falsch beurteilt zu haben.

Nach der High School ging ich aufs Palomar Community College in San Marcos, wo ich als Hauptfächer Musik und Journalismus belegte. Ich lernte Musiktheorie und Tonleitern, studierte Jazzgitarre und schrieb Interviews und Essays für das Collegemagazin. Dann hörte ich eines Tages, dass eine Stelle bei einer kleinen Wochenzeitung, dem *San Marcos Outlook*, frei geworden war. Ich bewarb mich darum, obwohl ich noch kaum begonnen hatte, das Grundlagenwissen des Journalismus zu lernen.

Der Herausgeber der Zeitung, William Carroll, fragte mich, warum ich die Stelle haben wollte. Ich erzählte ihm von meinem Traum, professionell zu schreiben, und sprach über mein Journalismusstudium. Nach dem Vorstellungsgespräch betete ich darum, dass er mich einstellen würde. Zwei Tage später bekam ich den Job, verließ das College und begann meine Tätigkeit als Vollzeitredakteurin beim *San Marcos Outlook*.

Zu meinem Arbeitsbereich gehörten viele verschiedene Aufgaben, unter anderem Korrektur, Lektorat, Layout und Reportagen. Für eine kleine Wochenzeitung war der Druck enorm und ließ nie nach. Die Arbeit verschlang während der Woche tagsüber den größten Teil meiner Zeit, und meine Abende verbrachte ich damit, Gemeinderatssitzungen, Treffen der Planungskommission und Ähnliches zu besuchen und darüber zu schreiben.

Ich war damals mit einem Mann namens Larry befreundet, der zwanzig und damit ein Jahr älter war als ich. Wir hatten uns bei einer Party kennen gelernt. Ich hatte einen Artikel gelesen über eine angeblich narrensichere Methode, Männer kennen zu lernen, indem man sechs Sekunden lang direkten Blickkontakt mit ihnen herstellt. Bei der Party machte ich mich mit meiner Freundin Laurie darüber lustig, und wir beschlossen, die Wirkung zu testen. Wir suchten als Versuchsobjekt einen hoch gewachsenen, schlanken Mann aus, den wir noch nie zuvor gesehen hatten. Ich nahm Blickkontakt mit ihm auf, während Laurie und ich sechs Sekunden abzählten, die sich wie die längsten sechs Sekunden der Geschichte anfühlten. Die Methode funktionierte tatsächlich, der Mann kam zu mir herüber. Seine Intensität machte mir jedoch Angst, und ich erfand eine Entschuldigung, um mich zu entfernen. Doch je mehr ich den Typ mied, desto entschlossener war er, mir näher zu kommen. Ich fühlte mich wie seine Beute.

Zehn Minuten einer Katz-und-Maus-Jagd durchs ganze Haus endeten in der Küche, in der sich ein Großteil der Gäste eingefunden hatte. Ich ging auf einen harmlos aussehenden Mann zu, den ich nie zuvor gesehen hatte, und legte ihm impulsiv meinen Arm um die Schulter. Er schaute mich von der Seite an, während ich erklärte: »Bitte tun Sie so, als seien Sie mein Freund. Ein Mann ist hinter mir her.« Dieser Mann, der mich »gerettet« hatte, war Larry, und wir wurden ein Paar.

Larry hatte sich bald an meine langen Arbeitszeiten bei der Zeitung gewöhnt. Oft wartete er auf mich in dem Apartment, das ich in der Nähe des Büros gemietet hatte, bis ich nach dem letzten Artikel nach Hause kam. Larry und ich hatten eine wunderbar romantische Beziehung, obwohl unser spiritueller Hintergrund sehr verschieden war und ich ihm selten etwas über diese Seite meines Lebens erzählte. Da meine Zeit und meine Gedanken angefüllt waren mit meiner Arbeit und der Beziehung zu Larry, ließ ich mich bald vom spirituellen Weg ablenken. Ich war seit Monaten nicht in der Kirche gewesen und hatte keine spirituellen Bücher gelesen. Daher ist es nicht überraschend, dass ich mich eines Abends bereitwillig darauf einließ, mit Larry einen Joint zu rauchen.

Obgleich ich seit Jahren kein Marihuana geraucht hatte, fiel ich umgehend in den entsprechenden Lebensstil zurück. Ich weiß nicht, warum die Gebete meiner Mutter um spirituelle Heilung keine lang anhaltende Wirkung hatten. Alles, was mir dazu einfällt, ist, dass mein freier Wille – meine Entscheidung, Marihuana zu rauchen – die spirituelle Kraft der Gebete verdrängte. Ich glaube, dass wir alle den freien Willen haben, mit unserem Leben das zu tun, was wir wollen, selbst wenn unsere Entscheidung sich als selbstzerstörerisch herausstellen sollte. Und doch scheint immer, wenn ich von meinem spirituellen Pfad abweiche, eine unsichtbare Macht zu intervenieren, um mich auf den richtigen Weg zurückzubringen.

Eines Nachts saß ich, nachdem ich mehrere Joints geraucht und viel getrunken hatte, allein in meinem dunklen Wohnzimmer in einem Schaukelstuhl und versuchte, mich in den Schlaf zu wiegen. Plötzlich sah ich vor meinem inneren Auge eine große silberne Mülltonne. Sie wuchs immer mehr in die Höhe, bis sie sich schließlich wie eine Sprungfeder zum Boden hinab beugte. Diese Vision wurde von einem intensiven Gefühl begleitet, das mir im Wesentlichen vermittelte: »Du wirfst dein Leben und deine Talente in den Müll, wenn du Marihuana rauchst. Hör sofort auf damit.«

Diese Vision erschütterte mich, und ich hörte auf, Marihuana und Zigaretten zu rauchen und Alkohol zu trinken. Das Einzige, was ich weiterhin regelmäßig nahm, waren Antibabypillen, da Larry und ich angefangen hatten, miteinander ins Bett zu gehen. Als mir eines Tages die Pillen ausgingen, hatte ich aufgrund meines vollen Terminkalenders keine Zeit, mir ein neues Rezept zu holen. Ich nahm mir zwar fest vor, am nächsten Morgen Nachschub zu besorgen. Doch an diesem einen Tag ohne Pille – es war 1977 und ich war neunzehn Jahre alt – wurde ich schwanger mit Larrys Kind.

Ich wusste nicht, was ich tun sollte. Obwohl die Sechziger- und Siebzigerjahre das soziale und sexuelle Klima merklich verändert hatten, wurden unverheiratete Mütter nach wie vor geächtet. Ich hatte mich bereits gegen eine Abtreibung entschieden, und Larrys Mutter hatte ihn davon überzeugt, dass eine Heirat aufgrund unserer Jugend und finanziellen Unsicherheit ein Fehler sei.

Larrys Familie versuchte mich zu überreden, in ein Heim für unverheiratete Mütter zu ziehen, das von katholischen

Nonnen geleitet wurde. Zögernd erklärte ich mich bereit, der Adoptionsagentur einen Besuch abzustatten, obwohl ich mich bereits in das Baby verliebt hatte, das ich unter dem Herzen trug. Daher tat ich jedes Mal, wenn die Adoptionsberater an der Tür meines Apartments klingelten, so, als sei ich nicht zu Hause. Ich mied sie so lange, bis sie aufhörten, mich zu verfolgen. Schließlich setzte ich alle von meiner Entscheidung in Kenntnis, mein Baby zu behalten. Ich war mir dieser Entscheidung vollkommen sicher, doch ich war nicht vorbereitet auf die Scham, die ich als unverheiratete Schwangere empfinden sollte. Als meine Schwangerschaft nicht mehr zu verbergen war, gab ich meinen Job bei der Zeitung auf und nahm eine Stelle in einem Feinkostladen an, wo ich Sandwiches zubereitete.

Geburtenkontrolle und Schwangerenvorsorge waren Anlass für die wenigen Male in meinem Leben, da ich einen Arzt aufsuchte. Während der gynäkologischen Untersuchung beglückwünschte mich der Arzt zu meiner ausgezeichneten Gesundheit, und irgendwie kam das Gespräch auf das Thema meines Christian-Science-Hintergrundes. »Ach ja«, bemerkte der Arzt, »ich habe einen Nachbarn, der Christian Scientist ist. Ich glaube, dass durchaus etwas dran ist an der Annahme, dass die Gefühle bei der Gesundheit eine Rolle spielen.«

Ich war glücklich, dass mein Arzt akzeptierte, was damals für die meisten Menschen nur eine verrückte Idee war – nämlich dass es zwischen dem Geist oder der Seele und dem Körper eine Verbindung gibt. Ich war mit dem Glauben aufgewachsen, dass der Geist nicht nur alles kontrolliert, sondern dass überhaupt nur der Geist existiert. Der Körper ist danach eine unwirkliche Illusion, die Projektion des Egos. Ich hätte nie erwartet, einen Arzt sagen zu hören, dass unsere Gedanken unsere Gesundheit beeinflussen. Ich erinnere mich, dass ich als Kind zum Wohlergehen der Menschheit beitragen wollte, indem ich wissenschaftliche Beweise für die Verbindung zwischen Geist und Körper fand. Nie hätte ich gedacht, dass die Wissenschaft eines Tages die metaphysischen Prinzipien, mit denen ich aufgewachsen war, als Realität akzeptieren könnte.

Einmal führte ein stellvertretender Arzt die Vorsorgeuntersuchung durch. Ich erzählte ihm, dass mein Baby mich in letzter Zeit besonders kräftig trat. Laut wunderte ich mich, ob vielleicht der Stress bei meinem Job in dem Feinkostladen zum Verhalten meines Babys beitrug. Der Arzt schien über diesen Gedanken nur zu lächeln. »Stress!«, meinte er abfällig und wechselte dann schnell das Thema. Ich interpretierte seine Reaktion so, dass er nicht glaubte, dass sich Stress auf die Gesundheit eines Menschen auswirken könnte. Bis vor ganz kurzer Zeit glaubten die meisten Menschen nicht an diese Möglichkeit.

Oft werde ich gefragt, warum Christian Scientists nicht zum Arzt gehen. Häufig werden dabei die gelegentlichen Meldungen über sterbende Kinder erwähnt, deren Eltern jede medizinische Intervention ablehnen. Viele Menschen sind aufgrund solcher Meldungen irrtümlich zu dem Schluss gelangt, dass es sich bei Christian Scientists um extreme Fanatiker handelt, die verantwortungslos das Wohlergehen ihrer Kinder gefährden. Immer wieder wird mir die rhetorische Frage gestellt: »Hat Gott nicht auch die Ärzte und die Medizin geschaffen?«

Es ist nicht so, dass Christian Scientists gegen Ärzte sind oder nicht an ihre Fähigkeiten glauben. Es ist vielmehr so, dass die Philosophie von Christian Science lehrt, dass Gott die einzige wirkliche Macht ist. Niemand könnte behaupten, dass Medizin nicht wirksam ist; ihre Macht resultiert jedoch einzig und allein aus unserem Glauben an sie. Daher haben wir die Möglichkeit, sie als überflüssigen Vermittler auszuschalten und uns nur auf unseren Glauben zu verlassen.

Wie Mary Baker Eddy in ihrem Buch *Wissenschaft und Gesundheit mit Schlüssel zur Heiligen Schrift* schrieb:

»Die materielle Medizin ersetzt die Kraft GOTTES *– nämlich die Macht des* GEMÜTS *– durch Medikamente, um den Körper zu*

heilen. [...] Wenn die Kranken durch den Gebrauch von Medika-
menten gesund werden, dann heilt das Gesetz eines allgemeinen
Glaubens, das im Vertrauen des Einzelnen gipfelt; und diesem
Glauben entsprechend wird die Wirkung sein. [...] Christian
Science befasst sich bei der Beurteilung und Beseitigung von
Krankheit ausschließlich mit der mentalen Ursache. [...] Chris-
tian Science macht Medikamente überflüssig und beruht allein
auf GEMÜT *als dem heilenden Prinzip, indem sie anerkennt, dass*
das göttliche GEMÜT *alle Macht besitzt.«**[2]

Wissenschaftliche Untersuchungen bestätigen, dass die heilenden Kräfte von Medizin und Medikamenten von den positiven Erwartungen der verschreibenden Ärzte und ihrer Patienten abhängig sind. Ein dramatisches Beispiel dafür ist, dass
Arzneien wie Vitamin E und diverse Beruhigungsmittel nur
dann wirksam sind, wenn sie von Ärzten verschrieben werden, die von ihrer Wirksamkeit überzeugt sind. Wenn Ärzte,
die die Wirksamkeit dieser Medikamente bezweifeln, *identische Präparate* verschreiben, wirken diese nicht. Offensichtlich
überträgt sich die Einstellung des Arztes auf den Patienten
und beeinflusst den Glauben beziehungsweise den mangeln-
den Glauben an das Medikament.[3]

Auch die Wirksamkeit von Gebeten scheint auf dem Gesetz von Ursache und Wirkung zu beruhen, das besagt: »Dir
wird widerfahren, was du erwartest und woran du glaubst.«

---

* »*Material medicine substitutes drugs for the power of god – even the might of
Mind – to heal the body. [...] When the sick recover by the use of drugs, it is
the law of a general belief, culminating in individual faith, which heals; and
according to this faith will the effect be. [...] Christian Science deals wholly
with the mental cause in judging and destroying disease. [...] Christian
Science exterminates the drug, and rests on Mind alone as the curative Prin-
ciple, acknowledging that the divine Mind has all power.*« Mary Baker Eddy
benutzte sieben Synonyme für Gott, die im Englischen groß und in der
deutschen Übersetzung in Kapitälchen geschrieben werden. Dazu
zählen auch Mind und Spirit, die in der deutschen Literatur von Christian Science mit Gemüt beziehungsweise Geist übersetzt werden, um
sie voneinander zu unterscheiden (Anm. d. Übers.).

Wenn Beten nicht zu den erwünschten Resultaten zu führen scheint, liegt das in der Regel daran, dass der Empfänger nicht in der Lage ist, seine Angst lange genug loszulassen, um Gesundheit und Harmonie wiederherzustellen. Tod oder Vernichtung sind in diesem Fall die alles andere übertönenden Gedanken, und diese Gedanken werden aufgrund des Gesetzes von Ursache und Wirkung zur Realität. Außerdem sorgt auch das Gesetz des freien Willens dafür, dass der Wunsch Wirklichkeit wird, wenn ein Patient Tod oder eine schwere Krankheit wählt.

Wenn die Angst eines Menschen die Wirksamkeit von Gebeten blockiert, verlangt der gesunde Menschenverstand, dass sie zu einem Arzt gehen sollten. Christian Science ist nicht dafür, dass Eltern ihre Kinder leiden lassen, statt einen Arzt aufzusuchen. Vielmehr geht man davon aus, dass solche Eltern spirituell nicht bewusst genug sind für die absolute Wahrheit, was dazu führt, dass sie kein geistiges Klima erzeugen können, in dem Heilung geschehen kann. Der gesunde Menschenverstand und eine ehrliche Einschätzung der eigenen spirituellen Fähigkeiten sind bestimmend dafür, ob man bei Erkrankungen einen Arzt aufsuchen oder auf die geistige Wahrheit vertrauen sollte.

KAPITEL 5

DEM GEIST VERTRAUEN

»Der Körper ist der Tempel Gottes; Gott wohnt in jedem Körper,
ob der Besitzer des Körpers dies nun erkennt oder nicht.
Gott ist es, der dich inspiriert, Gutes zu tun, und der dich
vor dem Bösen warnt. Höre auf diese Stimme.
Folge dieser Stimme, und du wirst nie zu Schaden kommen.«

SATHYA SAI BABA,
indischer spiritueller Lehrer[1]

Charles Wesley Schenk, benannt nach Larrys verstorbenem Vater, wurde am 7. Juni 1978 geboren. Ich fühlte mich im siebten Himmel, als ich meinen kleinen Sohn zum ersten Mal in den Armen hielt. Drei Monate später heiratete ich seinen Vater. Zwei Jahre danach kam unser zweiter Sohn, Grant William Schenk, auf die Welt, benannt nach meinem Vater William. Grant sah aus wie ein kleiner Engel und verhielt sich auch so.

Jahre zuvor hatte ich bei einer Fahrt durch die Straßen von San Marcos zwei kleine Jungen gesehen, die miteinander spielten. Sie sahen anbetungswürdig aus in ihren weiten Jeans, und in diesem Augenblick bat ich Gott, ob ich nicht zwei eigene Söhne haben könnte. Wie immer, erfüllte Gott diesen Wunsch, obgleich ich nicht erwartet hatte, bereits in so jungen Jahren Mutter zu werden.

Ich hatte schon lange aufgehört, Marihuana zu rauchen; das galt jedoch nicht für meinen Mann – im Gegenteil, er rauchte immer mehr. Er war oft schlechter Laune, und ständig beschwerte er sich über dies oder jenes. Meiner Ansicht nach war sein Drogenkonsum ein wichtiger Grund für unsere finanziellen Probleme und die Schwierigkeiten in unserer Ehe, und mehrmals beugte er sich meinen inständigen Bitten, damit aufzuhören. Wenn er es jedoch tat, verwandelten sich seine wechselnden Launen in schwelende, untergründige Wut. Während eines Entwöhnungsprozesses wurden seine Stimmung und sein Verhalten einmal sogar so negativ und ausfallend, dass ich ihn bat, wieder Marihuana zu rauchen, nur um meine Ruhe zu haben. Und es gab auch Zeiten, in denen Larry hinter meinem Rücken wieder anfing, Pot zu rauchen.

Trotz seines Drogenkonsums versuchten wir, so normal wie möglich zu leben. Larry arbeitete in einem Elektroge-schäft, während ich den Haushalt versorgte und mich um Chuck und Grant kümmerte. Ich genoss es, ihnen Sachen zum Anziehen zu nähen und gemeinsam mit ihnen »Sesam-straße« und »Mister Rogers« anzuschauen. Wir spielten alle möglichen Spiele, und oft sangen wir gemeinsam Lieder.

Das Geld war extrem knapp. Eine Zeit lang konnten wir uns nicht einmal ein Bett leisten, und während meiner ersten Schwangerschaft schlief ich auf einem unbequemen Lager aus Decken auf dem Teppichboden. Mein Großvater Ted und meine Eltern schenkten mir des Öfteren kleine Geldbeträge, die uns halfen, über die Runden zu kommen.

Kurz nachdem Ted gestorben war, wurde mir immer öfter auf wundersame Art finanzielle Unterstützung zuteil. Eines Tages ging ich die Hauptstraße in Escondido entlang, als ich aus irgendeinem Grund in ein Geschäft mit Schlafzimmer-möbeln ging. Der Laden war an diesem Tag eröffnet worden, und man konnte bei einem Gewinnspiel ein Doppelbett ge-winnen. Ich füllte einen Teilnahmeschein aus, und zwei Tage später erfuhr ich, dass ich das Bett samt Bettwäsche gewon-nen hatte! Das neue Bett wurde kurz nach Chucks Geburt ge-liefert, und ich war dankbar, dass ich jetzt nicht mehr auf dem Fußboden schlafen musste. Ein anderes Mal, als man uns drohte, Strom und Wasser abzuschalten, weil wir die ausste-henden Rechnungen nicht bezahlen konnten, erhielt ich von einem Preisausschreiben einen Scheck über tausend Dollar; ich erinnerte mich gar nicht mehr, überhaupt daran teilge-nommen zu haben. Bis auf den heutigen Tag kann ich Grandpa

Teds engelsgleiche Energie spüren, wie er meinem Bruder Ken und mir bei unseren finanziellen Angelegenheiten hilft. Vor meinem inneren Auge sehe ich Ted, wie er jedes Mal entzückt lächelt, wenn er Ken und mir hilft, unsere Gedanken bezüglich Mangel oder Begrenzungen zu heilen.

Teds wundersames Geschenk half meiner kleinen Familie sehr, doch wir hatten nach wie vor Schwierigkeiten, unsere Rechnungen zu bezahlen. Larry hatte oft Auseinandersetzungen mit seinen Vorgesetzten und wechselte häufig den Job. Ich war die meiste Zeit unglücklich und fühlte mich in einem feindlichen, finanziell unsicheren Lebensstil gefangen, den ich nicht gewohnt war. Larry und ich gingen auf völlig unterschiedliche Weise mit unseren mannigfachen Verschiedenheiten um. Ich kam aus einer kleinen Familie Introvertierter, die anstehende Probleme entweder ruhig diskutierten oder in der Hoffnung ignorierten, dass sie sich von alleine erledigen würden. Im Gegensatz dazu war Larry der Jüngste in einer großen Familie gewesen, und er hatte gelernt, extrem lautstark um die Befriedigung seiner Bedürfnisse zu kämpfen. Für Larry war es normal, herumzuschreien und die Türen zuzuknallen, wenn ihn die Wut überkam. Ich zog mich immer ängstlich vor seinen lautstarken Äußerungen zurück.

Erleichterung fand ich in erster Linie dadurch, dass ich enorme Portionen Schokoladeneis vertilgte. Wenn Larry schlief oder bei der Arbeit war, holte ich mir heimlich eine Packung Schokoladeneis aus der Tiefkühltruhe und verzehrte sie lautlos. Die samtige Konsistenz und der süße Schokoladengeschmack schienen meine Stimmung und meine Gedanken in eine andere Dimension zu heben, wo nur eitel Glück und Sonnenschein herrschten und alles harmonisch war. Erst viele Jahre später verstand ich, dass ich süchtig war nach den stimmungsverändernden psychoaktiven Substanzen im Schokoladeneis, die meine Depressionen linderten.

Der hohe Eiskonsum sorgte dafür, dass ich ordentlich zunahm und immer rundlicher wurde, und es dauerte nicht lange, bis Larry sich darüber beschwerte und mir sagte, ich sei fett und hässlich. »Du kannst froh sein, dass du mich hast, weil kein anderer Mann dich auch nur anschauen würde«, behauptete er oft. Je mehr er stichelte, desto mehr wandte ich mich dem Essen als Trostspender zu. Irgendwann hatte ich dann fünfzig Pfund zugenommen. Seine verbalen Angriffe wurden jetzt noch persönlicher und gemeiner. Er sagte mir, ich sei dumm, inkompetent und wertlos. Wie eine hilflose Kreatur, die nicht weiß, wie sie sich wehren soll, ließ ich zu, dass Larrys Aussagen mein Selbstbild bestimmten. Ich hatte bis dahin keine Erfahrungen mit emotionalem Missbrauch und wusste auch nichts darüber. Daher kam ich überhaupt nicht auf die Idee, dass ich das Recht hatte, ihm Einhalt zu gebieten und ihm anzudrohen, ihn zu verlassen, wenn er sein Verhalten nicht änderte. Ich hatte viel zu viel Angst vor seinen lauten Wutausbrüchen, wann immer er mir die Schuld für irgendetwas gab.

Heute weiß ich, dass mein damaliger Mann mich psychisch misshandelte. Wie bei so vielen Menschen, die unter gewalttätigem Verhalten leiden, lähmte mich meine »erlernte Hilflosigkeit«. Wenn ein Mensch andere misshandelt, geben diese irgendwann ihre Selbstachtung auf und glauben, dass der Misshandler im Recht ist. Die laute und aggressive Stimme meines Mannes und sein selbstsicheres Auftreten ließen mich glauben, dass seine Meinung gültiger war als meine eigene. Wenn er mir also sagte, ich sei unzulänglich, dann musste es wohl so sein. Diese Art erlernter Hilflosigkeit ist bei misshandelten Tieren wie auch bei Menschen häufig von lähmender Depression begleitet.

Meine Mutter und meine Großmutter Ada sahen, dass meine Ehe auseinander brach. Die beiden fragten sich, was zu tun sei, und ich kann mir gut vorstellen, dass sie um eine Lösung beteten, denn mein Leben nahm bald eine weitere radikale und wundersame Wendung.

Eines Nachmittags, als ich Grants Windeln wechselte, sah ich ein geistiges Bild meiner selbst. Es war, als liefe auf einer Leinwand ein Schwarzweißfilm, in dem ich mir einerseits zuschaute und andererseits selbst involviert war. In der Vision sah ich mich in einem anderen Leben, in dem ich eine tatkräftige, attraktive und glückliche Frau war, erfolgreich als Autorin und professionelle Heilerin, die anderen Menschen durch ihre Arbeit half.

Ich schloss meine Augen ganz fest, um die Vision zum Verschwinden zu bringen. Sie war kein willkommener Anblick, sondern verstärkte nur noch die schmerzhafte Sinnlosigkeit, die ich empfand. Es schien masochistisch, meine Zeit mit Gedanken über solch ein wunderbares Leben zu verschwenden. Doch in den folgenden Tagen tauchte diese Vision immer wieder auf. Sie war immer gleich, doch oft kamen zusätzliche Details und Dimensionen hinzu. Ich sah mich selbst, wie ich als Gast bei Talkshows auftrat und in einem wunderschönen Haus in der Nähe des Meeres lebte.

Diese Visionen hörten auf, wann immer ich Eis aß, also begann ich, noch mehr zu essen. Das war meine Art, die göttliche Führung zu ignorieren, der ich weder glaubte noch vertraute. Es war so, als würde ich mir die Finger in die Ohren stecken und zu Gott sagen: »Ich kann dich nicht hören!« Aber in Wahrheit konnte ich ihn irgendwo in meinem Inneren doch hören, und die Visionen erweckten einen lange vergessenen Teil von mir zu neuem Leben.

Ich war immer kreativ gewesen, sei es durch Malen, Musizieren oder Schreiben. Doch außer beim Nähen für meine Söhne hatte ich meine kreative Seite viele Jahre lang ignoriert. Larrys Worte hatten mich außerdem davon überzeugt, dass ich dumm war und nichts Anständiges zuwege brachte. Obwohl ich als Schülerin meist sehr gute Leistungen gebracht und sogar die fünfte Klasse übersprungen hatte, fragte ich mich nun, ob die Zeit meines Drogenkonsums vielleicht meine Gehirnzellen zerstört hatte. Anstatt Larrys Meinung als bösartig und falsch anzusehen, akzeptierte und verinnerlichte ich sie.

Meine Vision motivierte mich dazu, ein bisschen mit Gärtnern und Malen zu experimentieren, und ich empfand diese

Unternehmungen als belebend und erfrischend. Während der Arbeit im Garten meditierte ich, und die Visionen meines Lebens als Autorin wurden immer farbenfroher. Der Gedanke, Bücher zu schreiben, die anderen Menschen so helfen würden, wie das Buch von Laura Huxley mir geholfen hatte, war in der Tat aufregend. Doch immer noch fragte ich mich: »Wie komme ich, eine fette, ungebildete Hausfrau, dazu, Bücher schreiben zu wollen?« Falls ich wirklich dumm war, wie mein Ehemann behauptete, was um alles in der Welt konnte ich da schreiben, das irgendjemandem helfen würde? Ich hatte eine solch ungeheure Achtung vor Autoren, dass ich sie praktisch als separate und überlegene Rasse betrachtete. Ein Buch zu veröffentlichen schien die Domäne einer kleinen elitären Gruppe zu sein, deren exklusive Ränge der breiten Öffentlichkeit verschlossen bleiben.

Nun, Engel kommen oft in Form von Büchern in unser Leben, die man genau zum richtigen Moment findet und liest. Das Buch *So hilft positive Phantasie* von Norman Vincent Peale war mein rettender Engel.[2] Dr. Peale schreibt darin über die Möglichkeit, durch Affirmationen und Visualisierungen positive Veränderungen in unseren Gedanken herbeizuführen. Ich erfuhr, dass unsere Erwartungen unsere Realität erschaffen. »Hmm, ich habe also Versagen und Geldprobleme erwartet«, schloss ich daraus, als ich das Buch las.

Ich erinnerte mich, wie meine Mutter mich gelehrt hatte, Affirmationen und Visualisierungen anzuwenden. Als ich mir als Teenager Gedanken über mein Gewicht zu machen begann, zeigte sie mir, wie ich mich selbst als schlank und fit visualisieren konnte. Vor allen Dingen machte ich mir wegen meines Bauches Sorgen. Meine Mutter half mir also, ein geistiges Bild zu formen, in dem ich einen flachen Bauch hatte. Bis auf den heutigen Tag hatte ich immer einen flachen Bauch, selbst wenn ich mit anderen Körperteilen nicht glücklich war.

Daher hatte ich nicht die geringsten Zweifel an der enormen Kraft von Visualisierungen und Affirmationen. Allerdings befürchtete ich, dass mein Selbstvertrauen inzwischen so weit abgesunken war, dass mir das nicht mehr helfen konnte. Jedoch brachten mich die Aussagen von Dr. Peale dazu, es noch einmal zu versuchen. Er zitierte die tröstlichen Worte Jesu, dass unser Glaube nur die »Größe eines Senfkorns« haben müsse, um in unserem Leben Berge versetzen zu können.

Da ich mir keine fertige Kassette mit Affirmationen leisten konnte, beschloss ich, mir eine eigene aufzunehmen. Also schrieb ich einige positive Aussagen aus meinen Visionen auf, wie beispielsweise: »Ich bin eine erfolgreiche Autorin«, »Ich bin fit und attraktiv«, »Ich ziehe liebevolle Menschen in mein Leben«, »Ich helfe durch meine Arbeit vielen Menschen«. Ich formulierte diese Aussagen in der positiven Gegenwartsform, wie Dr. Peale es in seinem Buch vorschlug. Er hatte geschrieben, dass es wichtig sei, das, was wir erreichen wollen, als etwas hinzustellen, das uns bereits gegeben wurde, und uns dafür zu bedanken.

Ich nahm diese Affirmationen mit einem Kassettenrekorder auf und hörte mir die Kassette ungefähr zwei Monate lang zweimal am Tag an. Ich erzählte niemandem von meinem Vorhaben. Ich hatte das Gefühl, dass ich alles vorzeitig abbrechen würde, sollten mein Mann oder seine Freunde mich auch nur im Geringsten kritisieren. Anfangs war meine Selbstachtung so gering, dass ich es nicht ertragen konnte, meine eigene Stimme zu hören. Ich hatte nur wenig Respekt vor mir selbst und verachtete mich sogar. In mir zog sich alles zusammen, wenn ich meine Affirmationen hörte, und ich fragte mich, ob die ganze Sache nicht reine Zeitverschwendung war und nur zu einer neuen schmerzhaften Enttäuschung führen würde. Doch erinnerte ich mich immer wieder an das, was Dr. Peale und meine Mutter über die positive Wirkung von Affirmationen gesagt hatten.

Nachdem ich einen Monat lang täglich den positiven Affirmationen über meinen Erfolg als Autorin gelauscht hatte, fühlte ich mich motiviert zu schreiben. Ich holte meine alte Schreibmaschine aus dem Schrank und stellte sie auf den

Küchentisch. Während meine kleinen Söhne ihren Nachmittagsschlaf hielten, zog ich vorsichtig ein weißes Blatt Papier in die Schreibmaschine ein und achtete darauf, dass es völlig glatt und gerade lag.

Bei meinen ersten Schreibversuchen handelte es sich um Artikel über Ehe und Familienleben, die ich bei verschiedenen Zeitschriften einreichte. Ich hatte mich jedoch nicht genug mit dem üblichen Vorgehen beschäftigt, um zu wissen, dass man zunächst bei den Herausgebern anfragen sollte, ob Interesse besteht, und einen adressierten und frankierten Umschlag beilegen sollte, damit sie einfach und schnell reagieren können. Da ich diese Formalitäten nicht beachtete, machte ich leider von vornherein jegliche Chance zur Veröffentlichung meiner Artikel zunichte.

Ich beschloss schließlich, mich wieder als Teilzeitstudentin im Palomar Community College einzuschreiben. In meinen Visionen war ich eine professionelle Heilerin. Ich wusste nicht, welche Art von Heilerin, doch da ich Selbsthilfebücher schreiben wollte, entschied ich mich für den psychologischen Bereich. Also schrieb ich mich für drei Kurse ein: Psychologie, Aerobic und Einkommensteuererklärung. Den Psychologiekurs wählte ich, um zu testen, ob mir das Thema lag oder nicht. Der Aerobickurs sollte mir helfen, mein Gewicht zu reduzieren. Der Einkommensteuerkurs erschien mir einfach nützlich, weil er mir helfen würde, meine eigene Steuererklärung zu machen und vielleicht einen Teilzeitjob in diesem Bereich zu bekommen.

Die Kurse waren genau die Art von Therapie, die mein geknicktes Selbstbewusstsein brauchte. Im Einkommensteuerkurs entdeckte ich einen Teil von mir, der von Mathematik begeistert ist. Ich hatte mich nie als jemanden gesehen, der gut mit Zahlen umgehen kann, und betrachtete Mathematik als Territorium der logisch denkenden Männer. Doch ich blühte in dieser Klasse regelrecht auf, und als ich eine Eins erhielt, wusste ich, dass meine Gehirnzellen und meine Intelligenz nach wie vor in Ordnung waren.

Der Aerobickurs brachte meine überflüssigen Pfunde zum Schmelzen, und ich begann, mich hinsichtlich meines Aussehens wohler zu fühlen. Ich fing an, mich schicker anzuziehen, und legte sogar Make-up auf, bevor ich das Haus verließ. Larry schöpfte Verdacht und warf mir vor, einen anderen Mann kennen lernen zu wollen. Dann warnte er mich davor, indem er mir drohte: »Wenn du mich verlässt, werde ich dafür sorgen, dass ich das Sorgerecht für Chuck und Grant bekomme.« Manchmal brüllte er mich an: »Kein anderer Mann wird dich jemals haben wollen, denn schließlich hast du zwei Kinder, und Kerle mögen keine Frauen, die Kinder haben.« Seine verletzenden Worte hatten jedoch immer weniger Wirkung auf mich, da ich mich stärker fühlte und mein Selbstvertrauen zugenommen hatte.

Auf dem College gewann ich neue Freunde. Vor allem gefielen mir die Leute in meiner Psychologieklasse. Die Dozentin, Barbara Erickson-Williams, war eine quirlige psychiatrische Krankenschwester mit einem Talent für wundervolle Geschichten, die unseren Unterricht sehr lebendig machten. Sie begann viele Sätze mit den Worten »Als Psychologen werden Sie entdecken, dass ...«, so als hätten wir schon unseren Abschluss. Ihre Worte reizten meine Vorstellungskraft, und ich genoss es, mich bereits als Psychotherapeutin zu fühlen. Ich schrieb mich als Vollzeitstudentin ein und stimmte meinen Stundenplan mit Larrys Arbeit ab, damit immer einer von uns zu Hause bei unseren Söhnen sein konnte. Ich liebte das Studium, und meine Noten wurden immer besser; außerdem trainierte ich täglich und verlor meine überflüssigen Pfunde. Mein Selbstvertrauen war stärker als jemals zuvor, doch es schien, als würde meine neue Unabhängigkeit Larry gar nicht gefallen. Er warf mir vor, dass ich eine außereheliche Affäre suchte, und begann mir nachzuspionieren. Mehrmals geschah es, dass ich beim Betreten eines Geschäfts von einer Verkäuferin gefragt wurde: »Heißen Sie Doreen?« Wenn ich diese Frage bejahte, reichte mir die Verkäuferin den Telefonhörer und sagte: »Ihr Mann ist dran, er will sie sprechen.«

»Warum hast du so lange bis zu dem Geschäft gebraucht?«, wollte er dann misstrauisch wissen und beklagte sich darüber, dass ich fünf oder zehn Minuten mehr gebraucht hatte, als nach seinen Kalkulationen nötig gewesen wäre. Einmal, als ich meine Freundin Silvia zu Hause besuchte, wartete Larry bereits am Telefon auf mich. Wieder beschuldigte er mich, zu lange für den Weg zum Haus meiner Freundin gebraucht zu haben. »Hast du unterwegs irgendeinen Mann besucht?«, fragte er wütend.

Früher hatte Larry sich immer beklagt, dass ich zu fett und zu dumm sei. Jetzt, da ich wieder schlank war und mit meinem Studium gut vorankam, gingen seine Beschwerden in eine andere Richtung. Täglich sagte er mir, er *wüsste* einfach, dass ich ihn betrüge. Er ignorierte meine Beteuerungen, was dazu führte, dass ich ihn irgendwann einfach nicht mehr beachtete. Mir wurde klar, wie weit wir uns voneinander entfernt hatten, als wir einmal beide unseren Hochzeitstag vergaßen und es erst eine Woche später bemerkten!

Unsere Ehe zerbrach endgültig, als Larry eines Tages von seinem Nachmittagsschlaf erwachte und mich bat, ihm Kaffee zu machen. Ich hatte seine Bitte überhört, und dreißig Minuten später begann er wie ein Wahnsinniger zu schreien: »Warum hast du mir keinen Kaffee gemacht, wie ich es dir gesagt habe?!« Ich blickte in sein wutverzerrtes Gesicht und fühlte nichts, weder Zorn noch Verachtung oder Liebe – in mir war alles taub.

Kurzzeitig versuchten wir es mit Eheberatung, doch es schien hoffnungslos. Ich hatte zu dieser Zeit keinen Bezug zu spirituellen Praktiken, daher kam es mir nie in den Sinn, dass Gebete oder sonstige spirituelle Techniken unsere Beziehung hätten retten können. Ich sah unsere Ehe aus einer rein menschlichen Perspektive, und von diesem Standpunkt aus wirkte die Situation ziemlich hoffnungslos.

Wir beschlossen, uns zu trennen. Also suchte ich nach einer Möglichkeit, Geld zu verdienen. Die Stellen, um die ich mich bewarb, brachten gerade das Existenzminimum ein, sodass ich meine Söhne und mich damit nicht durchbringen konnte. Daher kamen wir überein, dass ich zu meinen Eltern zurückgehen würde. Diese waren jedoch nicht in der Lage, die Jungen bei sich aufzunehmen. Wir beschlossen gemeinsam, dass ich zunächst allein zu meinen Eltern ziehen, dann einen Job finden und schließlich mit meinen Söhnen in ein eigenes Zuhause ziehen würde.

Der Tag unserer Trennung war der schmerzhafteste Tag meines Lebens. Alle weinten über die verfahrene Situation. Obwohl das neue Arrangement schlimm für uns war, sahen wir keine Alternative. Immer wieder sagte ich mir: »Es ist besser für unsere Söhne, aus einer geschiedenen Familie zu kommen, als in einem Haushalt zu leben, wo es ständig so viele Wutausbrüche und Streitereien gibt.«

Doch ich hatte nicht mit dem gerechnet, was dann geschah. Als ich Chuck und Grant anrufen wollte, um mit ihnen zu reden, hörte ich eine automatische Ansage, dass die Nummer nicht mehr existierte. Larry und meine Söhne waren verschwunden, und ich hatte keine Ahnung, wo sie waren! Ich war verzweifelt, doch aufgrund meiner begrenzten Mittel nicht einmal in der Lage, einen Privatdetektiv anzuheuern.

Schließlich gelang es mir, Larrys Spur zu finden, und ich entdeckte, dass er in eine abgelegene Kleinstadt in Colorado in der Nähe seines Bruders gezogen war. Ich flog dorthin, um meine Söhne wieder zu sehen.

In der Zwischenzeit hatte ich eine Stelle als Sekretärin bei einer Versicherungsgesellschaft gefunden, wo ich ausreichend verdiente. Ich wollte die Jungen zu mir holen, wie Larry und ich es ursprünglich vereinbart hatten, doch er ließ sie nicht mit mir nach Kalifornien zurückgehen. Seit unserer Trennung war Larrys Bitterkeit mir gegenüber noch gewachsen. Er hatte ein derart negatives Bild von mir geformt, dass er jetzt glaubte, er würde unsere Söhne beschützen, indem er das Sorgerecht behielt.

Zurück in Kalifornien, nahm ich mir einen Rechtsanwalt und begann den Kampf um das Sorgerecht für meine Kinder.

Chuck und Grant waren zu jung für eine Befragung, daher fiel die Last der Entscheidung in erster Linie dem Richter zu. Mein Anwalt und Larrys Anwalt bewarfen sich gegenseitig mit schrecklichen Beleidigungen, wobei jeder versuchte, den Klienten des anderen als ungeeigneten Elternteil darzustellen. Mein Anwalt und ich taten alles, um Larry als den Bösen hinzustellen, während Larry und sein Anwalt dasselbe mit mir versuchten.

An dem Tag, an dem das Urteil gesprochen werden sollte, war ich fest davon überzeugt, dass es zu meinen Gunsten ausfallen würde. Ich war schließlich die Mutter der Jungen, und eine gute dazu. Als der Richter jedoch Larry das Sorgerecht zusprach und dabei die Tatsache ins Feld führte, dass die Kinder bereits seit Monaten mit ihrem Vater zusammen waren und er ihre Lebensbedingungen nicht verändern wollte, wäre ich vor Entsetzen beinahe in Ohnmacht gefallen.

Ich hatte noch nie gehört, dass einer Mutter das Sorgerecht abgesprochen wurde. Es schien, als könnte man höchstens gewalttätigen oder kriminellen Müttern ihre Kinder wegnehmen. Doch das Undenkbare war eingetreten – von jetzt ab würde ich meine Söhne nur bei Wochenendbesuchen sehen können. Todtraurig und zutiefst beschämt über meine Situation, zog ich in eine neue Stadt und erzählte niemandem, dass ich überhaupt Kinder hatte. Es tat einfach zu weh, Fragen ausgesetzt zu sein wie: »Warum leben Ihre Kinder nicht bei Ihnen?«

Es sollte zwei lange Jahre dauern, bis ich erfuhr, dass sich mehr als zwei Millionen amerikanische Frauen in dieser Lage befinden. Die meisten dieser Frauen verloren das Sorgerecht unter ähnlichen Umständen wie ich. Entgegen dem gängigen Klischee wurde nur einem verschwindend kleinen Teil dieser Frauen das Sorgerecht aufgrund »mangelnder Fähigkeiten« als Mutter abgesprochen.

Ich ließ mich jedoch nicht entmutigen und reichte eine neue Petition ein, um das Sorgerecht doch noch zu bekommen. Ich nahm mir einen Rechtsanwalt, der Vorsitzender der

Anwaltsvereinigung und Teilzeitrichter im Bezirk von San Diego war. Mein neuer Anwalt informierte den Richter, dass Larry mir nicht erlaubte, meine Söhne während der festgesetzten Besuchszeiten zu sehen. Der Richter lud Larry vor und belehrte ihn, wie wichtig der regelmäßige Kontakt mit beiden Elternteilen für die Kinder sei. Ich versprach dem Richter, dass ich – sollte er mir das Sorgerecht zusprechen – dafür sorgen würde, dass die Jungen ihren Vater regelmäßig sehen konnten. Drei Tage vor Weihnachten bekam ich endlich das Sorgerecht, und Chuck und Grant kamen nach Kalifornien, um bei mir zu leben.

Zu diesem Zeitpunkt war ich mit einem Mann namens Dwight Virtue befreundet, den ich auf dem College kennen gelernt hatte. Dwight, der ebenfalls Psychologie studierte, hatte ein erstaunliches fotografisches Gedächtnis. Tatsächlich war er mir vor allem aufgefallen, weil er ständig die besten Noten bekam. Er behauptete, für die Prüfungen immer nur eine Stunde vor dem jeweiligen Examen zu lernen. Dwight hatte einen französisch-kanadischen Vater und eine japanische Mutter, war groß und stämmig und außerdem Buddhist. Er war beim Militär Fluglotse gewesen und erzählte mir, dass er gern bei der Federal Aviation Administration (FAA) arbeiten wollte. Damals schien dies ein weit in der Zukunft liegender Traum zu sein. Doch dann griff das Schicksal ein.

Im Sommer 1981 rief die amerikanische Fluglotsenvereinigung zu einem massiven Streik auf. Überall in den USA gingen die Fluglotsen auf die Straße und verlangten eine Verbesserung ihrer Arbeitsbedingungen. Der Flugverkehr im ganzen Land kam zum Erliegen, und Präsident Reagan forderte die Lotsen auf, ihre Arbeit umgehend wieder aufzunehmen, wenn sie ihren Job nicht verlieren wollten. Die Fluglotsen hielten das für einen Bluff und setzten ihren Streik fort. Zwei Tage später setzte Reagan seine Drohung in die Tat um, und die meisten Fluglotsen in den Vereinigten Staaten waren von einem Augenblick auf den anderen arbeitslos.

Die FAA beeilte sich, Ersatz anzuheuern, und stellte sofort jeden ein, der beim Militär als Fluglotse gearbeitet hatte. Dwight befand sich unter den ersten Trainees, die auf die FAA-Schule in Oklahoma City geschickt wurden, bevor man sie schließlich als Fluglotsen einsetzte. Dwight und ich wollten uns nicht trennen, also heirateten wir. Bald darauf begann er seine Arbeit in einem Tower außerhalb von Los Angeles in der Wüste von Südkalifornien. Wir begannen unser Familienleben in einem bescheidenen Fertighaus in Lancaster, und ich wechselte mit meinem Studium ans Antelope Valley College.

Ich arbeitete weiterhin als Sekretärin, während ich studierte, doch wurde ich immer unzufriedener mit der Büroarbeit. Ich war bereit, meine ersten Schritte als professionelle Beraterin zu wagen. Doch wo würde man mich ohne Abschluss einstellen? Da hatte ich die Idee, mich als ehrenamtliche Mitarbeiterin zu bewerben. Das würde mir die notwendige Erfahrung für meinen Lebenslauf geben und konnte vielleicht sogar dazu führen, dass man mir eine Stelle anbot!

KAPITEL 6

»THE CARE UNIT«

»Der Geist, der die Wahrheit durch Worte kundtut oder
bewusst Wahres denkt, kann der Welt alle Befriedigung bringen,
die sie sucht. Nichts Materielles vermag den Menschen wirklich
Kraft zu geben, nur die Allmächtige Wahrheit kann sie
mit all der Macht der Wahrheit stärken.«

EMMA CURTIS HOPKINS,
Autorin von *Scientific Christian Mental Practice*

Ich war sehr aufgeregt, als ich alle möglichen psychiatrischen Zentren anrief und fragte, ob sie ehrenamtliche Mitarbeiter gebrauchen könnten. Viele sagten: »Nein danke.«
Schließlich geriet ich an einen netten Mann namens Andy
Palmer, der mich zu einem Vorstellungsgespräch in die Ab-
teilung für Alkoholkranke an der Palmdale Klinik, genannt
»The Care Unit«, einlud.

Andy fragte, ob ich irgendwelche Erfahrungen mit dem
»Zwölf-Schritte-Programm« der Anonymen Alkoholiker hatte,
und ich musste zugeben, dass ich noch nicht einmal davon
gehört hatte! Obgleich ich überhaupt keine Erfahrungen mit
Alkoholsucht hatte, muss Andy erkannt haben, dass ich gute
Absichten hatte. Entweder das oder derselbe Geist, der mir
die Idee eingegeben hatte, mich als ehrenamtliche Mitarbeiterin zu bewerben, beeinflusste Andys Entscheidung. Wie auch
immer, er erklärte mir, ich könne vier Stunden in der Woche
auf der Entgiftungsstation arbeiten, und er würde mich
supervisieren und unterstützen. Ich war begeistert!

Mein erster Tag als ehrenamtliche Mitarbeiterin im Palmdale Hospital Care Unit war für mich der Eintritt in eine vollkommen neue Welt. Ich saß bei einem Mann namens David,
der halb wach in seinem Bett auf der Entgiftungsstation lag.
Wir sprachen über sein Leben, seine Familie und die Gründe,

warum er in diesem Krankenhaus war. Wir schienen eine Verbindung auf einer tiefen spirituellen Ebene zu haben, und ich war stolz darauf, wirklich hilfreich zu sein. Stellen Sie sich meine Überraschung vor, als David mich bei meinem nächsten Besuch weder erkannte noch wusste, worüber wir gesprochen hatten! Er war aufgrund seiner Medikation so benommen, dass er sich an nichts mehr erinnern konnte. Die meisten meiner Interaktionen mit entgiftenden Patienten verliefen auf ähnliche Weise.

Ich wurde im Schnellverfahren in die Welt von Alkoholismus und Drogensucht initiiert. Ich erfuhr auf die harte Art, dass Süchtige *alles* sagen, um sich ihre Drogen zu beschaffen. Einmal schwor mir ein Mann, dass sein Großvater soeben gestorben sei und dass man ihm gestatten müsse, die Klinik zu verlassen und an der Beerdigung teilzunehmen. Er schmückte seine Geschichte mit Tränen und sentimentalen Einzelheiten über den lieben alten Großvater aus. Als ich der leitenden Schwester seine Geschichte erzählte, rollte sie nur mit den Augen und rief sofort die Familie des Mannes an, um die Tatsachen zu überprüfen. Der Großvater war tatsächlich gestorben – allerdings schon vor zehn Jahren!

Innerhalb von zwei Monaten arbeitete ich bereits zwei Stunden täglich. In erster Linie war ich für die Aufnahmegespräche mit neuen Patienten zuständig. Das bedeutete, dass ich mich mit Neuzugängen hinsetzte und ihnen Fragen über ihre Familie und die Entwicklung ihrer Sucht stellte, die auf einem »psychosozialen Fragebogen« basierten. Eine Seite des Fragebogens beschäftigte sich mit der kriminellen Vorgeschichte der Patienten. Beinahe jeder war bereits mit dem Gesetz in Konflikt gekommen und schon einmal inhaftiert gewesen, manche sogar für sehr schwer wiegende Vergehen. Anstatt einen Patienten zu fragen, ob er jemals festgenommen worden war, fragte ich bald nur noch: »Wie oft wurden Sie verhaftet und aus welchen Gründen?«

Einmal führte ich alleine in einem Beratungsraum ein Aufnahmegespräch mit einem Mann, der extrem nervös zu sein schien. Als ich zu den Fragen über Inhaftierungen kam, erzählte er mir, dass er wegen Mordes im Gefängnis gewesen war. Ich fragte nicht nach den Einzelheiten, sondern versuchte nur noch, so schnell wie möglich fertig zu werden, um den Raum verlassen zu können. Ich stellte ihm die nächste Frage, und anstatt zu antworten, starrte er mir voll in die Augen und meinte schließlich: »Wissen Sie was? Sie sehen genauso aus wie meine ehemalige Freundin. Die, die mich gerade verlassen hat!« Mehr wollte ich gar nicht hören. Ich erfand schnell ein paar Entschuldigungen, entfernte mich und bat einen Pfleger, die restlichen Fragen mit dem Patienten zu klären.

Nachdem ich vier Monate ehrenamtlich gearbeitet hatte, bewarb ich mich bei der Leitung des Care-Unit-Programms um eine Stellung als bezahlte Angestellte. Man war einverstanden, und ich gab meine Stelle als Sekretärin auf und begann, ganztägig als Beraterin zu arbeiten. Ich hatte gerade meinen ersten Abschluss gemacht und fing nun an der Chapman University mit einem Abendstudium in Psychologie an.

Es gibt keine Zufälle, das hatte mein Vater mir immer gesagt. Zum damaligen Zeitpunkt wusste ich es nicht, doch Bill, der Bruder meiner Großmutter Pearl, war in derselben Klinik gestorben, in der ich arbeitete. Während er eine Straße in der Nähe des Krankenhauses überquert hatte, war er von einem Auto angefahren und schwer verletzt in die Notaufnahme gebracht worden, wo man ihm nicht mehr helfen konnte. War ich zu dieser Klinik geführt worden, um irgendein Karma der Familie aufzuarbeiten oder eine unerledigte Angelegenheit für Bill zu Ende zu bringen? Ich weiß es bis heute nicht. Jedenfalls finde ich die Tatsache, dass zwei Familienmitglieder in dem gleichen kleinen Krankenhaus viele Meilen entfernt von ihrem Wohnort landeten, äußerst erstaunlich.

Ich hatte noch immer den brennenden Wunsch, Selbsthilfebücher zu schreiben, doch fiel mir kein Thema ein, über das ich schreiben konnte. Damals glaubte ich nicht, dass irgendjemand daran interessiert wäre, über Alkohol- oder Drogensucht zu lesen, denn die Werke von Melodie Beattie und John

Bradshaw über gestörte Familienverhältnisse und Co-Abhängigkeit waren zu diesem Zeitpunkt noch nicht erschienen. Ich fragte mich oft: »Über welches Thema würde ich gerne etwas lesen, zu dem es noch keine Bücher gibt?«

Die Antwort auf meine Frage kam wie ein Blitzschlag. Ich wusste, dass es sich dabei um göttliche Führung handelte, da die Vision so deutlich war. Ich sah, dass ich ein Selbsthilfebuch für Eltern schreiben würde, die um das Sorgerecht für ihre Kinder kämpften. Damals existierte noch kein Buch zu diesem Thema, auch wenn ich es Jahre vorher gut hätte gebrauchen können. Es gab dabei nur ein Problem – meine tiefe Scham über meine Situation als Mutter, der das Sorgerecht entzogen worden war. Um ein solches Buch schreiben zu können, musste ich mein »Geheimnis« enthüllen und meine Erfahrungen anderen zugänglich machen. Ich hatte dieses Geheimnis so lange für mich behalten, dass es zu einem scheußlichen, verzerrten Monster mutiert war. Ich war der festen Überzeugung, dass meine Freunde mich verurteilen und ablehnen würden, wenn sie Bescheid wüssten über meine Zeit als Mutter, der ihre Kinder genommen worden waren.

Schließlich wurde mein Wunsch, ein Buch zu schreiben, das vielleicht vielen Menschen helfen konnte, stärker als die Ängste meines Egos. Ich kaufte mir also einen Ratgeber über alles, was Autoren wissen müssen, und beschloss, ein Exposé für mein Selbsthilfebuch zu verfassen. Doch dann verschob ich diese Aufgabe von einem Tag auf den anderen. Ich wollte so sehr, dass ein Buch von mir erschien, dass der Druck in meinem Inneren beinahe schmerzhaft war. Ein Teil von mir hatte Angst, dass ich vielleicht vor dem Erscheinen sterben könnte. Dabei waren es nicht so sehr Ruhm und Geld, wonach ich mich sehnte, sondern ich wollte einfach etwas Gutes in der Welt bewirken. Immer wieder sagte ich zu meinen Freunden: »Es spielt keine Rolle, ob meine Bücher vielleicht nur in den Regalen der Heilsarmee zu finden sein werden. Wenigstens wird es dann einen Beweis dafür geben, dass ich gelebt habe.«

Ich machte das Erscheinen dieses Buches zu einem solch überragenden Ziel, dass ich mich zutiefst davor fürchtete zu versagen. Wenn ich es dabei beließ, an diesen Traum immer nur als zukünftige Möglichkeit zu glauben, musste ich mich nicht wirklich mit der Aufgabe konfrontieren und ein Versagen riskieren. Also fiel mir jedes Mal, wenn ich mich hinsetzen und mein Exposé schreiben wollte, irgendetwas ein, was ich im Haushalt tun musste, wie zum Beispiel Geschirr abspülen, staubsaugen oder das Kinderzimmer aufräumen. Ich wurde zu einem wahren Putzteufel, nur um den Schmerz einer möglichen Ablehnung zu vermeiden.

Als ich mit Ricki Gherardi, einer meiner Psychologiedozentinnen, über meine Frustration sprach, hoffte ich, dass sie mir Mitgefühl entgegenbringen würde. Stattdessen motivierte sie mich freundlich, indem sie sagte: »Möchten Sie das Geheimnis wissen, wie Sie Ihr Buch fertig bekommen? Schreiben Sie einfach.« Ihre Worte klangen in meinen Ohren wie die Wahrheit, die ich hören musste. Ich besorgte mir einen großen Kalender und stellte einen Schreibplan für mich auf. Jeden Abend, nachdem Chuck und Grant zu Bett gegangen waren, folgte ich diesem Schreibplan kompromisslos und ohne ihn infrage zu stellen. Wenn Dwight und unsere Freunde ins Kino gingen, zum Essen oder auf Partys, lehnte ich ab, falls mein Plan einen Schreibabend vorgesehen hatte.

Schließlich war mein Exposé fertig. Es enthielt einen fein säuberlich getippten Überblick, eine Auflistung der einzelnen Kapitel und zwei fertig geschriebene Kapitel als Lesebeispiel. Ich fotokopierte das Exposé und schickte es mit einem Begleitbrief an vier Verlage, die entsprechende Titel publizierten und die ich aus einer Verlagsübersicht herausgesucht hatte.

Innerhalb eines Monats lehnten alle vier Verlage das Exposé ab. Ich versuchte, mit dieser Tatsache rational umzugehen, doch in Wahrheit hatte ich das Gefühl, als sei *ich* abgelehnt worden. Ich steckte das Original meines Exposés in eine Schublade meines Schreibtisches und sagte mir mit einem Seufzer: »Ich habe eben doch nicht das Zeug zu einer Autorin.«

Ungefähr einen Monat später erhielt ich einen Brief von der Pepperdine University in Malibu, Kalifornien. Sie baten mich, bei ihrer internationalen Konferenz über Familienforschung einen Vortrag über die Folgen von Sorgerechtskämpfen auf die emotionale und geistige Gesundheit der Eltern zu halten. Ich hatte ganz vergessen, dass ich zwei Monate zuvor mein Thema beim Konferenzkomitee eingereicht hatte! Die Tatsache, dass man dort an diesem Thema interessiert war, bestärkte aufs Neue meine Entschlossenheit, mein Buch erscheinen zu lassen.

Dieses Mal nahm ich mir vor, das Gesetz der großen Zahl für mich arbeiten zu lassen. Also fotokopierte ich mein Exposé und schickte es an vierzig Verlage gleichzeitig. Im Begleitbrief erwähnte ich außerdem meinen bevorstehenden Vortrag über das Sorgerechtsthema bei der Pepperdine-Konferenz. Ich erinnere mich noch heute an den überraschten und neugierigen Gesichtsausdruck des Postbeamten, als ich vierzig wattierte Umschläge vor ihm auf den Schalter legte.

Am nächsten Tag bei der Arbeit erzählte ich bei der Supervision von meiner Hoffnung auf eine Veröffentlichung. Sofort erwiderte der Psychologe, der mich betreute: »Sie werden keinen Verlag finden, solange Sie keinen Doktortitel haben«, so als sei dies eine unwiderlegbare Tatsache. Doch ich ließ mich von seinen Worten nicht abschrecken. Zudem waren meine Exposés bereits in der Post. Ich schwor mir, meine Ziele von nun an für mich zu behalten – oder sie zumindest nicht mehr vor Skeptikern auszuplaudern.

Ich ging meiner Arbeit nach, während ich auf die Antwort der Verlage wartete. Mittlerweile führte ich bei Care Unit Erstgespräche mit potenziellen Patienten. Ich saß Menschen gegenüber, die aufgrund ihrer persönlichen Überzeugung, der Drohungen ihrer Arbeitgeber oder des Drucks der Familie überlegten, sich einer einmonatigen Therapie in unserer Klinik zu unterziehen. Natürlich zögerten viele, sich für einen ganzen Behandlungsmonat zu verpflichten, weil sie sich Sorgen machten, ob ihre Versicherung die Kosten übernehmen, ihnen ein Monatslohn gestrichen und was aus ihrer Familie würde, wenn sie so lange von ihr getrennt waren, doch am meisten fürchteten sie sich vor dem Entzug ihrer jeweiligen Droge.

Meine Aufgabe war es, ihre Fragen zu beantworten und sie, falls angemessen, zur Therapie zu ermutigen. Einmal war ich nicht in der Lage, einen älteren Mann zu überzeugen, obwohl sein Arzt und seine Familie ihn warnten, dass seine Alkoholsucht ihn umbringen würde. In der darauf folgenden Woche wurde er mit Komplikationen, die auf übermäßigen Alkoholkonsum zurückzuführen waren, in die Notaufnahme des Palmdale General Hospital gebracht. Die Ärzte versuchten ihn zu retten, doch vergeblich.

Als ich am nächsten Tag die Nachricht von seinem Tod erhielt, war ich schockiert und wütend auf mich selbst, da es mir nicht gelungen war, diesen Mann von der Notwendigkeit einer Therapie zu überzeugen. Ich schwor mir, etwas Gutes aus dieser Tragödie entstehen zu lassen. Ein paar Stunden später kam ein Ehepaar zu mir, um mit mir über die Aufnahme des Mannes zu sprechen. Ich beschloss, das anzuwenden, was ich aus Norman Vincent Peales Buch gelernt hatte, um das von mir gewünschte Resultat zu erzielen.

Während der Mann und seine Frau mit mir sprachen, schaute ich den Mann unverwandt an und stellte mir vor, wie er zu mir sagte: »Ja, ich will sofort mit der Therapie beginnen.« Mental spielte ich diese Szene immer wieder durch, bis ich davon überzeugt war, dass er seine Aufnahme beantragen würde. Als der Mann ein paar Minuten später praktisch genau die Worte aussprach, die ich mir vorgestellt hatte, war ich ein wenig überrascht. Darauf erzählte ich ihm die Geschichte des Mannes, der in der vorangegangenen Nacht an den Folgen seines Alkoholkonsums gestorben war. Er lächelte zaghaft und meinte, dass er sehr froh sei über seine Entscheidung für eine Therapie.

Doch war es wirklich seine Entscheidung gewesen? Ein

Gefühl von Schuld überwältigte mich, als ich erkannte, dass ich ihn wahrscheinlich mit meiner Visualisierung beeinflusst hatte. In den Begegnungen mit den Christian Scientists hatte ich gelernt, dass man dort derlei Gebrauch von geistiger Macht als »Verstoß gegen die Ethik« betrachtet. Wir müssen uns unserer Motive sehr bewusst sein, wenn wir unsere geistige Macht anwenden. Während mein Wunsch, keinen weiteren Alkoholiker sinnlos sterben zu sehen, durchaus altruistisch war, hatte ich dabei doch den Versuch unternommen, das Verhalten eines anderen Menschen nach meinem Willen zu manipulieren. Wir können nicht wissen, ob dieser Mann ohne meine Visualisierung mit der Therapie einverstanden gewesen wäre. Jedoch lernte ich an jenem Tag eine wichtige Lektion: Das Ziel rechtfertigt nicht die Mittel. Jedes Ziel, das seine Wurzeln im Ego hat, bringt Schmerzen mit sich, selbst wenn das Ziel an sich ehrenhaft ist.

Eine meiner liebsten Tätigkeiten bei der Arbeit bestand darin, mit den Patienten zusammenzusitzen und mit ihnen zu reden. Einmal erzählte mir ein Mann mit feierlicher Ernsthaftigkeit und ausführlichen Details von einem Nahtoderlebnis. Ich hörte aufmerksam zu, wusste jedoch nicht, was ich von seiner Geschichte halten sollte. Ich hatte von einem Buch mit dem Titel *Leben nach dem Tod* von Raymond Moody[1] gehört und sogar einen Artikel darüber gelesen. Der Mann fragte: »Glauben Sie mir?« Ich antwortete: »Ja«, und erzählte ihm die Geschichte meiner Begegnung mit meinem Großvater Ben nach dessen Tod. Doch schien die Nahtoderfahrung dieses Mannes keinen Bezug zu meinem täglichen Leben zu haben, also vergaß ich das Ganze einfach wieder.

Am meisten interessierte es mich, Informationen über die Muster zu sammeln, die ich bei den Patienten beobachten konnte. Mir war aufgefallen, dass Kokainsüchtige sich in ihrem persönlichen Verhalten auffällig von Marihuanakonsumenten unterscheiden und dass diese sich wiederum anders verhalten als Patienten, die Heroin benutzen, und so weiter. Auch jene, die verschiedene Drogen nehmen und keine Lieblingsdroge haben, zeigen ganz besondere persönliche Charakteristika. Ich begann mir schriftliche Notizen über diese Beobachtungen zu machen und sie mit anderen Daten über die Klienten zu kombinieren, wie zum Beispiel der Drogengeschichte der Familie (in Vergangenheit und Gegenwart), ihrem Beruf und ihren Beziehungsmustern. Manchmal spielte ich ein Ratespiel mit mir selbst, wenn ich mit neuen Patienten sprach: Ich versuchte ihre Lieblingsdroge zu erraten, bevor sie mir diese nannten, einfach auf der Basis ihrer Persönlichkeit und ihres Berufs. Wenn ich falsch lag, prüfte ich später die Indikatoren, die mich irregeführt hatten.

Ich tat mein Bestes, um die Motive meiner Klienten für ihren Drogenmissbrauch zu verstehen. Schließlich hatte ich selbst sowohl überaus angenehme als auch schreckliche Erfahrungen mit Marihuana und Alkohol gemacht. Und ein Teil von mir war immer noch verwundet von Larrys grausamen Stimmungsschwankungen und Launen, die auf seinen Marihuanakonsum zurückzuführen gewesen waren. Zuweilen hatte ich das Gefühl, dass Marihuana mein persönlicher Drachen war, den ich erschlagen wollte, damit andere nicht die gleiche Art von Schmerz erleiden mussten. Doch war mir klar, dass aufgebrachte Vorurteile niemanden von seiner Sucht heilen würden. Stattdessen versuchte ich, mich in meine Klienten hineinzuversetzen und die Welt mit ihren Augen zu sehen. Auf diese Weise hoffte ich, sie mit meinen Worten besser erreichen zu können.

Allerdings hatte ich am Anfang ziemliche Schwierigkeiten, Sympathie für Heroinsüchtige zu entwickeln. Der Gedanke, sich eine Nadel in den Arm zu stechen, erschien mir erschreckend und abstoßend. Also versuchte ich, mich auf die Gefühle meines Klienten zu konzentrieren statt auf meine Vorurteile und Ängste bezüglich Spritzen. Wann immer ein Klient das Wort *Heroin* aussprach, ersetzte ich es innerlich durch das Bild von Schokolade oder Eiscreme. Ich konnte mir nicht vorstellen, wie man sich zu Heroin hingezogen fühlen kann, doch ich konnte definitiv nachvollziehen, wie es ist, wenn man hilflos das zwingende Bedürfnis verspürt, Schokolade zu essen.

Die Rolle einer Beraterin erfordert einen subtilen Balanceakt. Man ist zwar Lehrender, dem Schüler jedoch nicht überlegen. Tatsächlich ist es so, dass ein vorurteilsfreier Lehrer ständig von seinen Schülern lernt. Ein Berater muss objektiv losgelöst bleiben von den Gefühlen seines Patienten. Jedoch darf die Distanz des Beraters nicht so weit gehen, dass sie es dem Schüler unmöglich macht, die Liebe aufzunehmen, die letztendlich das Heilmittel ist. Und intuitives Counseling – wobei man sich in den Klienten hineinversetzt – setzt voraus, dass der Berater ein doppeltes Bewusstsein hat, nämlich hinsichtlich der Gefühle des Klienten wie auch der eigenen.

Ich muss zugeben, dass ich auf einer gewissen Ebene einige meiner Klienten als schwach betrachtete. Doch machte ich mir dabei selbst etwas vor, da ich mich nicht der Tatsache stellte, dass mein eigenes Muster zwanghaften Essens ebenso eine Sucht war wie Drogensucht. Jeden Abend verließ ich das Krankenhaus in dem Gefühl, meinen Klienten an diesem Tag nicht genug geholfen zu haben. Oft sagte ich mir selbst: »Wenn ich nur mehr über Psychologie wüsste, dann könnte ich die Süchte meiner Klienten heilen.« Diese unrealistische Einstellung, dass ich dafür verantwortlich war, meine Klienten von ihren Abhängigkeiten zu befreien, führte dazu, dass ich mich innerlich leer fühlte. Ich versuchte, diese Leere mit äußeren Dingen zu füllen, wie beispielsweise mit Schokoladeneis, Kuchen oder sinnlosen Einkäufen.

Eines Tages, während einem meiner zwanghaften Essanfälle, wurde mir plötzlich blitzartig klar, dass meine Klienten versuchten, ihr Leben zu verbessern. Der Gedanke »Wenigstens wird ihnen bei der Bewältigung ihrer Sucht geholfen!« schlug wie ein Blitz bei mir ein. Danach blieb mir nichts anderes übrig, als mich um Hilfe für meine eigene Sucht zu bemühen.

Einer meiner Psychologieprofessoren, Dan Matzke, arbeitete genau wie ich bei Care Unit. Er hatte den Studenten seines Kurses die Aufgabe gegeben, einmal an einem Zwölf-Schritte-Programm teilzunehmen und darüber zu schreiben. Diese Treffen gehen auf zwei Alkoholiker zurück, die mithilfe von Gebet und einer Reihe von Regeln versuchten, mit dem Trinken aufzuhören. Viele Menschen glauben, dass diese zwölf Schritte göttlich inspiriert sind, da sie mehr als jede andere Behandlungsform unzählige Menschen weltweit von diversen Süchten befreit haben. Die erste Zwölf-Schritte-Gruppe waren die Anonymen Alkoholiker, dieselben Schritte können aber auch erfolgreich angewandt werden, um Drogensucht zu behandeln, bei psychologischen Störungen, bei Problemen in der Beziehung zu einem Süchtigen oder Alkoholiker, bei zwanghaftem Geldausgeben, Glücksspielen oder Promiskuität sowie bei Essstörungen.

Da mein Professor wusste, dass es zu meiner Arbeit gehörte, Patienten zu den Treffen der Anonymen Alkoholiker und der Anonymen Drogensüchtigen zu begleiten, schlug er mir vor, eine andere Zwölf-Schritte-Gruppe für meine Klassenarbeit zu wählen. Willkürlich entschied ich mich für die Anonymen Esssüchtigen. Als ich das erste Mal hinging, fühlte ich mich nicht als Teilnehmerin, sondern hatte lediglich vor, als distanzierte Studentin die Vorgänge in der Gruppe zu beobachten. Als die Anwesenden sich mit den Worten »Hallo, mein Name ist Soundso und ich bin esssüchtig« vorstellten und die Reihe an mich kam, sagte ich einfach: »Hallo, ich bin Doreen und nur zum Beobachten hier.« Die Leute lächelten, nickten wissend und sagten: »Hallo, Doreen.« An diesem Abend hörte ich den Männern und Frauen in der Gruppe zu, wie sie ihre persönlichen Geschichten erzählten. Da ich mich in einer defensiven Stimmung voller Vorurteile befand, kam ich zu dem herzlosen Schluss, dass jeder im Raum außer mir verrückt war.

Doch an dem Tag, an dem ich ehrlich vor mir selbst zugab, dass ich süchtig nach Essen war und mich in keiner Weise von meinen Klienten unterschied, die Drogen auf die gleiche Weise benutzten wie ich Nahrung, beschloss ich, es noch einmal mit der Gruppe der Anonymen Esssüchtigen zu versuchen. Dieses Mal hörte ich die Berichte der Gruppenmitglieder mit ganz neuen Ohren, und alles, was sie sagten, ergab plötzlich Sinn. Als sie erwähnten, dass das öffentliche Sprechen über die persönliche Essstörung eine therapeutische, im guten Sinne demütigende Wirkung hatte, nahm ich all meinen Mut zusammen, um ebenfalls offen über mein zwanghaftes Essen zu sprechen.

Welch demütigende Erfahrung! Ich erkannte zwei der Gruppenmitglieder als Ehefrauen von Care-Unit-Patienten (es kommt häufig vor, dass Esssüchtige mit Alkoholikern verheiratet sind). Ich befürchtete, dass mich diese Frauen verurteilen würden, wenn sie von meiner Essstörung erfuhren, und mein Ruf in der Klinik ruiniert wäre. Nichts hätte weiter von der Wahrheit entfernt sein können, stellte ich dankbar fest. Offen über meine Schokoladensucht zu sprechen war ein wichtiger Schritt, um mich von meinem zwanghaften Essen zu heilen.

Ich widmete meine Zeit und Energie nun der Genesung von meiner Essstörung – vor jeder Mahlzeit rief ich meinen Mentor an (jemand, der bereits von der Sucht geheilt ist und andere unterstützt, die gerade erst mit dem Programm beginnen), las jedes Buch, das ich zu dem Thema finden konnte, und ging zu zahlreichen Treffen der Gruppe. Außerdem arbeitete ich ehrenamtlich beim Essstörungsprogramm für ambulante Patienten mit. Ich empfand eine starke Affinität zu den Frauen in diesem Programm und bat meinen Chef um Versetzung in das Essstörungsprogramm. Aufgrund des eingeschränkten Budgets war es jedoch nicht möglich, in dem relativ kleinen Programm eine neue Mitarbeiterin ins Team aufzunehmen.

Doch entfaltete sich in der kurzen Zeit als ehrenamtliche Mitarbeiterin dort in mir der starke Wunsch, mich ganztägig mit Essstörungen zu befassen. Nachdem mir das klar geworden war, wurde ich bald ruhelos. Eine brennende Ungeduld tief in meinem Inneren drängte mich: »Schreib Bücher!«, »Berate Menschen mit Essstörungen!«, »Befreie dich von allen Einschränkungen und Begrenzungen!«

»Aber wie?«, fragte ich mich nachts, wenn die Ruhe um mich herum mich mit mir selbst konfrontierte. »*Wie?*«

Der göttliche Plan

»Wenn wir uns der Einheit zuwenden,
können wir alle Dinge erreichen. Durch Tugend,
die ohne Eigeninteresse ist, lässt sich selbst das
Übernatürliche gefügig machen.«

Chuang Tzu 12,
taoistischer Text

Der Druck in mir wurde jedes Mal, wenn ich im Care Unit arbeitete, schlimmer. Obwohl ich dankbar war für das Wissen, das ich dort gewonnen hatte, wusste ich, dass die Zeit gekommen war, meinen Job aufzugeben und das zu tun, wozu ich mich entschieden hatte, nämlich als Beraterin für Essstörungen zu arbeiten. Darüber hinaus sehnte ich mich aus ganzem Herzen danach, Bücher zu schreiben. Jetzt, da ich meine früheren Essanfälle aufgegeben hatte, gab es nichts mehr, womit ich den Schmerz meiner unerfüllten Träume hätte betäuben können. Die einzige Möglichkeit, mein unaufhörliches inneres Sehnen zu beenden, bestand nun offensichtlich darin, meine Träume endlich zu realisieren.

Ich beschloss, mein Wissen um die Wirksamkeit des Visualisierens in die Tat umzusetzen. Es war beinahe sechs Wochen her, dass ich die vierzig Exposés verschickt hatte. Inzwischen waren ein paar Absagen eingegangen und gelegentlich hatte ich das Vertrauen verloren, jemals publiziert zu werden. Doch brannte der Wunsch, ein Buch zu veröffentlichen, unverändert stark in meiner Seele. Also nahm ich halb aus Verzweiflung Zuflucht zum Visualisieren. Wie ich es durch die Anweisungen meiner Mutter und durch Normal Vincent Peales Buch gelernt hatte, schloss ich die Augen und stellte mir vor, dass mein Traum in der Gegenwart bereits verwirklicht war. Ich stellte mir meinen Namen auf dem Rücken eines

Buches im Regal unseres örtlichen Buchladens vor. Aus irgendeinem Grund sah ich jedes Mal, wenn ich dieses mentale Bild herbeizauberte, deutlich das Logo für Bantam Books über meinem Namen.

Ich entschied, dass dieses Bild ein Zeichen war, holte alle meine alten Bantam-Taschenbücher hervor und schnitt das Logo aus. Ich klebte diese Logos auf meinen Badezimmerspiegel, das Armaturenbrett meines Autos und das schwarze Brett bei mir zu Hause und im Büro. Dann visualisierte ich täglich meinen Namen und das Bantam-Logo auf dem Rücken eines Buches. Wie Dr. Peale geraten hatte, dankte ich Gott dafür, dass dieses Bild bereits Realität war.

Als eine Woche später ein Lektor von Bantam Books bei mir anrief und mir sagte, dass er an meinem Buchexposé interessiert sei, war ich trotzdem vollkommen verblüfft. »Diese Visualisierungen funktionieren tatsächlich!«, sagte ich mir, während ich mich bemühte, bei meinem Gespräch mit dem Lektor einen aufgeweckten Eindruck zu machen. Er erklärte, dass jeder Buchvorschlag von einem Komitee aus Verlagsvertretern, Marketingfachleuten und Cheflektoren geprüft wird. Falls mein Buch von dem Komitee akzeptiert werden sollte, würde er mich zurückrufen und mir ein Angebot machen. »Wow!«, dachte ich, als ich den Hörer auflegte, »ich danke dir, Gott!«

Visualisierungen basieren auf dem Gesetz von Ursache und Wirkung; was immer Sie sehen und glauben, erschafft eine Matrix für die äußere Realität. In meinen Meditationen sah und glaubte ich, dass mein Buch von Bantam herausgegeben würde. Wenn Sie an Ihrem Glauben und Ihren Träumen festhalten, wird alles, was Sie sich vorstellen, irgendwann physische Realität werden. Wenn Ihr Vertrauen jedoch ins Wanken gerät oder Ihre Träume und Bilder ständig wechseln, wird die Realität die Angst oder die Verwirrung widerspiegeln. Und genau das passierte auch mir.

Die Plötzlichkeit, mit der sich meine Visualisierung manifestiert hatte, überrumpelte mich völlig. Ich begann zu denken: »Das kann doch nicht wahr sein!«, und diese negativen Gedanken vergifteten all die gute Arbeit, die ich geleistet hatte. Auf irgendeiner Ebene hatte ich das Gefühl, die Erfüllung meines Traums nicht verdient zu haben. Es sollte viele Jahre dauern, bis ich den Grund dafür herausfand.

Nach dem Anruf des Bantam-Lektors hatte es den Anschein, als sei ein Damm gebrochen. Jeden Tag erhielt ich jetzt Ablehnungsschreiben. Ich hatte von Autoren gehört, die die Wände ihres Arbeitszimmers mit Ablehnungsbriefen tapezierten. Doch jedes dieser Schreiben schien eine negative Energie zu beinhalten, die mich abstieß. Also zerriss ich jedes einzelne und entfernte die Schnipsel sofort aus meiner Wohnung. Ich achtete darauf, nur positiv zu denken und an die Veröffentlichung meines Buches zu glauben.

Bald entdeckte ich, dass Ablehnungen als Briefe kommen, während Telefonanrufe Interesse signalisieren. Drei Verlage riefen an, die mein Buch sofort in ihr Programm aufnehmen wollten. Da ich jedoch auf den Rückruf von Bantam wartete, wollte ich mich keinem anderen Verlag verpflichten, zumal sie alle viel kleiner waren als Bantam. Doch gleichzeitig fürchtete ich, den »Spatz in der Hand« zu verlieren, wenn ich zu lange auf Bantam wartete. Ich bat die drei Verlage also, mir ein wenig Zeit zu geben, um über ihr Angebot nachzudenken, und sie waren einverstanden. Was sollte ich tun? Tief in meinem Innern zweifelte ich daran, dass Bantam mein Buch kaufen würde. Als ich zwei Wochen später immer noch nichts gehört hatte, nahm ich all meinen Mut zusammen und rief den Lektor an, um mich nach dem Stand der Dinge zu erkundigen. Er erwiderte, dass er gerade dabei war, mir einen Brief zu schreiben, in dem er erklärte, dass mein Exposé zu sehr anderen Titeln glich, die Bantam bereits im Programm hatte.

Diese Erfahrung lehrte mich, wie wichtig es ist, den Fokus auf die innere Welt gerichtet zu halten. Etwas zu manifestieren setzt voraus, dass Ihre Vorstellungen von der Realität *aus Ihrem Inneren in die äußere Welt fließen*. Wenn Sie etwas manifestieren möchten, dürfen Sie nicht auf die scheinbaren Hindernisse achten, die plötzlich auftauchen, denn sonst kehrt sich der Fluss um und die Bilder der äußeren Welt werden Ihre inneren Bilder beeinflussen.

Meine Zweifel hinsichtlich einer Veröffentlichung meines Buches bei Bantam hatten das Resultat beeinflusst, genauso wie meine ursprünglichen positiven Gedanken zunächst das Interesse des Bantam-Lektors geweckt hatten. In der Meditation hörte ich diese erklärenden Worte:

»Unsere Gedanken sind Boten und Magnete. Achte sorgfältig auf sie und wähle nur Gedanken von Liebe und Erfolg. Auf diese Weise sorgst du dafür, dass du nur Liebe und Erfolg anziehst.«

Natürlich! Ich war kein Opfer einer grausamen Welt, die rücksichtslos mit dem Leben der Menschen spielt. Ich hatte meinen Weg durch meine eigenen Gedanken bestimmt. Anstatt mich nun über die Absage von Bantam deprimiert zu fühlen und dadurch möglicherweise die Angebote der drei anderen Verlage zu gefährden, stellte ich mir vor, wie ich einen hervorragenden Vertrag aushandelte. Ich sprach mit den Lektoren der drei Verlage und entschied mich schließlich für den größten. Nachdem ich mich mit einer kleinen Titeländerung einverstanden erklärt hatte, kam der Vertrag problemlos zustande.

Ich war begeistert, doch war mir auch die enorme Verantwortung bewusst, die ich damit übernommen hatte. Ich musste innerhalb von sechs Monaten zweihundertfünfzig Seiten schreiben. Außerdem würde dies bedeuten, dass ich einige meiner besonders schmerzhaften Erinnerungen öffentlich preisgeben musste. Dennoch entwickelte ich sofort einen detaillierten Schreibplan für die Arbeit an meinem ersten Buch.

Zu dieser Zeit hatte ich ungefähr die Hälfte meines Abendstudiengangs in beratender Psychologie hinter mir. Ich hatte mich inzwischen mit mehreren meiner Kommilitonen angefreundet, unter anderem einer Frau namens Judy Wisehart. Judy hatte einen ähnlichen metaphysischen Hintergrund wie ich, doch interessierte sie sich darüber hinaus für östliche Meditation, Hypnose und neurolinguistisches Programmieren (NLP). Ihr Mann Robert hatte an der Universität von Santa Cruz Kurse über esoterische Religion und Philosophie belegt. Außerdem hatte er bei einem der Begründer von NLP gelernt.

Robert war ein geborener Lehrer, der sich immer in Weiß kleidete, wodurch seine grauen Haare besonders gut zur Geltung kamen. Ich lud Robert und Judy zu uns ein und fragte sie, ob sie bereit wären, mir, meinem Mann Dwight und einigen engen Freunden private Unterrichtsstunden zu geben. Sie waren einverstanden, also veranstalteten wir einmal im Monat in unserem Wohnzimmer Wochenendseminare.

Unter Roberts Anleitung erlebte ich Rückführungen in vergangene Leben und lernte verschiedene Hypnose- und Meditationsmethoden. Hypnose hatte immer schon meine Neugier erregt, seit ich vor vielen Jahren an der High School eine Vorführung gesehen hatte. Als ich später einmal mit meinen Eltern eine bunte Show auf einem Jahrmarkt in Del Mar in Kalifornien besuchte, bat der dort auftretende Hypnotiseur um freiwillige Teilnehmer aus dem Publikum. Als ich meine Mutter fragte, ob ich mich melden dürfe, erklärte sie mir, dass sich Christian Scientists nicht hypnotisieren ließen. Mein Vater stimmte meiner Mutter zu und erklärte, dass Menschen, die sich hypnotisieren ließen, anschließend anfällig für die Suggestionen anderer Menschen seien.

Danach hatte ich nie mehr über Hypnose nachgedacht, bis die Gespräche mit Robert und Judy mein lange vergessenes Interesse an diesem Thema aufs Neue entfachten. Ich stellte fest, dass ich nach wie vor etwas über Hypnose lernen und sie praktisch erleben wollte, um meine eigenen Schlüsse zu ziehen. Letzten Endes empfand ich Hypnose als ebenso entspannend wie stimulierend. Statt mich zu einem verletzbaren Schwächling zu machen, half sie mir im Gegenteil, mich besser auf meine Ziele zu konzentrieren. Ich genoss jede Unterrichtsstunde mit Robert und Judy enorm und beschloss, das, was ich gelernt hatte, an meine Patienten weiterzugeben.

Mein Supervisor bei Care Unit war damit einverstanden, dass ich den Patienten Entspannungs- und Hypnosegruppen anbot. Jeden Nachmittag fanden sich interessierte Patienten im Tagesraum ein, rollten die Matten aus und legten sich darauf. Manchmal verblüffte mich der Anblick ehemaliger Krimineller und Drogensüchtiger, die wie brave Kinder im Kindergarten auf den schmalen Matten lagen. Gelegentlich kam es vor, dass ein Patient herausfordernd erklärte: »Völlig ausgeschlossen, dass Sie mich in Hypnose versetzen können!« Ich stellte fest, dass Patienten, die solche Bemerkungen machten, bei diesen Gruppenprozessen in der Regel als Erste in Trance fielen.

Meine Patienten und Mitarbeiter hielten die Hypnosegruppen für wirksam, was mein Selbstvertrauen weiter stärkte. Ich entschied, dass es an der Zeit war, das Nest zu verlassen und alleine zu fliegen. Eine meiner Kommilitoninnen am College erzählte mir von einer freien Stelle als Programmdirektorin bei einer Tageseinrichtung für jugendliche Alkohol- und Drogenabhängige, bei der sie selbst arbeitete. Ich bewarb mich um die Stelle und bekam sie, und obwohl ich noch immer nicht mit Essstörungen arbeitete, wie ich es mir eigentlich erträumt hatte, schien mir der neue Job ein Schritt in die richtige Richtung. Die Arbeit mit den Jugendlichen machte mir sehr viel Spaß und half mir, die Wunden zu heilen, die ich aufgrund meines früheren Alkohol- und Marihuanakonsums noch immer in mir trug.

Das Entwöhnungsprogramm für Jugendliche hatte bald hundert Prozent mehr Teilnehmer, und der klinische und finanzielle Erfolg des Programms sprach sich schnell herum. Ein örtlicher Psychiater bat mich um ein Treffen und wollte mit mir die Einzelheiten meiner Arbeit diskutieren. Als unser Gespräch dahin ging, dass ich eventuell ein ambulantes Zentrum für Essstörungen für ihn eröffnen sollte, fand ich diesen Gedanken gleichzeitig aufregend und erschreckend. Wieder einmal manifestierte sich meine Vision und nahm Form an. Und genau wie damals, als der Lektor von Bantam angerufen hatte, war ich noch nicht so ganz darauf vorbereitet, meinen Traum auch als Realität zu akzeptieren.

Ich beschloss jedoch, aus meinem Fehler mit Bantam zu lernen, und konzentrierte mich diesmal unerschütterlich auf meine Vision, Klienten mit Essstörungen zu behandeln. Obgleich meine Entscheidung, die Stelle bei dem Entwöhnungsprogramm für Jugendliche aufzugeben, von meinem Chef, meinen Kollegen und Klienten nicht gerade freudig aufgenommen wurde, wusste ich, dass ich diese Gelegenheit beim Schopf packen musste. Einer meiner Kollegen, den ich sehr achtete, warnte mich sogar ausdrücklich davor, für diesen Psychiater zu arbeiten. »Er hat einen schlechten Ruf und soll seine Patienten oft falsch behandeln«, meinte er. Doch ich musste einfach meinem inneren Gefühl vertrauen, das mir signalisierte, diesen Schritt zu machen.

Heute weiß ich, dass unsere Intuitionen und innersten Ahnungen uns den zuverlässigsten Rat geben, den wir jemals erhalten können. Oft fragen mich Menschen, wie man weiß, ob ein Gefühl wirklich »Intuition« ist. Sie erzählen mir dann von Begebenheiten, bei denen sie auf ihre innere Stimme gehört haben, nur um später herauszufinden, dass es ein Fehler war. Es gibt wichtige Unterschiede zwischen der wahren inneren Führung und der Stimme des Egos. Zunächst einmal sind die Anweisungen der inneren Führung liebevoll und positiv, während der Rat des Egos auf Angst, Verachtung und dem Glauben an Mangel beruht. Die innere Führung fordert uns gelegentlich auf, rasch etwas zu unternehmen, doch benutzt sie nie Angst machende Taktiken oder herabsetzende Worte. Schließlich hinterlässt die Stimme der inneren Führung in der Regel ein Gefühl von Sicherheit, sodass Sie einfach *wissen*, dass Sie dieser Intuition folgen müssen.

Wenn Sie Ihrer inneren Stimme nicht folgen, wird sie den Rat geduldig so lange wiederholen, bis Sie bereit sind hinzuhören. Im Gegensatz dazu drängt die Stimme des Egos bei seiner unablässigen Suche nach vorübergehenden Adrenalinstößen auf impulsive Entscheidungen. Das Ego verändert ständig seine Meinung, und wenn Sie ihm folgen, wird Ihr Leben chaotisch und voller Krisen sein. Manche Menschen mögen solch einen Lebensstil – vor allen Dingen, weil man nicht über die Erfüllung der eigenen Lebensaufgabe nachdenken kann, wenn man ständig irgendwo ein Feuer löschen muss.

Es steht außer Frage, dass wir alle eine Aufgabe oder Mission in diesem Leben zu erfüllen haben. Sie ist der Grund, warum wir uns auf diesem Planeten inkarnierten. Als Lichtarbeiter haben wir uns freiwillig bereit erklärt, während dieser entscheidenden Zeit vor und nach der Jahrtausendwende auf die Erde zu kommen, um liebevolle Energien zu verbreiten und zur Auflösung des destruktiven Massenbewusstseins beizutragen. Die meisten von uns sind hier, um ihr Heilungswissen einzusetzen, zu lehren, zu schreiben, zu beraten oder anderen zur Erleuchtung zu verhelfen.

Jeder von uns hat vor seiner Inkarnation einen grundlegenden Plan für sein Leben auf der Erde ausgearbeitet. Dieser Plan entstand, während wir uns ganz im Bewusstsein unseres wahren Selbst befanden. Bald nach unserer Ankunft hier verfingen wir uns jedoch in materiellen Gedankenformen, und unser Ego begann sich zu entwickeln. Doch alle Lichtarbeiter, mit denen ich bisher gesprochen habe, sagen mir, dass sie tief in ihrem Inneren wissen, dass sie zu einem höheren Ziel hier auf der Erde sind. Wenn dieses Ziel, diese Aufgabe, nicht entdeckt und gelebt wird, entwickelt sich bald ein unangenehm schmerzhafter Druck im Solarplexus, nahe dem Magen. Man hat dann das schreckliche Gefühl, etwas vergessen zu haben, was man eigentlich unbedingt tun wollte – und genauso ist es auch, wenn Sie nicht daran arbeiten, Ihre Lebensaufgabe zu erfüllen.

Mir war bis zu dem Tag, an dem mein Buch im Briefkasten lag, nicht klar gewesen, wie lange ich diese Art von Druck in meinem eigenen Solarplexus mit mir herumgeschleppt hatte. Ich berührte die druckfrische Kopie meines Buches so behutsam wie ein neugeborenes Baby. Es fühlte sich beinahe surreal an, meinen Namen auf dem Buchumschlag zu sehen, und ich verspürte eine Distanz zu dem Buch, so als hätte es ein eigenes Leben, getrennt von meinem. Ich wusste, dass nicht ich es geschaffen hatte, sondern der göttliche Geist selbst. Doch die Tatsache, dass ich an etwas beteiligt gewesen war, was vielen Menschen helfen würde, empfand ich als enorme Erleichterung, körperlich wie auch emotional. Die Angst, die mich so lange begleitet hatte – dass ich sterben könnte oder in irgendeiner anderen Weise davon abgehalten würde, meine Mission zu erfüllen –, verließ in diesem Augenblick meinen Körper und ist nie mehr aufgetaucht.

Durch meine Tätigkeit als Beraterin und meine eigene meditative Kontemplation lernte ich, dass diese lähmende Angst unter Lichtarbeitern weit verbreitet ist. Eine der größten Ängste, wenn nicht sogar die einzige, unter der Lichtarbeiter leiden, ist die, dass sie die Aufgabe nicht erfüllen können, deretwegen sie auf die Erde gekommen sind. Ironischerweise kann gerade diese Angst sie so sehr gefangen halten, dass sie vollkommen vergessen, worin ihre Lebensaufgabe besteht. Lichtarbeiter sollten diese Zusammenhänge verstehen, damit sie nicht mehr das Gefühl haben, sie seien die Einzigen, die unter Angst und Verwirrung leiden.

In meinen Meditationen erhielt ich später Einblick in die Umstände rund um die Auswahl einer Lebensaufgabe:

»Vor deiner Geburt hast du gemeinsam mit deinen Geistführern einen Lebensplan aufgestellt, der auf deine materiellen, spirituellen und karmischen Bedürfnisse zugeschnitten ist. Dieser göttliche Plan besteht aus drei Elementen: einer Lebensaufgabe, Lektionen für persönliches Wachstum und Beziehungen zu anderen Menschen, die bei der Umsetzung des Plans mithelfen.

Deine Lebensaufgabe ist eine Mission, die du in deinem Beruf, durch ehrenamtliche Tätigkeit oder in einem speziellen Projekt erfüllst, bei dem du deine natürlichen Fähigkeiten und Interessen einsetzt, um der Menschheit zu dienen. Das zweite Element deines Lebensplans besteht aus bestimmten Ereignissen, durch die

du Lektionen über die Liebe erhältst und die dir helfen, selbst-
zerstörerische Persönlichkeitsstrukturen abzulegen. Das dritte
Element sind Absprachen, die du schon vor der Geburt mit be-
stimmten Menschen getroffen hast, damit sie dir als Katalysato-
ren für die Erfüllung deiner Aufgabe und deines persönlichen
Wachstums dienen. Dabei kann es sich um Familienmitglieder,
Kollegen, Freunde oder Bekannte handeln. Deine Interaktionen
mit diesen Menschen helfen diesen ebenfalls, ihren eigenen Le-
bensplan zu erfüllen.

Du hast deinen Plan als einen groben Umriss entworfen, wie
dein Leben aussehen könnte, einschließlich deiner Aufgabe, wich-
tiger Lektionen und der Beziehungen mit bestimmten Menschen.
Da der Plan jedoch nur ein grober Umriss ist, musst du im Laufe
deines Erdenlebens die feineren Einzelheiten des Plans gestalten.
Du hast auch die Freiheit, den Plan vollkommen zu ignorieren,
doch können die emotionalen und sozialen Konsequenzen dieser
Entscheidung verheerend sein.«

In unseren früheren Inkarnationen haben viele von uns
ihre Lebensaufgabe nicht erfüllt. Während unseres Lebensrückblicks nach dem Tod fühlten wir uns tief beschämt, dass
Ängste und materielle Wünsche unseren Plan durchkreuzt
hatten. In diesem Leben haben wir uns daher vor unserer Geburt geschworen, unsere Aufgabe nicht zu vergessen. Das
Problem ist jedoch, dass wir den göttlichen Plan im vollkommenen geistigen Bewusstsein unseres wahren Selbst ent-
werfen. Wenn wir dann im Laufe unserer Erdenexistenz
auf dem Ego basierende Ängste erfahren, können wir uns
nicht mehr daran erinnern, warum wir hierher gekommen
sind. Und sollten wir uns doch erinnern, halten uns diese
Ängste davon ab, mit der Verwirklichung unseres Plans zu
beginnen.

Diejenigen unter uns, die die Erfüllung ihres Plans aufschieben oder ihn vergessen, so wie es bei mir der Fall gewesen war, spüren ständig eine tiefe, dumpfe Angst. Unbewusst
wissen sie, dass ein weiterer schmerzhafter Lebensrückblick

auf sie wartet, wenn sie sich erneut enttäuschen. Sie fühlen sich deprimiert, so als würden sie etwas Wichtiges vergessen – was auch zutrifft. Viele Lichtarbeiter haben eine gewisse Vorstellung oder Ahnung von dem Leben, das sie eigentlich führen sollten. Doch oft haben sie das Gefühl, es nicht zu verdienen oder nicht gut genug zu sein, um ihren intuitiven Impulsen zu folgen. Vielleicht versuchen sie, die Stimme ihrer Intuition zum Schweigen zu bringen, indem sie sie mit Nahrung, Alkohol oder sonstigem Suchtverhalten betäuben. Doch nichts kann auf die Dauer dieses innere Drängen zum Verschwinden bringen, das uns auffordert, Schritte zur Verwirklichung unseres Lebensplans zu unternehmen. Die einzige Wahl für uns Lichtarbeiter besteht am Ende darin, unser Ego zum Schweigen zu bringen und unser wahres Selbst leuchten zu lassen. *Das Wohl des Planeten hängt von uns ab!*

Sehr vieles änderte sich für mich, nachdem mein Buch erschienen war. Wenn Sie spüren, dass Ihre Aufgabe damit zu tun hat, ein Buch zu schreiben, möchte ich Sie dazu ermutigen, diesen Plan in die Tat umzusetzen. Das Erste, was mir auffiel – abgesehen vom Verschwinden meiner Angst –, war die Tatsache, dass die Hellsichtigkeit meiner Kindheit wieder aufzutauchen begann. Als ich dies zum ersten Mal bemerkte, wusste ich allerdings nicht, was ich davon halten sollte.

Ich begann die Ereignisse im Voraus zu sehen, ungefähr dreißig Sekunden bevor sie passierten. Wann immer ich zum Beispiel mit dem Auto unterwegs war, wusste ich intuitiv, was die Autofahrer vor mir tun würden. Zuerst sah ich beispielsweise vor meinem geistigen Auge einen Fahrer, wie er nach links abbog. Und ungefähr eine halbe Minute später bog er tatsächlich nach links ab.

Wenn ich bei meiner neuen Arbeit mit Essstörungen mit meinen Klienten zusammensaß, tauchten in mir, bevor sie noch ein Wort gesagt hatten, innere Bilder auf von dem, was sie mir gleich beschreiben würden. Ich sah häufig sehr klare Bilder von Nahrungsmitteln. Wenn eine Klientin sich zum Beispiel mit Eis voll gestopft hatte, sah ich einen riesigen Eisbecher oder ein ähnliches Symbol neben ihr, bevor sie mir davon erzählte.

Diese Hellsichtigkeit erlaubte mir, den Frauen zuzuhören, ohne mir viele Notizen zu machen. Meine Klientinnen staunten immer wieder über meine Fähigkeit, mich an all die Einzelheiten ihrer Lebensumstände zu erinnern. Dabei *erinnerte* ich mich eigentlich gar nicht, sondern stellte mich nur innerlich auf sie ein und sah dann vor meinem geistigen Auge Filmausschnitte ihres Lebens. Ich konnte tatsächlich *sehen*, was ihnen Probleme bereitete, und das erlaubte es meinen Klientinnen und mir, sehr schnell die Kernprobleme anzugehen.

Viele meiner Klientinnen hatten als Kinder Missbrauch erlebt, insbesondere sexuellen Missbrauch. Manchmal spürte ich die damit verbundenen emotionalen Kämpfe so intensiv, dass ich beschreiben konnte, wie sich meine Klientin fühlte, ohne dass sie ein Wort sagte. Mehr als einmal fragte ich mich: »Wie kann ich wissen, wie es sich anfühlt, als Kind missbraucht worden zu sein? Habe ich vielleicht die Erinnerung an einen Missbrauch in meiner eigenen Kindheit verdrängt?« Ich konnte mich jedoch deutlich an jedes Jahr meines Lebens erinnern. Was ich mit meinen Klientinnen erlebte, wies nicht auf Verdrängung hin, sondern war das Phänomen des »Hellfühlens«.

Ich sprach mit niemandem über meine übersinnlichen Wahrnehmungen, zum Teil, weil ich mir selbst nicht sicher war, was ich davon halten sollte. Nur einmal erzählte ich von einem solchen Erlebnis, und auch das nur versehentlich. Ich berichtete meiner Freundin Melinda von einem eigenartigen Traum, in dem ich einen Laden voll giftigem Käse gesehen hatte. Am nächsten Tag berichteten die Tageszeitungen auf der ersten Seite von einem groß angelegten Rückruf einer bestimmten Käsesorte, die mit giftigen Bakterien verseucht war. Melinda dachte, dass es sich bei meinem Traum um eine außergewöhnliche übersinnliche Erfahrung gehandelt habe. Doch anstatt mich über dieses Erlebnis zu freuen, verdrängte ich es und beschäftigte mich nicht mehr damit.

Schließlich hatte ich als Kind häufig erfahren, dass es nicht gut war, von meinen übersinnlichen oder spirituellen Erlebnissen zu erzählen. Der Familienkodex schrieb vor, niemals in der Öffentlichkeit über Wunderheilungen zu sprechen. Abgesehen von ein paar Ausnahmen hatte ich nur Spott geerntet, wenn ich anderen von unseren religiösen Praktiken erzählte. Und als ich meiner Mutter von den Gestalten berichtete, die ich »sah« (und von denen ich heute weiß, dass es Verstorbene waren), hatte sie mir versichert, dass es sich lediglich um meine Einbildung oder Reflexionen des Fernsehbildschirms handelte. Ich fühlte mich also nicht sicher genug, anderen von meinem Vorauswissen zu erzählen. Ich wagte es ja kaum vor mir selbst zuzugeben.

Stattdessen konzentrierte ich mich auf meine klinischen Forschungen über Essstörungen. Während meiner Arbeit bei Care Unit war mir ein Zusammenhang zwischen der Persönlichkeitsstruktur meiner Klienten und ihrer bevorzugten Droge aufgefallen. Dasselbe klare Muster zeigte sich auch bei meinen Klientinnen mit Essstörungen. Diejenigen, die sich mit Brot voll stopften, unterschieden sich im Temperament auffällig von denen, die Eiscreme bevorzugten, und so weiter. Ich begann mich näher mit diesem Phänomen zu beschäftigen und stellte fest, dass jedes dieser Sucht auslösenden Nahrungsmittel – wie beispielsweise Schokolade, Milchprodukte, Backwaren oder Nüsse – Substanzen enthielt, die Stimmung und Energie veränderten. Meine Klientinnen wählten intuitiv genau das Nahrungsmittel, das ihr spezielles emotionales Problem besänftigte.

Zum Beispiel stellte ich fest, dass Milchprodukte aufgrund ihrer chemischen und strukturellen Zusammensetzung eine antidepressive Wirkung besitzen. Es war also kein Zufall, dass Klientinnen, die unter Depressionen litten, ein Verlangen nach Milchprodukten hatten. Das spezifische Milchprodukt – wie zum Beispiel Nusseis – ließ sogar noch detailliertere Zusammenhänge mit den besonderen emotionalen Eigenheiten meiner Klientinnen erkennen. Nusseis wirkt nämlich nicht nur aufhellend bei Depressionen, sondern stimuliert gleichzeitig das Lustzentrum im Gehirn.

Ich begann also, meine Patientinnen zu Beginn der ersten Sitzung nach den Nahrungsmitteln zu fragen, nach denen sie süchtig waren, um die Therapie auf die eigentlichen Kernprobleme hinzuführen. Einige Jahre später schrieb ich ein Buch über dieses Analysesystem zur Behandlung von Essstörungen.[1]

Meine Praxis hatte immer mehr Zulauf, und es dauerte nicht lange, bis ich mehr Patienten hatte, als ich behandeln konnte. Diana Whitfield, die mit mir gemeinsam bei Care Unit gearbeitet hatte, übernahm schließlich einen Teil der Arbeit. Doch sprach sich unser Erfolg bei Essstörungen so schnell herum, dass wir auch zu zweit bald mehr Patienten hatten, als wir bewältigen konnten.

Während dieser Zeit erhielt ich eine ganz plötzliche intuitive Anweisung. Meist leitet uns unsere Intuition in kleinen, aufeinander folgenden Schritten. Gelegentlich taucht jedoch auch eine ganze, vollständige Idee auf. Eines Tages empfing ich diese Art von intuitiver Botschaft und wusste, dass es an der Zeit war, ein weiteres Buch zu schreiben. Außerdem wusste ich, dass es den Titel *The Yo-Yo Diet Syndrome* tragen, die emotionalen Ursachen und Heilungsmöglichkeiten für Gewichtsschwankungen behandeln und ein sehr erfolgreiches Buch sein würde. All diese Informationen tauchten eines Tages ganz überraschend in meinem Kopf auf. Ich war mir dabei so sicher, dass ich anfing, bei Vorträgen und Interviews über dieses Buch zu sprechen, bevor ich es überhaupt geschrieben hatte.

Manifestation erfordert Vertrauen. Normalerweise vertrauen wir mehr darauf, dass unsere Ängste Realität werden, als darauf, dass unsere Träume wahr werden. Manifestation scheint nur deshalb schwierig, weil wir zuweilen das Gefühl haben, uns anstrengen zu müssen, um unsere Träume zu verwirklichen. Doch bei diesem Buch tauchte die Vision komplett mit dem dazugehörigen Vertrauen in mir auf. Ich musste nicht mit irgendwelchen Zweifeln oder Ängsten kämpfen. Ich wusste ganz einfach, dass es wahr werden würde, und heute erkenne ich, dass das unfehlbare Gesetz von Ursache und Wirkung dem Buch zu seiner Existenz verholfen hat.

Im Vertrauen auf mein Gefühl und meine inneren Instinkte beschloss ich, mir einen Literaturagenten zu suchen, um einen Buchvertrag auszuhandeln. Irgendetwas sagte mir, ich solle in die Bücherei gehen und mir in Büchern übers Abnehmen die Abschnitte mit Danksagungen anschauen. Dabei stellte ich fest, dass viele Autoren eine bestimmte Agentin erwähnten. Ich besorgte mir ihre Adresse und Telefonnummer, rief die Agentur an und bat die Sekretärin, mir ihre Informationen für Autoren zukommen zu lassen. Die Frau informierte mich knapp: »Tut mir Leid, ohne Empfehlung nehmen wir keine neuen Klienten an.«

Ich überlegte, was ich nun tun sollte, und beschloss, meinen Onkel Lee Reynolds um Rat zu bitten. Da er Drehbuchautor in Hollywood war, kannte er vielleicht jemanden, der mich empfehlen konnte. Tatsächlich hatte er sehr gute Beziehungen zu dieser Agentur. Doch legte er mir nahe, zunächst die übliche Anfrage an sie zu richten. »Es ist Aufgabe der Sekretärin, die Leute abzuwimmeln«, fügte Onkel Lee hinzu. »Lass dich von ihr also nicht abschrecken.«

Daraufhin schrieb ich einen kurzen Brief an die Agentin. Bevor ich ihn zur Post brachte, hielt ich den Umschlag in der Hand und sprach ein Gebet. Eine Woche später rief mich die Agentin an und bat mich, ihr mein Exposé zu schicken. Also setzte ich mich hin und schrieb ohne Pause, bis ich mit dem Ergebnis zufrieden war. Als ich das Exposé losschickte, hüllte ich es ebenfalls in Gebete ein.

Zwei Tage später rief mich die Agentin an und lud mich zum Mittagessen in Beverly Hills ein. Anschließend ging ich mit Onkel Lee auf einen Kaffee, um den erfolgreichen Vertragsabschluss mit der Literaturagentur zu feiern.

Meine Agentin bot die Buchrechte in einer Auktion an, und einer der bietenden Verlage war Bantam Books. An meinem

Badezimmerspiegel klebte noch immer das kleine Logo von Bantam, und ich hatte die Vision von meinem Namen auf einem Buchrücken unter diesem Logo noch nicht aufgegeben. Doch war die Summe, die Bantam für das Buch bot, nicht hoch genug; sie wurden von Harper & Row überboten, die sich mit einer recht hohen Vorauszahlung die Rechte an meinem Buch sicherten.

Glücklich begann ich mit dem Schreiben meines neuen Buches. Schreiben war immer schon eine meiner Lieblingsbeschäftigungen. Das Gefühl, etwas Sinnvolles zu tun und gleichzeitig für etwas bezahlt zu werden, das man gerne tut, ist einfach wunderbar. Außerdem hatte ich bei der Arbeit an meinem ersten Buch festgestellt, wie kathartisch es ist, über die schmerzhaften Momente des eigenen Lebens zu schreiben. Tatsächlich glauben manche Therapeuten wie zum Beispiel Viktor Frankl, dass unser Glück und unsere geistige Gesundheit davon abhängen, ob wir einen Sinn in unserem Leben finden.[2] Zum Beispiel können wir eine Tragödie in etwas Sinnvolles verwandeln, indem wir unsere hart errungenen Erkenntnisse an andere weitergeben. Über meine früheren Ess- und Gewichtsprobleme zu schreiben, schenkte mir genau diese Art von existenzieller Befreiung.

Mit der Vorauszahlung für mein Buch, dem Einkommen aus meiner Tätigkeit als Psychotherapeutin und dem Gehalt meines Mannes war unsere finanzielle Situation mehr als befriedigend. Wir zogen in ein neues Haus zehn Meilen außerhalb von Lancaster. Doch obwohl der materielle Aspekt unseres Lebens gesichert war, litt ich unter dem Stress, den mir mein hektischer Terminplan bereitete, wobei ich meine Zeit zwischen der Beratungsarbeit, meiner Familie, dem Besuch der Abendschule und der Fertigstellung des neuen Buches aufteilen musste. Daneben war ich seit dem Erscheinen meines ersten Buches auch immer wieder öffentlich aufgetreten. Mehrere Male war ich bereits in Fernseh- und Radio-Talkshows zu Gast gewesen, und täglich kamen neue Anfragen.

Beim Auspacken der Umzugskartons in unserem neuen

Haus fiel mir ein verknittertes Stück Papier in die Hände. Ich glättete das Blatt und sah, dass es sich um etwas handelte, was ich einige Jahre zuvor in einem Soziologiekurs geschrieben hatte. In einer Vorlesung über Ziele und wie man sie erreicht, hatte unser Professor alle Studenten aufgefordert, zehn Dinge aufzuschreiben, die wir innerhalb von fünf Jahren erreichen wollten. Zum damaligen Zeitpunkt konnte ich mir beim besten Willen nicht vorstellen, wie ich auch nur eines meiner Ziele je verwirklichen sollte. Doch ich hatte tatsächlich jedes einzelne erreicht: Ich hatte das Sorgerecht für meine Söhne zurückbekommen, ein Buch veröffentlicht, das College erfolgreich abgeschlossen, ein neues Zuhause gefunden, einen neuen Mercedes gekauft, eine Praxis als Psychotherapeutin eröffnet, Urlaub auf Hawaii gemacht, mein Idealgewicht erreicht, einen Fernsehauftritt in einer Talkshow hinter mich gebracht und eine bestimmte Geldsumme gespart. Die Theorie meines Professors, dass es wichtig ist, seine Ziele schriftlich niederzulegen, hatte sich als richtig erwiesen.

Bei dem Gedanken, dass ich alles erreicht hatte, was ich mir wünschte, überkam mich ein beklommenes Gefühl. »Du solltest froh und glücklich sein«, wies ich mich selbst zurecht. Doch tatsächlich war mir überhaupt nicht so zumute. Irgendetwas stimmte nicht, und ich musste herausfinden, was es war. Hastig traf ich die nötigen Vorbereitungen für unseren Urlaub auf Maui, wo es keine klingelnden Telefone und keinen Arbeitsdruck für mich gab. Ich musste mich für eine Weile unter den duftenden Blüten Hawaiis entspannen und über mein Leben nachdenken.

KAPITEL 8

»EINE NEUE TÜR WIRD SICH ÖFFNEN«

*»Das Selbst im Inneren des Herzens ist wie eine Grenze,
die die Welt von der Wahrheit trennt. Aus diesem Grund ist jemand,
der diese Grenze überschreitet und das Selbst erkennt,
nicht länger blind, nicht länger verwundet und leidet nicht mehr
unter Not und Schmerzen.«*

Chandogya Upanishad,
hinduistischer Text

Als wir in Oahu ankamen, stiegen wir in ein kleineres Flugzeug um, das uns nach Maui brachte. Der lange Flug von Kalifornien hierher hatte mich erschöpft. Da es auf dem Weiterflug nach Maui keine Sitzplatzreservierungen gab, ließ ich mich gleich in der ersten Reihe in einen Sitz fallen. Mein Mann und meine Söhne beschlossen, sich für den kurzen Flug nach hinten zu setzen.

Neben mir saß ein braun gebrannter, weißhaariger Mann, mit dem ich mich kurz über die Inseln unterhielt. Wie es so kam, sprachen wir auch über unsere jeweiligen beruflichen Interessen. Ich erzählte dem Mann von meiner Arbeit als Psychotherapeutin und Autorin, und wir entdeckten, dass seine Tochter und ich dasselbe College besucht hatten. Dann fragte ich ihn, womit er seinen Lebensunterhalt verdiente.

Zögernd sagte er: »Nun, ich gebe eine Art Seminare.« Das weckte mein Interesse, da ich oft selbst Seminare leitete.

»Welche Art Seminare?«, wollte ich wissen.

Auch jetzt schien er nicht so recht mit der Antwort herausrücken zu wollen. Schließlich schaute er mich an und fragte: »Haben Sie schon mal von der Crystal Cathedral (eine gläserne Kathedrale in der Nähe von Los Angeles – d. Übers.) gehört?«

»Natürlich«, erwiderte ich. »Sie meinen die Kirche von Robert Schuller?«

»Ja. Ich bin Robert Schuller«, erklärte er ohne die geringste Spur von Arroganz.

Es war mir peinlich, dass ich ihn nicht erkannt hatte. Doch während meiner Buchtour hatte ich viele Film- und Fernsehstars getroffen. Wenn sie nicht gerade vor der Kamera stehen, kein Make-up tragen und ihr Charisma ein paar Grade heruntergekurbelt haben, sehen berühmte Leute oft ganz anders aus als auf der Leinwand.

Während der nächsten zwanzig Minuten erzählte ich Dr. Schuller von meiner Verwirrung bezüglich der Richtung in meinem Leben. Ich sagte ihm, dass ich mit dreißig Jahren jedes Ziel erreicht habe, das ich mir vorgenommen hatte. Jetzt hatte ich keine neuen Ziele mehr, fühlte mich leer und hatte Angst, mich der Zukunft zu stellen, ohne zu wissen, wohin ich ging. Er berichtete mir von den Scheidewegen in seinem eigenen Leben und wie er diese schwierigen Phasen durch Glauben und Gebet durchstanden hatte.

Ohne zu predigen, ermutigte mich Dr. Schuller sanft, dem Prozess des Lebens zu vertrauen. »Bald wird sich eine neue Tür für Sie öffnen«, versicherte er mir. »In der Zwischenzeit sollten Sie sich keine Sorgen darüber machen, was als Nächstes ansteht. Wenn die Tür sich öffnet, werden Sie *wissen*, dass es die richtige für Sie ist.« Als das Flugzeug landete, umarmten wir uns, und ich spürte neue Hoffnung. Gott hatte mir zum perfekten Zeitpunkt den perfekten Sitznachbarn beschert.

Ich beschloss, Dr. Schullers Rat anzunehmen und darauf zu vertrauen, dass sich eine neue Tür öffnen würde.

Ich kam zu dem Schluss, dass ich meine Tür am besten finden konnte, wenn ich mir keine Ziele mehr setzte und stattdessen abwartete, was das Leben mir bringen würde. Schließlich war dies bereits das zweite Mal, dass ich alle meine Ziele erreicht hatte (das erste Mal war Beliebtheit an der High School mein Ziel gewesen). Beide Male hatte ich erwartet, dass die Verwirklichung meiner Ziele ein überwältigendes Glücksgefühl in mir auslösen würde, als ob sich der Himmel öffnen und die Engel singen würden. Tatsächlich jedoch hatte sich das Erreichte enttäuschend normal angefühlt. Ich hatte auf diese Enttäuschungen reagiert, indem ich mir noch höhere Ziele steckte und zum Beispiel dachte: »Nun, Gast bei irgendeiner Talkshow zu sein ist wirklich nichts Besonderes. Es wird ganz anders sein, wenn ich bei ›Oprah‹ zu Gast bin, *das* ist wirklich etwas Besonderes.« Also hatte ich mir ein neues Ziel gesteckt, es erreicht und dann festgestellt, dass es mir – egal, wie hoch der Gipfel war, den ich erklommen hatte – keine bleibende Befriedigung verschaffte.

Mein neues Ziel nach der Begegnung mit Dr. Schuller war nichts weniger als Glücklichsein. Ich wusste, dass dieser Zustand möglich war, da ich ihn schon erlebt hatte. Doch dieses Mal wollte ich, dass er andauerte.

Bald nach unserer Rückkehr von Maui verkaufte meine Agentin mein drittes Buch, und dieses Mal war Bantam Books der meistbietende Verlag. Ich glaube, dass meine Entscheidung, alle meine Ziele Gott zu übergeben, etwas damit zu tun hatte, dass sich meine Bantam-Visualisierung endlich manifestierte.

Normalerweise erhält der Autor vom Verlag einige kostenlose Belegexemplare seines Buches. In diesem Fall jedoch stolperte ich darüber, als ich eines Tages beim Einkaufen war. Mein Sohn Chuck brauchte ein Paar neue Schuhe, und wir waren ins Einkaufszentrum gefahren, um ihm welche zu kaufen. Als wir an einem Buchladen vorbeigingen, hielt ich kurz an, um zu sehen, ob sie meine Bücher vorrätig hatten. Mir stockte der Atem, als ein glänzender brauner Buchrücken meine Aufmerksamkeit auf sich zog. Hier, vor meinen Augen, lag eine reale Version des inneren Bildes, das ich so lange mit mir herumgetragen hatte: ein leuchtendes, feuerrotes Bantam-Logo über meinem Namen auf dem Buchrücken, wie ich es seit beinahe vier Jahren visualisiert hatte.

Visualisierungen können sich umgehend realisieren, wenn unser Verstand dies als eine Möglichkeit akzeptiert. Wir tun dies ständig, zum Beispiel wenn wir eine Einkaufsliste zusammenstellen und dann die Dinge einkaufen, die darauf stehen. Wir fragen nicht: »Werde ich die Pilzrahmsuppe auf meiner Liste auch wirklich bekommen?«, wir gehen einfach davon aus, dass es so sein wird.

Wenn wir jedoch vor der Verwirklichung einer Vision Angst haben oder das Gefühl, sie nicht verdient zu haben, versuchen wir oft, den Traum in die Realität zu zwingen. Unsere Visualisierung wird dann angespannt und voller Druck, so als ob wir versuchen wollten, Materie aus dem Äther zu quetschen. So war ich mit der Visualisierung meines Namens unter dem Bantam-Logo umgegangen, und diese Anspannung verhinderte, dass ich mein Ziel erreichte. Es war, als hätte ich einen Bittbrief an Gott geschrieben, mich dann jedoch geweigert, ihm diesen zu geben. Erst als ich die Vision den himmlischen Kräften übergab, stand ihrer Verwirklichung nichts mehr im Weg.

»Bei Wundern gibt es keine Rangfolge des Schwierigkeitsgrades«, heißt es in dem Buch *Ein Kurs in Wundern*[1]. Das bedeutet, dass ein bestimmtes Wunder nicht schwieriger zu manifestieren ist als ein anderes, es sei denn, wir glauben das. Unser Urteil, das uns sagt: »Oh, dieses Ziel ist zu hoch für mich«, oder: »Ich kann mir nicht vorstellen, wie ich dieses Ziel jemals erreichen soll«, führt zu der Anspannung, die uns davon abhält, unsere innere Vision zu manifestieren.

Ich begann, den subtilen Balanceakt der Manifestation zu erkennen. Wir haben alle den starken Drang, etwas zu erschaffen und eine sinnvolle Lebensaufgabe zu erfüllen. Da wir als Ebenbild eines ewig kreativen Schöpfers erschaffen wurden, ist dieser Drang vollkommen natürlich. Jedoch hängen unsere Gesundheit und unser Glück von unserer Fähigkeit ab, unser Herz auf das Geistige zu konzentrieren und nicht auf die materielle Welt.

Gleichzeitig bemerkte ich, dass die zwanghaften Gewohnheiten meiner Essstörungs- und Suchtklientinnen tief sitzende Ängste und Depressionen über ihre eigene unerfüllte Lebensaufgabe verdeckten. Viele dieser Frauen wussten genau, was sie mit ihrem Leben anfangen wollten. Jedoch hielten falsche Glaubenssätze und Überzeugungen sie davon ab, es überhaupt zu versuchen, wie beispielsweise: »Ich habe nicht genug Zeit, Geld, Intelligenz, gutes Aussehen, Beziehungen, Bildung oder Talent, um meinen Traum zu verwirklichen.« Doch ihre innere Stimme ließ ihnen keine Ruhe und drängte sie immer wieder, ihre Aufgabe zu finden und zu erfüllen. Anstatt nun auf diese Stimme zu hören, versuchten meine Klientinnen, sie zum Schweigen zu bringen, indem sie sich mit Nahrung voll stopften, ihre Gefühle in Alkohol ertränkten oder sich mit anderen suchthaften Gewohnheiten betäubten.

Ich stellte fest, dass eine Klientin sich immer dann an ihre Lebensaufgabe zu erinnern begann, wenn sie sich aus ihren Süchten befreite. Ihre innere Stimme drängte sie dann, gewisse Schritte zur Erfüllung ihres Ziels in Angriff zu nehmen. Wenn sie diese Schritte daraufhin tatsächlich machte, hörte das süchtige Verlangen auf. Manche Klientinnen waren dagegen vom heftigen Drängen ihrer inneren Stimme zutiefst verschreckt oder eingeschüchtert und nahmen ihre alten Gewohnheiten schnell wieder auf, um die Stimme ihres höheren Selbst damit zu überdecken.

Meine praktische Arbeit sowie meine Tätigkeit als Autorin führten zu häufigen Reisen durch die Vereinigten Staaten, um Kurse für Krankenpflegekräfte zu geben und Vorträge zu halten. Außerdem übernahm ich die Leitung eines psychiatrischen Krankenhauses für Frauen in Woodside in der Nähe von San Francisco.

Dwight und ich hatten uns kurz zuvor nach siebenjähriger Ehe getrennt. So viele Gründe hatten dazu geführt, dass es schwierig wäre, sie hier kurz zusammenzufassen. Ich möchte nur so viel sagen, dass unsere Scheidung äußerst schmerzhaft war. Wann immer mir Klientinnen sagen, dass sie daran denken, sich scheiden zu lassen, warne ich sie immer, die Gründe für diesen Wunsch genau zu untersuchen. Zu oft versuchen wir, die Leere in unserem Inneren mit äußeren Dingen zu füllen – wie beispielsweise Heirat oder Scheidung –, doch nichts

Äußeres kann unsere innere Sehnsucht nach Liebe stillen. Nur die himmlische Liebe, die aus dem Inneren kommt, füllt diese Leere.

Wieder einmal war ich nun eine allein erziehende Mutter, und meine Söhne und ich empfanden den Umzug in die Bay Area bei San Francisco wie ein Abenteuer. Wir fanden ein nettes Haus nahe bei einer Grundschule, und ich fuhr täglich quer über die Bucht zur Arbeit. Das psychiatrische Krankenhaus in Woodside mit seinen üppigen Gärten und den weißen Rattanmöbeln mit rosenbedruckten Kissen war ein beliebtes Retreat für die Frauen von San Francisco. Wir hatten selten leere Betten und in der Regel eine Warteliste potenzieller Patientinnen.

Meine Söhne und ich waren zu Hause, als 1989 ein großes Erdbeben San Francisco erschütterte. Als gebürtige Kalifornierin hatte ich schon viele kleinere Beben erlebt und eine gelassene Einstellung dazu gewonnen. Doch dieses Mal hatten wir es mit einer völlig anderen Kategorie zu tun! Ich beobachtete mit Schrecken, wie der gekachelte Eingang und die Wände meines Hauses nachgaben und sich bogen. Ich hielt Grant in meinen Armen fest, während ich Chuck in seinem Zimmer schreien hörte. Ich fühlte mich hilflos, da ich nicht in der Lage war, ihn zu erreichen. Mir blieb nichts übrig, als Grant festzuhalten und zu beten, dass das Erdbeben schnell vorbeiging. Bei anderen Naturkatastrophen kann man weglaufen oder Unterschlupf suchen. Doch wenn die Erde unter einem bebt und zittert, gibt es nichts, wohin man sich flüchten kann.

Einige Monate später filmten wir in Nashville einen kurzen informativen Bericht über mein neuestes Buch. Ich freundete mich mit dem Regisseur an, und er stellte mich der Direktorin eines psychiatrischen Krankenhauses in Nashville vor. Ich verstand mich auf Anhieb mit ihr, und sie war begeistert über den Erfolg meines kalifornischen Psychiatriekrankenhauses. Die Verwaltung ihres Krankenhauses bot mir an, in Nashville eine ähnliche Einrichtung nur für Frauen aufzubauen. Noch immer unter dem Schock des Erdbebens, hatten meine Söhne nichts dagegen, als ich einen erneuten Umzug vorschlug.

Während der nächsten beiden Jahre hatte ich alle Hände voll zu tun, wobei zu meinen Aufgaben sowohl die Verwaltung der neuen Einrichtung als auch das Marketing und die Behandlung der Patientinnen zählten. Jeden Nachmittag moderierte ich außerdem beim lokalen Radiosender eine Sendung. Abends hielt ich meistens Vorträge vor örtlichen Organisationen.

Meine therapeutische Arbeit in Nashville konzentrierte sich auf Patientinnen, die als Kind in der einen oder anderen Form missbraucht worden waren. Die kulturellen Unterschiede zwischen Kalifornien und dem Süden der USA, wo Inzest weiter verbreitet zu sein schien, beunruhigten mich. Außerdem litten viele Patientinnen unter einem negativen Selbstbild, das offensichtlich in den regionalen Stereotypen über Frauen wurzelte. Ich schrieb Zeitungsartikel, hielt Vorträge und machte Radiosendungen, um den Frauen aus dem Süden ihren Ehrgeiz auszureden, es jedem Recht zu machen. Ich bin sicher, dass meine Perspektive einige südliche Gemüter unangenehm berührt hat. Doch mir lag in erster Linie das Wohl der Frauen am Herzen, die sich mit Schuldgefühlen und Mangel an Selbstachtung herumschlugen.

Zwei Jahre später ging ich nach Kalifornien zurück und beschloss, weiterhin Bücher und Zeitschriftenartikel zu schreiben. Eines meiner Hauptinteressen zu diesem Zeitpunkt waren Liebesbeziehungen. Seit meiner Scheidung waren meine eigenen Erfahrungen in dieser Hinsicht problematisch und frustrierend gewesen. Ich wünschte mir aus ganzem Herzen eine langfristige, verbindliche Beziehung mit einem Mann, doch nicht um jeden Preis – mein Partner sollte schon zu mir passen. Trennungen und Scheidungen sind äußerst schmerzhafte Erfahrungen, und ich wollte mich nicht Hals über Kopf in eine neue Beziehung stürzen. Doch gleichzeitig sehnte ich mich sehr nach einem Partner.

Die Ehe meiner Eltern hatte mir gezeigt, dass wahre Liebe – zutiefst romantisch, voll echter Freundschaft und auf einer Basis von Vertrauen und Treue – möglich ist. Außerdem hatte ich in meiner Arbeit als Psychotherapeutin bei meinen Patientinnen viele Erfolge erzielt. Oft hatte ich gesehen, wie wunderbar Liebe sein kann, und ich wollte diese Erfahrung ebenfalls machen.

Beinahe aus einer Laune heraus beschloss ich, mit metaphysischen Prinzipien zu experimentieren, um herauszufinden, ob ich nicht vielleicht die Beziehung manifestieren konnte, nach der ich suchte. Ich machte mich also daran, meinen Traumpartner auf dieselbe Art zu finden, wie ich meine professionellen Erfolge erzielt hatte. Ich stellte eine zweiseitige Liste mit all den Eigenschaften auf, die mir bei einem Partner und in einer Beziehung wichtig sind. Ich ließ alle Details aus, die mir unwichtig erschienen, und konzentrierte mich nur auf die Eigenschaften, die ich für entscheidend hielt.

Dann schloss ich die Augen und affirmierte liebevoll, dass dieser Mann, wenn er wirklich mein Traummann war, mich genauso lieben und annehmen würde, wie ich war. Außerdem machte ich mir klar, dass er in diesem Augenblick genauso leidenschaftlich nach mir suchte, wie ich mich nach ihm sehnte. Darauf ließ ich die Situation los, übergab sie voller Vertrauen dem Universum und legte die Liste in meine Schreibtischschublade.

In den folgenden Tagen verspürte ich diverse Male das Bedürfnis, außerhalb meiner normalen Gepflogenheiten an bestimmte Orte zu gehen und bestimmte Menschen anzurufen. Manchmal ignorierte ich diese Intuitionen, doch irgendwann begannen sie mich zu verfolgen, bis ich ihnen endlich nachgab. All diese intuitiven Aktivitäten gipfelten schließlich darin, dass ich in ein französisches Restaurant in meiner Nachbarschaft ging, wo ich im Eingang mit einem Mann zusammenstieß. Als ich Michael zum ersten Mal sah, hatte ich das Gefühl, als verlangsame sich die Zeit und als würde sich der Raum um mich drehen. Er lud mich ein, ein Glas mit ihm zu trinken, und wir sprachen miteinander, als ob wir einander interviewten. Als wir an jenem Abend das Restaurant verließen, wusste ich, dass Michael der Mann war, den ich gesucht hatte. Wir waren vom ersten Tag an unzertrennlich.

In der Folge begann ich, Bücher und Artikel über Beziehungsthemen zu schreiben. Eine der Zeitschriften, für die ich Artikel verfasste, *Complete Woman*, nahm mich in das Redaktionsteam auf. Zudem trat ich immer öfter in Talkshows als »Kummerkastentante« auf und gab Rat in Liebesdingen. Ein New Yorker Literaturagent, der einige berühmte Autoren in diesem Genre vertrat, empfahl mir, mich auf dieses Thema zu spezialisieren. Nachdem ich einige Bücher über Beziehungen geschrieben hatte, wurde mir jedoch klar, dass ich nicht wirklich mit dem Herzen bei der Sache war. Eigentlich wollte ich ausschließlich über die spirituellen Prinzipien der Heilung von Körper, Geist und Gefühlen schreiben.

Ich beschloss, ein Buch über den Zusammenhang von Essstörungen und Missbrauch in der Kindheit in Angriff zu nehmen, wozu ich Unmengen von Untersuchungen und Fallstudien zusammengetragen hatte. Also gab ich meine praktische Arbeit auf und erstellte ein Buchexposé mit dem Titel *Losing Your Pounds of Pain*. Ich brauchte zu diesem Zeitpunkt etwas Abstand, und meine Entscheidung war genau das Richtige. Der Gegensatz zwischen meinen tiefsten spirituellen Überzeugungen und der Philosophie hinter den psychologischen Behandlungstechniken, die ich in meiner klinischen Arbeit gelernt hatte, hatte mich schon länger beunruhigt. Ich musste diese beiden Aspekte miteinander in Einklang bringen, bevor ich mich wieder meiner beratenden Tätigkeit zuwenden konnte.

Meine spirituelle Überzeugung ist, dass wir erschaffen können, was immer wir uns wünschen. Tatsächlich ist es so, dass sich alles, worauf wir uns konzentrieren, unweigerlich auf der physischen Ebene manifestiert. Das ist es, was das Gesetz von Ursache und Wirkung besagt. Aus diesem Grund befand ich mich nun in diesem Konflikt. Die Psychologie verlangte von mir, dieses Gesetz zu brechen, indem ich meine Klienten dazu aufforderte, sich auf ihr Problem zu konzentrieren. Therapeuten und anderen Heilern wird beigebracht, die Klienten nach ihren Schwierigkeiten zu fragen und diese dann zu analysieren. Jedoch sorgt ein solcher Fokus zunächst einmal dafür, dass das Problem sich noch verstärkt.

Ich habe oft erlebt, wie eigene Klienten und die von Kollegen beispielsweise ein Beziehungsproblem beschrieben. Therapeut und Klient verbrachten daraufhin viele Stunden mit der Arbeit an dem betreffenden Problem. In den allermeisten Fällen trat darauf eine Verschlechterung der Beziehung ein. Der Therapeut erklärte dann, diese Verschlechterung bedeute, dass der Klient sich bezüglich des Problems »nichts mehr vormachte« und die Beziehung endlich klar sah.

»So haben mir meine Eltern das aber nicht beigebracht«, erkannte ich eines Tages. Vielmehr hatte ich gelernt, mich immer auf die Wahrheit einer Situation zu konzentrieren und darauf, dass wir alle vollkommen sind und nur die Liebe wirklich ist. Dadurch kann sich Harmonie entwickeln und das so genannte Problem ersetzen. Doch wie würden meine Klientinnen reagieren, wenn ich plötzlich anfing, ihnen zu sagen, sie seien vollkommen? Was würden sie sagen, wenn ich ihnen versicherte, dass sie vollkommen geliebt, liebenswert und liebevoll sind? Ich hatte Angst, sie würden schreiend aus meiner Praxis rennen – vergleichbar mit den Sticheleien und der Ablehnung, die ich als Kind erfahren hatte. Ich hatte Angst, meine spirituellen Überzeugungen zu äußern. Stattdessen stieg ich lieber aus.

KAPITEL 9

DIE PRÄSENZ

»Das Leben ist etwas Spirituelles.
Die Form kann zerstört werden, doch der Geist bleibt bestehen
und lebt weiter, da er das eigentliche Leben ist.«

PARACELSUS (1493–1541),
Alchemist und Arzt[1]

Ich befand mich im Haus meiner Eltern in der Nähe von Paradise in Kalifornien, als Reid Tracy, Vizepräsident des Hay-House-Verlags, mich zum Mittagessen einlud, um das Buchexposé zu besprechen, das ich ihm geschickt hatte. Als meine Mutter von dieser Neuigkeit hörte, freute sie sich mit mir, da wir beide große Fans von Louise Hay (der Gründerin und Leiterin von Hay House) und ihrer Arbeit sind.

In der darauf folgenden Woche traf ich mich also mit Reid Tracy und Dan Olmos, dem Cheflektor von Hay House. Sofort fühlte ich mich in der Gesellschaft dieser beiden Männer sehr wohl. Als Reid erklärte, dass die Wortwahl in meinem Exposé der von Louise Hay ähneln würde, wusste ich, dass ich den richtigen Verlag gefunden hatte. Wir sprachen über unseren jeweiligen metaphysischen Hintergrund und kamen überein, dass Hay House mein Buch *Losing Your Pounds of Pain* herausbringen würde. Ich war begeistert.

Kurz nachdem ich mit der Arbeit an dem Buch begonnen hatte, rief ich an, um Dan etwas zu fragen. Die Telefonistin bei Hay House schien irgendwie verlegen zu sein, als ich nach ihm fragte, und ich hörte, wie mein Anruf an eine andere Durchwahl weitergeleitet wurde. Da ich erwartet hatte, Dans Stimme zu hören, war ich erstaunt, als sich stattdessen eine Frauenstimme meldete. »Ich bin wohl falsch verbunden worden«, sagte ich zu ihr. »Ich wollte eigentlich Dan Olmos sprechen.«

Am anderen Ende der Leitung herrschte Stille. Dann fragte die Frau: »Hat es Ihnen noch niemand gesagt?«

»Was gesagt?«

»Dan Olmos ist gestorben. Ich bin Ihre neue Lektorin.« Ihr Name war Jill Kramer, und sie teilte mir mit, dass Dan nach einer längeren Krankheit verstorben war, und zwar genau an dem Tag, als Jill ihre Arbeit bei Hay House begonnen hatte. Jill und Dan waren seit Jahren befreundet gewesen, und sie glaubte, dass Dan »freiwillig den Planeten verließ«, sobald er sicher war, dass jemand, den er kannte und dem er vertraute, seine Position übernehmen würde. Als Cheflektorin sollte Jill sich später als wunderbare Freundin und Förderin meiner Bücher herausstellen. Während ich jedoch *Losing Your Pounds of Pain* schrieb, hatte ich das Gefühl, dass Dan seinen Lektorenstift noch nicht wirklich weitergegeben hatte.

Ich hatte mir nie viele Gedanken über das Leben nach dem Tod gemacht, was in Anbetracht des Besuchs meines Großvaters Ben nach seinem Tod eigentlich erstaunlich ist. Doch während ich an meinem Buch schrieb, fühlte ich deutlich Dans physische und geistige Präsenz. Jedes Mal, wenn ich das Buch auf den Computerbildschirm holte, spürte ich eine Veränderung des Luftdrucks unmittelbar über meiner linken Schulter. Und genauso, wie man die Gegenwart eines anderen Menschen in einem Raum spüren und sogar wissen kann, um wen es sich dabei handelt, konnte ich Dan deutlich an meiner Seite fühlen.

Darüber hinaus hörte ich Dans Worte in meinem Kopf. Er ist der Urheber eines Großteils der Philosophie in meinem Buch, und er diktierte mir wunderbare Botschaften über die Rolle, die Vergebung bei der Heilung unserer Schmerzen spielt. Dabei handelte es sich um Dinge, die zum Teil ganz neu für mich waren. Ich wusste aus meiner klinischen Arbeit, dass die meisten Menschen, die in ihrer Kindheit Missbrauch oder Gewalt erlitten haben, zumindest teilweise sich selbst die Schuld für ihre Erfahrungen geben. Außerdem wusste ich, dass Ehrlichkeit bezüglich dieser Selbstbeschuldigung ein wichtiger Faktor ist, um den emotionalen Schmerz des Missbrauchs zu heilen.

Ich hatte jedoch weder während meiner jahrelangen Zugehörigkeit zur Kirche noch an der Universität etwas über die Bedeutung von Vergebung gehört. Es war Dan, der mir erklärte, dass Selbstvergebung der Schlüssel zur Heilung alter Missbrauchserfahrungen ist. Die meisten Betroffenen können zwar dem Menschen, der sie missbraucht hat, nicht vergeben, doch indem sie sich selbst vergeben, sind sie in der Lage, Heilung zu finden, da es in Wahrheit nur einen Geist gibt. Dan forderte mich auf, folgende Affirmation in mein Buch aufzunehmen, die Opfern von Missbrauch helfen würde: »*Ich vergebe mir selbst, nehme mich vollkommen an und vertraue mir.*« Es waren wunderbare Botschaften, die Dan den Lesern von *Losing Your Pounds of Pain* gab. Aufgrund der Briefe, die ich als Reaktion auf dieses Buch bekam, weiß ich, dass Dans Botschaften das Leben vieler Menschen positiv beeinflusst haben.

Ich erzählte nicht vielen Leuten von meinem himmlischen Lektor, da ich mir immer noch nicht sicher war, was ich persönlich über das Leben nach dem Tod glaubte. Es ist schon seltsam, wie wir unsere Logik aufsplittern können, finden Sie nicht auch? Einerseits wusste ich, dass Ben mich wirklich nach seinem Tod besucht hatte. An dieser Tatsache hatte ich nie auch nur den geringsten Zweifel gehegt! Ebenso wusste ich, dass Dan es war, der mich beim Verfassen meines Buches führte. Dennoch kam ich nicht zu dem logischen Schluss, dass es, ergo, ein Leben nach dem Tod wirklich gibt.

Als Kind hatte ich meine Mutter, die Lehrer in der Sonntagsschule und andere Kirchenmitglieder oft sagen hören: »Der Tod ist eine Illusion« oder »Es gibt keinen Tod«. Ich war immer davon ausgegangen, dies bedeute, dass wir das Leben des menschlichen Körpers durch Beten unbegrenzt ausdehnen können. Heute weiß ich, dass damit gemeint war, dass die Seele niemals stirbt und ewig ist. Unser Körper mag dahinwelken, doch unser Selbst – das wahre Wesen in unserem Körper – lebt ewig.

Nach dem Erscheinen von *Losing Your Pounds of Pain* waren wir alle auf das Angenehmste vom Erfolg des Buches überrascht. Doch ich nehme an, dass wir dies eigentlich hätten erwarten sollen. Schließlich erhalten wir bei allen göttlich inspirierten Projekten von Anfang bis Ende himmlische Hilfe. Gott schenkt uns nicht einfach nur eine gute Idee und lässt uns dann die Sache allein zu Ende bringen. Vielmehr erhalten wir das komplette Paket von der ursprünglichen Idee bis zur Fertigstellung des Projekts.

Im Zuge der Werbung für mein Buch war ich Gast bei mehreren Talkshows, unter anderem auch bei »Oprah«. Die Moderatoren und das Publikum fühlten sich immer besonders zu dem Teil des Buches hingezogen, in dem ich die emotionale Bedeutung des Verlangens nach bestimmten Nahrungsmitteln beschrieb. Jedes Nahrungsmittel, nach dem wir ein unwiderstehliches Verlangen haben, entspricht einem bestimmten Gefühl, das wir besänftigen oder überdecken wollen. Mein Buch enthielt ein paar Beispiele für solche Entsprechungen. Immer wieder war dies ein Thema, das die Talkshowmoderatoren diskutieren wollten.

Das Gleiche war auch Jahre zuvor bei meinen Vorträgen und Talkshowauftritten für mein Buch *The Yo-Yo Diet Syndrome* der Fall gewesen. Jedes Mal, wenn ich andeutete, dass ich das Verlangen nach bestimmten Nahrungsmitteln interpretieren konnte, wollte das Publikum unbedingt mehr wissen. Ich erzählte Reid und Jill bei Hay House von diesem Phänomen, und gemeinsam beschlossen wir, dass es an der Zeit war, ein Buch herauszubringen, das sich ausschließlich mit diesem Thema beschäftigte.

In der Zwischenzeit bat mich Bonnie Krueger, die Chefredakteurin des Magazins *Complete Woman*, die Autorin eines Buches zu interviewen, das ihr besonders am Herzen lag. »Es heißt *Licht am Ende des Lebens*[2]. Ich habe ein Dutzend Exemplare gekauft und schenke sie jedem, den ich kenne«, erklärte Bonnie. »Würden Sie bitte die Autorin des Buches, Betty Eadie, ausfindig machen und für unser Magazin interviewen?«

Obwohl ich *Licht am Ende des Lebens* auf der Bestsellerliste der New York Times gesehen hatte, wusste ich so gut wie nichts darüber. Betty Eadies Agentin arrangierte für mich einen Interviewtermin mit ihr bei der Whole Life Expo in Los Angeles. Michael begleitete mich, um Fotos für die Zeitschrift zu machen, und mein Sohn Grant kam auch mit.

Der Termin für das Interview war für den Freitagabend im Anschluss an ihren Vortrag festgesetzt, also saßen wir im Publikum und lauschten Bettys Worten. Ich hatte mittlerweile in Vorbereitung auf das Gespräch mit ihr sowohl ihr Buch als auch Pressematerial darüber gelesen. Doch während ich ihr an diesem Abend zuhörte, spürte ich, dass Betty sogar auf einer noch höheren Ebene sprach, als es in ihrem Buch der Fall war. Sie beschrieb das innere Licht in jedem von uns und wie wir es durch unser Bewusstsein von der Allgegenwart der Liebe noch heller erstrahlen lassen können. Die Art und Weise, wie sie sprach, begeisterte mich, da sie innere Kraft und Stärke mit Sanftheit und weiblicher Schönheit verband. Ich empfand sie als personifizierten Ausdruck von Sanftmut, während ich ihr zuhörte und sie beobachtete. Gekleidet in ein wunderschönes weißes, fließendes Gewand, strahlte sie in dem gleichen Licht, über das sie sprach.

Ihre Worte berührten einige lang vernachlässigte Bereiche meiner Seele. Wie eine Maschine, die lange stillgestanden und Rost angesetzt hatte, fühlte ich, wie ein Teil meines Bewusstseins schwerfällig auf Bettys Vortrag reagierte. Dieser Teil von mir, der in meinen jüngeren Jahren vollkommen wach und lebendig gewesen war, hatte seit vielen Jahren in einer dunklen Ecke meines Selbst eine Art Winterschlaf gehalten. Als ich an diesem Abend in einem strengen blauen Kostüm und einer weißen Polyesterbluse im Publikum saß und Bettys Vortrag hörte, fühlte ich mich plötzlich fremd und unwohl in meiner eigenen Haut.

Noch betretener fühlte ich mich, als ich Betty nach ihrem Vortrag interviewte. Sie war freundlich und großzügig mit ihrer Zeit. Doch konnte ich eine gewisse Distanz zwischen uns spüren, da sie auf meine innere Anspannung reagierte. Später hörte ich mir unser Gespräch, das ich auf Kassette aufgenommen hatte, noch dreimal an, während ich den Artikel für *Complete Woman* schrieb. Jedes Mal hörte ich neue Bedeutungen in Bettys Worten.

Mir wurde klar, dass ich einen Großteil meines spirituellen Bewusstseins irgendwo auf meinem Weg verloren hatte. Ich war schon seit langem in keiner Kirche mehr gewesen, hatte weder gebetet, meditiert noch spirituelle Bücher oder Zeitschriften gelesen. Meine Überzeugungen hatten sich nicht verändert; ich war mir ihrer nur nicht mehr bewusst. Stattdessen sagte ich mir: »Sollte ich jemals krank werden, werde ich mich wieder der Metaphysik zuwenden.« Da ich mich nach wie vor bester Gesundheit erfreute, konzentrierte ich mich nicht auf Spiritualität, da sie mir im Moment für mein Leben nicht relevant erschien. Außerdem war ich sehr damit beschäftigt, mein Buch *Constant Craving* zu schreiben, und wollte mich durch nichts ablenken lassen.

Doch gegen Ende November wurde meine Aufmerksamkeit ganz plötzlich wachgerüttelt, als meine Mutter anrief und mir Besorgnis erregende Neuigkeiten mitteilte. Meine Großmutter väterlicherseits, Pearl, war schwer erkrankt, und man befürchtete, dass sie nicht mehr lange leben würde. Meine Eltern hatten vor, am nächsten Tag, Thanksgiving, zu meiner Cousine Betty in der Nähe von Sacramento zu fahren. Dort würden sie die Nacht verbringen und dann weiter zu Grandma Pearl fahren.

Diese Nachricht bestürzte mich, doch ich wusste, dass es Grandmas Gesundheit nicht dienlich war, wenn ich mir Sorgen machte. Also hielt ich meinen Fokus darauf gerichtet, mein Buch zu schreiben. Zwei Tage später rief mich meine Mutter erneut an, um mir zu sagen, dass sich Grandmas Zustand weiter verschlechtert hatte. Als sei das noch nicht schlimm genug, war ihnen auch noch das Auto gestohlen worden, während sie die Nacht bei meiner Cousine Betty verbrachten. Die Polizei fahndete zwar nach dem Auto, doch waren die Aussichten, dass es wieder auftauchte, gering. Also mieteten meine Eltern einen Leihwagen, um schnell zu Pearl zu kommen.

Ich brach in Tränen aus, als meine Mutter mir die Neuigkeiten mitteilte, und weinte so sehr, dass ich kein Wort mehr herausbrachte.

Ich gab meinem Mann den Telefonhörer, und er erklärte, dass ich im Moment zu aufgewühlt war und später zurückrufen würde. Als ich mich wieder gefangen hatte, wurde mir klar, dass meine Gefühle mit Trauer für meinen Vater zu tun hatten. Er hatte immer schon befürchtet, dass sein Auto irgendwann gestohlen werden könnte. Ich erinnerte mich, wie er bei Familienausflügen mitten in der Nacht aufgestanden war und aus dem Fenster geschaut hatte, um sich zu vergewissern, dass der Wagen noch da war. Und jetzt hatte sich seine schlimmste Befürchtung bewahrheitet. Ich trauerte zutiefst über die Tatsache, dass mein Vater, ein so herzensguter Mensch, nun gleichzeitig seine Mutter und sein Auto verlieren sollte.

Es war das erste Mal seit sehr langer Zeit, dass ich zu beten begann. Ich betete für den Frieden von Grandma Pearl und dafür, dass das Auto meiner Eltern gefunden wurde. Wiederholt affirmierte ich, was mich meine Mutter vor so vielen Jahren gelehrt hatte: »Im Geiste Gottes ist nichts jemals verloren.« Ich wiederholte diese Affirmation, bis ich davon überzeugt war, dass Gott genau wusste, wo das Auto sich in diesem Augenblick befand.

Außerdem betete ich darum, dass die Autodiebe einsichtig wurden. Ich bin der Überzeugung, dass es keine wirklich bösen Menschen gibt, da Gott in allem und jedem ist. Allerdings glaube ich, dass es Menschen gibt, die voller Angst sind und daher Böses tun. Viele spirituellen Texte bestätigen, dass das menschliche Ego der einzige Teufel ist, der die Welt heimsucht. Jeder von uns kann aus diesen Ängsten erwachen und sein Verhalten ändern, und ich betete darum, dass die Autodiebe sich ihrer Handlungsweise bewusst würden.

Auch meine Großmutter Ada betete für Pearl und meine Eltern, ebenso andere Verwandte und Freunde. Betty Eadie hatte mir erzählt, wie wirksam es ist, wenn wir gemeinsam mit anderen Menschen um etwas beten. Sie sagte, dass ein einzelnes Gebet einen Lichtstrahl zum Himmel schickt. Wenn die Gebete mehrerer Menschen derselben Sache gelten, ist es, als ob miteinander verschlungene Strahlen zusammen ein langes, starkes Lichtseil knüpfen.

Fünf Tage nachdem ich von dem Diebstahl des Autos meiner Eltern erfahren hatte, rief mich mein Bruder Ken an. »Ich glaube nicht, dass Grandma Pearl noch lange bei uns sein wird«, meinte er.

Ken ist äußerst sensibel auf das unsichtbare Universum eingestimmt. Eine besonders bemerkenswerte übersinnliche Erfahrung hatte er eine Woche vor dem Unglück der Challenger-Raumfähre. Er empfing eine plötzliche, klare Vision, in der er sah, wie die Raumfähre explodierte – bei einer verunglückten Notlandung, wie er annahm. Zutiefst beunruhigt kontaktierte er einen befreundeten Ingenieur, der am Bau der Raumfähre mitgearbeitet hatte. Er berichtete ihm von seiner Vision und fragte: »Könnte so etwas jemals wirklich passieren?« Der Ingenieur erwiderte: »Vollkommen ausgeschlossen!«, und Ken verdrängte die Vision aus seinem Kopf. Als eine Woche später die Nachricht von der Explosion der Raumfähre in den Medien erschien, war Ken entsetzt und der Ingenieur schockiert. Beide Männer machten sich erschüttert darüber Gedanken, ob Kens Vorhersage das Unglück irgendwie hätte verhindern können.

Als Kind und Heranwachsende hatte ich wiederholt den Satz gehört: »Es gibt nur *einen* Geist.« Übersinnliche Erfahrungen erinnern uns an unsere Verbindung mit diesem einen Geist. Und Forscher auf der ganzen Welt sind auf der Suche nach wissenschaftlichen Beweisen für die Existenz dieses einen Geistes. Zum Beispiel zeigen Untersuchungen, dass dann, wenn jemand an Sie denkt, Ihr Körper Veränderungen physiologischer Impulse aufweist, die davon abhängen, ob der Betreffende ruhig oder aufgeregt an Sie denkt.[3] Andere Studien zeigen, dass bereits *vor* dem Betrachten eines Dias mit einer friedlichen oder aufregenden Szene die Gehirnwellen und die Herzfrequenz der Testpersonen Zeichen von Ruhe oder Erregung aufweisen. Das bedeutet, dass der Körper der betreffenden Personen die entsprechenden emotionalen Reaktionen aufweist, bevor diese das Bild tatsächlich gesehen haben.[4]

Andere Untersuchungen zeigen, dass sich die Gehirnwellen meditierender Menschen aufeinander einstimmen, sodass sie exakt synchron sind mit den Gehirnwellen der anderen im Raum, vor allen Dingen, wenn diese ebenfalls meditieren. Die Gehirnwellen eines Meditierenden stimmen außerdem auch mit denen einer Person überein, an die der Meditierende denkt und mit der er emotional verbunden ist, selbst wenn die beiden durch große Entfernungen getrennt sind.[5]

Die Verbindung meines Bruders zu dem einen Geist hatte ihn auf Pearls bevorstehenden Tod aufmerksam gemacht, und er versuchte nun eilig, einen Flug nach Oregon zu buchen. Er fragte mich, ob ich ihn begleiten wolle. Doch bevor Ken noch Gelegenheit hatte, Flugscheine zu besorgen, hatte er eine zweite Vision, die ihm sagte, dass es bereits zu spät war. Als er ein paar Verwandte in Oregon anrief, erfuhr Ken, dass Grandma Pearl soeben gestorben war. Sie hatte gerade noch lange genug ausgehalten, um sich von meinem Vater und seinem Bruder Lee zu verabschieden.

Jeder von uns besitzt übersinnliche Fähigkeiten; am stärksten zeigen sie sich bei kleinen Kindern, die Engel und unsichtbare Freunde sehen können. In Familien, in denen übersinnliche Wahrnehmungen und Visionen abgelehnt werden, schalten die Kinder ihre spirituelle Sehfähigkeit meist aus. Meine Familie unterstützte besonders einen Aspekt übersinnlicher Fertigkeiten, nämlich den, sich auf geliebte Menschen einzustimmen. Tatsächlich ruft meine Mutter mich oder meinen Bruder oft genau dann an, wenn sie intuitiv weiß, dass wir uns in einer schwierigen Situation befinden. Ich selbst habe diese Fähigkeit als Psychotherapeutin und bei meinen Kindern häufig eingesetzt. Mein Bruder Ken hatte sich übersinnlich auf Grandma Pearl eingestimmt und den Zeitpunkt ihres Todes intuitiv gespürt.

Ich habe Kens übersinnliche Einsichten nie bezweifelt oder als befremdlich empfunden. Das lag zum Teil daran, dass ich in einer Familie aufgewachsen war, die diese Dinge als völlig normal betrachtete, und zum anderen daran, dass ich selten über meine eigenen Intuitionen nachdachte.

Obwohl mein Interview mit Betty Eadie vorübergehend meine Aufmerksamkeit erregt hatte, war mein Fokus während der vergangenen Monate auf die oberflächliche materielle Welt gerichtet gewesen. Als freiberufliche Autorin war ich in erster Linie damit beschäftigt, Anfragebriefe zu schreiben, Verträge auszuhandeln und meine Manuskripte rechtzeitig fertig zu stellen. Dabei trank ich jede Nacht ein Glas Wein, damit ich besser schlafen konnte, und brachte mich dann am nächsten Morgen mit Kaffee auf Touren.

Am Tag nach Pearls Tod fand die Polizei das Auto meiner Eltern. Die Polizisten erklärten, dass gestohlene Autos in diesem Distrikt nur selten wieder auftauchten und dass sie über diesen Fund sehr erstaunt waren. Tatsächlich hatte das Auto sogar noch einen Zusatz bekommen: Ein bunter Luftauffrischer zierte den Rückspiegel. Offensichtlich hatten die Diebe Wert darauf gelegt, das Innere des Wagens nicht mit ihrem Zigarettenrauch zu verqualmen! Ich glaube, dass Grandma Pearl – befreit von körperlichen Begrenzungen, wodurch sie ihrem geliebten Sohn besser helfen konnte – in Verbindung mit unserem kollektiven Strang von Gebeten für das wundersame Auffinden des Autos meiner Eltern verantwortlich war.

Ungefähr eine Woche nach Grandmas Tod hörte ich deutlich eine Stimme außerhalb von mir, die zu mir sprach. Ich hatte diese Art von körperloser Stimme seit meinem außerkörperlichen Erlebnis vor beinahe dreißig Jahren nicht mehr gehört. Damals war ich acht Jahre alt gewesen, und genau wie damals hörte ich nun eine kräftige männliche Stimme, die zu mir sagte: »Hör auf zu trinken und fange mit dem Kurs in Wundern an.«

Der Satz war keine Bitte, sondern ein deutlicher Befehl, der ohne Zorn oder Anklage ausgesprochen wurde. Ich zuckte bei diesen Worten zusammen, da ich in meinem tiefsten Innern wusste, dass meine Lebensweise und besonders der abendliche Alkoholgenuss körperlich und emotional nicht gut für mich waren. Doch der letzte Teil des Satzes, »… und fange mit dem Kurs in Wundern an«, verwirrte mich. Ich hatte von »dem Kurs« gehört, war mir jedoch nicht sicher, was genau damit gemeint war. Handelte es sich um einen Kurs, der an speziellen Schulen unterrichtet wurde? Ich fragte mich, wo diese Kurse abgehalten wurden und wie ich mehr darüber in Erfahrung bringen konnte.

Ohne zu erwähnen, warum ich diese Information haben wollte, befragte ich meine Mutter über den *Kurs in Wundern*. Sie freute sich über meine Nachfrage und erzählte mir zum ersten Mal von ihrem eigenen starken Interesse an dem Thema. Außerdem erinnerte sie mich daran, dass sie Jahre zuvor, im ersten Semester meines Psychologiestudiums, den »Kurs« erwähnt hatte. Sie hatte mir von einem Buch erzählt, das von Jesus Christus als Mittel gegen den Schmerz der Welt durchgegeben worden war, und ich hatte ihr geantwortet, dass die Autorin wohl an Schizophrenie litt. In Wahrheit war ich diejenige, die damals litt, und zwar an der naiven und engstirnigen Psychologisiererei, für die die Studenten dieser Studienrichtung berühmt sind.

Meine Mutter faxte mir ein paar Seiten eines Interviews mit Marianne Williamson, einer bekannten Autorin, die den *Kurs in Wundern* unterrichtet. Danach war ich zwar noch nicht bereit, mit dem Trinken aufzuhören und mit dem »Kurs« anzufangen. Doch war ich interessiert genug, mich näher mit dem Thema zu beschäftigen und weitere Informationen zu sammeln.

Ich fragte Bonnie Krueger, die Chefredakteurin von *Complete Woman*, ob sie mir den Auftrag geben könnte, Marianne

Williamson für die Zeitschrift zu interviewen. Sie war einverstanden, und nach mehreren Anfragen erhielt ich einen Termin für ein telefonisches Interview. Außerdem arrangierte ich einen Fototermin in der Huntington Beach Church of Religious Science, wo sie einen Vortrag hielt.

Ich war ziemlich nervös, als ich Marianne Williamson für unser Interview anrief. Ich empfand großen Respekt und bewunderte sie für die öffentliche Bekundung ihrer spirituellen Überzeugungen. Im Gegensatz dazu gab ich meinen innersten Glauben kaum mir selbst gegenüber zu, viel weniger noch meinen Freunden oder Lesern gegenüber. Wenn ich an ihre Arbeit dachte, fragte ich mich: »Könnte ich ebenfalls öffentlich über meine spirituellen Überzeugungen sprechen oder schreiben? Könnte ich die Prinzipien spirituellen Heilens lehren, ohne meinen Ruf und mein Einkommen zu gefährden?« Marianne Williamson entzündete aufs Neue den Wunsch in mir, mein spirituelles Wissen zum Wohle anderer einzusetzen.

Marianne war während unseres Interviews ungeheuer liebenswürdig. Als ich ihren Erklärungen über den *Kurs in Wundern* lauschte, dachte ich: »Das hört sich genauso an wie die Prinzipien, die ich als Kind von meiner Mutter und den Lehrern in der Sonntagsschule gelernt habe!« Ein paar Tage später trafen der Fotograf, die Pressesprecherin des Hay-House-Verlags und ich uns mit Marianne Williamson vor der Huntington Beach Church. Ich empfand eine sofortige und starke Verbindung mit Marianne, und sie umarmte mich auf eine warme, vertraute Weise. Außerdem spürte ich eine Affinität zur Atmosphäre dieser Kirche, an deren Gottesdiensten ich später regelmäßig teilnahm.

Als ich am nächsten Abend am Computer saß, um den Artikel über das Interview zu schreiben, fühlte ich plötzlich, wie sich der Luftdruck in meiner Umgebung veränderte. Es war so ähnlich wie damals, als ich während des Schreibens von *Losing Your Pounds of Pain* Dan Olmos' geistige Präsenz gespürt hatte. Dieses Mal jedoch fühlte sich der veränderte

Luftdruck nach mehr als einer einzigen geistigen Wesenheit an. Dans Gegenwart schien ungefähr den physischen Raum auszufüllen, den ein Mensch einnimmt. Im Gegensatz dazu breitete sich diese neue Präsenz horizontal über die gesamte obere Hälfte des Raumes aus, so als ob eine große, dichte Wolke in mein Arbeitszimmer gerollt wäre. Ich fühlte, wie die Präsenz geduldig darauf wartete, dass ich mit dem Schreiben begann. Ich spürte, dass ich mich in der Gegenwart einer (oder mehrerer) hoch entwickelter und extrem intelligenter Wesenheiten befand – vielleicht ein aufgestiegener Meister, ein Avatar, eine Seelengruppe oder der Heilige Geist –, die gekommen waren, um mir beim Verfassen meines Artikels über Marianne Williamson zu helfen.

Die Präsenz schien mich durch Druckveränderungen um den oberen Teil meines Körpers herum zu dirigieren. Wenn ich etwas Richtiges schrieb, umhüllte die Präsenz mich wie mit einer warmen und liebevollen Umarmung. Doch wenn mein Schreibstil unbeholfen und gekünstelt wurde, drückte die Präsenz meine Schultern nieder, so als würde sie mich unter Wasser tauchen. Eigenartigerweise löste diese spirituelle Intervention weder Fragen noch Ängste in mir aus. Vielleicht war es ihre liebevolle Essenz, die mir half, sie sofort als real und positiv zu akzeptieren.

Es war bereits halb elf in der Nacht, und ich hatte meinen Bericht fast fertig. Ich tippe immer »30–30–30« am Ende meiner Artikel, ein übliches journalistisches Kürzel, das dem Redakteur das Ende anzeigt. Als ich jedoch in jener Nacht gerade das erste »30« unter meinen Bericht schrieb, stürzte mein Computer plötzlich ab. Ich drückte alle entsprechenden Tasten, doch der Cursor auf dem Bildschirm bewegte sich nicht mehr. Ich spürte die Intervention der spirituellen Präsenz an meinem Computer und bat sie, mir ihre Botschaft zu erklären. Unmittelbar darauf tauchte ein markierter Absatz auf dem Bildschirm auf.

Innerlich fragte ich: »Möchtest du, dass ich diesen Absatz ändere?«, und empfing ein Gefühl der Bestätigung. Als ich den Absatz noch einmal las, stellte ich fest, dass die Worte doppeldeutig waren und den Leser zu falschen Annahmen über den *Kurs in Wundern* verleiten konnten. Also fasste ich den Abschnitt in kürzeren, klaren Worten zusammen und formulierte ein paar Sätze neu. Ich fragte: »Ist es okay so?«, und spürte plötzlich, wie sich der Luftdruck im Raum normalisierte. Die Präsenz war verschwunden, was zu bedeuten schien: »Unsere gemeinsame Arbeit ist nun vollendet.« Als ich schließlich »30–30–30« am Ende des Artikels tippte, dachte ich: »Erstaunlich!«

In jener Nacht ging ich zum ersten Mal seit langem ohne mein übliches Glas Wein ins Bett. Ich wollte meine Gedanken und Gefühle nach den wundersamen Ereignissen, die ich soeben erlebt hatte, durch nichts betäuben! In dieser Nacht hatte ich einen lebhaften Traum, in dem ich der einzige Passagier in einem riesigen Bus war, der durch ein Tal in Strandnähe fuhr. Die Farben des Himmels, der Landschaft und des Meeres waren von strahlender Intensität. Dieser Traum war völlig anders als alle, die ich jemals zuvor in meinem Erwachsenenleben gehabt hatte. Er war äußerst real und farbenprächtig, und ich frage mich noch heute, was damals eigentlich passiert ist. Ich weiß nur, dass dieses Erlebnis irgendwie mit der Präsenz zu tun hatte, die mir an jenem Abend geholfen hatte, den Artikel zu schreiben.

Als ich am nächsten Morgen aufwachte, war ich ziemlich verwirrt. Meine Wertvorstellungen verlagerten sich deutlich in eine spirituellere Richtung, doch war ich noch immer nicht bereit, größere Veränderungen in meinem Leben vorzunehmen. In den darauf folgenden Tagen ignorierte ich den Rat der geistigen Stimme, die mir gesagt hatte: »Hör auf zu trinken und fange mit dem Kurs in Wundern an.« Ich trank weiterhin ein Glas Wein vor dem Zubettgehen und verdrängte alle Gedanken an den *Kurs in Wundern*.

KAPITEL 10

EIN ERWACHEN

*»Der Weg hinaus ins Licht erscheint oftmals dunkel,
der Weg nach vorn scheint oft nach hinten zu führen.«*

Tao-te-king,
spiritueller Text der alten chinesischen Philosophie

Schließlich war ich mit dem Manuskript für *Constant Craving* fertig und schickte es an Jill Kramer bei Hay House. Eine Woche später rief Jill mich an, um mir zu sagen, dass das Buch irgendwie nicht ihren Erwartungen entsprach. Ich wusste genau, wovon sie sprach. Ich hatte ein sehr kaltes und mechanisches Buch über die wissenschaftlichen Untersuchungen über das Verlangen nach bestimmten Nahrungsmitteln geschrieben. Das Buch enthielt nicht viel Metaphysisches und noch weniger Wärme oder Gefühl. Jill bat mich, das Manuskript umzuschreiben und es dann erneut einzureichen.

Ich war furchtbar müde und fühlte mich vom Leben wie erschlagen. Ich hatte viele Monate an dem Buch gearbeitet und war durch die Tragödien in meiner Familie emotional völlig erschöpft. Nun musste ich also mein Manuskript neu schreiben, und ich wusste, dass das absolut notwendig war, damit es wirklich die Art von Buch wurde, zu dem ich fähig war.

Als ich vor dem Computer saß und auf dem Bildschirm den Buchtext durchlas, spürte ich erneut das vertraute Gefühl der Luftdruckveränderung um Kopf, Schultern und Brust. Die Präsenz, die mir bei meinem Artikel über Marianne Williamson geholfen hatte, war zurückgekehrt! Ich freute mich über diese Hilfe. Schon bald begannen meine Finger zu tippen, als hätten sie ein eigenes Leben, und sie ließen ganz neue Ideen auf den Computerbildschirm fließen. Ich schrieb über spirituelle Prinzipien, die nicht meinen eigenen Gedanken entsprangen und über die ich eigentlich nichts wusste. Diese Gedanken waren völlig neu für mich und voller Wahrheiten über die spirituelle Basis des Verlangens nach bestimmten Nahrungsmitteln, über intuitive Gefühle und die Angst davor, unserer inneren Stimme zu vertrauen.

Ich spürte, dass ich während des Schreibvorgangs nicht voll bewusst war. So als befände ich mich im Halbschlaf, lief das Schreiben des Buches wie von selbst ab, so als besäße der Prozess ein eigenes Leben. Das Einzige, was ich klar wusste, war die Tatsache, dass ganz neue, wahre Gedanken in meinem Kopf auftauchten und durch meine Finger auf die Tastatur des Computers flossen. Außerdem merkte ich, dass ich während des Schreibens jegliches Zeitgefühl verlor. Ich dachte zum Beispiel, ich hätte zwanzig Minuten geschrieben, nur um hinterher festzustellen, dass vier oder fünf Stunden verstrichen waren.

Ich – oder vielmehr »wir« – schrieben *Constant Craving* neu, und zwei Wochen später reichte ich das Manuskript erneut bei Jill ein. Ihr Anruf ein paar Tage später bestätigte mir, dass etwas Wundersames passiert war. »Ich bin erstaunt, wie schnell Sie es geschafft haben, das ganze Buch zu verändern«, sagte sie. »Das Manuskript ist jetzt genauso, wie ich es mir ursprünglich vorgestellt hatte, und ich werde es sofort in die Produktion geben!«

Ich erklärte weder Jill noch anderen – außer meiner Mutter –, was passiert war. Ich fürchtete noch immer, dass Leute außerhalb meiner Familie mich ablehnen würden, wenn sie von meinen spirituellen Überzeugungen und mystischen Erlebnissen erfuhren. Ich versteckte mein wahres Ich und das, was ich wirklich glaubte, und erlaubte niemandem, etwas über meine übersinnlichen Erlebnisse und Überzeugungen zu erfahren. Immer wieder sagte ich zu mir selbst: »Ich bin noch nicht so weit, dass ich über spirituelle Heilung schreiben kann. Irgendwann in der Zukunft werde ich ein Buch zu diesem Thema schreiben, aber jetzt noch nicht.«

Ein- oder zweimal im Monat riefen die Produzenten von

Fernsehtalkshows an und baten mich, als »Beziehungsbera-terin« aufzutreten, da ich Bücher über das Thema Liebe und Beziehung geschrieben hatte. Ein paar Wochen nachdem Jill mein neues Manuskript angenommen hatte, wurde ich zum Valentinstag zu zwei Talkshows an der Ostküste eingeladen. Obwohl ich nicht glaubte, dass die Beziehungsberatung etwas mit meiner Lebensaufgabe zu tun hatte, wagte ich es nicht, eine Gelegenheit zum Auftritt in den Medien unge-nutzt zu lassen. Damals dachte ich, es sei wichtig für mich, in Talkshows aufzutreten, um meine Karriere als Autorin zu för-dern, also sagte ich bei beiden zu.

Das erste Programm, »The 700 Club«, war eine Talkshow, die vom Christian Broadcasting Network produziert und von Pat Robertson moderiert wird. Sie schlugen mir vor, in ihr Studio nach Virginia Beach zu kommen und dort live aufzu-treten. Von dort aus würde ich nach New York fliegen, um in der mittlerweile nicht mehr produzierten Charles-Perez-Show zu Gast zu sein.

Ich verbrachte die Nacht in einem wunderschönen Hotel-zimmer auf dem Gelände des Christian Broadcasting Net-work, einer vollständigen kleinen Stadt mit Restaurant, Hotel, Geschäften, Büros und dem Fernsehstudio. Ich war aufgrund meines nichttraditionellen christlichen Hintergrun-des ein wenig nervös wegen meines Auftritts in der Talk-show. Außerdem wusste ich, dass Pat Robertson politisch ein-flussreich und äußerst umstritten war.

An jenem Abend las ich im Hotelzimmer die dort aus-liegende Kopie seiner Autobiografie *Ruft's von den Dächern*[1] und stellte fest, dass ich tatsächlich einen Bezug zu seiner per-sönlichen Geschichte herstellen konnte. Robertson war Alko-holiker und ein unglücklicher Einzelgänger gewesen, bevor er durch einen befreundeten Prediger zu Gott gefunden hatte. Robertsons Freund sprach pausenlos über Gott und Jesus – zu jedem, den er traf –, was Robertson oft als sehr peinlich empfand. Das Beispiel dieses Freundes inspirierte ihn jedoch später, seine eigene Botschaft »von den Dächern zu rufen«.

Trotz meiner Vorbehalte musste ich feststellen, dass ich Robertsons Mut bewunderte, sich spirituell zu »outen«, während ich noch damit kämpfte, das Gleiche zu tun.

Am nächsten Morgen hinter der Bühne, in der Studiogarderobe, stellten sich die Produzenten der Talkshow, die anderen Gäste, die Crew, zwei Co-Moderatoren und ich in einem Kreis auf und hielten uns an den Händen. Jeder von uns sprach laut ein kurzes Gebet, bevor die Show begann. Ich war erstaunt über diesen Unterschied zu den anderen Talkshows, bei denen ich normalerweise zu Gast war. Ich hatte noch nie vor einer Sendung an einem Gruppengebet teilgenommen. Es gefiel mir, und ich begann mich etwas zu entspannen.

Ich war beinahe eine Stunde lang im Studio, gab vor laufender Kamera Tipps zum Valentinstag und machte einem frisch verliebten Paar, das gemeinsam mit mir in der Sendung auftrat, ein paar Vorschläge. Ich hätte gerne über Spiritualität gesprochen, doch hatte ich auch Angst davor, denn schließlich hatte ich noch nie im Fernsehen Gott erwähnt. Am Ende der Show schloss ich mit einer zwar vagen, doch unmissverständlichen Aussage: »Und wir alle wissen, wo die wahre Quelle der Liebe liegt.« Für meine Co-Moderatorin war dieser Satz das Stichwort, die Sendung zu beenden, indem sie dem Publikum sagte: »Ja, die wahre Quelle der Liebe ist Gott.« Ich schaute zu ihr hinüber, schluckte und wünschte, ich hätte den Mut gehabt, diese einfache und machtvolle Wahrheit selbst auszusprechen.

Nach der Sendung gingen die Gäste gemeinsam mit der Crew zum Mittagessen ins Restaurant hinter dem Studio. Wir plauderten angeregt miteinander, und ich fühlte mich sehr wohl – das heißt bis zu dem Augenblick, als jemand anfing, jeden Talkshowgast nach seiner Kirche zu fragen. Während die anderen noch erzählten, dachte ich darüber nach, was ich sagen sollte. Hin und wieder ging ich in eine Methodistenkirche, doch meistens nahm ich am Gottesdienst der Religious-Science-Kirche teil. Ich wusste, dass es sicherer war, meine Antwort auf die Methodistenkirche zu beschränken; gleichzeitig schien mir das jedoch nicht authentisch zu sein. Ich beschloss also, die Wahrheit zu sagen, obwohl ich sicher war, dass meine Antwort negative Reaktionen hervorrufen würde. Für mich war klar, dass ich Christin bin, doch ich wusste auch, dass Religious Science als nichtchristliche Bewegung angesehen wird, obwohl sie auf den Prinzipien von Jesus Christus aufgebaut ist.

Als die Reihe an mich kam, gab ich zunächst eine vage Antwort: »Oh, ich gehe in eine Kirche in Huntington Beach in Kalifornien.« Ein Mann am Tisch sagte, er sei aus Südkalifornien, und fragte mich, wie denn die Kirche genau heiße, in die ich ging. »Jetzt geht es los«, dachte ich und spürte, wie ich rot wurde, während ich erwiderte: »Es ist eine Religious-Science-Kirche.« Jemand fragte mich: »Sie meinen Scientology?« Ich verneinte und berichtete dann kurz von meinem Hintergrund in Christian Science, Unity und derzeit Religious Science. Ich spürte eine abrupte Veränderung der Atmosphäre, als meine Tischnachbarn begannen, nervöse Entschuldigungen zu murmeln und sich zu verabschieden. In peinlicher Eile löste sich die Runde auf, das Mittagessen war vorüber.

Eine der Produzentinnen der Talkshow, eine Frau namens Ivory, begleitete mich schweigend zu meinem Hotelzimmer, damit ich meine Koffer holen und einer der Mitarbeiter des Studios mich rechtzeitig für meinen Flug nach New York zum Flughafen bringen konnte. Als wir das Zimmer betraten, sagte Ivory: »Hätten Sie etwas dagegen, wenn ich Ihnen eine Frage stelle?« Ich schüttelte den Kopf, und sie fragte: »Haben Sie eine persönliche Beziehung zu Jesus Christus?«

Ich spürte, wie mein Gesicht vor lauter intensiven Gefühlen ganz heiß wurde. Ich empfand ein Gefühl von Déjàvu, so als würde ich noch einmal die Situationen durchleben, als ich aus dem Christian-Science-Jugendlager ausgewiesen und später von den Mitgliedern meiner Band aufgefordert wurde, mich ihrer Kirche anzuschließen. Wieder einmal fühlte ich mich in die Rolle des bösen Mädchens gedrängt, das es nicht wert ist, sich in der Gesellschaft der Rechtschaffenen aufzuhalten.

Etwas stotternd erklärte ich Ivory, dass ich meiner Meinung nach einen guten Kontakt zu Jesus hatte. Außerdem erwähnte ich, dass ich regelmäßig die Bibel las. Sie bat mich, ihr noch einmal den Namen der Religion zu nennen, mit der ich aufgewachsen war. Als ich antwortete: »Christian Science«, bemerkte Ivory, dass sie nie davon gehört hätte und sich darüber erst kundig machen müsse.

Dann stellte sie mir eine Frage, die mich völlig vor den Kopf stieß: »Haben Sie keine Angst, dass Gott zornig auf Sie sein könnte?«

Ich schaute ihr direkt ins Gesicht und erwiderte: »Ich glaube nicht an einen zornigen Gott.«

Was konnte sie darauf noch sagen? Wir verabschiedeten uns hastig, und ein Mitarbeiter des Studios fuhr mich zum Flughafen. Als wir angekommen waren und ich ausstieg, sagte er zu mir: »Ich hoffe, Sie haben ein angenehmes Leben.« Seine Worte bestätigten, was mir bereits klar geworden war: Ich war soeben vom Christian Broadcasting Network exkommuniziert worden, weil ich zur »falschen« Kirche gehörte.

Ich versuchte die ganze Angelegenheit zu vergessen, doch in meinem Inneren kämpfte ich darum, inneren Frieden zu finden. Die Fragen der Produzentin hatten meine tief vergrabene Verwirrung über Spiritualität und Religion an die Oberfläche geholt. Da ich mich noch kurz zuvor gefragt hatte, wie ich meine spirituellen Überzeugungen in die Praxis umsetzen konnte, hatten Ivorys Worte noch mehr Fragen in mir aufgeworfen. Ich fragte mich: »Was ist die Definition eines Christen, wenn nicht, dass man Jesus liebt?« Ich wusste, dass die Philosophie der New-Thought-Religionen auf Jesu Lehren im Neuen Testament beruht. Doch musste ich auch zugeben, dass ich die Bibel nicht *so* aufmerksam studiert hatte. War das ein Beweis dafür, dass ich weniger christlich war? Außerdem fragte ich mich, was Ivory mit ihren Worten über eine »persönliche Beziehung zu Jesus« eigentlich gemeint hatte.

In jener Nacht in meinem Hotelzimmer in Manhattan fiel mir ein Erlebnis ein, das ich mit achtzehn Jahren hatte, als ich den Sommer im Haus meiner Freundin Kathy in der Nähe von Palm Beach verbrachte. Ich war eines Nachts aufgewacht und hatte eine Vision von drei hell leuchtenden Gestalten, die über meinem Bett schwebten. Sie kamen langsam auf mich zu, und ich spürte, dass die mittlere Figur Jesus war und eine der anderen die Jungfrau Maria. Ich konnte ihre Gesichter nicht erkennen, da sie so hell strahlten, doch ich wusste einfach, wer sie waren.

Ich dachte, mein Tod sei nahe, also schloss ich die Augen, damit die Bilder verschwanden. Als ich die Augen wieder öffnete, waren die Gestalten noch immer da und kamen näher. »Ich bin zu jung, um zu sterben!«, dachte ich, während ich dort allein in dem dunklen Zimmer lag. Immer wieder machte ich die Augen zu, doch die drei kamen immer näher. Schließlich beschloss ich, mich ihnen zu ergeben. Ich dachte: »Okay, ich habe keine Angst zu sterben. Kommt und nehmt mich mit. Ich gehöre euch.«

In diesem Augenblick hüllten mich die Gestalten mit ihrem Licht ein und waren dann verschwunden. Ich fühlte Erleichterung, dass dieses erschreckende Erlebnis vorüber war, doch gleichzeitig hielt sich in mir das Gefühl, dass meine Entscheidung, mich zu ergeben, irgendwie mein Bewusstsein verändert hatte. Noch tagelang dachte ich immer wieder: »So muss es sein, wenn man Jesus in seinem Herzen willkommen heißt und wieder geboren wird.«

Meine Erfahrung mit Ivory hatte die Erinnerung an dieses Erlebnis geweckt, doch ich wusste noch immer nicht, was ich von meiner Verwirrung darüber, was es bedeutet, Christ zu sein, halten sollte. Ein Teil von mir war außerdem wütend über die Voreingenommenheit der Studiobelegschaft. Und ich war enttäuscht über meine defensive Reaktion auf Ivorys Fragen. »Ich sollte mir eigentlich meiner Überzeugungen sicherer sein«, schalt ich mich selbst.

Während ich hellwach in meinem Hotelzimmer in Manhattan lag, erinnerte ich mich an Patientinnen, die mit negativen Kindheitserlebnissen im Zusammenhang mit Religion und Kirche zu kämpfen hatten. Oft hatten mir weinende Patientinnen von den überwältigenden Schuldgefühlen erzählt, die die Lehren ihrer jeweiligen Kirche in ihnen geweckt hatten. Viele Klientinnen verurteilten sich selbst, nur weil sie als Kinder Predigten gehört hatten, in denen es hieß, jeder Mensch sei ein Sünder. Außerdem musste ich an eine Frau denken, deren Pfarrer immer gepredigt hatte, es sei falsch, wütend zu sein. Seitdem hatte sie die in ihrem Inneren angestaute Wut unterdrückt, bis sie schließlich in eine tiefe Depression gefallen war.

Ich selbst hatte verschiedene Kirchen ausprobiert, traditionelle wie auch nichttraditionelle. Jede dieser Kirchen und Bewegungen besaß ihre ganz eigenen Pluspunkte, doch bot keine einzige all das, was ich suchte. Ich versuchte, eine Kirche zu finden, die Gespräche und Diskussionen, Lehren über das Evangelium und metaphysische Weisheit miteinander verband, wie ich es in der Sonntagsschule der Christian-Science-Kirche erlebt hatte. Deshalb besuchte ich an vielen Wochenenden mehr als eine Kirche. Doch keiner der Gottesdienste gab mir das, was ich so leidenschaftlich suchte und erfahren wollte.

Ich dachte über Ivorys Frage nach, ob ich keine Angst hätte, dass Gott zornig auf mich sein könnte. Ich hatte keine Vorstellung davon, wie es sein muss, Gott als rachsüchtig oder lieblos zu sehen. Ich wuchs in dem Glauben auf, dass Gott vollkommene Liebe ist und dass es in ihm keinen Raum für Irrtum gibt. Da Gott keine Irrtümer unterlaufen, sind Irrtümer nicht real. Also würde er auch niemanden für etwas bestrafen, was eigentlich gar nicht real ist. Alles, was Gott sieht, ist das Wirkliche und Wahre – die Liebe.

Ich habe viele Klientinnen erlebt, die darum kämpften, ihre Vorstellungen von einem »zornigen Gott« loszulassen. Eine meiner Klientinnen, die in einer fundamentalistischen Religion aufgewachsen war, sagte mir einmal: »Ich habe Angst, meine Vorstellung von Gott zu verändern, obwohl ich es gern täte. Was ist, wenn Sie sich irren und Gott mich dafür bestraft, dass ich ihn als liebevollen Gott sehe?« Erst nach vielen Therapiestunden, in denen ich um geistige Führung betete, und dadurch, dass sie häufig im Neuen Testament las, konnte allmählich ein liebevolleres Bild von Gott in ihrem Inneren entstehen.

»Welche Ironie«, sagte ich mir, »dass sich so viele meiner Freunde und Klienten, die spirituellen Kirchengemeinschaften angehören, von ihrer Familie abgelehnt fühlen. Ich dagegen bin mit einer metaphysischen Sichtweise aufgewachsen und spreche nur mit meiner Familie gern über meinen wahren Glauben. Ich habe Angst, meine Überzeugungen öffentlich zu machen, da ich befürchte, die gleiche Ablehnung zu erfahren, die mir heute beim ›700 Club‹ begegnet ist.«

Schließlich übermannte mich der Schlaf. Am nächsten Tag musste ich mich eiligst auf die Charles-Perez-Show vorbereiten, daher hatte ich keine Zeit, weiter über das nachzudenken, was am Tag zuvor passiert war. Der Chauffeur holte mich in meinem Hotel im Zentrum von Manhattan ab und fuhr mich zu den CBS-Studios. Die Talkshow hatte mich als Experten zum Thema »Dreierverhältnisse« eingeladen; in der Sendung sollten drei Paare sowie der/die Geliebte über ihre Untreue sprechen. Meine Rolle bestand darin, ihnen Ratschläge zu geben und Vorschläge zu machen. Zwanzig Minuten vor Beginn der Aufzeichnung rief uns jedoch die Produzentin zusammen und teilte uns mit, dass die Talkshow abgesagt war. »Zwei der Gäste sind nicht erschienen, und wir können die Sendung nicht ohne sie machen«, erklärte sie.

Die Produzentin sorgte dafür, dass wir zu unseren Hotels beziehungsweise zum Flughafen gebracht wurden. Man hatte mir einen Flug zurück nach Kalifornien gebucht. Als ich vor dem CBS-Studio auf das versprochene Taxi wartete, spürte ich Erleichterung darüber, nach Hause zu fliegen. Es war eine anstrengende Reise gewesen!

Schließlich kam eine silberfarbene Limousine, und ich ließ

mich dankbar auf den Rücksitz fallen. Ich begrüßte den Fahrer, einen elegant gekleideten, dunkelhäutigen Mann mit sanfter Stimme. In gebrochenem Englisch erklärte er mir, dass er regelmäßig Talkshowgäste zum Flughafen fuhr, und fragte mich, warum ich zu der Charles-Perez-Show eingeladen worden war.

»Ich bin Psychotherapeutin«, antwortete ich.

»Oh«, erwiderte er in seinem gebrochenen Englisch, »was sehen Sie in meiner Zukunft?«

Offensichtlich dachte er, ich sei Hellseherin. Doch bevor ich ihn korrigieren konnte, empfing ich eine Flut mentaler Eindrücke und Visionen. Seine Frage, bei der er vollkommen darauf vertraute, dass ich eine richtiggehende Hellseherin war, muss wohl diese Reaktion in mir hervorgerufen haben.

Plötzlich merkte ich, dass ich genaue Einzelheiten über das Leben des Fahrers wusste. Ich sagte ihm, dass er eine wunderschöne Freundin in Indien habe, mit langen, dunklen, gerade geschnittenen Haaren. Ich sagte, sie heiße »Syrena« oder »Syria« oder so ähnlich. Der Fahrer reichte mir wortlos eine Valentinstag-Karte. Als ich sie öffnete, sah ich, dass sie von seiner Freundin in Indien stammte und mit dem Namen »Syrina« unterschrieben war.

Er bat mich um Ratschläge bezüglich ihrer Beziehung, vor allem wie er Syrina überzeugen konnte, nach Amerika zu ziehen und ihn zu heiraten. Die Antwort war Teil der Informationen, die ich erhalten hatte, und ich erklärte ihm, dass Syrina unsicher war über seine wahren Absichten und seine Ernsthaftigkeit. »Sie möchte, dass Sie sich zu Ihrem Wunsch nach einer Heirat bekennen, indem Sie ihr einen Verlobungsring kaufen und formal um ihre Hand anhalten«, erklärte ich, noch immer nicht sicher, wie ich diese persönlichen Details über einen völlig fremden Menschen wissen konnte. Der Fahrer erwiderte: »Das habe ich mir schon gedacht«, und dankte mir dafür, dass ich seine Gefühle bestätigt hatte.

Meine Vision ging noch weiter; ich sah das Paar verheiratet, wie sie in einem Vorort von New Jersey lebten. Außerdem sah ich, dass einer ihrer beiden Söhne ein bedeutender Arzt werden würde. Der Fahrer nahm einen tiefen Atemzug und sagte: »Ich habe darum gebetet, eines Tages einen Sohn zu haben, der zum Wohl der Welt beitragen würde.«

Ich erzählte dem Mann nicht, wie erstaunt ich über dieses improvisierte Reading war, da ich nicht wusste, wie es überhaupt zustande gekommen war. Ich wusste nur, dass ich spontan in seine innersten Gedanken eingedrungen war und sowohl seine Vergangenheit als auch seine Gegenwart und Zukunft sehen konnte. Aber wie? Wir verbrachten den Rest der Fahrt zum Flughafen im Gespräch. Er erzählte mir, dass sein Vater in Indien Pfarrer war, und wir diskutierten darüber, wie unser Glaube mit dem hellsichtigen Reading vereinbart werden konnte, das wir gerade erlebt hatten.

Ich landete in Kalifornien mit dem festen Entschluss, meine Fragen weiterzuverfolgen. Ich konnte das starke Erdbeben spiritueller Erlebnisse, das in meinem Inneren erzitterte, nicht länger ignorieren. Ich musste mehr darüber herausfinden, und ich musste es schnell herausfinden.

KAPITEL 11

DIE GABEN DER LICHTARBEITER

*»Diejenigen, die ›übersinnliche‹ Kräfte entwickelt haben,
haben lediglich einige der Einschränkungen, die sie ihrem
Geist aufgezwungen hatten, aufgegeben.«*

Ein Kurs in Wundern

Am Tag nach meiner Rückkehr aus New York schrieb ich mich bei der Learning Light Foundation in Kalifornien für einen Kurs ein, bei dem es um die Entwicklung übersinnlicher Fähigkeiten ging. Ich wollte wissen, ob mein Erlebnis mit dem Chauffeur in New York eine einmalige Angelegenheit gewesen war oder ob ich wirklich hellsichtige Fähigkeiten besaß.

Am ersten Abend des Kurses saß ich mit zwanzig anderen Studenten an einem großen, hufeisenförmigen Tisch in einem Raum im zweiten Stock einer alten Kirche, die in ein spirituelles Zentrum umgewandelt worden war. Alle machten einen nervösen Eindruck, und wir versuchten uns mit oberflächlicher Konversation abzulenken, während wir auf die Ankunft der Lehrerin warteten.

Schließlich betrat unsere Lehrerin, eine elegante, eindrucksvolle schwarzhaarige Frau namens Lucretia Scott, den Raum. Sie verteilte ein paar Unterlagen, zu denen auch ein Fragebogen zählte, den wir ausfüllen sollten. »Das wird Ihnen helfen, Ihre vorrangigen Kommunikationskanäle zu erkennen«, erklärte Lucretia.

In dem Quiz tauchten Fragen auf wie beispielsweise:

1. Wenn Sie von einer Ferienreise zurückkommen, erzählen Sie Ihren Freunden eher, was Sie a) gesehen, b) gefühlt, c) gehört, oder d) gelernt haben?
2. Wenn Sie an Ihren Lieblingsfilm denken, erinnern Sie sich zuerst an a) die schönen Szenen, b) wie der Film Sie zum

Lachen oder Weinen gebracht hat, c) die Musik des Films oder die Stimmen der Schauspieler oder d) die Botschaft des Films?

Lucretia erklärte, dass die Antworten unter a), b), c) und d) sich auf die visuellen, emotionalen, auditiven und kognitiven Kommunikationskanäle bezogen. Das heißt, »a« bezieht sich aufs Sehen, »b« aufs Fühlen, »c« aufs Hören und »d« aufs Denken.

»Menschen mit übersinnlichen Fähigkeiten besitzen in der Regel einen oder zwei Kanäle, für die sie eine besondere Begabung aufweisen«, erklärte unsere Lehrerin. »Wenn Sie in erster Linie visuell begabt sind, werden Sie übersinnliche Impressionen als Bilder empfangen. Das bedeutet, dass Sie ›hellsichtig‹ sind.«

Menschen dagegen, die vor allem gefühlsorientiert sind, empfangen übersinnliche Informationen in Form von Ahnungen, Gefühlen, Gerüchen oder körperlichen Empfindungen. Das nennt man dann »hellfühlend«.

Menschen mit besonders ausgeprägtem Hörsinn nehmen übersinnliche Eindrücke als Geräusche oder Stimmen wahr, was als »Hellhörigkeit« bezeichnet wird.

Und Menschen, die stark kognitiv begabt oder denkorientiert sind, werden als »Helldenker« bezeichnet. Sie empfangen übersinnliche Informationen als vollständige Ideen. Sie *wissen* einfach, ohne zu wissen, *wie* sie es wissen.

Mein eigener Fragebogen zeigte, dass ich in erster Linie hellsichtig und helldenkend bin. Mit anderen Worten, meine übersinnlichen Informationen kommen als geistige Bilder und in Form eines sicheren Wissens bezüglich einer Situation oder einer bestimmten Person.

Dann erklärte Lucretia, in welcher Beziehung die Energiezentren des Körpers, die »Chakren«, zu übersinnlicher Wahrnehmung stehen. Mir war das Konzept der Chakren wohl vertraut, da ich mich bereits während meines Psychologiestudiums mit diesem Thema beschäftigt hatte. Chakren sind farbige Energiewirbel, die sich um bestimmte Zentren drehen.

Auch wenn der Körper zahlreiche Chakren aufweist, beschäftigen sich übersinnlich Begabte und Heiler in der Regel vor allem mit den sieben Hauptchakren. Diese wichtigen Energiezentren befinden sich jeweils unmittelbar bei einer Hormondrüse. Die Chakren transportieren die Lebensenergie (auch »Qi«, »Chi« oder »Prana« genannt) durch den Körper und sorgen damit für seine Vitalität. Die Quelle dieser Lebenskraft liegt in der göttlichen Urkraft; sie ermöglicht uns Zugang zu aller Weisheit oder übersinnlichen Information, die wir jemals benötigen.

Unsere Chakren senden und empfangen laufend Energie. Wenn wir negative Gedanken hegen, sind unsere Chakren mit dichter, dunkler Energie verschmutzt. Verstopfte Chakren können nicht genügend Energie durch den Körper schicken, und die Betreffenden fühlen sich schlapp und aus dem Gleichgewicht. Außerdem verlieren sie den Kontakt zu ihrer natürlichen Quelle übersinnlicher Information.

Jedes Chakra entspricht spezifischen Lebensthemen. Das erste oder »Wurzelchakra« an der Basis der Wirbelsäule herrscht über Themen, die mit dem Überleben und der Befriedigung unserer physischen Bedürfnisse nach Schutz und Nahrung zu tun haben. Ungefähr zwölf Zentimeter unter dem Bauchnabel befindet sich das zweite Chakra, auch »Sakralchakra« genannt, das mit unseren körperlichen Wünschen und Sehnsüchten zusammenhängt. Direkt hinter dem Bauchnabel ist das dritte Chakra, auch »Solarplexus« genannt, das mit den Themen Macht und Kontrolle zu tun hat. Das vierte Chakra liegt hinter dem Herzen, wird deshalb auch »Herzchakra« genannt und beschäftigt sich mit Angelegenheiten der Liebe. Das nächste Energiezentrum ist das »Kehlkopfchakra«, bei dem es um unsere Kommunikation geht. Zwischen den Augen liegt das »dritte Auge«, das spirituelles Sehen und Hellsichtigkeit regiert. Das siebte oder »Kronenchakra« befindet sich am Scheitel des Kopfes. Dieses

Chakra lässt universales und göttliches Wissen hereinfließen und ist unsere Öffnung für Weisheit, Führung und Verstehen.

Die unteren Chakren haben mit physischen Dingen zu tun. Je weiter wir uns den Körper hinaufbewegen, desto mehr korrespondieren die Chakren mit spirituellen Themen. Entsprechend vibriert die Energie jedes einzelnen Chakras in einer anderen Geschwindigkeit, je nachdem, ob es mit erdgebundenen oder spirituellen Themen zu tun hat. Die unteren Chakren haben eine langsamere und dichtere Schwingung, während die höheren Chakren sich in einem schnelleren Tempo und mit höherer Frequenz drehen. Die Chakren senden Farben aus, die ihrer jeweiligen Schwingungsfrequenz entsprechen, und auf dem Weg von unten nach oben entsprechen die Farben der Chakren immer der jeweiligen Schwingungsrate. So ist das Wurzelchakra rot, das Sakralchakra sendet die etwas höhere Frequenz von Orange aus, die Farbe des Solarplexus ist gelb, die des Herzchakras grün, das Kehlkopfchakra ist hellblau, das dritte Auge dunkelblau, und das Kronenchakra vibriert mit der schnellsten Lichtwellenfrequenz, nämlich Violett.

Durch die Konzentration eines Menschen auf ein bestimmtes Thema vergrößert sich das damit korrespondierende Chakra. Wenn zum Beispiel jemand viel über Geld nachdenkt, wird er ein großes Wurzelchakra aufweisen, da dieses Energiezentrum auf Themen reagiert, die mit dem physischen Überleben zu tun haben. Es ist nicht schlimm, wenn man große Chakren hat; im Gegenteil, das starke Strahlen der Chakren hat viele Vorteile. Wenn jedoch die einzelnen Chakren beträchtliche Unterschiede in der Größe aufweisen, führt das dazu, dass der Fluss der vitalen Energie im Körper aus dem Gleichgewicht gerät. Es ist also wichtig, dass alle Chakren gleich groß sind.

Verunreinigte oder aus dem Gleichgewicht geratene Chakren erschweren oder verhindern die übersinnliche Kommunikation. Daher muss jeder, der seine übersinnlichen Kanäle öffnen will, durch Visualisierung und Meditation seine

Chakren reinigen und ins Gleichgewicht bringen. Außerdem habe ich gelernt, dass Meditation unsere übersinnlichen Fähigkeiten verstärkt, da sie die Frequenz der Gehirnwellen verändert.[1]

Einige Monate vor dem Kurs bei Lucretia Scott hatte ich begonnen, regelmäßig zu meditieren und meine Chakren zu reinigen und ins Gleichgewicht zu bringen (eine Beschreibung meiner Methode findet sich in Kapitel 17). Während ich den Erklärungen von Lucretia lauschte, begriff ich, dass meine gereinigten und harmonisierten Chakren meine hellsichtige Erfahrung mit dem Fahrer in New York ermöglicht hatten.

Lucretia forderte uns auf, Partner zu wählen, die wir noch nicht kannten. Ich war nervös und aufgeregt. Erwartete sie tatsächlich von uns, sofort ein Reading zu geben? Schließlich hatten wir noch keinerlei Anweisungen erhalten, wie man dabei vorgeht. Wir hatten zwar etwas *darüber* erfahren, aber nicht, wie man es *macht*.

Lucretia wusste natürlich um unsere Nervosität und versicherte uns, dass wir durchaus schon so weit waren. Sie erklärte, dass übersinnliche Wahrnehmung ein natürliches Phänomen ist und keine erlernte Fähigkeit. »Man lernt, den eigenen übersinnlichen Eindrücken zu vertrauen, indem man es immer wieder praktisch ausprobiert«, sagte sie. Um uns aufzulockern, beschrieb sie ein Reading, das sie zu Beginn ihrer Tätigkeit als Hellseherin gegeben hatte. »Ich saß meinem Klienten gegenüber und war sehr nervös. Immer wieder sah ich vor meinem inneren Auge das Bild eines Karussellpferdchens, und ich dachte: ›Das kann doch nicht stimmen.‹ Aber das Bild kam immer wieder, bis ich schließlich meinem Gegenüber erzählte, was ich sah. Der Mann erklärte, dass er vor kurzem ein antikes Karussellpferd gesucht und gekauft hatte, und meine Genauigkeit beeindruckte ihn sehr. Von da an lernte ich, den übersinnlichen Eindrücken zu vertrauen, die ich empfange.« Sie fügte hinzu, dass der Unterschied zwischen durchschnittlichen und herausragenden Hellsehern nur darin besteht, wie sehr sie den Eindrücken vertrauen, die sie empfangen.

Meine Partnerin bei meinem ersten formellen Reading an diesem Abend war eine hübsche Lateinamerikanerin Mitte zwanzig mit Namen Suzanne. Lucretia forderte uns auf, uns paarweise einander gegenüberzusetzen und einander an beiden Händen zu fassen. Sie bat uns, die Augen zu schließen und geistig unsere göttliche Quelle zu fragen: »Was soll ich über diesen Menschen wissen?« Dann wies Lucretia uns an, unseren Verstand zur Ruhe kommen zu lassen und zu warten, bis wir Eindrücke in Form von Bildern, Gefühlen, Geräuschen oder Gedanken erhielten.

Während ich mit fest geschlossenen Augen die Hände meiner Partnerin hielt, fragte ich mich besorgt: »Was, wenn meine übersinnlichen Eindrücke falsch sind?« Dann erinnerte ich mich an Lucretias Geschichte von dem Karussellpferd, nahm einen tiefen Atemzug und beschloss, die Erfahrung mit Neugier und Abenteuerlust anzugehen. Das half mir, mich zu entspannen.

Innerlich fragte ich also: »Was soll ich über diesen Menschen wissen?«, und atmete ein paar Mal tief ein und aus, bis mein Verstand sich beruhigt hatte. Plötzlich sah ich so etwas wie einen schnell laufenden Film über das Leben meiner Partnerin Suzanne. Ich sah einen Mann, von dem ich irgendwie wusste, dass er ihr Vater war, wie er ihr brutal den Hintern versohlte, als sie ungefähr sechs oder sieben Jahre alt war. Der Vater hielt die Kleine mit einer Hand fest, während er in der anderen einen Gürtel schwang. Ich sah, wie Suzanne vergeblich versuchte, seinem Griff und den Schlägen zu entkommen. Außerdem sah ich einen kleinen Jungen. Wieder wusste ich ohne den geringsten Zweifel, dass dies Suzannes jüngerer Bruder war, der sich versteckte, um dem Zorn seines Vaters zu entgehen.

Der Film sprang weiter in die Gegenwart, und jetzt kamen die übersinnlichen Eindrücke mehr in Form von Gedanken als in Bildern. Informationen über Suzanne flossen in meinen

Geist, wie wenn eine Datei von einer Diskette auf einen Computer geladen wird. So wusste ich, dass sie beabsichtigte, sich für einen Kurs einzuschreiben, der etwas mit kreativer Arbeit zu tun hatte. Dieses Wissen wurde begleitet von einer anderen Information, einer Kombination aus Rat und Warnung, die ich an Suzanne weitergeben sollte. Mein Reading sagte mir, dass Suzanne eine äußerst intelligente Frau war. Die Misshandlungen durch ihren Vater hatten Suzanne jedoch davon überzeugt, sie sei dumm. In Wahrheit besaß sie die intellektuellen Fähigkeiten, jedes Studium ihrer Wahl erfolgreich abzuschließen, und genügend Motivation, um eine anspruchsvolle Ausbildung und Karriere anzustreben. Doch gab sie sich aufgrund ihrer Angst, es in einem besseren College nicht zu schaffen, mit einer anspruchslosen und zweitrangigen Ausbildung zufrieden.

Ich empfing all diese Informationen in weniger als fünf Minuten. Lucretia forderte uns auf, die Augen zu öffnen und unserem Partner die empfangenen Eindrücke mitzuteilen. Als ich Suzanne sagte, was ich gesehen und erfahren hatte, begann sie zu weinen. Sie bestätigte, dass ihr Vater sie und ihren jüngeren Bruder tatsächlich oft geschlagen hatte und dass dies definitiv ihre Meinung bezüglich ihrer eigenen Intelligenz beeinflusst hatte. Dann erzählte sie mir, dass sie kurz davor war, sich in einer Kosmetikschule einzuschreiben, und dass ich Recht hatte, wenn ich sagte, dass es sich dabei nicht um die Karriere handelte, die ihr eigentlich vorschwebte.

Ich war verblüfft, dass ich tatsächlich ein sinnvolles und genaues hellsichtiges Reading gegeben hatte, doch machte ich mir Sorgen wegen der Botschaft, die ich Suzanne übermitteln sollte. Ich fragte mich, ob ich die empfangene Mahnung hervorheben sollte, dass sie sich nicht unter Preis verkaufen sollte, indem sie eine Karriere wählte, die eigentlich gar nicht ihren Wünschen entsprach. Ich kannte diese Frau kaum und wollte sie nicht mit unerwünschten Ratschlägen belasten. Doch hatten mich meine eigenen Erfahrungen mit Missbrauch während meiner Ehe gelehrt, welche Auswirkungen solche Erlebnisse auf das Selbstbild eines Menschen haben können. Also wiederholte ich das Wesentliche der Ermahnung, so wie ich sie empfangen hatte. Statt die übersinnlichen Eindrücke zu erklären, wollte ich sie einfach wörtlich weitergeben und Suzanne selbst entscheiden lassen, was sie mit der Information tun wollte. Später erfuhr ich, das diese Art des Übermittelns übersinnlicher Eindrücke die beste Methode ist, um ein genaues Reading zu geben, das nicht von der persönlichen Meinung des Mediums beeinflusst ist.

Jetzt war Suzanne an der Reihe, mir ein Reading zu geben und zu erzählen, was sie empfing. Genau wie bei mir kamen Suzannes Eindrücke in erster Linie in hellsichtigen Bildern. Sie beschrieb, dass ich gemeinsam mit zwei anderen Personen ein Krankenhaus oder eine Klinik leitete. Ihre Beschreibungen dieser beiden Personen trafen auf meinen Verlobten Michael und auf meine verstorbene Großmutter Pearl zu. Suzannes zweiter übersinnlicher Kanal bestand im Fühlen. Sie sagte mir, dass sie das Gefühl hatte, diese Klinik läge in South Laguna Beach in Kalifornien. Außerdem gab sie mir eine Botschaft weiter, die sie für mich empfangen hatte: »Mach dir nicht so viele Sorgen, denn alles wird wunderbar laufen.«

Als ich diesen Satz hörte, spürte ich, wie ich rot wurde. Ich hatte mir *tatsächlich* große Sorgen gemacht. So viel in meinem Leben, meinen Gedanken, meinen Überzeugungen und meinen Beziehungen war in Veränderung begriffen, und ich hatte das Gefühl, als wäre der Boden unter meinen Füßen, das Fundament, auf dem ich mein Leben aufgebaut hatte, sehr stark ins Wanken geraten. Je mehr meine lange vernachlässigten spirituellen Interessen wieder an die Oberfläche traten, desto weniger war ich an traditioneller Psychologie interessiert. Doch fürchtete ich, dass mein Einkommen von meiner »akademisch korrekten« psychologischen Arbeit und meinen Büchern darüber abhing. Was sollte ich tun, um meinen Lebensunterhalt zu verdienen, wenn ich mich von den traditionellen psychologischen Methoden und Überzeugungen abwandte?

Große Sorgen bereitete mir auch meine Beziehung zu meinem Verlobten Michael. Obwohl ich ihn aus ganzem Herzen liebte, fürchtete ich, dass meine wachsende Spiritualität uns auseinander bringen könnte. Ich sehnte mich danach, mit ihm über meine aufregenden hellsichtigen Erfahrungen zu reden, doch ging ich davon aus, dass er sich abschätzig oder kritisch dazu äußern würde. Michael hatte mir nie Grund für solche Erwartungen gegeben; ich fühlte mich nur einfach nicht wohl bei dem Gedanken, über diese noch sehr fragile neue Welt mit ihm zu diskutieren. Tatsächlich waren die Einzigen, mit denen ich problemlos über meine übersinnlichen Entdeckungen sprechen konnte, meine Mutter und ein paar enge Freundinnen.

Ich war mir sicher, dass Michael mein Seelengefährte war. Doch fragte ich mich, ob ich in einer Beziehung glücklich sein konnte, in der ich wichtige Teile meines Wesens vor meinem Partner versteckte. Außerdem schalt ich mich selbst dafür, dass ich Spiritualität nicht auf meiner Liste aufgeführt hatte, als ich die Beziehung manifestierte. Doch zum damaligen Zeitpunkt war Spiritualität für mich keine wichtige Eigenschaft bei einem Lebenspartner gewesen.

Ich sehnte mich danach, Michael von meiner neuen Welt zu berichten, doch gleichzeitig wagte ich es nicht, seine Ablehnung zu riskieren. Schließlich trug ich in mir noch immer offene Wunden aus meiner Kindheit, in der ich nicht über meine spirituellen Überzeugungen sprechen konnte. Auch hatte ich meine Erfahrungen mit dem »700 Club« noch nicht vollständig verdaut. Ich wollte nicht riskieren, noch mehr Schmerz zu erfahren, wenn auch mein Verlobter mich ablehnte. Außerdem wusste ich noch immer nicht, wohin mich mein spiritueller Weg führen würde. Ich ging mit verbundenen Augen und im Vertrauen darauf, dass meine Führer und Engel mich durch diese chaotische Phase leiten und ich danach irgendwann wieder Frieden erfahren würde. Ich beschloss zu warten, bis sich der innere Sturm gelegt hatte, bevor ich entschied, was ich im Hinblick auf meine Beziehung machen sollte.

In der Zwischenzeit belegte ich weitere Kurse zur Entwicklung übersinnlicher Fähigkeiten, was mich schließlich von der Echtheit meiner Erfahrungen überzeugte. Außerdem nahm ich mir jeden Morgen und jeden Abend Zeit zum Meditieren und zum Lesen spiritueller Bücher. Ich besorgte mir Audiokassetten der Bibel, die ich mir bei meiner täglichen Gymnastik anhörte. Mir die Bibel anzuhören war eine völlig neue Erfahrung. Früher hatte ich nur hier und da mal in der Bibel gelesen. Jetzt gefiel es mir, die Geschichte von Jesus und seinen Jüngern chronologisch mitzubekommen. Ganz besonders sprach mich die Aussage an, dass der Glaube das Geheimnis bei der Heilung unseres Körpers und unseres ganzen Lebens ist.

Zudem las ich auch einzelne Bibelpassagen, sowohl um die tröstlichen Worte zu genießen als auch um Antworten auf meine Frage zu finden, wie das Christentum zu meinen mystischen Erlebnissen und Überzeugungen passte. Eine Freundin, die in einer New-Thought-Religion aufgewachsen war und sich später für den traditionelleren christlichen Glauben entschieden hatte, war mir in dieser Zeit eine besonders große Hilfe. Als ich offen mit ihr über meine Bedenken bezüglich meiner übersinnlichen Fähigkeiten sprach, sagte sie mir sofort, dass der Apostel Paulus diese Fähigkeit »die Gabe der prophetischen Rede« genannt hatte. Als ich seine Worte las, fühlte ich mich bestätigt und verstanden:

Und wenn ich prophetisch reden könnte und alle Geheimnisse wüsste und alle Erkenntnis hätte; wenn ich alle Glaubenskraft besäße und Berge damit versetzen könnte, hätte aber die Liebe nicht, wäre ich nichts. [...] Jagt der Liebe nach! Strebt aber auch nach den Geistesgaben, vor allem nach der prophetischen Rede! ... [2]

Nach diesem Schlüssel hatte ich gesucht! Liebe. Wie einfach und gleichzeitig wichtig es war, den Unterschied zu kennen zwischen übersinnlichen Fähigkeiten, die in liebevollem Dienst am Nächsten eingesetzt werden oder aber aus Angst und zur Manipulation.

Wie der Apostel Paulus sagte, besitzen wir alle die Gabe der Prophezeiung beziehungsweise übersinnliche Fähigkeiten. Wir alle empfangen ständig übersinnliche Eindrücke, zum Beispiel wenn Sie wissen, wer Sie gerade anruft, noch bevor Sie den Hörer abnehmen, oder wenn Sie an einen alten Freund denken, den Sie länger nicht gesehen haben, und er Ihnen noch am gleichen Tag über den Weg läuft.

Verschiedene wissenschaftliche Untersuchungen haben gezeigt, dass wir alle die Fähigkeit zu übersinnlicher Kommunikation besitzen. Die eindrucksvollste Dokumentation zu diesem Thema beruht auf den umfangreichen Studien, die von Daryl Bem und Charles Honorton an der Universität von Cornell durchgeführt wurden. Die Untersuchungen begannen, als Bem (dessen Hobby Bühnenmagie war) beweisen wollte, dass »übersinnliche Kräfte« nichts anderes sind als die Fähigkeit von »Hellsehern«, die Körpersprache ihrer Klienten zu deuten und ganz normale Bühnentricks anzuwenden. Also entwarf Bem eine wissenschaftliche Studie, die so streng kontrolliert war, dass es keine Möglichkeiten zur Täuschung gab. Am Ende erbrachten Bems Forschungen jedoch den Nachweis, dass übersinnliche Fähigkeiten real sind. Darüber hinaus zeigte fast jede Testperson Anzeichen von übersinnlichen Fähigkeiten.

Bems und Honortons Studie bestand aus elf Untersuchungen, die zwischen 1983 und 1989 durchgeführt wurden, und sorgte weltweit für Aufsehen unter Wissenschaftlern. Nach einer Analyse der Forschungsdaten waren viele Wissenschaftler, einschließlich Bem, aufgrund der eindeutigen Resultate bereit, übersinnliche Kommunikation als real anzusehen.

An den Untersuchungen nahmen einhundert männliche und einhundertvierzig weibliche Versuchspersonen teil. Während des Experiments befanden sich diese einzeln nacheinander in einem verschlossenen Raum, wobei es keinerlei Möglichkeit gab, Informationen von außerhalb zu sehen oder zu hören. Zum Beispiel trugen die Probanden Kopfhörer, von denen ein ständiger Summton ausging, und man hatte ihnen mit Klebeband Tennisballhälften fest über die Augen gebunden. Die Forscher forderten die Versuchspersonen auf, jedes Bild zu beschreiben, das ihnen während der dreißig Minuten, die sie in dem Raum saßen, in den Sinn kam.

Zur gleichen Zeit schauten sich einzelne Testpersonen außerhalb des Raums nacheinander einhundertsechzig willkürlich ausgesuchte Fotografien und Videos an. Die Wissenschaftler baten die Betreffenden, diese Bilder der Person in dem abgeschlossenen Raum geistig zu »senden«. Wenn die Person in dem verschlossenen Raum einen Gedanken äußerte, der dem Bild entsprach, das die Testperson außerhalb des Raumes im gleichen Moment betrachtete, wurde dies als »Treffer« verzeichnet. Dabei konnte man davon ausgehen, dass ein Treffer unter vier Fällen noch im Rahmen der statistischen Wahrscheinlichkeit lag. Die Versuchspersonen beschrieben jedoch in einem von drei Fällen das richtige Bild. Kunst-, Musik- und Schauspielstudenten erzielten mit einer Trefferquote von fünfzig Prozent sogar ein noch beeindruckenderes Resultat. Diese Ergebnisse sind statistisch signifikant, und da die Forscher alle äußeren Störfaktoren vollständig eliminiert hatten, kann man nur zu dem Schluss kommen, dass diese Studie die Existenz von Telepathie beweist. Die Untersuchung wurde elfmal wiederholt, immer mit verschiedenen Versuchspersonen, und jedes Mal kamen die Forscher zu den gleichen erstaunlichen Resultaten.[3]

Je mehr Sie übersinnliche Fähigkeiten als natürlichen Teil des Lebens akzeptieren, desto öfter werden sie auftreten. Um Ihre Gabe zu verstärken, sollten Sie ein Tagebuch führen, in dem Sie die täglichen »Zufälle« und Synchronizitäten eintragen. Lassen Sie sich regelmäßig von Ihren Gefühlen leiten, zum Beispiel wenn Sie mit dem Auto auf der Suche nach einem Parkplatz sind. Vor allem sollten Sie Ihren übersinnlichen Eindrücken *vertrauen*, dann werden Sie sich bald immer mehr von Ihrem höheren Selbst und Ihren Engeln geleitet fühlen.

Ich genoss es sehr, zu meditieren und über Spiritualität zu lesen, doch machte ich mir gleichzeitig Sorgen, dass diese Dinge einen zu großen Teil meines Lebens einnehmen würden. Wochenlang wollte ich nichts anderes tun, als in meinem Meditationsraum zu sitzen und zu beten oder zu lesen. Ich dachte: »Das ist total verrückt. Ich muss arbeiten und Geld verdienen! Ich kann nicht einfach den lieben langen Tag hier herumsitzen.« Doch spürte ich immer wieder einen starken Drang, zu lesen und zu meditieren. An vielen Tagen verbrachte ich zwei, drei oder vier Stunden in tiefer Meditation. Irgendwie war ich mir sicher, dass es einen Grund dafür gab, dass ich mich eine Weile von der Welt zurückzog. Ich wünschte mir verzweifelt, dass jemand mich dafür bezahlen würde, dass ich meditierte, doch ein Teil von mir hielt an dem Glauben fest, dass wir für unseren Lebensunterhalt leiden müssen. Meditieren bereitete mir Vergnügen und schien unproduktiv; wie konnte ich es also benutzen, um Geld zu verdienen?

Ich schrieb weiter Zeitschriftenartikel über Beziehungsthemen, beispielsweise »Die Warnzeichen für eine Trennung« oder »Ist er der Typ, der eine Frau betrügt?«. Obwohl ich das Gefühl hatte, dass diese Artikel durchaus ein wenig zur Verbesserung der Welt beitrugen, machte es mir keine Freude, sie zu schreiben, und es gab mir wenig Befriedigung, sie gedruckt zu sehen. Ich sah mich einfach nicht als »Beziehungsberaterin«, doch die Medien schienen mich auf diese Rolle festgelegt zu haben. Talkshowproduzenten riefen mich ständig an, damit ich als Beziehungsexpertin in ihren Sendungen auftrat, und Redakteure von Zeitschriften und Magazinen baten um entsprechende Artikel. Ich ging auf diese Bitten ein, da ich Angst hatte, mein regelmäßiges Einkommen zu gefährden.

Ich war mir nur vage des hohen Preises bewusst, den ich auf der Seelenebene für diesen Betrug an meinem wahren Selbst bezahlte. Tief in meinem Inneren wusste ich, was ich tun wollte – Artikel und Bücher schreiben, die ausschließlich mit Meditation und spiritueller Heilung zu tun hatten –, doch fürchtete ich, dass ich meinen Lebensunterhalt nicht würde verdienen können, wenn ich diesem Instinkt folgte.

Dass ich mir wegen Geld Sorgen machte und mich gleichzeitig nach Gelassenheit sehnte, veranlasste mich, nach Büchern Ausschau zu halten, die mir helfen konnten, diesen Zwiespalt zu lösen. Ich kaufte und las *The Abundance Book* von John Randolph Price und einige der Bücher über Wohlstand von Catherine Ponder. Außerdem meditierte ich über die Bergpredigt im Matthäusevangelium.

Die im Buch von Price beschriebene »40-Tage-Wohlstands-Meditation« half mir schließlich, meine Ängste in Bezug auf Geld zu heilen. Außerdem machte ich während dieses Zeitraums eine sehr mysteriöse Erfahrung. Obwohl ich mehrere Schecks abgeschickt hatte, um Versicherung, Strom, Wasser und ähnliche Dinge zu bezahlen, wurde beinahe drei Wochen lang kein einziger Scheck eingelöst. Mein Bankkonto blieb konstant, als sei es eingefroren, und ich wagte nicht, infrage zu stellen, was wie eine Affirmation der Macht Gottes aussah. Ich betete darum, die restlichen Zweifel in meinem Inneren zu überwinden, die mich noch davon abhielten, hundertprozentig der Fürsorge Gottes zu vertrauen.

Die Bücher, die ich las, und meine eigene Meditation lehrten mich, dass die Sorgen, die ich mir über meine Finanzen machte, die eigentliche Ursache aller Geldprobleme waren, mit denen ich konfrontiert war. Das leuchtete mir vollkommen ein. So wie die Angst vor Krankheiten zu körperlichen Problemen führen kann, hatten meine Ängste sich in Form von Mangel manifestiert.

In meinen Meditationen stellte ich manchmal Fragen. Die Antworten erschienen dann als Bilder in meinem Kopf oder vor meinen Augen, wie ein Film. Ich fragte zum Beispiel: »Wie kommt es, dass wir alle miteinander verbunden sind, wo wir doch alle so verschieden und getrennt erscheinen?« Im nächsten Moment sah ich dann einen Baum und erhielt die Botschaft, dass jeder Mensch wie ein Blatt an einem riesigen Baum ist. Jedes Blatt macht getrennt von den anderen

Blättern seine individuellen Erfahrungen. Doch gleichzeitig wirkt jedes Blatt auf die anderen Blätter ein. Wenn ein Blatt zum Beispiel Leid empfindet, fließt seine Negativität wie Gift in alle Adern des Baumes.

Ich fragte nach der Natur der Materie und sah ein Bild, in dem bunte Miniaturseifenblasen wie in einer riesigen Kette aneinander gereiht waren. Ich begriff, dass ich damit die winzigsten Partikel des Lebens sah. Dann stellte ich Fragen über das Leben nach dem Tod und war im nächsten Augenblick umgeben von dem sehr realen Bild einer blauen Himmelslandschaft mit einem großen, hohen Gebäude aus Kristall. Ich fühlte, wie jemand mich fragte: »Möchtest du dir dieses Kristallschloss näher ansehen?« Ich zögerte und war mir nicht sicher, ob ich dieses Angebot annehmen sollte. Schließlich sagte ich zu und fühlte, wie ich um die schönen, blauweißen Turmspitzen des Schlosses getragen wurde. Genauso schnell war ich wieder zurück in meinem Meditationsraum.

Je mehr ich meditierte, desto mehr verstand ich, wie problemlos wir alle Antworten und Informationen erhalten können, indem wir *einfach fragen*. Dies wurde mir in einer Meditation erklärt, als ich die Worte hörte: »Deine Erfahrungen sind das Resultat deiner Intentionen.« Ich erkannte, dass wir diese wunderbare Quelle von Wissen unbeachtet lassen, weil unsere Intentionen auf die Befriedigung unserer menschlichen Bedürfnisse ausgerichtet sind, anstatt darauf, uns mit der Liebe Gottes zu verbinden. Als ich erkannte, dass wir nicht kämpfen müssen, um unsere Bedürfnisse zu erfüllen, ging mir ein Licht auf. Wir müssen einfach nur um Führung bitten und dieser dann folgen. Ich dachte an die Zeiten, in denen ich gegen das Leben angekämpft hatte in dem verzweifelten Bemühen, bestimmte Ziele zu erreichen. Diese Bemühungen führten immer nur zu noch mehr Stress und zu äußerst kurzfristigen Ergebnissen. Daneben erinnerte ich mich an Zeiten, in denen ich meine Bedürfnisse ohne Anstrengung erreicht hatte, indem ich Vertrauen, Glauben, Visualisierungen und Affirmationen benutzte.

Während ich noch darüber nachdachte, erhielt ich eine umfangreiche Botschaft, so als hätte jemand ganze Buchseiten in meinen Geist eingescannt. Diese Botschaft besagte, dass Lichtarbeiter wie ich alles manifestieren und heilen können, was sie wollen. Ich sah die Vision einer Zukunft, in der Medikamente und Lebensmittel von einer Regierung, die die Massen zu kontrollieren sucht, künstlich rationiert werden. Das erinnerte mich an die Offenbarung des Johannes, in der davor gewarnt wird, dass ein Zeitpunkt kommt, in dem alle Vorräte von einem Antichrist kontrolliert werden.

Ich sah vor meinem inneren Auge, wie Lichtarbeiter den Kranken und Hungernden halfen, damit diese nicht hilflos den Manipulationen der Behörden ausgeliefert waren. In dieser Vision manifestierten die Lichtarbeiter Nahrung aus dem Nichts. Außerdem heilten sie nur mithilfe ihrer Gedanken und Gebete, da es weder Heilkräuter noch Medikamente gab.

Zu meiner Vision gehörte auch die Information, dass alle Prophezeiungen von Katastrophen und Untergang – wie zum Beispiel in der Johannesoffenbarung – durch das kollektive Liebesbewusstsein der Lichtarbeiter abgewendet werden können. Das heißt, die gemeinsamen Bemühungen der Lichtarbeiter können dieses ganze Szenario ungenügender Lebensmittel- und Medikamentenvorräte verhindern. Doch selbst wenn sich die Lichtarbeiter nicht rechtzeitig zusammentun, um die Prophezeiungen abzuwenden, können sie doch durch ihre spirituellen Gaben Frieden, Heilung und Hilfe bringen.

Nach dieser Vision war mir klar, dass ich mir die Lehren über spirituelle Heilung, die ich als Kind erfahren hatte, wieder ins Bewusstsein rufen musste. Ich musste sie entstauben und schließlich darüber schreiben und sie anderen Lichtarbeitern zugänglich machen, die sich inspiriert fühlten, meine Worte zu lesen und zu hören. Ich begriff, dass es an der Zeit war, mich voll auf meinen spirituellen Weg einzulassen.

KAPITEL 12

DAS »DRITTE AUGE« ÖFFNEN

»Es gibt nur einen Menschen. Auf der spirituellen Ebene seines Wesens hat jeder Mensch Zugang zu jenem Wesen, das für alle Ewigkeit als die Idee des vollkommenen Menschen im göttlichen Geist existiert.«

CHARLES FILLMORE, Gründer der Unity Church,
Autor von *Christliches Heilen*

Ich blätterte im Programmheft eines Bildungszentrums für Erwachsene, als mein Blick auf das vertraute Gesicht des Bestsellerautors Wayne Dyer fiel. Als ich die Beschreibung seines bevorstehenden Tagesseminars in San Diego las, fühlte ich den starken Impuls, daran teilzunehmen. Es war weder ein bestimmter Satz noch ein bestimmtes Wort in der Beschreibung, das mich anzog. Vielmehr war es eine innere Stimme, die mich drängte: »Melde dich für dieses Seminar an.«

Zehn Jahre zuvor war ich ein »Seminar-Junkie« gewesen und hatte an jedem Seminar zum Thema Psychologie teilgenommen, das ich finden konnte. Ich ging zu Vorträgen von Carl Rogers, Rollo May, Irvin Yalom, William Glasser und anderen Koryphäen der Psychologie. Doch es kam der Moment, in dem eine gewisse Übersättigung bei mir eintrat, und von da an verspürte ich keinen Wunsch mehr, mir weitere Vorträge anzuhören.

Jetzt hatte ich jedoch das Bedürfnis, an diesem achtstündigen Seminar teilzunehmen. Ich fragte Bonnie Krueger, die Chefredakteurin der Zeitschrift *Complete Woman*, ob sie an einem Artikel über Dyer interessiert sei. Bonnie war einverstanden, und ich versuchte Kontakt mit Dyer aufzunehmen, um für den Artikel einen Fototermin zu vereinbaren.

Da Dyer Bücher für Hay House schrieb, bat ich Reid Tracy um Hilfe. Er gab mir die Telefonnummer von Dyers Agentin Edna Farley. Wie ich feststellte, vertritt Edna viele spirituell orientierte Autoren und vermittelt für sie die Pressekontakte. Sie sorgte dafür, dass ich Wayne Dyer eine Woche vor dem Seminar telefonisch interviewen und ihn im Anschluss daran fotografieren konnte.

Das Auditorium der Church of Today in San Diego war mit Hunderten von Menschen bis auf den letzten Platz besetzt, die genau wie ich auf Dyers Vortrag warteten. Durch meine Teilnahme an den gut besuchten Gottesdiensten in der Huntington Beach Church hatte ich gelernt, wie wertvoll es ist, sich mit zahlreichen spirituell orientierten Menschen zu versammeln. Es gibt so etwas wie einen Energiefunken, der in friedlichen Menschenansammlungen entsteht und alle ergreift. Oft empfange ich Ideen, die göttlich inspiriert scheinen, während ich in einer voll besetzten Kirche sitze.

Wayne erzählte uns, dass er eine Zeit lang mit dem indischen Mystiker Sri Guruji verbracht hatte. Nachdem dieser Dyers Buch *Die Kunst, Berge zu versetzen* gelesen hatte, schrieb er Dyer einen Brief. Die beiden Männer begegneten sich dann, als Guruji von Indien nach Los Angeles kam. Guruji überreichte Dyer eine Kassette mit Mantren, die speziell darauf ausgerichtet sind, Wünsche in materieller Form zu manifestieren. Der Mystiker bat Dyer, die Menschen in der westlichen Welt diese Mantren zu lehren, und dazu hielt Dyer jetzt seine Seminare ab.[1]

Dyer begann die Meditation, indem er uns aufforderte, die Augen zu schließen und unsere Aufmerksamkeit auf unser drittes Auge zu lenken. Dann führte er uns durch eine Reihe von Mantren, bei denen wir in verschiedenen Tonlagen »Om« und »Ah« sangen. Er erklärte, dass der Ton »Ah« in praktisch allen Religionen für das Göttliche steht, wie bei Jehovah, Allah, Buddha und Krishna. Wenn wir »Ah« singen, bringen wir uns in Einklang mit den Schwingungen der Schöpfung. Wenn wir dabei gleichzeitig einen Gedanken festhalten, wird sich dieses mentale Bild besonders schnell in physischer Form manifestieren.

Gemeinsam mit Hunderten anderer Teilnehmer konzentrierte ich mich auf mein drittes Auge und sang »Om«. Zunächst waren unsere »Oms« ziemlich leise, doch allmählich sangen wir immer lauter und mit immer mehr Gefühl.

Während ich sang, tauchte ein ovales Bild in mir auf. Das Oval ruhte horizontal in dem dunklen Raum zwischen meinen Augen. Das Bild wurde mit jedem »Om« zunehmend klarer und leuchtender, wie das erste Stück Land, das man sieht, wenn ein Flugzeug durch die Wolkendecke stößt. Plötzlich wurde mir klar, was ich da sah. Vor Erstaunen stockte mir der Atem, als ich ein Auge erkannte – ein in allen Einzelheiten perfektes weibliches Auge –, das mich anschaute. »Das ist mein drittes Auge!«, ging es mir durch den Kopf. Das Auge blinzelte ein paar Mal in einem Ausdruck strahlender Liebe, als es mich anblickte.

Ich fühlte mich, als würde ich durch den Spiegel bei Alice im Wunderland schauen, während das Auge und ich uns ansahen. Ich wusste, dass ich mich selbst sah, wobei dieses Selbst jedoch in einer gänzlich anderen Welt lebte. Sie war ich, doch existierte sie in einem parallelen Universum, aus dem sie mich wie durch ein Guckloch betrachtete. So wie man manchmal bereits beim ersten Blick sagen kann, ob ein neuer Bekannter ein schweres oder leichtes Leben hinter sich hat, sah ich, dass ihr Leben von Frieden, Sicherheit und Liebe erfüllt war, denn sie strahlte diese Qualitäten aus.

Das Auge sah genauso aus wie mein eigenes, allerdings mit ein paar wichtigen Unterschieden. Es hatte nicht den Anschein, als hätte sie jemals Schmerzen erlitten, und die Haut um das Auge herum war glatt und faltenlos. Das Auge strahlte vor Glück und allumfassendem Frieden, und ich spürte, wie es zu mir sagte: »Willkommen zu Hause. Es ist schön, dass wir einander endlich begegnen.« Das Auge war einer der wunderbarsten Anblicke, die ich je gesehen hatte – es war nicht nur physisch schön, sondern besaß auch eine besondere Aura von Liebe, Geduld, Frieden und Güte, die mir entgegenstrahlte. Ich schluckte schwer und fühlte vollkommene Liebe für und von diesem Wesen.

Plötzlich wusste ich ohne den geringsten Zweifel, dass mein wahres Selbst nie gelitten oder Schmerzen und Nöte erfahren hatte. Nur mein Ego hatte geglaubt, dass es Tragödien und Triumphe erfuhr. Mein wahres Selbst, *das wahre Selbst jedes Menschen*, befand sich seit jeher im Zentrum des Sturms, wo ewiger Frieden herrscht.

Diese Begegnung mit meinem wahren Selbst war zutiefst ergreifend, und die Fotos, die von mir und Dyer nach dem Vortrag aufgenommen wurden, zeigen meinen ehrfürchtigen Gesichtsausdruck. Ich fuhr nach Hause, aufgewühlt und mit einer Million Fragen im Kopf, und empfand die Autobahn als völlig unpassend für meinen Geisteszustand. Während ich in Hochstimmung nach den Erlebnissen des Tages praktisch über dem Boden schwebte, war mir gleichzeitig bewusst, dass ich ein zwei Tonnen schweres Ding aus Stahl fuhr. Also zwang ich mich, nicht weiter über Spiritualität nachzudenken, damit ich mich auf die Straße konzentrieren konnte. »Wenn ich das Radio anmache und mir eine Sendung anhöre, werde ich mich vielleicht stärker geerdet fühlen«, dachte ich.

Ich schaltete also eine Radiostation in Los Angeles ein, die sich normalerweise auf politische Themen konzentriert. Doch an diesem Abend war das Thema der mystische jüdische Text der Kabbalah. Ich hörte eine Weile zu und fühlte, wie mein Bewusstsein sich erneut weit über die Autobahn erhob, also suchte ich schnell einen anderen Sender. Doch jeder Sender, den ich einschaltete, schien sich an diesem Abend mit spirituellen Themen zu beschäftigen.

Ich spürte eine Verdichtung des Luftdrucks im Auto und wurde mir der Präsenz einer geistigen Wesenheit bewusst. Einen Moment lang hatte ich das Gefühl, zu ertrinken und um Luft zu kämpfen. Ich wollte jetzt nichts mit spirituellen Gedanken und Botschaften zu tun haben, damit ich mich auf das Fahren konzentrieren konnte. Doch die göttlichen Zeichen waren überall im Auto und im Radio greifbar und hörbar und nicht zu übersehen.

Leicht ängstlich und wütend fragte ich: »Was hast du mit

mir vor?« Die Präsenz übermittelte mir mental die Antwort: »Es gibt keinen Ort, an dem ich nicht bin. Du kannst dem Geist nicht aus dem Weg gehen, denn du selbst bist Geist. Ich bin alles.« Ich erkannte, dass Gott – da ich seinen früheren Befehl »Höre mit dem Trinken auf und fange mit dem Kurs in Wundern an« ignoriert hatte – nun einen direkteren Weg wählte. Sosehr ich auch dagegen rebellierte, dass jemand oder etwas mich kontrollierte, wusste ich doch auch, dass Gottes Hilfe genau das war, was ich mir ersehnte.

Tief in meinem Innern hieß ich Gottes Intervention willkommen. Ich war nicht glücklich mit meinem Leben und wusste, dass mein regelmäßiger Alkoholkonsum und mein Versuch, mit Beziehungsberatung meinen Lebensunterhalt zu verdienen, nicht meinem wahren Selbst entsprachen. Auch war mir klar, dass meine menschlichen Bemühungen, glücklich zu sein, nicht das gebracht hatten, was ich mir wirklich wünschte. Es war an der Zeit, Gottes liebevoller Fürsorge zu vertrauen und es auf seine Weise zu versuchen.

Am Tag nach Wayne Dyers Seminar kaufte ich mir eine Taschenbuchausgabe von *Ein Kurs in Wundern*. Das Buch bestand aus drei Teilen: einem Text, einem Arbeitsbuch und einem Handbuch für Lehrer des Kurses. Ich fühlte mich zunächst zum Arbeitsbuch hingezogen und entdeckte, dass es sich dabei um ein einjähriges Meditationsprogramm handelte, mit einer Meditation für jeden Tag des Jahres. Jede Meditation war darauf ausgerichtet, begrenzende Glaubenssätze aufzulösen und negative Gedanken durch Gedanken der Liebe zu ersetzen. Sofort entschloss ich mich zu diesem einjährigen Programm, und obwohl es in meiner Nähe viele Gruppen gab, die mit dem *Kurs in Wundern* arbeiteten, beschloss ich, den Text allein zu lesen. Ich entdeckte begeistert, dass seine Philosophie nahtlos an die Lehren anschloss, die mir als jungem Mädchen vermittelt worden waren. Tatsächlich erinnerten mich die Meditationen an meine Erfahrungen in der Sonntagsschule, was mich ganz besonders freute.

Mit dem Trinken aufzuhören erforderte nichts weiter, als

die entsprechende Entscheidung zu treffen, und seit jenem Tag habe ich nie wieder ein Verlangen nach Alkohol verspürt. Ich merkte sofort, wie viel leichter ich mit meinem nüchternen Verstand meinen Vorsatz befolgen konnte, mich auf Gedanken von Liebe und Glück zu konzentrieren. Wann immer meine Gedanken in Schuld und Angst abschweiften, war ich besser in der Lage, sie einzufangen und zu korrigieren. Ich spürte, wie meine geistigen »Muskeln« durch Abstinenz und Meditation immer kräftiger und disziplinierter wurden.

In den Tagen nach dem Dyer-Seminar fluteten übersinnliche Eindrücke in immer regelmäßigeren Abständen in mein Bewusstsein. Ich erhielt laufend hellsichtige Informationen. Zuweilen führten meine übersinnlichen Einblicke zu Verwirrung, wenn ich beispielsweise einem Menschen zum ersten Mal begegnete und Dinge über ihn wusste, von denen er mir noch nichts erzählt hatte. Zum Beispiel lernte ich eine Frau kennen, und während wir miteinander redeten, sprach ich sie mit »Mary« an. Ich wusste, dass sie so hieß, und vergaß, dass wir uns noch nicht namentlich vorgestellt hatten. Sie starrte mich an und fragte: »Woher wissen Sie meinen Namen?« »Oje«, dachte ich. Manche Menschen mögen flüchtige Berührungen mit dem Unsichtbaren, während andere so wie Mary solche Erlebnisse als etwas unerwünschtes »Paranormales« betrachten.

Ein anderes Mal zeigte mir eine Frau, die ich eben erst kennen gelernt hatte, Fotos ihrer kleinen Tochter. Als ich mir diese anschaute, sah ich wie in einem Film Bilder, in denen sie sich drehte wie eine Ballerina. Ohne nachzudenken, bemerkte ich gegenüber der Frau, dass ihre Tochter entzückend aussah, wie sie in so jungen Jahren bereits als Ballerina tanzte. Genau wie bei Mary war auch hier die Reaktion: »Wie konnten Sie das wissen?«, in einem Tonfall, der mir zeigte, dass meine neue Bekannte mein Wissen als recht erschreckend empfand. Danach wurde ich in meinen Gesprächen mit anderen Menschen vorsichtiger. Obwohl ich nach wie vor viel über die Menschen, mit denen ich zu tun hatte, sah und wusste, gab ich diese Informationen nur dann weiter, wenn mich jemand darum bat.

In einer Meditation fragte ich Gott nach der Quelle und Natur dieses Wissens. Ich fasste die Antwort, die ich erhielt, in meinem Tagebuch zusammen:

Zeit ist eine Illusion, und wenn unser Geist frei ist von den irdischen »Regeln«, ist Zeit ohne Bedeutung. Wenn mir jemand eine Geschichte erzählt, kenne ich die Geschichte hinterher. Mittels übersinnlicher Wahrnehmung kenne ich die Geschichte, ohne dass ich zuerst die Worte hören muss.

Das war es also! Bei diesem Wissen handelte es sich nicht um eine »besondere Macht«, sondern um eine Demonstration der Zeit als Illusion. Es ist nicht notwendig, dass uns jemand etwas von sich erzählt, um diese Informationen zu kennen. Das würde bedeuten, dass es eine Zeit gibt, *bevor* wir persönliche Informationen über einen Menschen erhalten haben, und eine Zeit *danach*. In Wahrheit gibt es aber weder Vergangenheit noch Zukunft; das Einzige, was existiert, ist *das Jetzt*. Daher ist in diesem Augenblick alles gegeben, einschließlich allen Wissens über jedes erdenkliche Thema.

Außerdem wurde mir klar, dass jeder unserer Gedanken in unserem Energiefeld enthalten ist, so wie Daten auf einer Diskette gespeichert sind. Diese Information ist allen verfügbar, die für diese Energie empfindsam sind. Wir alle empfangen und »lesen« täglich Energie. Zum Beispiel ist es Ihnen sicher schon passiert, dass Sie einem Menschen, den Sie eben erst kennen gelernt hatten, auf Anhieb misstrauten. Das rührt daher, dass Sie sich auf das Energiefeld des Betreffenden eingestimmt und gespürt haben, dass die Gedanken dieses Menschen unehrlich sind. Vollständige Readings gehen dabei einfach noch einen oder zwei Schritte weiter. Wenn Sie tägliche Übungen zur Chakra-Reinigung und -Harmonisierung praktizieren, wie in Kapitel 17 beschrieben, wird sich Ihre übersinnliche Wahrnehmungsfähigkeit automatisch einstellen.

Darüber hinaus ist lediglich die Bereitschaft erforderlich, den Eindrücken zu vertrauen, die Sie empfangen.

Ich habe jedoch gelernt, dass es ein großer Unterschied ist, ob Sie einfach nur Eindrücke *empfangen* oder ob Sie einen anderen Menschen *beurteilen*. Wenn Sie die Eindrücke, die Sie empfangen, beurteilen, basieren Ihre Readings auf Ihrem Ego oder niederen Instinkt. Urteile sind eine Hauptursache für unzutreffende Readings und etwas, wovor wir uns hüten sollten.

Nehmen wir an, eine Hellseherin gibt Ihnen ein Reading und empfängt Eindrücke über Ihren Ehepartner oder Liebhaber. Eine Hellseherin, die darauf achtet, keine Einflüsse ihres Egos zuzulassen, wird Ihnen einfach genau das erzählen, was sie sieht und fühlt, während sie die Informationen erhält. Sie wird Sie Ihre eigenen Schlüsse aus dem Reading ziehen lassen. Eine Hellseherin jedoch, die sich der Einflüsse ihres Egos nicht bewusst ist, wird ihre übersinnlichen Wahrnehmungen mit ihren persönlichen Urteilen über Ihren Ehepartner oder Liebhaber vermischen. Negative Erfahrungen, die sie in ihrem eigenen Liebesleben gemacht hat, könnten ihr Urteil negativ beeinflussen, und was sie Ihnen sagt, wird sich nicht ausschließlich um Sie drehen.

Beinahe jeder Mensch kann übersinnliche Informationen über andere empfangen. Nicht ganz so einfach ist es jedoch, diese Informationen an Klienten weiterzugeben, ohne sie durch den Filter des eigenen Egos laufen zu lassen. Am besten ist es, wenn Sie Ihren Klienten genau sagen, was Sie während des Readings sehen, spüren, fühlen oder wissen. Vertrauen Sie den Informationen, die Sie empfangen, und vertrauen Sie Ihren Klienten, dass sie in der Lage sind, die Informationen auf ihre eigene Weise zu interpretieren.

Ich hatte den Klientinnen meiner Praxis einige Monate zuvor von meinen spirituellen Überzeugungen erzählt und war hocherfreut, dass sie sofort zu spirituell orientierten Behandlungstechniken bereit waren. Meine angsterfüllten Fantasien, dass meine Patienten schreiend aus dem Raum laufen würden, wenn ich ihnen etwas über Spiritualität erzählte, hatten sich Gott sei Dank nicht bewahrheitet. Stattdessen durfte ich erleben, wie meine Klientinnen in kürzester Zeit aufgrund unserer spirituell orientierten psychotherapeutischen Arbeit von ihrer geringen Selbstachtung und ihren Essstörungen geheilt wurden.

Ich hatte es mir zur Gewohnheit gemacht, bei meinen Beratungssitzungen Jesus und meine Engel um Führung in meinen Worten und Gedanken zu bitten. Ich spüre stets ihre Hilfe und Präsenz als Antwort auf diese Bitte, und oft erhalte ich klare Anweisungen. Zum Beispiel arbeitete ich einmal mit einer neuen Klientin, die vor mir schon diverse andere Therapeuten aufgesucht hatte. Sie beklagte sich darüber, dass keine Therapie in der Lage gewesen war, ihre tief sitzenden Minderwertigkeitsgefühle zu heilen, die mit einem sexuellen Missbrauch in ihrer Kindheit zusammenhingen. Innerlich fragte ich Jesus: »Was soll ich dieser Frau sagen?« Unmittelbar darauf empfing ich den Impuls, sie zu fragen: »Was ist das Geheimnis, das Sie für sich behalten?«

Nachdem ich diese Frage gestellt hatte, schwieg die Frau so lange, dass ich befürchtete, sie beleidigt zu haben. Schließlich stammelte sie eine Geschichte hervor, die sie seit ihrer Jugend vor jedem versteckt hatte und die der Hauptgrund für ihre Schuldgefühle und ihre geringe Selbstachtung war. Als sie offen über dieses Erlebnis sprach, wurde ihr jedoch klar, dass die Einzelheiten nicht so furchtbar waren, wie sie es sich immer vorgestellt hatte. Sie erkannte, dass Geheimnisse in den dunklen Verliesen unserer Seele sich immer so anfühlen, als wohne ein Monster in unserem Inneren.

Mit jedem Erfolg, der durch Gebete und spirituelle Affirmationen zustande gekommen war, fühlte ich mich glücklicher und freier. Ich begann, hellsichtige Readings in meine Beratungspraxis zu integrieren, und berichtete meinen Klientinnen offen über die übersinnlichen Eindrücke, die ich während unserer Sitzungen empfing. Jede meiner Klientinnen war für diese Informationen dankbar, da sie uns halfen, Kernprobleme aufzudecken.

Ich schwor mir, nie mehr zu der alten Form von Psychotherapie zurückzukehren, die Probleme als real ansieht. Da ich keine klassische Psychotherapie mehr praktizierte, legte ich mir auch eine neue Berufsbezeichnung zu und nannte mich von nun an »Metaphysikerin«.

Die Begegnung mit meinem wahren Selbst und die Erkenntnis, dass wir in Wahrheit keinen Schmerz erleiden, hatte mein Denken auf dramatische Weise verändert. Vorher war für mich der spirituelle Aphorismus, dass Schmerz eine Illusion ist, nicht mehr als ein Scherz. Jetzt wusste ich, dass es sich wirklich so verhält. Dieses Wissen gab mir ein Hochgefühl, wie man es empfindet, wenn man frisch verliebt ist, und ich wollte verhindern, dass mich irgendetwas dieser Freude beraubte. Also las ich keine Zeitung mehr, sah mir keine Nachrichten mehr an, hörte kein Radio und vermied jegliche Diskussionen über politische oder soziale Probleme. Ich wusste, dass diese Situationen auf einer geistigen Ebene korrigiert werden müssen und dass ich dann, wenn ich über sie las oder sprach, sie als tatsächliche Realität sehen würde.

Außerdem betete ich um Führung bezüglich einiger meiner Freundschaften, die aus dem Gleichgewicht geraten waren. Wie viele Lichtarbeiter, die von Natur aus hilfsbereit und liebevoll sind, zog ich oft Menschen an, die große Probleme in ihrem Leben hatten. Ich bemühte mich nach besten Kräften, ihnen eine gute Freundin zu sein, ohne mich in ihre Gespräche über Sorgen und Ängste hineinziehen zu lassen. Mir war klar, dass spirituelle Heilung alle Beziehungsprobleme lösen kann, doch wusste ich auch, dass ich noch nicht so weit war, meine Freunde objektiv als perfekte Wesen zu sehen.

Ich wollte nicht mit Menschen sprechen, die ihr Dilemma als hoffnungslos betrachteten. Mein Wissen um die illusorische Natur von Problemen war immer noch sehr zerbrechlich, und ich musste es schützen, bis ich diesen Problemen vertrauensvoller ins Auge blicken und die Illusion durchschauen konnte. Ich wusste, dass ich – bis es so weit war –

Menschen mit negativer Geisteshaltung aus dem Weg gehen musste. Ich musste mich vorübergehend von ihnen distanzieren, auf die gleiche Weise, wie ich Zeitungen, Radio und Fernsehen vermied. Also ließ ich mehrere Bekannte wissen, dass ich einen Monat lang nicht erreichbar sein würde, und war erstaunt, wie anstandslos sie diese Erklärung akzeptierten. Mein Ego hatte mich glauben lassen, dass der Himmel einstürzen würde, wenn ich meiner inneren Führung Folge leistete. Langsam entdeckte ich jedoch, dass der einzige Grund für inneren Aufruhr immer nur die Ratschläge des Egos waren.

KAPITEL 13

Der Schleier hebt sich

*»Wenn der Geist wirklich existiert, wenn wir alle geistig
miteinander verbunden sind und wenn das Geistige mit dem Geistigen
ohne materielle Hilfsmittel kommunizieren kann, dann muss
die Kommunikation mit Geistern möglich sein!«*

ERNEST HOLMES, Gründer der Church
of Religious Science und Autor von
Die Vollkommenheitslehre: die Wissenschaft des Geistes

Wayne Dyers Agentin Edna Farley rief mich an und fragte: »Ich vertrete eine Autorin, die ein Buch über die Kommunikation mit Verstorbenen verfasst hat. Wären Sie daran interessiert, dieses Buch zu lesen, um eventuell ein Interview für einen Artikel zu machen?« Bevor ich noch darüber nachdenken konnte, antwortete ich: »Ja.« Nachdem ich den Hörer aufgelegt hatte, fand ich es eigenartig, dass ich so schnell zugestimmt hatte, da dieses Thema eigentlich völlig außerhalb meiner Interessen und Erfahrungen lag.

Als ich das Buch mit dem Titel *Sag ihnen, dass ich lebe*[1], das Edna mir geschickt hatte, zum ersten Mal öffnete, spürte ich auf Anhieb, dass ich ein wichtiges Buch in der Hand hielt. Die Autorin des Werkes, Rosemary Altea, ist ein englisches Medium und spricht mit den Seelen Verstorbener. Wie ich bereits erwähnt habe, hatte ich meinen Glauben über das Leben nach dem Tod noch nicht mit meinen spirituellen Überzeugungen in Einklang gebracht. Während ich also Rosemarys Fallstudien las, in denen sie dramatische Einzelheiten über die verstorbenen Verwandten ihrer Klienten schildert, wusste ich nicht, was ich davon halten sollte. Leider hatte ich aufgrund verschiedener Pflichten, die unbedingt schnell erledigt werden mussten, wenig Zeit und konnte jeden Tag nur ein paar Seiten lesen. An einem Sonntagnachmittag, als Michael bei einem

Segelbootrennen und meine Söhne bei Freunden zu Besuch waren, war es mir schließlich möglich, mich mit dem Buch zurückzuziehen und es in aller Ruhe durchzusehen.

Als ich ungefähr zwei Drittel der Fallstudien gelesen hatte, stürzte eine plötzliche und überwältigende Erkenntnis über mich herein. Ich begriff von einem Moment auf den anderen, dass Rosemary Alteas Worte der Wahrheit entsprachen und dass ihre Beschreibung der Kommunikation mit den Verstorbenen eine Tatsache war. In diesem Augenblick spürte ich rechts hinter mir eine Präsenz und begann zu schluchzen. Ich erkannte, dass es sich um meine Großmutter Pearl handelte, und mir wurde klar, dass sie viele der Wunder herbeigeführt hatte, die ich seit kurzem erlebte, unter anderem auch, dass ich dieses Buch erhalten hatte.

»Oh mein Gott!«, stieß ich unter lautem Schluchzen hervor. »Es gibt tatsächlich ein Leben nach dem Tod!« Ich fühlte, wie meine Großmutter mich tröstete und mir sagte, dass alles gut werden würde.

Diese Erkenntnis gab mir Trost, und in den darauf folgenden Tagen begann ich während meiner Meditationen zu meiner Großmutter zu sprechen. Außerdem entdeckte ich, dass die Wissenschaft das Phänomen medialer Kontaktaufnahme mit Verstorbenen schon seit Jahrhunderten untersucht und dass in den letzten zwei Jahrzehnten mehrere Studien überzeugende Beweise dafür erbracht hatten, dass Medien tatsächlich mit den Seelen Verstorbener kommunizieren.[2]

Eine meiner größten Sorgen blieb für mich jedoch meine Beziehung zu Michael, meinem Verlobten. Mittlerweile sah ich ihn als ausgesprochen unspirituellen Menschen und fürchtete, dass eine Trennung unvermeidlich war. Dennoch zögerte ich, da ich ihn aus ganzem Herzen liebte und den Prozess einer Trennung zutiefst verabscheute.

Drei Tage nachdem ich Rosemary Alteas Buch zu Ende gelesen hatte, rief mich eine Frau namens Renée Swisko an. Sie sagte, sie sei eine spirituelle Heilerin und suche jemanden, der ein Buch über ihre Arbeit schreiben könnte. Sie fügte hinzu, dass sie meinen Namen vor einiger Zeit von Reid Tracy bei Hay House bekommen und schon länger vorgehabt hatte, mich anzurufen, es jedoch immer wieder aufgeschoben hatte. Dann fragte sie mich, ob ich mit dem *Kurs in Wundern* vertraut sei, der Basis ihrer Arbeit war. Ich erklärte, dass ich erst kürzlich angefangen hatte, mich mit dem Text zu beschäftigen. Hätte sie mich früher angerufen, wie es eigentlich ihre Absicht gewesen war, hätte ich nichts darüber gewusst. Der Zeitpunkt ihres Anrufs schien mir ein Beispiel göttlicher Fügung, daher erklärte ich mich bereit, ihre Einladung anzunehmen und zu einer Demonstration ihrer spirituellen Heilungstechniken zu ihr zu kommen.

An dem Morgen, an dem ich zu Renée fahren wollte, trainierte ich auf der Terrasse auf meinem Laufband. Auf dem Bootsanlegeplatz vor der Terrasse kratzte Michael Muscheln von der Unterseite seines Segelbootes. Plötzlich fiel mir ein Boot auf, das langsam in der Bucht hinter Michael vorbeifuhr und das eine ungewöhnliche Aufschrift trug. Als das Boot näher kam, sah ich, dass auf dem Rumpf die Worte standen: »Johannes 3,16«.

Der Anblick dieses Bibelzitats verstärkte noch mein mystisches Gefühl bezüglich der Begegnung mit Renée. Sie hatte mir am Telefon genügend über ihre Arbeit erzählt, um meine Faszination zu wecken, doch gleichzeitig war mir bewusst, dass etwas Größeres als ich dafür gesorgt hatte, dass wir einander begegneten. Dieses Gefühl wurde bestätigt, als ich vor ihrer Wohnung aus dem Aufzug stieg und eine innere Stimme sagen hörte: »Nach dem heutigen Abend wird dein Leben nie mehr so sein wie zuvor.«

Renée und ich unterhielten uns eine Weile, bevor wir mit der Heilungssitzung begannen. Sie fragte mich, ob ich ein besonderes Problem oder eine Frage hätte, und ich beschloss, mich auf meine Beziehung mit Michael zu konzentrieren. Vor allem wollte ich wissen, was ich bezüglich der Kluft zwischen unseren spirituellen Überzeugungen tun sollte.

Ich folgte Renées Aufforderung und legte mich auf eine

Matratze. Dann begann sie mit der Einführung. Sie bat mich, mich für Jesus zu öffnen, den sie »Emmanuel« nannte, und bereit zu sein, Michael zu vergeben. Ich schloss die Augen und fühlte, wie mein Körper erschauerte. Dieses Erschauern erinnerte mich an den Anblick von Michael, wie er die Muscheln vom Boot schabte, denn ich hatte das Gefühl, dass genau dasselbe jetzt in meinem Inneren geschah.

Plötzlich sah ich das Gesicht eines Mannes vor mir. Obwohl er schon tot war, bevor ich geboren wurde, und ich sein Foto seit meiner frühesten Kindheit nicht mehr gesehen hatte, erkannte ich den Mann sofort als meinen Großvater mütterlicherseits. Dieses Erkennen geschah auf der Seelenebene, auf die gleiche Weise, wie ich die Identität der spirituellen Wesenheiten erkannt hatte, die in der Vergangenheit zu mir gekommen waren.

Wortlos übermittelte mir mein Großvater wesentliche Informationen bezüglich meiner Beziehung mit Michael:

»*Deine Angst davor, Michael und anderen Menschen gegenüber authentisch zu sein, stammt teilweise von mir. Als deine Mutter noch jung war, war ich oft frustriert über meinen Mangel an finanziellen Mitteln und stritt häufig vor den Augen deiner Mutter mit deiner Großmutter Ada. Das erschreckte deine Mutter so sehr, dass sie seitdem nicht in der Lage ist, offen über ihre Gefühle zu sprechen, vor allen Dingen mit Männern – und das schließt auch deinen Vater ein. Du hast dieses Verhaltensmuster von deiner Mutter übernommen, die es ursprünglich aus Angst vor mir entwickelte. Daher vergib mir bitte und trenne dich nicht von Michael, denn du siehst ihn nicht so, wie er wirklich ist.*«

Diese Information machte mich ganz schwindelig, doch er hatte noch schockierendere Neuigkeiten für mich. Er erzählte mir, dass ich eigentlich als sein zweites Kind geboren werden sollte, und zwar als Sohn. Doch er überredete meine Großmutter, die Schwangerschaft wegen ihrer finanziellen Probleme abzubrechen. Wäre ich damals auf die Welt gekommen, wäre ich der zweitälteste Bruder meiner Mutter gewesen. Nach der Abtreibung hielt sich meine Seele in der Nähe meiner Mutter auf, als sie heranwuchs, und Jahre später inkarnierte ich dann als ihre Tochter. Seine Botschaft hörte sich wahr an, und ich glaubte ihm sofort. Dann bat mein Großvater mich noch einmal, ihm für die Schmerzen zu vergeben, die er mir zugefügt hatte. Danach verschwand er.

Am Morgen nach meiner Sitzung mit Renée sprach ich endlich offen mit Michael. Ich erzählte ihm von meiner hellsichtigen Erfahrung mit dem Chauffeur in New York und über meine häufigen übersinnlichen Erlebnisse. Ich erzählte ihm, dass ich meinen Großvater Ben nach seinem Autounfall gesehen hatte, und berichtete ihm von der Begegnung mit meinem anderen Großvater in der Sitzung mit Renée. Michael nahm meine Worte offen und liebevoll auf und gab mir nicht den geringsten Anlass, mich herabgesetzt oder verurteilt zu fühlen. Anschließend erzählte er mir seinerseits von einigen bemerkenswerten übersinnlichen Erlebnissen, die ihm widerfahren waren. Dann sprachen wir über einige unserer tiefsten spirituellen Überzeugungen und entdeckten voller Freude, dass wir viele ähnliche Standpunkte hatten.

Ich erkannte, wie falsch es von mir gewesen war, Michael als »unspirituell« zu betrachten, vor allem da mein eigenes spirituelles Bewusstsein so viele Jahre lang geschlummert hatte. *Jeder Mensch* ist ganz natürlich spirituell, selbst der überzeugteste Atheist, da wir alle Kinder desselben Gottes sind. Tatsächlich ist es so, dass einzig und allein das Ego zu Wort kommt, wenn ich jemanden als unspirituell bezeichne. Und das Ego ist das einzige Unspirituelle an einem Menschen. Da das Ego jedoch ohne die geringste Substanz ist, gibt es in Wahrheit nichts Unspirituelles an einem Menschen. Ich glaube, dass wir in dem Augenblick, in dem wir uns auf den göttlichen Funken in einem anderen Menschen konzentrieren, diesen Funken hell zum Leuchten bringen.

Später erzählte ich meiner Mutter von meiner Begegnung mit der Seele ihres Vaters. Als ich erklärte, dass ich beinahe als ihr älterer Bruder geboren worden wäre, stockte meiner Mutter der Atem. »Ich hatte als Kind immer das Gefühl, als wäre ein unsichtbarer Freund um mich herum«, sagte sie mir. Außerdem bestätigte sie, dass meine Großmutter tatsächlich zwei Jahre vor ihrer Geburt hatte abtreiben lassen, weil mein Großvater gerade arbeitslos geworden war.

Mein drittes Auge war zwar vorher schon offen gewesen, doch nun war es weiter geöffnet als je zuvor. Viele spirituelle Texte behaupten, dass unsere geistige Sicht schärfer wird, je mehr wir unsere Urteile, unsere Unfähigkeit zu vergeben und unsere einschränkenden Glaubenssätze loslassen. Die Begegnung mit meinem Großvater und die Erkenntnis, dass es ein Leben nach dem Tod gibt, hatten viele meiner Ego-Barrieren beseitigt. Daher konnte ich nun sowohl mit Geistern als auch mit Engeln kommunizieren.

Wann immer mich jemand anrief, konnte ich nicht nur den Anrufer deutlich vor mir sehen, sondern auch seine geistigen Führer und die Engel in seinem Umfeld. Meine Hellfühligkeit zeigte mir auch die Beziehung der jeweiligen Geister zu meinem Anrufer. Irgendwie konnte ich die Beziehung einer Seele zur anderen *fühlen*, so als gäbe es dabei verschiedene Schwingungsfrequenzen. Ich sah beispielsweise einen weiblichen Geist und wusste genau, ob es sich dabei um die Tante, Schwester oder Mutter der Person handelte, mit der ich sprach. Nur zwischen Großeltern und Urgroßeltern war die Unterscheidung schwierig, da alle Ebenen großelterlicher Fürsorge ähnliche Schwingungen aufweisen.

Die Seelen waren sich ihrerseits meiner medialen Fähigkeiten bewusst. Einmal saß ich in der Kirche neben einer älteren Frau, die ich kannte. Ich bemerkte die Anwesenheit ihres verstorbenen Ehemannes, und er sah, dass ich ihn bemerkt hatte. Sofort bedrängte mich der Mann, seiner Frau zu sagen, dass er bei ihr war. »Auf keinen Fall!«, übermittelte ich ihm innerlich, da ich wusste, dass seine Frau dem Gedanken an ein Leben nach dem Tod vollkommen ablehnend gegenüberstand. Ich bin ein hellsichtiges Medium, doch ich missioniere nicht.

Wo immer ich hinging, sah ich zahlreiche Geister und Engel um die Menschen herum. Viele Geister flehten mich an, den jeweiligen Menschen von ihrer Gegenwart zu berichten, und zuweilen fühlte ich den Impuls, das auch zu tun. Doch solche Situationen waren immer irgendwie befremdlich, und ich ging sehr vorsichtig vor, wenn ich Menschen von ihren geistigen Gefährten erzählte.

Zum Beispiel stellte mich Michael anlässlich eines Klassentreffens einem Freund vor, der kürzlich seine Mutter verloren hatte. Der Freund war untröstlich, da die Beziehung zwischen ihm und seiner Mutter sehr eng gewesen war. Die Situation stürzte mich in einen Konflikt, da ich seine Mutter deutlich bei ihm sehen konnte. Sie übermittelte mir, dass ihr Sohn seit ihrem Tod ununterbrochen geweint hatte, und bat mich, ihn irgendwie zu trösten. Also nahm ich den Mann beiseite und versuchte behutsam das Thema Leben nach dem Tod anzuschneiden. Zunächst erwähnte ich mein Interesse an spirituellen Büchern, da ich wusste, dass er ein Büchernarr war. Doch er erklärte, er läse nur Romane. Dann sprach ich über meine spirituelle Beratungstätigkeit, wobei ich meine Worte sehr vorsichtig wählte, damit er wusste, dass ich das Thema durchaus pragmatisch anging. Doch er reagierte auf meine Ausführungen nur mit einem leeren Blick. Nachdem ich mehrfach vergeblich versucht hatte, ein Gespräch über die spirituelle Präsenz seiner Mutter mit ihm anzufangen, er jedoch nur einsilbig reagiert hatte, gab ich ihm schließlich meine Telefonnummer und sagte ihm, dass er mich jederzeit anrufen könne. Wahrscheinlich dachte er, ich wolle mit ihm ausgehen. Als wir uns verabschiedeten, bat seine Mutter mich immer noch, ich möge ihrem Sohn von ihrer Anwesenheit erzählen.

Ein anderes Mal war ich in einem Buchladen in Manhattan, um mir ein Buch zum Thema »Leben nach dem Tod« zu kaufen. Als ich zur Kasse ging, sah ich einen älteren weiblichen Geist neben der Kassiererin und wusste, dass es sich dabei um die Seele ihrer Großmutter oder Urgroßmutter handelte. Der Geist lächelte strahlend und wirkte sehr großzügig.

Als ich der Kassiererin das Buch reichte, bemerkte sie den Titel und sagte: »Oh, Leben nach dem Tod! Ich glaube ganz fest daran, Sie auch?« Doch bevor ich noch ein Wort über die Anwesenheit ihrer Großmutter sagen konnte, fuhr sie schon fort: »Wissen Sie, manchmal könnte ich schwören, dass meine Großmutter bei mir ist. Doch ich fürchte mich sehr vor Geistern und ähnlichen Dingen, daher hätte ich schreckliche Angst, wenn ich je herausfinden würde, dass sie tatsächlich bei mir ist.« Ich lächelte sie und ihre Großmutter an und verließ den Laden ohne ein weiteres Wort.

Allmählich fühlte ich mich von meiner neuen Hellsichtigkeit überwältigt und sehnte mich danach, wieder ein normales Leben zu führen. Auch wenn ich der Ansicht war, dass meine medialen Fähigkeiten ein Geschenk waren, das ich zur Heilung meiner Klienten benutzen konnte, wollte ich nicht, dass die Geister mein Leben überschwemmten. Während einer Meditation zu diesem Thema entdeckte ich, dass ich meine Hellsichtigkeit durch bewusste Intention auf die Ebene einstellen konnte, die mir angenehm war.

Bald kam mein Interviewtermin mit Rosemary Altea für die Zeitschrift *Complete Woman*. Ich fuhr mit Michael, der den Auftrag als Fotograf erhalten hatte, zu Rosemarys Hotel in Los Angeles und hoffte dabei, dass sie mir helfen konnte, meine neue spirituelle Sehfähigkeit besser zu verstehen.

Rosemary erzählte mir, dass auch sie Geister sah, wo immer sie hinging. Sie erwähnte, dass sie zu Beginn ihrer Tätigkeit als Medium den Menschen offen über die Seelen berichtete, die sie neben ihnen sah. Eines Tages sagte Rosemary einer Frau, die sie gerade erst bei einer Tanzveranstaltung kennen gelernt hatte, dass ihr Vater bei ihr war. Die Frau reagierte schockiert und lief völlig verzweifelt davon. An diesem Tag traf sie die Entscheidung, den Menschen nichts mehr über ihre geistigen Begleiter zu erzählen, es sei denn, sie hatten ausdrücklich darum gebeten.

Dann begann Rosemary zu meiner Großmutter Pearl zu sprechen, die neben mir war, und zu Michaels verstorbenem

Vater, der in seiner Nähe war. Es war eine Freude für mich, Rosemary bei ihrer Arbeit zuzuschauen, und ich stellte fest, dass ihre Art der Kommunikation mit Geistern der meinen sehr ähnlich war. Als ich sie jedoch über »die Geister« befragte, korrigierte sie sofort meine Wortwahl. »Sie nennen sie Geister«, meinte sie, »doch ich nenne sie Menschen.« Natürlich hatte sie Recht. Auch wenn Menschen ihre körperliche Hülle abstreifen, sind ihre Seelen noch immer menschlich. Das Wort *Geister* impliziert, dass sie weniger sind als Menschen.

Die Begegnung mit Rosemary half mir, meine veränderte spirituelle Sichtweise entspannt zu betrachten und das Ganze nicht als Problem zu sehen. Ich beschloss, dass es mir gut tun würde, andere Medien kennen zu lernen und mich mit ihnen zu unterhalten. Glücklicherweise bot die Learning Light Foundation, bei der ich einen Kurs zur Entwicklung übersinnlicher Fähigkeiten absolviert hatte, auch ein eintägiges Seminar über die Arbeit als Medium an. In der Ausschreibung hieß es, dass der Kurs nur für »fortgeschrittene Medien« gedacht sei. Zwar vermutete ich, dass damit Menschen gemeint waren, die schon jahrelang als Medium tätig waren, was bedeuten würde, dass ich nicht die nötige Qualifikation aufwies. Doch dann fühlte ich Grandma Pearls liebevolle Energie, die mich drängte, mich für den Kurs anzumelden.

Die Kursbeschreibung »nur für fortgeschrittene Medien« muss wohl viele Menschen eingeschüchtert haben, denn außer mir gab es nur noch eine weitere Teilnehmerin. Unsere Lehrerin, Rose, war Engländerin und führte mediale Sitzungen in Großbritannien und den USA durch.

Gleich zu Beginn des Kurses forderte Rose uns auf, eine mediale Sitzung durchzuführen. Ich schluckte, als sie mich bat, als Erste ein mediales Reading zu geben. Damit nicht genug, sollte ich *ihr* mein Reading geben! Ich fühlte mich vollkommen eingeschüchtert und fragte mich, warum um alles in der Welt ich mich für diesen Kurs angemeldet hatte, bei dem die Lehrerin und die einzige andere Teilnehmerin so viel erfahrener waren als ich. Doch forderte Rose mich in sehr bestimmtem Ton auf, zu beginnen, also nahm ich einen tiefen Atemzug und bereitete mich vor.

Ich schloss die Augen, doch Rose korrigierte sofort: »Nein, nein! Sie müssen lernen, Ihre Readings mit geöffneten Augen zu geben!« Also ließ ich meinen Blick unscharf werden und versuchte mich dabei völlig auf meine inneren Empfindungen zu konzentrieren. Ich ließ meine Gedanken los und erlaubte meinem Kopf, völlig leer zu werden. Sofort spürte ich die Anwesenheit einer kleinen Präsenz an Roses linker Seite. Als meine Aufmerksamkeit sich dieser Präsenz näherte, nahm sie die Gestalt und Form eines Menschen an.

»Ich sehe einen kleinen Jungen an Ihrer Seite«, sagte ich.

Rose wurde blass, doch sie versuchte offensichtlich, ungerührt zu erscheinen, um meine Arbeit nicht zu beeinflussen. »Erzählen Sie mir mehr«, sagte sie. »Wie alt ist er?«

»Das kann ich nicht genau sagen, da er für sein Alter sehr klein zu sein scheint. Er sieht aus, als sei er ungefähr acht Jahre alt.« Ich beschrieb sein Aussehen, bis ich bemerkte, dass Rose Tränen in die Augen traten.

»Das ist mein Sohn«, erklärte sie. »Er ist vor vielen Jahren bei einem Unfall ums Leben gekommen.«

Zuerst fühlte ich mich ganz elend, weil ich ihr solch ein trauriges Ereignis in Erinnerung gerufen hatte. Doch Rose versicherte mir, dass mein Reading sehr angemessen und sie sogar dankbar dafür war. Nachdem auch die andere Kursteilnehmerin Rose ein Reading gegeben hatte, erklärte unsere Lehrerin unsere nächste Aufgabe. »Im Stockwerk über uns findet gerade ein Kurs statt, bei dem Sie erwartet werden«, erzählte sie. »Sie beide werden nun den Teilnehmern dort Readings geben.«

Wieder fühlte ich mich eingeschüchtert und unvorbereitet, doch Rose ließ nicht zu, dass ich mich vor dieser Aufgabe drückte. Sie ging mit uns nach oben, und auch diesmal sollte ich den Anfang machen. Wie Rose uns instruiert hatte, stellte ich mich vor die Klasse und gab jedem der Anwesenden nacheinander ein hellsichtiges, mediales Reading, und zwar mit geöffneten Augen. Jedes Reading war anders; manchmal empfing ich Informationen über die berufliche Laufbahn, manchmal hatte das Reading mit dem Liebesleben der Betreffenden zu tun. Jedes Mal lächelten die Studenten und bestätigten, dass die Informationen, die ich empfangen und an sie weitergeleitet hatte, richtig und wichtig waren.

Als wir zusammen in unser Klassenzimmer zurückgingen, gratulierte Rose uns zu unseren erfolgreichen Readings. Ich begriff, dass meine Großmutter mich dazu gedrängt hatte, diesen Kurs zu belegen, weil mein Vertrauen in meine hellsichtigen Fähigkeiten einen Auftrieb brauchte. Der Kurs trug sehr dazu bei, dass ich mich später bei meinen öffentlichen Readings als Hellseherin und Medium wohl fühlte.

In den folgenden Tagen schien es, als würden die Mitglieder der geistigen Welt die Nachricht über meine medialen Fähigkeiten verbreiten. Neue, unbekannte Menschen riefen an und baten um mediale Beratung, wobei sie Dinge sagten wie: »Ich weiß gar nicht, wie ich von Ihnen gehört habe. Jedenfalls ist mir Ihr Name zu Ohren gekommen und *irgendetwas* brachte mich einfach dazu, Sie anzurufen und einen Termin mit Ihnen zu vereinbaren.«

Viele dieser Anruferinnen hatten in ihrer Kindheit oder Jugend Erfahrungen mit Missbrauch und Gewalt gemacht, und der verstorbene Täter strebte nun eine Wiedergutmachung an. Während der Beratungssitzungen ermöglichte ich eine Unterhaltung zwischen meiner Klientin und ihrem Vater, Onkel, Bruder oder Großvater. Falls meine Klientin bereit war, dem Betreffenden zu vergeben, entfernte sich dessen Seele von ihrer Seite, oft von Engeln oder geistig höher entwickelten Verwandten aus dem Jenseits begleitet. Dabei hatte die Klientin oft intensive Körperempfindungen, wie beispielsweise ein Vakuum um ihren Körper herum, begleitet von einem starken Gefühl der Erleichterung. In der Regel entdeckte sie später, dass sich durch die Loslösung von ihrem verstorbenen Misshandler ihre Symptome, wie Depressionen, Angstzustände, Schlaflosigkeit, Esssucht oder anderes zwanghaftes Verhalten, besserten.

Mir fiel auf, dass Klientinnen, die über Depression oder Suchtverhalten klagten, fast immer einen »erdgebundenen« Geist an ihrer Seite hatten. Das heißt, sie hatten außer dem ihnen zugewiesenen geistigen Führer eine verstorbene Person als Begleiter. Ich erfuhr, dass Verstorbene beschließen können, in Erdennähe zu bleiben. Viele von ihnen verweilen hier, weil sie sich vor dem »Zorn Gottes« fürchten oder weil sie ihre Liebsten, ihr Zuhause oder ihr Geschäft nicht verlassen wollen. Zuweilen bleiben verstorbene Personen der Erde verhaftet, weil ihre überlebenden Verwandten über ihren Tod untröstlich sind und die Seele des Verstorbenen daher beschließt, in ihrer Nähe zu bleiben. Bei vielen meiner missbrauchten Klientinnen waren die verstorbenen Verwandten aufgrund der Reue über ihr gewalttätiges Verhalten noch in der Nähe.

Obwohl diese reuigen Geister eigentlich gute Absichten haben und den von ihnen angerichteten Schaden wieder gutmachen wollen, übt ihre Gegenwart doch eine schädliche Wirkung auf die Lebenden aus. Reuige und zerknirschte Menschen sind in der Regel depressiv. Wenn Sie sich länger in der Gesellschaft eines depressiven Menschen aufhalten, werden Sie irgendwann feststellen, dass etwas von der Depression auf Sie abgefärbt hat. Es spielt dabei keine Rolle, ob der Depressive körperlich anwesend ist oder nicht; wahrscheinlich haben Sie auch schon mal am Telefon mit einer depressiven Person gesprochen und sich ganz elend gefühlt, nachdem Sie den Hörer aufgelegt hatten. Wenn eine depressive Seele in Ihrer Nähe ist, ist die Wirkung dieselbe.

Daher geht es bei meiner Beratungstätigkeit häufig um die Auflösung einer Verbindung meiner Klientinnen mit einer verstorbenen Seele, was auch als »Clearing« bezeichnet wird. Das bedeutet, dass ich eine Klärung zwischen meiner Klientin und der reuigen Seele in ihrer Nähe ermögliche. Nachdem wir den Geist davon überzeugt haben, dass meine Klientin ihm vergibt, rufe ich den Erzengel Michael oder ein anderes hoch entwickeltes Geistwesen an und bitte sie, die verstorbene Person ins Jenseits zu begleiten.

Ich schaue immer zu, wie eine Seele fortbegleitet wird, da ich neugierig bin, wohin sie gehen. Ich habe festgestellt, dass es im Jenseits verschiedene Ebenen gibt und dass jede Ebene einen andersfarbigen Hintergrund hat. Wir fühlen uns automatisch zu der Ebene im Jenseits hingezogen, die unserem eigenen Grad spirituellen Verständnisses entspricht. Seelen mit den höheren Schwingungsebenen von Liebe, Mitgefühl und Verständnis begeben sich nach ihrem Tod in höhere Ebenen des Jenseits. Wie bei den Chakren hat auch die niedrigste Ebene des Jenseits einen roten Farbton, während die höchste Ebene in blauem, violettem und weißem Licht erstrahlt.

Die meisten Seelen, denen ich durch meine Arbeit helfe, gehen zu einer gelben Ebene. Das erscheint sinnvoll, wenn wir bedenken, dass das orangefarbene Sakralchakra sich auf irdische Wünsche bezieht. Die meisten Misshandler klammern sich an die Wünsche des Fleisches, wie zum Beispiel Sexualität, Alkohol- und Drogenkonsum. Sobald ein Mensch sich von diesem fleischlichen Verlangen löst, steigt er zur nächsten Ebene auf, die dem gelben Solarplexus entspricht.

Ich erhielt die Information, dass die verschiedenen Ebenen des Jenseits weder Bestrafung noch Belohnung bedeuten. Es sind lediglich Orte, die jeweils für uns angemessen sind. Auf der Erde machen wir eine ähnliche Erfahrung, wenn wir uns ganz natürlich zu Menschen hingezogen fühlen, die die Dinge so sehen wie wir selbst. Denn die Anziehung, die wir für andere empfinden, ist einfach auf die Übereinstimmung unserer Schwingungen zurückzuführen. Es ist nicht so, dass Personen, die wir mögen, »spirituell höher entwickelt« oder »besser« sind als andere. Wenn wir uns in solchen Vorurteilen ergehen, führt dies nur dazu, dass unser Ego sich aufbläht, was wiederum unsere Hellsichtigkeit sowie unsere Fähigkeit, spirituell zu heilen, behindern würde. Niemand ist »gut« oder »schlecht«; andere Menschen haben lediglich eine andere Schwingungsfrequenz als wir.

Außerdem lernte ich durch meine Kommunikation mit verstorbenen Menschen, dass sie sich nur dadurch, dass sie gestorben sind, nicht radikal von der Person unterscheiden, die sie zu Lebzeiten waren. Sie wissen jetzt zwar mehr um die Bedeutung der Liebe und die Unwichtigkeit von materiellem Gewinn. Der Tod löst jedoch nicht automatisch das Ego auf, und die Persönlichkeit des Menschen bleibt im Großen und Ganzen gleich. Wenn ich beschreibe, was verstorbene Verwandte sagen, kommentieren meine Klienten oft: »Das hört sich genau wie Tante Edna an, so wie ich sie kannte und liebte!«

Zum Beispiel hatte Markus, der Cousin meiner Klientin Sandra, diese sexuell belästigt, als sie ein kleines Mädchen und er ein Jugendlicher war. Die Erinnerung an die erlittenen sexuellen Übergriffe hatte immer wieder an Sandras Selbstachtung genagt, und jetzt, im Alter von vierzig Jahren, kam sie zu mir und wollte versuchen, die noch immer spürbaren Auswirkungen dieser Erlebnisse aufzulösen. Markus war einige Jahre zuvor an einer Überdosis Heroin gestorben, und ich war nicht überrascht, als er zu Beginn unserer Sitzung plötzlich erschien. Hoch über Sandras Kopf schwebend, übermittelte Markus mir seine Reue darüber, dass er seiner Cousine so große emotionale Schmerzen zugefügt hatte.

»Ich war einfach ein doofer Mechanikerlehrling und wusste gar nicht, was ich da überhaupt tat«, lautete seine rüde Entschuldigung. »Es ist *wirklich* Markus!«, schrie Sandra auf. »Er war Automechanikerlehrling und arbeitete bei einer alten Tankstelle!« Sie war plötzlich froh, mit dem Mann sprechen zu können, für den sie so lange nur Verachtung empfunden hatte. Die beiden sprachen ausführlich über die sexuellen Übergriffe, und Sandra war bereits bei dieser ersten Sitzung in der Lage, einen Teil ihrer tiefen Ablehnung Markus gegenüber aufzugeben und ihm zu verzeihen. Am Ende der Sitzung war Markus spürbar erleichtert über die Gelegenheit, sein Verhalten wieder gutzumachen. Er drückte uns beiden gegenüber sein Bedauern aus (bei mir entschuldigte er sich dafür, dass er mich durch sein plötzliches Erscheinen zu Beginn unserer Sitzung ziemlich erschreckt hatte). Es waren noch mehrere Sitzungen nötig, bevor Sandra ihrem Cousin rückhaltlos vergeben konnte, doch nach jener ersten Sitzung haben wir nie wieder etwas von Markus gehört oder gesehen.

Manchmal sind meine Klientinnen nicht sofort bereit, ihren verstorbenen Verwandten zu vergeben. Amy kam zu mir, nachdem sie mein Buch *Losing Your Pounds of Pain* gelesen hatte. Ihrer Meinung nach war der Grund für ihr Übergewicht die Wut auf ihren Vater, die sie seit Jahren mit sich herumschleppte. Während Amy sprach, erkannte ich, dass ihr Vater nicht mehr lebte, da ich seine Präsenz im Raum fühlen konnte. Ich lernte mehr über ihre tragische Geschichte durch das Gespräch, das ich zwischen Amy und ihrem Vater ermöglichte.

Als Kind hatte Amy miterlebt, wie ihr Vater ihren Zwillingsbruder erstochen hatte. Als ihr kleiner Hund versuchte dazwischenzugehen, erstach ihr Vater auch ihn. Während unserer Sitzung flehte Amys Vater seine Tochter um Vergebung an. Amy weigerte sich, obwohl sie zugeben musste, dass es für ihre eigene geistige Gesundheit besser wäre, wenn sie ihm vergeben könnte.

Plötzlich spürte ich, dass sich eine andere Präsenz meldete, die sich wie Amys Bruder anfühlte. Nachdem ich beschrieben hatte, wie er aussah, bestätigte Amy, dass es sich tatsächlich um ihren verstorbenen Bruder Andy handelte. Andy bat seine Schwester inständig, ihre Wut loszulassen. Schließlich sei er derjenige gewesen, der getötet worden war, erklärte er, und *er* hatte seinem Vater vergeben. Amy erwiderte jedoch, dass sie eher sterben als diese unverzeihliche Tat vergeben würde. Also fragte ich Amy, wie sehr sie bereit war, ihrem Vater zu vergeben, wenn sie es auf einer Skala von eins bis zehn einschätzte, wobei »eins« für »nie und nimmer« stand und »zehn« für »vollständig«. Amy antwortete: »Zwei.« Ich bat den kleinen offenen Teil Amys, sich für die Intervention des Heiligen Geistes zu öffnen, damit sie sich vollständig von ihrer Wut befreien konnte. Amy war einverstanden, diesen kleinen Teil ihres Selbst zu öffnen, und mehr brauchte es nicht. Ich sah, wie ihr Körper erzitterte und sich dann entspannte, als sie einen Großteil ihrer Feindseligkeit losließ.

Als ich später mit ihr sprach, sagte sie mir, dass sie sich nach der Sitzung viel leichter und glücklicher fühlte. Außerdem erzählte sie mir, dass irgendetwas zu Hause sie dazu veranlasst hatte, in die Augen ihres Hundes zu schauen. Darin erkannte sie die Augen ihres früheren Hundes, der aus dem Jenseits zurückgekehrt war, um seine Mission an ihrer Seite zu erfüllen.

Ein anderer Klient, Anthony, war der älteste von sechs Brüdern. In seiner Kindheit und Jugend wurde er von seinem Vater oft schwer geschlagen und verbal misshandelt. Diese Misshandlung machte Anthony zu einem unsicheren und nervösen Menschen, und er suchte mich wegen eines allgemeinen Gefühls von leichter Depression auf. Während unserer Sitzung fühlte ich, wie eine männliche Präsenz hinzukam. Ich wusste aufgrund ihres Schwingungsmusters und der Tatsache, dass sie sich auf Anthonys rechter Seite befand – die rechte Seite repräsentiert bei rechtshändigen Klienten die männliche oder väterliche Seite der Familie –, dass es sich dabei um einen Großvater väterlicherseits handelte. Jedoch konnte ich nicht sagen, ob es Anthonys Großvater, Urgroßvater oder sogar Ururgroßvater war. Also begann ich, seine körperlichen Merkmale zu beschreiben, und Anthony identifizierte den Mann schnell als seinen Großvater väterlicherseits.

Der Großvater sagte, dass er Anthonys Vater misshandelt hatte, als dieser noch ein Kind war, und dass dieser Teufelskreis sich bis in die nächste Generation fortgesetzt hatte. »Es tut mir furchtbar Leid«, sagte der Großvater. »Es ist einzig und allein meine Schuld.« Anthony schluchzte, als er mir erklärte, dass sein Großvater zu Lebzeiten ein Mafiaboss gewesen war, der vielen Menschen großes Leid zugefügt hatte. Diese Sitzung war äußerst emotional, als Anthony und sein Großvater Wut, Bitterkeit und Angst vergaben, die über Generationen weitergegeben worden waren.

Daneben kommunizierte ich auch häufig mit verstorbenen Verwandten, die als »Geistführer« meiner Klienten fungierten. Diese Seelen, die im Jenseits für diese Aufgabe trainiert werden, übernehmen beschützende und leitende Funktionen im Leben ihrer diesseitigen Familienmitglieder. Wir alle haben einen oder mehrere Geistführer, die ständig bei uns sind. Anders als erdgebundene Geister vermitteln Geistführer ihren Schützlingen Energie und Freude. Während erdgebundene Seelen versuchen, unsere Gedanken durch Angst zu kontrollieren, geben Geistführer liebevolle Ratschläge, die den freien Willen der Betroffenen nicht untergraben. Geistführer sind den Engeln ähnlich, abgesehen von der Tatsache, dass sie ein Erdenleben geführt haben.

Ein Großteil meiner Arbeit mit Geistführern beinhaltet das Übermitteln von Botschaften an meine Klienten. Fast immer hat der Klient diese Botschaften seines geistigen Führers schon einmal »gehört«, sie jedoch ignoriert. Wenn ich Botschaften der Geistführer weitergebe, sagen meine Klienten in der Regel: »Ich habe das deutliche Gefühl, dass mein geistiger Führer wollte, dass ich genau das höre.«

Zum Beispiel kam einmal eine Frau namens Maureen zu mir, weil sie an meinem Seminar zum Thema »Lebensaufgabe« teilgenommen hatte und ein hellsichtiges Reading über ihren Lebensweg wünschte. Da mein Seminar in einer Kirche stattgefunden hatte, fragte ich sie, ob sie dort häufig zum Gottesdienst ging oder an spirituellen Seminaren teilnahm. Maureen bejahte und erwähnte dann beiläufig, dass ihre Mutter Predigerin gewesen war. Sofort hörte ich eine Stimme sagen: »Eine methodistische Predigerin«, doch schüttelte ich diesen Gedanken ab. Ich dachte, dass er meiner Fantasie entsprang, da ich zu jener Zeit regelmäßig in eine methodistische Kirche ging. Dann sagte Maureen: »Meine Mutter war eine Methodistenpredigerin, doch sie ist 1985 gestorben.«

Ich fragte Maureen, ob sie jemals die Gegenwart ihrer Mutter fühlte, und sie bestätigte, dass ihre Mutter sie häufig besuchte. Da Maureens Mutter aufgrund ihrer langen Zeit als Predigerin sehr beredt war, ließ ich sie während der Sitzung einfach durch mich sprechen, ohne mich einzumischen. Maureen und ich waren vollkommen fasziniert von der poetischen und kraftvollen Predigt ihrer Mutter aus den himmlischen Gefilden, die erfüllt war von praktischen und wichtigen Ratschlägen bezüglich Maureens Leben. So wie meine anderen Klienten, reagierte auch Maureen auf die Worte ihrer Mutter, indem sie mit dem Kopf nickte und sagte: »Ja, das hört sich genau wie meine Mutter an«, und: »Ich weiß, dass sie Recht hat, und zwar hundertprozentig. Ich werde ihren Rat befolgen, weil ich weiß, dass es das Richtige für mich ist.«

KAPITEL 14

FRIEDEN MIT GOTT

*»Niemals wurde der Geist geboren,
niemals wird der Geist vergehen;
niemals gab es eine Zeit, in der er nicht war;
Anfang und Ende sind nur ein Traum!«*

Bhagavad-Gita,
indischer spiritueller Text

Hay House hatte soeben *Constant Craving* herausgebracht, und zum ersten Mal war ich wirklich glücklich über eins meiner Bücher. Mit Ausnahme von *Losing Your Pounds of Pain* hatten meine früheren Bücher nie wirklich die tiefste Wahrheit ausgedrückt, über die ich eigentlich schreiben wollte. Dieses Mal reflektierte mein Buch jedoch den Auftrag, über »die Verbindung zwischen Seele und Körper« zu lehren, den ich während des außerkörperlichen Erlebnisses in meiner Kindheit vernommen hatte.

Kristina Reece, die Pressesprecherin von Hay House, sorgte dafür, dass ich zu mehreren Fernsehtalkshows eingeladen wurde, um über *Constant Craving* zu sprechen. Nach meinen Erfahrungen mit den Diskussionen über Esssucht ging ich davon aus, dass die Moderatoren mich bitten würden, Gästen aus dem Publikum und Anrufern ihr jeweiliges Verlangen nach bestimmten Nahrungsmitteln zu interpretieren. Das war kein Problem für mich, da ich das bei meinen Klienten seit beinahe zehn Jahren tat. Ich kannte die psychoaktiven Inhaltsstoffe von Hunderten von Nahrungsmitteln auswendig. Wenn mir jemand also beispielsweise sagte, dass er ein unstillbares Verlangen nach Erdnusseis hatte, wusste ich, dass er ein Bedürfnis nach Cholin und Pyrazin verspürte, zwei Substanzen, die antidepressiv wirken und das Lustzentrum im Gehirn stimulieren. Damit war klar, dass der oder die Betreffende sich deprimiert fühlte, weil es nicht genug Freude in seinem Leben gab.

Während der Talkshows stellte ich jedoch überrascht fest, dass meine Interpretationen aufgrund meiner weit offenen Chakren inzwischen merklich anders waren. Sie enthielten jetzt auch spezifische Einzelheiten über die berufliche Laufbahn des Anfragers, über sein Liebesleben und seine Gesundheit. Meine hellsichtigen Fähigkeiten hatten sich mit meinem Wissen über die Bedeutung des Verlangens nach bestimmten Nahrungsmitteln verbunden, und das Resultat war, dass ich nun während der Sendung hellsichtige Readings gab. Während jeder Talkshow waren irgendwann die Telefonleitungen überlastet, weil so viele Menschen anriefen, und nach den Sendungen baten sogar viele Mitarbeiter der Produktion um private hellsichtige Readings.

Als ich nach Kalifornien zurückkehrte, beschloss ich, Rose zu besuchen, die Lehrerin meines Mediumkurses, und verabredete mich mit ihr für den Nachmittag des 15. Juli 1995. Während ich mich für meinen Besuch bei Rose fertig machte, hörte ich rechts von mir deutlich eine Stimme sagen: »Doreen, mach besser das Verdeck deines Wagens zu, oder er wird gestohlen.«

Die Stimme war dieselbe, die ich schon ein- oder zweimal vorher in meinem Leben gehört hatte. Es war die männliche Stimme, die während meines außerkörperlichen Erlebnisses als Kind gesprochen hatte und später wieder, als sie mich anwies, mit dem Trinken aufzuhören und mich mit dem *Kurs in Wundern* zu beschäftigen. Die Stimme bezog sich auf mein Cabrio, ein unauffälliges Auto, solange das schwarze Verdeck geschlossen ist. Doch wenn es offen ist, wirkt das weiße Polster zusammen mit der weißen Farbe des Wagens besonders attraktiv. Momentan stand der Wagen mit geöffnetem Verdeck in der Garage.

Ich ignorierte die Stimme und dachte: »Ich habe jetzt keine Zeit, das Verdeck zu schließen; ich bin sowieso schon spät dran.« Die Stimme meldete sich wieder, immer noch rechts außen von mir: »Dann bitte Grant, es zu schließen.« Ich fühlte mich irritiert darüber, dass sie mich nicht in Ruhe lassen wollte. Mental erwiderte ich: »Auch das würde mindestens zehn Minuten dauern, und ich habe nicht so viel Zeit!« Die Stimme wiederholte noch einmal, ich solle das Verdeck zumachen, doch hartnäckig ignorierte ich sie.

Ich bezweifelte nicht die Gültigkeit der Warnung, die mir die Stimme gegeben hatte, und dachte, dass wohl jemand versuchen würde, mein Auto zu stehlen, während ich bei Rose war. Ich ließ mich von diesem Gedanken jedoch nicht weiter stören. Ich ging davon aus, dass meine Großmutter Pearl mich warnen würde, sollte jemand tatsächlich mein Auto stehlen wollen. Ich stellte mir vor, dass ihre Warnung mir genug Zeit geben würde, hinauszurennen und die potenziellen Diebe zu verjagen. Außerdem besaß der Wagen eine Alarmanlage, die losgehen würde, sobald ihn jemand berührte.

Zu der Zeit hatte ich nur eine Haftpflichtversicherung für mein Auto, da es vollständig abbezahlt war. Wenn es also tatsächlich gestohlen würde, hätte ich keinerlei Ersatzansprüche. Jedoch wusste ich irgendwie, dass ich sicher und beschützt war. Während ich auf dem Weg zu Rose war, hörte ich mir *Ein Kurs in Wundern* auf Kassette an. Ein bestimmter Satz erregte meine Aufmerksamkeit: *»Gott hilft nicht, da er keine Bedürfnisse kennt. Doch er erschafft alle Helfer seines Sohnes [des Menschen], solange dieser glaubt, seine Fantasien seien wahr.«* Mit anderen Worten: Da Gott nur Liebe ist, sieht er nichts als Liebe. Er weiß nichts von den Albträumen und Illusionen unseres Egos. Daher sieht er keine Notwendigkeit, in unserem Leben zu intervenieren, da aus seiner Sicht in unserem Leben nichts falsch läuft. Unsere Hilfe kommt aus Gottes Schöpfung – von den Engeln, den aufgestiegenen Meistern und unseren Brüdern und Schwestern, die die Illusion von Problemen sehen, genau wie wir.

Im nächsten Augenblick bog ich auf den Lincoln Boulevard in Anaheim ein und spürte plötzlich eine fremde Energie, die sich über mein Auto ergoss. Die Energie fühlte sich dicht, zornig und angsterfüllt an. Ich spürte, dass jemand mit unehrlichen Absichten mein Auto »ausgemacht« hatte, und beobachtete meine Umgebung nun besonders wachsam. Ich bog auf einen großen Parkplatz neben dem Gebäude ein, in dem ich mich mit Rose treffen wollte. Bevor ich aus dem Auto stieg, visualisierte ich, dass es vom weißen Licht göttlicher Liebe umhüllt war. Dann nahm ich die sechs oder sieben Bücher über Spiritualität, die auf dem Rücksitz lagen, und legte sie nebeneinander auf das Armaturenbrett. Ich spürte die Unvermeidlichkeit dessen, was passieren würde, doch gleichzeitig war ich innerlich sicher, dass alles gut ausgehen würde.

Als ich aus dem Wagen stieg und mich gerade aufrichten wollte, hörte ich die Stimme eines Mannes hinter mir, der brüllte: »Keine Bewegung! Drehen Sie sich ganz langsam um und geben Sie mir die Autoschlüssel. Sofort!« Ich wirbelte herum und sah einen nicht sehr großen, muskulösen jungen Mann, der mich böse anstarrte. Der Augenblick fühlte sich völlig surreal an und verlief wie in Zeitlupe, während ich in meinem Inneren verzweifelt nach einer Lösung suchte. Dabei bat ich mental um geistige Hilfe und Intervention. Inzwischen hatte ich das Gefühl, dass ich dem Mann die Autoschlüssel nicht geben sollte. Stattdessen sagte mir mein Instinkt, ich solle so laut wie möglich schreien, und das tat ich auch!

Genau wie in meinem Traum viele Jahre zuvor, in dem ich einen Einbrecher mit lauten Schreien in die Flucht gejagt hatte, wurden die Augen des Möchtegernautodiebs groß vor Überaschung und Schreck über meine Selbstsicherheit. Während ich weiterschrie, sah ich, wie die Entschlossenheit des Mannes sich langsam auflöste und zu Angst wurde. Außerdem bemerkte ich seinen Partner, der ein paar Meter weiter in einem Auto mit laufendem Motor wartete und sich nervös nach Zeugen für ihr verbrecherisches Tun umschaute. Der Mann wandte seine Aufmerksamkeit nun von meinem Wagen meiner Handtasche zu und riss an den Griffen. Ich fühlte mich außerordentlich stark, so als würden mir tausend Engel zu Hilfe kommen. Ich schrie ihn an, dass er meine Handtasche auch nicht bekommen würde.

In diesem Moment griff ein menschlicher Engel ein. Eine Frau, die auf dem Parkplatz in ihrem Auto saß, merkte, was da vor sich ging. Sie drückte auf ihre Hupe, was wiederum die Aufmerksamkeit der Menschen in dem angrenzenden Gebäude erregte. Als die ersten Leute nach draußen kamen, um zu sehen, was das für ein Lärm war, machten sich die Möchtegerndiebe aus dem Staub.

Völlig aufgewühlt dankte ich meinen menschlichen und himmlischen Engeln, dass sie mich beschützt hatten. Dann klappte ich das Verdeck meines Wagens zu und fuhr weg.

Als ich zu Hause ankam, rief ich zwei Gebetsgruppen sowie meine Eltern und einige meiner spirituell orientierten Freundinnen an. Ich bat um unterstützende Gebete, um mir zu helfen, meinen beiden Angreifern zu verzeihen. Ich machte mir Sorgen, dass ich aufgrund dieses Erlebnisses Bitterkeit und Angst mit mir herumschleppen könnte, was mir meinen inneren Frieden rauben würde – ein wesentlich wertvollerer Besitz als irgendein Auto oder eine Handtasche. Ich hatte viel Zeit und Mühe investiert, um mich von alten Schuldvorwürfen zu befreien, und ich wollte nicht erneut ein Leben voll innerer Bitterkeit führen. Das hätte auch meine neu gefundenen übersinnlichen Fähigkeiten zerstört, da Bitterkeit das dritte Auge und das Kronenchakra wie ein schwerer Vorhang verdeckt. Ich wusste jedoch, dass ich mithilfe unterstützender Gebete meinen Zorn und meine Bitterkeit gegenüber diesen beiden Männern vollständig loslassen konnte.

Außerdem bemühte ich mich herauszufinden, warum ich die Situation überhaupt angezogen hatte. Ich stellte fest, dass ich nicht auf meine höchste Weisheit gehört, sondern ihre liebevolle Führung immer wieder vollkommen ignoriert hatte, zuletzt die Warnung, mein Autoverdeck hochzuklappen. Ich fragte mich: »Warum habe ich wiederholt gegen die Führung der Stimme rebelliert?« Sie war immer richtig gewesen, doch jedes Mal, wenn ich sie hörte, hatte ich ihre Weisheit erst nach vielen Schwierigkeiten akzeptiert.

Diese dramatische Episode flößte mir einen neuen Respekt für geistige Führung ein. Die Stimme hatte *gewusst*, was mir bevorstand, und mit einer direkten Warnung interveniert. Ich betete um Hilfe, damit ich den Teil meiner selbst aufgeben konnte, der noch immer dagegen rebellierte, Gottes Willen zu befolgen. Mir war klar, dass ich mich wie ein Teenager aufführte, der sich der liebevollen Weisheit seiner Eltern widersetzt, doch war ich noch nicht bereit, darauf zu vertrauen, dass das, was Gott für mich wollte, mit dem übereinstimmte, was ich dachte, dass ich selbst für mich wollte.

Inzwischen weiß ich, dass Gott immer laut zu mir sprach, selbst wenn ich nicht hinhörte. Rückblickend erkenne ich, dass Gott meine Interviews mit spirituell orientierten Autoren arrangiert hat, um mich aufzuwecken. Bonnie Krueger und Martha Carlson, die Redakteurinnen von *Complete Woman*, gaben mir immer wieder Aufträge. Und jedes Mal wurden mir wertvolle Einsichten zuteil, die mich auf meinem spirituellen Weg weiterbrachten.

Zum Beispiel lernte ich von Dannion Brinkley, dem Autor von *Zurück ins Leben*, über den Lebensrückblick nach dem Tod.[1] Dabei handelt es sich um einen Prozess, der unmittelbar nach dem Eintreten des Todes erfolgt und durch den wir die Wirkung erkennen, die wir auf jeden Menschen ausgeübt haben, dem wir in unserem Leben begegnet sind oder den wir irgendwie beeinflusst haben. Während unseres Lebensrückblicks werden wir jeweils zu der anderen Person und fühlen ihre Emotionen, als wären es unsere eigenen. Wenn wir also einem Menschen Schmerz zugefügt haben, erleben wir diesen Schmerz als unseren eigenen. Und wenn wir jemandem Freude bereitet haben, empfinden wir diese Freude als unsere eigene. Dannion inspirierte mich dazu, meine Bemühungen zu verdoppeln und jedem Menschen, dem ich begegne, Freundlichkeit entgegenzubringen. Außerdem lehrte er mich, wie wichtig es ist, tief zu atmen. »Auf diese Weise übermittelt uns die geistige Welt Informationen«, erklärte er. Auch war es eine Wonne für mich, mit seiner verstorbenen Mutter zu sprechen, die als Dannions Geistführer fungiert. Sie hat einen sehr ausgeprägten Sinn für Humor, eine Gabe, die ihr Sohn zweifelsohne geerbt hat.

Ein anderes Mal gab *Complete Woman* mir den Auftrag, Denise Brown zu interviewen, die Schwester der ermordeten Nicole Brown Simpson. Obwohl ich es normalerweise vermeide, mir im Fernsehen Nachrichten anzuschauen, hatte ich mir zusammen mit Michael die abschließenden Plädoyers im Prozess gegen O. J. Simpson angesehen. »Schau mal, da ist Nicole!«, rief ich ihm plötzlich zu. Ich sah deutlich, wie sie auf einer Zuschauerbank im Gerichtssaal saß. Ihr Gesicht war zornig gerötet, während sie auf Simpson deutete und schrie, dass er schuldig war. Nicole versuchte verzweifelt, die Aufmerksamkeit der Menschen im Gerichtssaal zu wecken, und war völlig außer sich vor Frustration und Zorn, weil diese ihr Rufen nicht hören konnten.

Als ich einige Monate später Denise Brown interviewte, war Nicole mit uns im Raum. Ihre Gegenwart fühlte sich an, als hätte sie mit der Situation Frieden geschlossen, denn sie strahlte eine Kraft aus, wie sie nur von jemandem kommt, der seine Fähigkeit zu vergeben entdeckt hat. Ich fragte Denise, ob sie sich der Anwesenheit Nicoles bewusst war, und sie erzählte mir von verschiedenen Gelegenheiten, bei denen Nicole zu ihr gekommen war und ihr Ratschläge gegeben hatte. Denise vertraute mir an, dass sie fest an ein Leben nach dem Tod glaubte und dass sie davon ausging, im Jenseits wieder mit ihrer Schwester vereint zu sein.

Ein anderer Auftrag schien zunächst nicht sehr spirituell orientiert zu sein. Martha Carlson bat mich, die Autorin eines neuen Buches über Doris Duke zu interviewen, Erbin des Vermögens von American Tobacco. Doris war eine der reichsten Frauen der Welt, hoch gewachsen, schlank, blond und attraktiv. Darüber hinaus war sie eine nimmermüde Philanthropin, die viele Millionen Dollar für wohltätige Zwecke stiftete. Obwohl Doris alles zu haben schien, was ein Mensch sich nur wünschen kann, war sie ihr Leben lang einsam und unglücklich. Während meiner Recherchen entdeckte ich den Grund dafür: Ihr Vater hatte Doris schon als Kind beigebracht, niemals einem anderen Menschen zu vertrauen. Wenn wir jedoch anderen nicht vertrauen, dann können wir automatisch auch uns selbst nicht vertrauen!

Die Interviews über Doris Duke unterstrichen wieder einmal, wie wichtig es ist, seine Gedanken über andere Menschen immer im Auge zu behalten – etwas, was ich bei meiner hellsichtigen und spirituellen Arbeit schon öfter gelernt hatte. Jeder spirituelle Text, den ich las, betonte, dass die Art und Weise, wie wir über andere denken, sich umgehend auf die Art und Weise auswirkt, wie wir über uns selbst denken. Als ich während dieser Zeit eines Abends einen Artikel fertig schrieb, klingelte das Telefon. Als ich den Hörer abnahm und realisierte, dass es sich um eine Telefonverkäuferin handelte, war ich wütend über die Unterbrechung. Ich machte ein paar unhöfliche Bemerkungen und schmiss den Hörer regelrecht auf die Gabel. Ein paar Augenblicke später wurde mir bewusst, dass ich mich absolut miserabel fühlte. Also hielt ich mit dem Schreiben inne, schloss die Augen und fragte mich: »Was hat das zu bedeuten?«

Die Antwort, die ich erhielt, verblüffte mich. »Du und die Telefonverkäuferin seid eins. Die Art, wie du sie behandelst und über sie denkst, zeigt, wie du über dich selbst denkst.« Danach begann ich bewusst daran zu arbeiten, andere mit dem gleichen Respekt zu sehen und zu behandeln, den ich mir gegenüber spüren wollte. Diese Lektion erweckte für mich die wahre Essenz des zweiten Gebots zum Leben, nämlich: »Liebe deinen Nächsten wie dich selbst.« Das Wort *Gebot* hatte mich immer gestört, da es nach einer Autorität klang, die mich zu kontrollieren versuchte. Nun begann ich zu verstehen, dass »Regel für ein glückliches Leben« eine bessere Umschreibung für den Begriff »Gebot« wäre.

Langsam erkannte ich, welch tief sitzende Angst ich davor

hatte, Gott zu vertrauen. Ich fürchtete, dass sein Wille für mich bedeutete, ein verarmtes Leben in Elend und Not zu führen. Außerdem stellte ich fest, dass meine Klienten und Freunde mit dem gleichen Misstrauen zu kämpfen hatten.

Laut *Ein Kurs in Wundern* und anderen esoterischen Texten inkarnierten wir Menschen uns in dem Augenblick auf der Erde, in dem wir beschlossen, uns von Gott zu trennen, da wir seiner Weisheit nicht vertrauten. Wir trafen praktisch die Entscheidung, von zu Hause wegzulaufen und unser eigenes Nest zu bauen, wo wir allein die Kontrolle hatten. Jedoch können wir die Erinnerung oder das Wissen um Gottes Liebe nicht zerstören. Unaufhörlich sind wir auf unserer irdischen Ebene bemüht, wieder die Erfahrung zu machen, vollkommen geliebt zu werden. Daher suchen wir die Gesellschaft von Menschen, die glücklich zu sein scheinen, in dem Glauben, dass sie den Schlüssel haben, von dem wir wissen, dass er irgendwo existiert. Diese Jagd nach dem Glück führt jedoch immer zu Enttäuschungen, da jede irdische Erfahrung im Vergleich zu unseren Erinnerungen an die Vereinigung mit Gott unweigerlich verblasst.

Tief in unserem Inneren haben wir vielleicht auch Angst oder fühlen uns schuldig, unseren Schöpfer verlassen zu haben. Manchmal fühlen wir uns von ihm verlassen oder fürchten, dass er uns finden und dafür bestrafen wird, dass wir weggelaufen sind. Außerdem haben wir Angst vor seinem Urteil, da ein Teil unseres Bewusstseins weiß, dass es etwas Größeres gibt als unser Ego.

Glücklicherweise ist es unmöglich, Gott zu verlassen, daher ist unsere Trennung von ihm nichts anderes als ein extrem realistischer Albtraum. Das Ego und seine Wahrnehmung der Welt sind nur Träume, während unser wahres Selbst zu Hause bei Gott weilt. Unser wahres Selbst und Gott wissen nicht einmal um das Ego, da wahres Bewusstsein nur von Liebe erfüllt ist.

Das Ego ist sich vage bewusst, dass etwas existiert, das größer ist als es selbst. Das Ego glaubt, dass dieses »Etwas« –

Gott und das wahre Selbst – es nicht anerkennen, weil sie denken, sie seien besser als das Ego. Während unseres ganzen Lebens wiederholen wir immer wieder diese projizierte Ablehnung. Ich persönlich habe ohne Frage viele Szenarios geschaffen, bei denen ich mir vorstellte, dass andere mich verurteilen, sich über mich lustig machen und mich ablehnen. Dann passte ich mein Verhalten meiner Wahrnehmung an und erzeugte auf diese Weise sich selbst erfüllende Prophezeiungen. Beinahe jedes menschliche Drama hat seine Wurzeln in der kontinuierlichen Wiederholung der ursprünglichen Trennung des Egos von Gott.

Gott sei Dank ist das Ganze nur ein Albtraum, aus dem wir jeden Augenblick erwachen können! Ich begriff diese Tatsache während einer dunklen Nacht der Seele, die mir half zu verstehen, dass Gott, ich und wir alle auf ewig miteinander verbunden und eins sind.

Es passierte, als ich mit einer Freundin in einem Buchladen war. Ich schaute mir gerade das Regal mit den Neuerscheinungen an und war entrüstet darüber, dass keines meiner neuen Bücher dabei war. Intellektuell wusste ich, dass Verlage Geld dafür bezahlen, dass ihre Bücher auf den vorderen Regalen ausgestellt werden, und dass mein Verlag sein Werbebudget offensichtlich in andere Bücher investierte. Doch emotional fühlte ich mich wie ein Kind, das eifersüchtig war, weil seine Geschwister bessere Geschenke bekommen hatten.

Ich begann mich bei meiner Freundin darüber zu beschweren, dass meine Bücher weitgehend unbekannt waren. Es schien mir nicht fair, dass andere Autoren, die über ähnliche Themen schrieben wie ich, viel mehr Publicity bekamen. Um mich zu trösten, sagte meine Freundin unschuldig: »Vielleicht ist es Gottes Wille.«

Ihre Worte berührten einen wunden Punkt in mir, und innerlich kochte ich vor Wut. Als ich später am Abend allein in meinem Schlafzimmer war, weinte ich heiße Tränen des Zorns. Wenn Gott den Erfolg meiner Bücher blockierte, entschied ich, dann wollte ich nichts mehr mit ihm zu tun haben. Ich war rasend vor Wut, dass er ein solch böser Vater war und sich weigerte, mich zu unterstützen. »Ich werde in ein anderes Universum gehen, in dem Gott nicht die Kontrolle hat!«, weinte ich trotzig. Und ich meinte es auch so. Ich hatte absolut vor, Gott zu verlassen, damit nur ich und niemand anders mein Leben kontrollierte.

Das einzige Problem war, dass mir beim besten Willen nicht einfallen wollte, wohin ich gehen könnte, ohne dass Gott schon da war. Stundenlang dachte ich darüber nach, wie ich Gott und seinem Willen entfliehen könnte. Schließlich musste ich die Erkenntnis akzeptieren, dass Gott *überall* war. Es gab keinen Ort, an den ich gehen konnte, an dem Gott nicht war. Und auch Gottes Wille war überall. Ich konnte sterben oder das Bewusstsein verlieren, und Gott wäre noch immer da, wo ich war, denn es gab keine Möglichkeit, ihm zu entkommen. Zunächst machte mich diese Erkenntnis noch wütender, und ich fühlte mich gefangen, wie ein Mensch, der in einem viel zu engen, übervölkerten Quartier lebt.

Ich weinte, bis ich erschöpft war. Endlich ruhiger geworden, dachte ich etwas objektiver über mein Dilemma nach. Wenn Gottes Wille überall war, dann bedeutete dies eine Überschneidung zwischen meinem eigenen Willen und dem Willen Gottes. Die logische Schlussfolgerung kam wie ein Blitzschlag: »Gottes Wille und mein Wille sind nicht trennbar. Unser beider Willen ist eins!« Ich lachte vor Erleichterung und eine große Last fiel mir von den Schultern, als ich begriff, dass ich mich nicht vor Gottes Willen fürchten musste. Schließlich waren Gottes Wille und mein Wille ein und dasselbe. Mit dieser Erkenntnis schlief ich ein, in dem Wissen, dass mein Kampf gegen Gott endlich vorbei war.

Einen Monat später interviewte ich Betty Eadie während einer Buchtour für ihr neuestes Buch *The Awakening Heart*. So viel war passiert, seit ich das erste Mal mit Betty gesprochen hatte! Ich war jetzt so viel glücklicher, lebendiger und freier als vorher. Betty sagte, dass sie sich an unser erstes Interview erinnerte, und dankte mir für den Artikel, den ich über ihr Buch geschrieben hatte.

»Soweit ich weiß, hatte Ihr Artikel über mein Buch *Sag ihnen, dass ich lebe* eine sehr positive Wirkung«, sagte Betty, wobei sie mir erklärte, dass alles, was wir denken, sagen oder tun, mit einem Stein vergleichbar ist, den man in einen Teich wirft. Unsere Handlungen erzeugen Wellen, die weit reichende Wirkungen auf viele Menschen haben, und wir müssen darauf achten, nur liebevolle Steine in den Teich des Lebens zu werfen.

Betty sprach darüber, dass auch sie eine dunkle Nacht der Seele durchlebt hatte, in der sie Gott konfrontierte. Auch ihr hatte diese Konfrontation geholfen zu erkennen, dass Gott uns liebt und immer bei uns ist. Offensichtlich ist dieser Kampf eine universelle menschliche Erfahrung, die wir machen müssen, bevor wir Frieden mit Gott und unserem höheren Selbst schließen können. Erst wenn wir unsere tief sitzende Wut oder unser Misstrauen gegenüber Gott zugeben, können wir diese Gefühle endlich ganz loslassen. Und erst dann sind wir in der Lage, in wahrer Selbsterkenntnis zentriert zu bleiben.

Gegen Ende unseres Interviews sprach Betty über ihr tiefes Vertrauen in Gottes Führung. Ich fragte: »Sie haben geschrieben, dass Sie ›die Augen für Türen offen halten‹. Wie können wir die Türen bemerken und erkennen, die sich für uns öffnen?«

Betty erwiderte: »Diese Türen tauchen überall und zu jeder Zeit auf. Das ist ein Grund, warum ich jeden Tag aufgeregt und neugierig erwache, weil ich weiß, dass Gott Dinge für mich zu tun hat und dass es diese offenen Türen gibt. Ich muss sie nur erkennen. Wenn sich Gelegenheiten bieten, dann sind das keine Zufälle, sondern die Türen, die sich für uns öffnen. Dann ist es eine Sache des Vertrauens in uns selbst und in Gott, daran zu glauben und den nächsten Schritt zu tun.«

Dann bat ich sie, eine Frage zu klären, die mir in letzter Zeit öfter gekommen war: »Manchmal tauchen Dinge in unserem Leben auf, die in Wirklichkeit Umwege sind und uns von unserem Weg abbringen. Wie können wir wissen, ob es sich um eine Tür oder einen Umweg handelt?«

Betty antwortete: »Wenn es ein Umweg ist, ist es in der Regel etwas, das Sie tun *wollen*, und nicht etwas, zu dem Ihre *Sehnsucht* Sie hinzieht. Sie müssen herausfinden, ob Ihre Motive auf dem Ego oder der Liebe basieren. Falls das Ego Sie motiviert, dann ist die Möglichkeit groß, dass es nicht die richtige Tür für Sie ist und der Weg in einer Sackgasse endet.«

KAPITEL 15

WUNDER DES EINSSEINS

*»Wie die Biene, die von verschiedenen Blüten
den Honig einsammelt, übernimmt der Weise die Essenz
der verschiedenen heiligen Schriften und sieht nur das Gute
in allen Religionen.«*

Srimad Bhagavatam,
spiritueller hinduistischer Text

Bevor ich mein Interview mit Betty Eadie beendete, brachte ich noch ein anderes Thema zur Sprache, das mir auf dem Herzen lag: das Christentum und sein Verhältnis zu mystischen Erfahrungen. Durch mein Studium des *Kurs in Wundern* und der Bibel sowie durch meine Meditationen und meine spirituelle Heilungsarbeit hatte ich eine sehr tiefe und enge Verbindung zu Jesus Christus entwickelt. Ich besuchte weiter verschiedene traditionelle und nichttraditionelle Kirchen und stellte fest, dass jede mir etwas Wertvolles anbot, dass jedoch keine von ihnen meinen tiefsten Überzeugungen vollkommen entsprach. Ich hatte meinen eigenen persönlichen Glauben entwickelt, der Christentum, östliche Philosophie, Metaphysik und meine eigenen Lebenserfahrungen miteinander verband. Als persönliches Symbol meines Glaubens trug ich häufig eine Halskette mit einem Kreuz aus Kristall. Der Kristall symbolisierte für mich reines Einssein und Mystizismus, und das Kreuz repräsentierte meine Dankbarkeit für Jesus und seine Lehren.

Genau wie ich, so definiert auch Betty das Christentum als Liebe und Achtung für Jesus Christus als Person und Lehrer. Aufgrund dieser Definition sieht sie sich selbst als Christin. Nach der Veröffentlichung ihres Buches *Licht am Ende des Lebens* demonstrierten einige fundamentalistische christliche Organisationen bei ihren Seminaren. Man verhöhnte sie mit

Rufen und Plakaten, auf denen stand: »Welchem Jesus bist du eigentlich begegnet, Betty?«

Die Protestierenden bezogen sich auf die biblische Prophezeiung über Betrüger, die sich zu Beginn der Apokalypse als Christus ausgeben würden. Sie fürchteten, dass Betty während ihres Nahtoderlebnisses, bei dem sie Jesus begegnet war und Zeit mit ihm verbracht hatte, in Wahrheit den falschen Jesus, den Antichrist, getroffen hatte. Daher verfolgten sie sie wütend mit Worten und Plakaten.

Betty sagte mir, dass sie innerlich mit ihren Verfolgern Frieden geschlossen habe und sie weder fürchtete noch verurteilte. Wir entdeckten, dass wir beide zu dem Schluss gekommen waren, dass es keine bestimmte »richtige« Religion gibt, sondern dass alle Glaubensrichtungen Ähnlichkeiten aufweisen, so etwas wie einen roten Faden, der sie miteinander verbindet. Dieser rote Faden, kamen wir beide überein, war die tiefe Sehnsucht nach der Liebe unseres göttlichen Schöpfers.

Betty sagte weiter, dass sie den Protestierenden liebevolle Gedanken schickte, statt mit Angst oder Zorn zu reagieren. Sie glaubt, dass wir unsere scheinbaren religiösen Differenzen durch solch bewusste Gedanken der Liebe heilen können. Ihre Worte sind wichtige Hinweise für Lichtarbeiter, da immer die Gefahr besteht, dass uns von Menschen, die unsere Motive fürchten oder missverstehen, Widerstand entgegengebracht wird. Wir sollten auf diese Ängste ausschließlich mit Liebe reagieren, denn sonst verleihen wir ihnen nur Wahrheit und Macht.

Der Antichrist ist das Ego im Inneren jedes Einzelnen von uns. So oft gibt das Ego vor, das wahre Selbst oder die »Christuspräsenz« zu sein. Ich persönlich glaube, dass Jesus genau das meinte, als er seine Jünger ermahnte, sich vor Betrügern zu hüten. Das Ego gibt sich als unser höheres Selbst aus, um uns zu täuschen. Es tut so, als würde es meditieren, und äußert wunderbare Worte des Einsseins. Doch wir wissen, dass es sich um das Ego handelt, wenn wir dabei unglücklich, verbittert, eifersüchtig oder ängstlich sind, wenn wir in Konkurrenzdenken gefangen und angespannt sind oder glauben, dass wir anderen überlegen seien. Immer dann, wenn wir nicht im inneren Frieden sind, befinden wir uns in einem Ego-Zustand.

Kurz nach meinem Interview mit Betty hatte ich ein Erlebnis, das mir die Bedeutung unseres Gesprächs über Einssein noch einmal besonders verdeutlichte. Ich ging nach einem langen Arbeitstag mit vielen Beratungen am Strand in der Nähe meines Hauses in Newport Beach spazieren. Als ich mich einer Reihe von Felsen näherte, bemerkte ich ein kleines braunes Tier. Ich sah, dass es sich um einen jungen Seehund handelte und dass irgendetwas mit ihm nicht in Ordnung war.

Ich setzte mich neben das Robbenbaby in den Sand. Mithilfe seiner Flossen robbte es näher an mich heran. Das Atmen schien dem kleinen Kerl furchtbar schwer zu fallen, und ich spürte seine Erschöpfung und Angst. Ich erinnerte mich, dass auf einer schwimmenden Plattform am Ende der Felsen eine große Gruppe von Seehunden lebte. Das Baby musste von seiner Mutter getrennt und dann ans Ufer gespült worden sein. Intuitiv hielt ich meine Hände über den kleinen Seehund, ohne ihn zu berühren, und visualisierte, wie Christusenergie durch mein Kronenchakra in meine Fingerspitzen und in seinen kleinen Körper floss. Ich betete darum, dass Jesus und die Engel ihm helfen würden.

In diesem Augenblick kam jemand vom Strandaufsichtspersonal dazu. Mit lauter Stimme und abrupten Bewegungen erklärte er, dass er bereits dafür gesorgt hätte, dass der kleine Seehund in eine Art Tierheim für gestrandete Meerestiere in der nächsten Stadt gebracht wurde. Während der Mann sprach, zog sich das Robbenbaby unter eine nahe Steinformation zurück, um dort Schutz zu suchen. Die intensive, angstvolle Energie des Mannes erschreckte das Tier offensichtlich. Der Mann zog ein Stethoskop aus der Jackentasche und versuchte es auf die Brust des Robbenbabys zu legen. Das Tier zischte und bellte jedoch und drohte ihn zu beißen. Verlegen ging er schließlich weg und murmelte, dass er nach dem Fahrer Ausschau halten würde, der den Seehund abholen sollte.

Mir war klar, dass etwas geschehen musste. Wenn das Tierheim das Robbenbaby abholen und wegbringen würde, hatte es so gut wie keine Chance, wieder mit seiner Mutter zusammenzutreffen. Ich betete inständig darum, dass Jesus Hilfe schicken möge, und zwar schnell! Während ich betete, robbte der kleine Seehund wieder an meine Seite, und ich fuhr fort, ihm durch meine Fingerspitzen heilendes Licht zu senden.

Als ich meine Augen öffnete, sah ich einen jungen Mann, der sich langsam dem Robbenbaby und mir näherte. Der Mann lächelte mir zu, als er sich vorsichtig neben uns setzte. Der Seehund blieb friedlich an meiner Seite liegen. Ich erklärte dem jungen Mann die Situation, und er verstand sofort, dass wir ein Wunder brauchten, um das Robbenbaby wieder mit seiner Mutter zu vereinen, bevor der Rettungswagen des Tierheims ankam. Als gläubiger Mensch war er sofort bereit, mit mir gemeinsam zu beten.

Der junge Mann bemerkte die Position meiner Hände, während ich betete. Ich sandte dem Robbenbaby noch immer heilende Energie durch meine Fingerspitzen, und er fragte: »Nehmen Sie gerade eine Art spiritueller Heilbehandlung vor?« Als ich seine Frage bejahte, erklärte er, dass seine Mutter sich mit ganzheitlichen Heilmethoden beschäftigte und er daher wusste, was ich machte. Während wir weiter beteten, fragte der junge Mann plötzlich: »Sind Sie sicher, dass Sie auch zum wahren Jesus beten?« Er blickte mich mit einer Kombination aus ängstlichem Vorurteil und mitfühlender Besorgnis an.

Ich berührte das Kristallkreuz an meinem Hals und lächelte ihn beruhigend an: »Ja, ich bin ganz sicher, dass ich zu dem richtigen Jesus spreche.«

Der junge Mann lächelte erleichtert zurück und sagte: »Ich nehme an, es stimmt, dass immer dann, wenn zwei oder mehr Menschen sich in seinem Namen versammeln, Wunder geschehen können.«

Ich stimmte ihm zu, und wir nahmen unser gemeinsames Beten wieder auf. Wir merkten, dass die Zeit knapp wurde, da der Fahrer vom Tierschutz sicher schon auf dem Weg war, um den kleinen Seehund abzuholen. Dann ließ uns ein Geräusch zu unserer Linken plötzlich aufschauen. Auf den Felsen stand ein Mann mit wehenden, langen grauen Haaren. Ein blendend weißes Licht erstrahlte um ihn, was es schwierig machte, seine Gesichtszüge zu erkennen. Der Mann kletterte rasch die Felsen herunter. Er schaute weder mich noch den jungen Mann neben mir an und sagte kein Wort. Wir sahen ihm schweigend zu, während er sich geschickt der Situation annahm. Er holte ein langes Stück Seegras und kitzelte den Bauch des Seehundbabys. Das Tier protestierte, doch gleichzeitig robbte es ein paar Zentimeter näher an den Strand.

Mein junger Gefährte hob die Hände, als wollte er die Handlungen des älteren Mannes infrage stellen, doch ich stoppte ihn und sagte: »Keine Sorge. Das ist genau das Wunder, um das wir gebetet haben.«

Der alte Mann fuhr fort, den kleinen Seehund zu kitzeln, der dabei langsam immer näher auf das Wasser zurobbte. Innerhalb weniger Minuten hatte der Mann das kleine Tier zurück ins Wasser gelockt. Nachdem seine Aufgabe beendet war, ging er weg, ohne uns anzuschauen oder etwas zu sagen. Der junge Mann und ich seufzten erleichtert, als wir sahen, dass der kleine Seehund in Richtung der schwimmenden Plattform schwamm. Fünf Minuten später kam der Wagen vom Tierschutz an, doch der Seehund war nicht mehr zu sehen. Wir beide stimmten überein, dass wir Zeugen eines Wunders geworden waren. Dann lief ich dem alten Mann nach, um ihm für seine Hilfe zu danken, doch er tat meine Worte nur mit einem Achselzucken ab. Stattdessen winkte er mir lächelnd zu, als wollte er sagen: »Geh in Frieden.«

Mein Leben wurde *tatsächlich* immer friedvoller, während ich lernte, mehr und mehr in meinem wahren Selbst zentriert zu bleiben. Ich fürchtete mich nicht mehr davor, über meine spirituellen Überzeugungen und Erfahrungen zu sprechen oder zu schreiben, und auch das trug zu meinem inneren Frieden bei. Außerdem meditierte ich weiterhin zweimal täglich und stellte fest, dass das besonders wirkungsvoll war, wenn ich mich dabei in der Natur aufhielt.

Am Tag vor meinem Geburtstag gingen Michael und ich nachmittags am Strand spazieren. Normalerweise führten wir bei unseren Spaziergängen immer lebhafte Gespräche. Dieses Mal liefen wir jedoch schweigend nebeneinanderher. Wir hatten uns bei den Händen gefasst, doch befanden wir uns jeweils in unserer eigenen Welt, friedlich in die eigenen Gedanken versunken.

Nach ungefähr anderthalb Kilometern erreichten wir die Felsen, wo ich das Robbenbaby gefunden hatte. Ich liebte es, auf den kristallinen Quarzsteinen zu sitzen, während ich meditierte, eingelullt vom Dröhnen der Brandung und der warmen Umarmung der Nachmittagssonne. Doch in letzter Zeit hatte eine außergewöhnlich hohe Brandung dort meine Meditation beeinträchtigt. Es war mir nicht gelungen loszulassen, denn ständig war ein Teil meines Bewusstseins mit meiner Umgebung beschäftigt und sorgte dafür, dass ich vor den fünf Meter hohen Wellen sicher war, die von einem Moment auf den anderen ihre Richtung ändern und mich von den Felsen spülen konnten.

An diesem Tag bot Michael an, auf die Brandung zu achten, während ich meditierte, sodass ich mein Bewusstsein von der Umgebung abziehen und ganz nach innen gehen konnte. Wir gingen die Felsen entlang und suchten nach zwei bequemen Plätzen zum Sitzen. Vorsichtig inspizierten wir die Umgebung und suchten einen Platz, der nahe genug am Wasser lag, damit wir die tosende Brandung hören konnten, jedoch weit genug davon entfernt, um uns Sicherheit zu gewährleisten. Schließlich entschieden wir uns für zwei flache Quarzfelsen.

Mit geschlossenen Augen atmete ich tief die dunstige Meeresluft ein, während die Gischttropfen meine warme Haut kühlten. Im Vertrauen darauf, dass Michael auf die Brandung achtete, versank ich sofort in eine tiefe Meditation. Ich visualisierte meine Chakren und stellte mir reine weiße Energie vor, die jedes Chakra reinigte und ins Gleichgewicht brachte. Während ich dies tat, wurde mein Herz von Glückseligkeit erfüllt. In diesem Moment empfand ich unendliche Liebe, eine tiefe Liebe für alles, was lebt. Ich war mir der Bezogenheit aller Lebewesen untereinander bewusst und fühlte mich mit allem und jedem in starker Liebe verbunden. Als ich aus dieser wunderbaren Meditation wieder auftauchte, breitete ich vor Dankbarkeit für die großartige Wahrheit des Lebens weit die Arme aus. Dann öffnete ich die Augen und erblickte Michael, der mit untergeschlagenen Beinen friedlich neben mir saß. Er lächelte, als er meine Bewegung bemerkte, und fragte: »Können wir wieder zurückgehen?«

Ich nickte und erhob mich von dem Felsen, auf dem ich saß. Als ich mich umdrehte, um herunterzuklettern, zog ein strahlend rosafarbenes Objekt meine Aufmerksamkeit auf sich. Mir stockte der Atem, als ich erkannte, um was es sich handelte. Dort, genau neben mir, lag ein Strauß lilafarbener Orchideen und rosa leuchtender Rosenknospen, mit einem glänzenden rosa Satinband zusammengebunden. Der Strauß war noch nicht da gewesen, als wir uns gesetzt hatten – ich hätte ihn auf jeden Fall bemerkt! Wir hatten die Felsen sehr gründlich inspiziert, als wir uns darauf niederließen, und hätten solch ein farbenfrohes Bukett niemals übersehen können. Michael hatte den Strauß nicht mitgebracht – er trug nur Shorts und ein Trägerhemd, also nichts, worunter er einen Blumenstrauß hätte verbergen können. Außerdem waren diese Blumen frisch und nicht verknittert, wie sie es gewesen wären, hätte er sie unter seinem dünnen Baumwollhemd versteckt.

Es gab keine andere Erklärung: Mir war soeben ein Wunder widerfahren. Ich hielt das Bukett in der Hand und zeigte es aufgeregt Michael. In diesem Augenblick sagte meine innere Stimme deutlich hörbar: »Herzlichen Glückwunsch zum

Geburtstag, Doreen!« Der wunderbare Blumenstrauß war ein Geschenk des Universums, das meine Erkenntnis des Eins-seins allen Lebens feierte. Bis heute habe ich die getrockneten Blütenblätter aufgehoben. Sie liegen auf meinem Schreibtisch als Erinnerung daran, dass ein Bewusstsein des Einsseins und der Liebe auf überraschendste Weise die herrlichsten Wunder hervorbringt.

KAPITEL 16

DER ERLEUCHTETE WEG

»So begeben sich im Leben manche in den Dienst des Ruhmes und andere in den des Reichtums, doch die beste Wahl treffen jene wenigen, die ihre Zeit mit der Kontemplation der Natur verbringen und als Liebhaber der Weisheit.«

PYTHAGORAS (570–490 v. Chr.),
griechischer Mathematiker und Philosoph

Oft werde ich gefragt: »Wenn Sie eine so schöne Kindheit hatten, wie kommt es dann, dass Ihre Jugend und Ihre frühen Jahre als Erwachsene so schmerzhaft waren?« Meine Antwort darauf lautet, dass ich zwar in meiner Familie eine wunderbare Quelle der Liebe besaß, aber trotzdem im Außen nach »noch besseren« Quellen der Glückseligkeit suchte.

Ahnungslos wiederholte ich auf diese Weise den schmerzhaften Moment, der meinem Ego zur Geburt verhalf, die scheinbare Trennung von Gott. Diese Trennung geschah, als mein Ego sich fragte, ob es nicht vielleicht eine noch bessere Quelle der Liebe gab als Gott. Es gibt jedoch keinen Weg, den Schöpfer zu verlassen, um die Möglichkeit eines größeren Glücks zu untersuchen. Also fiel das Ego in einen tiefen Schlaf und träumte von einer getrennten Existenz. Der Traum war äußerst realistisch, und das Ego vergaß schnell, dass es sich nur um einen Traum handelte.

Jedoch behielt das Ego eine vage Ahnung von der Gegenwart Gottes und des wahren Selbst. Es wusste, dass Gott und das wahre Selbst glücklicher waren als es selbst, und kam zu dem Schluss: »He, diese Typen verachten mich! Die denken wohl, dass sie besser sind als ich. Meinetwegen, ich brauche sie sowieso nicht.« Dann machte sich das Ego daran, seine Unabhängigkeit zu beweisen, indem es Dinge ansammelte, um sich damit glücklich zu machen. Es sammelte Auszeichnungen, Applaus, Geld, Häuser und Prestige. Doch diese Dinge reichten nicht aus, ihm das Glück zu schenken, das Gott und das wahre Selbst in jedem Moment genossen. Es begann, Eifersucht zu fühlen und Gott und dem höheren Selbst ihr Glück zu neiden, und es schwor sich, seine Anstrengungen und sein Streben nach Glück zu verdoppeln. So wanderte es immer weiter von zu Hause fort und suchte nach dem Schlüssel für Zufriedenheit.

Wann immer es jemanden sah, der glücklicher zu sein schien, fühlte es die altbekannten Stiche der Eifersucht. Und dann tat es dasselbe, was dieser Mensch tat, um zu sehen, ob es ebenso glücklich werden konnte. Doch es dauerte jeweils nicht lange, bis es jene Menschen näher kennen lernte und entdeckte, dass sie nicht wirklich so glücklich waren, wie es den Anschein hatte. Es begegnete Menschen, die die Schuld für ihr Unglück den verschiedensten Ursachen zuschrieben, und eine Zeit lang übte es sich ebenfalls in diesem Zeitvertreib. Gelegentlich wunderte es sich: »Was ist los mit mir, dass ich nicht glücklich sein kann?«

Das Ego in uns allen leidet unter tiefen Gefühlen von Leere und Ungenügen. Es fühlt sich vom wahren Selbst abgelehnt, obwohl es in Wahrheit das Ego ist, das die ablehnende Haltung einnimmt. Das führt dazu, dass das Ego immer glaubt, andere Menschen würden es verurteilen und zurückweisen, und daraus werden sich selbst erfüllende Prophezeiungen. Und die ganze Zeit über genießt unser wahres Selbst ein friedliches Parallelleben in unserem Herzen, mit dem wir uns jederzeit verbinden können, indem wir liebevolle Gedanken hegen.

Der Weg des Lichtarbeiters ist nicht immer leicht. Oftmals bringt uns unser liebevolles und neugieriges Wesen in emotional aufgeladene, schwierige Situationen. Unsere Suche nach Glück und Sinn führt uns auf viele Umwege, die meist in einer Sackgasse enden, bis wir schließlich begreifen, dass das, wonach wir suchen, sich in unserem eigenen Inneren befindet.

Dennoch glaube ich hundertprozentig daran, dass alles, was wir erleben, der Welt helfen kann. Jeder Moment, in dem wir Schmerz erfahren, kann uns als Lehrer dienen und uns helfen, zu wachsen, zu lernen und Wege zu finden, in einem Zustand friedvollen Glücks zu leben. Die hart erkämpften Lektionen während unseres Erdendaseins sind zudem für unsere Rolle als Lichtarbeiter wertvoll. Da wir Schmerzen erfahren haben, können wir mit jenen mitfühlen, die unsere Schüler oder Klienten werden.

Durch wiederholtes Ausprobieren stellen wir irgendwann fest, dass Gedanken und Handlungen, die auf dem Ego basieren, unvermeidlich zu Schmerz führen. Wir lernen, dass wir unsere Gedanken auf Gott und unser wahres Selbst im Inneren zentrieren müssen, um glücklich zu sein. Manchmal fühlt sich dies jedoch wie ein schwieriger Balanceakt an. Häufig werden wir durch äußere Umstände, wie beispielsweise schlechte Nachrichten, unzufriedene Kollegen oder unglückliche Familienmitglieder, in den Bannkreis des Egos hineingezogen. Mit etwas Übung erwerben wir jedoch die Fähigkeit, die Gedanken unseres Egos zu erkennen, sobald sie auftauchen. Dann können wir die bewusste Entscheidung treffen, die Situation mit anderen Augen zu sehen, um das friedvolle Bewusstsein unseres höheren Selbst wieder herzustellen. Gewöhnlich braucht es dazu die Bereitschaft, Vorurteile, Groll, Bitterkeit und Erwartungen hinsichtlich des Resultats oder materieller Dinge aufzugeben. Wann immer wir Schwierigkeiten haben, das Ego loszulassen, lernen wir, unsere Freunde im sichtbaren und unsichtbaren Universum um spirituelle Hilfe zu bitten.

Aufgrund der ständigen verbalen Misshandlung durch meinen ersten Ehemann hatte ich meine wahre Identität vollkommen vergessen. Ich begann zu glauben, dass ich ein wertloser und gestörter Mensch sei. Ich bin der Ansicht, dass die gesamte menschliche Rasse immer wieder unter solchen Formen von Misshandlung gelitten hat, was dazu führte, dass wir alle unsere göttliche Vollkommenheit vergaßen. Als meine

Mutter mich lehrte, dass »im Geiste Gottes nichts jemals verloren« ist, erkannte ich nicht die umfassende Bedeutung des Wortes *nichts*. Mein wahres Selbst schien so hoffnungslos verloren, dass ich mich kaum daran erinnern konnte, wie es sich anfühlte. Doch Gott wusste immer, wo sich mein wahres Selbst befand. Und genauso, wie mein Glauben mich stets dazu führte, alles zu finden, was ich je verloren hatte, wurde ich auch dahin geführt, mein wahres Selbst wieder zu finden.

Wir Lichtarbeiter gehören zu den Ersten, die aus den schlafwandlerischen Träumen erwachen, die uns dazu verführen, an die Realität von Krankheit, Zerstörung und Depression zu glauben. Die heiligen Meister und Engel helfen uns zu erwachen, und wir erhalten ihre Unterweisungen durch unsere Intuition und unsere Instinkte. Es ist wichtig, auf diese inneren Anstöße zu achten und uns entsprechend zu verhalten.

Während meiner jahrelangen Arbeit mit misshandelten Frauen erlebte ich häufig, dass diese zu ihren gewalttätigen Ehemännern zurückkehrten. Als Erklärung gaben sie an: »Er hat sich geändert, diesmal wird alles anders.« Doch jede Wiedervereinigung resultierte nur in noch mehr Misshandlungen und Gewalt.

Wenn ich auf mein eigenes Leben zurückblicke, entdecke ich ein ähnliches Muster. Wann immer ich meine spirituelle Basis täglicher Gebete und Meditation verließ, fühlte ich mich leer und voller Angst. Also versuchte ich, diese Leere zu füllen und meine Angst mit den Annehmlichkeiten der äußeren Welt zu betäuben, seien es Beliebtheit, Geld, Auszeichnungen, Nahrungsmittel oder Drogen. Der Köder meines Egos lautete stets: »Wenn du das erreichst, wirst du dich wunderbar fühlen!« Also investierte ich immer wieder Zeit und Mühe, um den Preis zu erringen. Doch brachten mir meine vom Ego motivierten Aktivitäten letztendlich nichts als Schmerz und Leid.

Dennoch kehrte ich immer wieder in diese zerstörerische Beziehung zu meinem Ego zurück, indem ich mir sagte:

»Diesmal wird alles anders. Ich werde mich nach etwas anderem umsehen, und das wird dann der Schlüssel zu meinem Glück sein.« Irgendwann erkannte ich, dass jeder Preis und jede Belohnung, die das Ego anbietet, immer nur schmerzhaft sind.

In der Geschichte von Pinocchio verführt die verlockende Aussicht auf Vergnügen und Ausgelassenheit den kleinen hölzernen Bub dazu, seinen Weg zu verlassen. Die Grille warnt Pinocchio vor der Verlockung, doch der Junge erliegt ihr dennoch. Auf meinem Schreibtisch steht heute eine kleine Statue von Pinocchio, um mich daran zu erinnern, auf die Weisheit meines höheren Selbst zu hören, wann immer irgendein neuer Ego-Preis mich dazu verlockt, von meinem Weg abzukommen.

Die Beziehung zu unserem Ego verläuft ähnlich wie der Kreislauf häuslicher Gewalt. Immer wieder glauben wir, dass die Welt der Materie und der Äußerlichkeiten uns glücklich machen kann. Doch jedes Mal, wenn wir unserem Glück mittels weltlicher Dinge hinterherjagen, sind wir hinterher enttäuscht, unzufrieden oder schlimmer. Natürlich ist es nicht falsch, sich an materiellen Dingen zu erfreuen, denn solch eine Überzeugung würde auch nur wieder bedeuten, dass wir der Materie unangemessene Realität zuweisen. In Wahrheit ist alle Materie ein neutraler Teil der großen Illusion.

In der Bergpredigt lehrte Jesus, dass unser Schöpfer automatisch alle unsere materiellen Bedürfnisse erfüllt, wenn wir unseren Fokus auf das Reich Gottes ausgerichtet halten. Nicht nur das – wir sind auch von dem Stress befreit, den die ständige Sorge um Geld mit sich bringt. Mit dieser Freiheit sind wir besser in der Lage, die liebevolle Führung zu hören, die Gott und seine Engel uns ständig zukommen lassen.

Viel zu lange hatte ich versucht, Gottes Führung zu ignorieren, weil ich befürchtete, er wolle mich kontrollieren oder mein Glück verhindern. Obgleich ich die Weisheit und Berechtigung seines Rats erkannte, rebellierte ich und wählte destruktive Wege, um meine Unabhängigkeit zu beweisen.

Ich hielt an dem Glauben fest, dass die Welt der Illusionen mir irgendwie das Glück, den Frieden und die Sicherheit geben könnte, nach denen ich mich sehnte. Glücklicherweise zogen Gott und mein wahres Selbst mich jedes Mal, wenn ich mich auf der Suche nach äußerem Glück in einem selbstzerstörerischen Schlamassel verloren hatte, wieder heraus.

Unser höheres Selbst, unsere Geistführer und Engel lassen uns auf unserem Weg als Lichtarbeiter Hilfe und wichtige Informationen zuteil werden. Diese Hilfe kommt in Form unverkennbarer, liebevoller Botschaften, als Ahnungen, Stimmen, Visionen oder inneres Wissen. Vielleicht erhalten Sie die Botschaft, Ihre Essgewohnheiten zu korrigieren, sich neue Freunde zu suchen oder sogar Ihren Arbeitsplatz zu wechseln oder Ihre Lebensumstände zu verändern. Wenn Sie solche Anweisungen erhalten, werden Sie einfach *wissen*, dass es das Richtige für Sie ist. Ihre geistigen Helfer werden Sie nie zu etwas auffordern, das Ihnen oder Ihren Liebsten schaden würde. Ihre geistigen Führer helfen Ihnen vielmehr, damit Sie der Welt helfen können. Je mehr Sie auf diese himmlische Hilfe hören und ihr vertrauen, desto leichter wird es für Sie sein, weitere Hilfe zu erhalten.

Gott möchte uns zu einem Leben des Glücks und der Erfüllung führen, voll wunderbarer Möglichkeiten, unseren Brüdern und Schwestern zu dienen. Unsere Arbeit beginnt zunächst mit dem eigenen Bewusstsein, wenn wir üben, unseren Fokus von außen nach innen zu verlagern. Dabei geht es häufig darum, die Begriffe und Formulierungen zu überprüfen, die wir in unseren Gedanken und Worten verwenden, damit wir Probleme nicht mehr als Realität affirmieren.

Unsere Mission als Lichtarbeiter hängt davon ab, dass wir lernen, in der Liebe unseres höheren Selbst zentriert zu bleiben. Unser Versprechen, der Welt zu helfen, verpflichtet uns, unser Ego in Schranken zu halten und immer Gedanken der Liebe statt Gedanken der Schuld zu wählen. Wir müssen bereit sein, unsere kleinlichen Sorgen und Ängste loszulassen, die auf dem Ego basieren, damit wir unsere ganze Aufmerksamkeit auf die vor uns liegende Aufgabe richten können.

Als ich meinem wahren Selbst begegnete, wusste ich ohne den geringsten Zweifel, dass jeder irdische Schmerz, den »ich« jemals erlitten hatte, mich in Wahrheit nie berührt hatte. Mein wahres Selbst, das eins ist mit Gott, hatte niemals einen Grund, in die Welt der schmerzhaften Illusionen hinauszuziehen. Mein wahres Selbst kennt kein Bedürfnis nach einer äußeren Quelle der Liebe und des Trostes. Daher hat es nie irgendetwas anderes erfahren als Liebe. Das Gleiche gilt für Ihr wahres Selbst und das jedes anderen Menschen.

Aus diesem Grund müssen sich Lichtarbeiter keine allzu großen Sorgen darüber machen, was sie tun sollen. *Tun* ist ein Begriff, der impliziert, dass Sie nur als tätiger Mensch wertvoll sind. Yogameister haben uns dagegen bewiesen, dass wir in der physischen Welt auch viel erreichen können, während wir still in der Lotusposition sitzen. Das bedeutet nicht, dass wir passive Beobachter der Welt werden sollten, denn auch dies würde wiederum einen nach außen gerichteten Fokus signalisieren. Stattdessen müssen sich Lichtarbeiter auf ihre innere Arbeit konzentrieren. Wir müssen lernen, unseren Geist darin zu trainieren, in der Liebe des höheren Selbst zentriert zu bleiben und unsere Handlungen von dieser Liebe leiten zu lassen.

Jeder Lichtarbeiter hat seine oder ihre eigenen einzigartigen Aufgaben, die dazu beitragen können, die Welt zu heilen. Da so viele Lichtarbeiter berufen sind, auf der geistigen Ebene zu heilen, ist der zweite Teil dieses Buches ein Handbuch über verschiedene spirituelle Heilungsmethoden. Die darin enthaltenen Regeln sind meine persönlichen Richtlinien, und Sie sollten diese Ihren eigenen Bedürfnissen und Vorlieben anpassen. So wie es unzählige Möglichkeiten gibt, den spirituellen Weg zu gehen, gibt es auch viele Möglichkeiten, Ihre Kanäle der übersinnlichen Wahrnehmung und Heilung zu öffnen.

Unsere heilige Mission als Lichtarbeiter besteht darin,

zunächst einmal selbst aus den Albträumen des Egos voller Krankheit, Depression und Zerstörung zu erwachen. Sobald wir aus diesem tiefen Schlaf erwacht sind, müssen wir unsererseits unsere schlafenden Brüder und Schwestern aus ihren Albträumen aufwecken.

Der *Kurs in Wundern* fasst den Weg des Lichtarbeiters wunderbar mit folgenden Worten zusammen:

Das Ego hat Angst vor der Freude der Seele, denn wenn du sie einmal erlebt hast, wirst du alle Schutzwälle, die das Ego errichtet hat, niederreißen und nicht mehr die geringste Energie in Angst investieren. Im Moment investierst du viel Energie darin, weil deine Angst die Trennung bestätigt und dein Ego es genießt, wenn du dem deine Aufmerksamkeit gibst. Lass es hinter dir! Höre nicht auf dein Ego und schütze es nicht. Höre nur auf Gott, der unfähig ist, dich zu hintergehen, ebenso wie die Seele, die er erschaffen hat. Befreie dich selbst und befreie andere. Zeige anderen kein unwürdiges Bild deiner selbst und akzeptiere selbst auch kein solches Bild von ihnen … Dein Ego kann dir nicht helfen, dich und andere zu retten, doch mithilfe deiner Seele kannst du alles tun, was für deine eigene Rettung und die der anderen erforderlich ist.

Die Erde braucht Sie und alle Lichtarbeiter, und der Himmel fordert Sie auf, die Botschaft zu hören, dass Sie nichts zu fürchten haben. Die Engel umgeben Sie mit Liebe und der Zusicherung, dass Sie alle Voraussetzungen für Ihre Aufgabe als Lichtarbeiter mitbringen. Sie sollten dies über sich selbst wissen: Sie sind vollkommen, und Sie werden rückhaltlos geliebt. Im Geiste Gottes gibt es niemanden, der vollkommener wäre als Sie. Sie müssen nichts anders machen noch sich bessern noch sich ändern, da Sie bereits vollkommen sind. Seien Sie einfach nur bereit, die allmächtige Liebe, die jetzt, in diesem Augenblick, in Ihrem Inneren lebt, zu akzeptieren und zu fühlen. Das Gelingen Ihrer himmlischen Mission hängt davon ab!

TEIL II:

ANLEITUNGEN ZU ÜBERSINNLICHER KOMMUNIKATION UND SPIRITUELLER HEILUNG

EINFÜHRUNG:
DIE PARALLELEN WELTEN
VON ENERGIE UND GEIST

»Verlorene Energie, verlorene Liebe, verlorene Kraft,
alles Verlorene ist das Resultat von Verdrängung,
davon, dass man etwas von sich fern hält,
indem man es nicht akzeptiert.
Das Verlorene kehrt zurück, sobald man sich selbst dafür vergibt,
es verdrängt zu haben, und es akzeptiert.«

Right Use of Will,
spiritueller Text, gechannelt von Ceanne DeRohan

Ihr wahres Selbst und Ihr Ego existieren in getrennten, jedoch parallelen Welten. Das eine führt ein Leben in Frieden, Gesundheit, Harmonie und vollkommener Erfüllung, während das andere ein Dasein voll Sorgen, Ängsten, Krankheit und Mangel erduldet. Die Idee paralleler Realitäten ist ein Lieblingsthema der Forschung im Bereich der Quantenphysik. Zum Beispiel haben Wissenschaftler entdeckt, dass ein radioaktives Atom gleichzeitig in einem zerfallenen und einem nicht zerfallenen Zustand existieren kann. Wenn ein Mensch jedoch den Zerfall beobachtet, wird dadurch der Zustand des Zerfalls aktualisiert.[1] Das heißt, das, worauf man sich konzentriert, verstärkt sich.

Nachdem ich bei Wayne Dyers Seminar mein wahres Selbst kennen gelernt hatte, wusste ich hundertprozentig, dass in einer separaten Dimension ein anderes »Ich« existierte. Dieses andere »Ich« strahlte eine Glückseligkeit aus, wie sie nur von einer Existenz im Schoße der Liebe Gottes herrühren kann. Wenn also ein »zerfallenes« oder Ego-Ich gleichzeitig und parallel mit einem »nicht zerfallenen« oder Wahren-Selbst-Ich existieren kann, dann verstärkt mein Fokus auf das nicht zerfallene Selbst seine Existenz.

Um diesen Punkt deutlicher zu machen, benutzt Kenneth Wapnick, Autor mehrerer Bücher über den *Kurs in Wundern*, die Metapher von zwei Videokassetten.[2] Wenn wir die Videokassette unseres wahren Selbst betrachten, dann sehen wir einen schönen, fröhlichen Film. Doch wenn wir zur Kassette des Egos wechseln, sehen wir etwas völlig anderes. Welchen Film wir wählen, bestimmen unsere Gedanken von Liebe oder Angst. Ein liebevoller Gedanke ist der Einschaltknopf für den Film unseres wahren Selbst, ein angsterfüllter Gedanke dagegen lässt den Film des Egos ablaufen. Die meisten Menschen schalten in ihrem Leben ständig zwischen diesen beiden Filmen hin und her. Das Resultat ist Chaos und Verwirrung.

Die Welt des Egos scheint so real und solide zu sein wie jeder Traum, den wir im Schlaf erleben. Doch natürlich ist nichts wirklich solide, da alle Materie aus Energie besteht. Gedanken und Gefühle haben einen Einfluss auf die Energie, die Basis aller Materie, einschließlich unseres Körpers. Die Kirlianfotografie zeigt, dass Hautfeuchtigkeit und Energie des Körpers, das »aurische Feld«, dramatisch auf Gefühle von Wut, Angst und Liebe reagieren. Wenn ein Mensch Liebe empfindet oder sich geliebt fühlt, zeigen die Kirlianfotografien ein zartes, weißes aurisches Feld. Empfindet derselbe Mensch Wut oder Angst, wird die Aura dunkel und dicht.

Als Lichtarbeiter mag Ihre göttliche Aufgabe darin bestehen, auf der Ego-Ebene von Energie und Materie oder auf der spirituellen Ebene des wahren Selbst zu heilen. Bei Heilungsarbeit auf der energetischen Ebene benutzen Sie Ihre natürlichen übersinnlichen Fähigkeiten, um sich auf Ihre Klienten einzustimmen und ihre Energiezentren zu sehen oder zu fühlen. Energiearbeit kann auch seelisches Heilen einschließen, wobei Sie sich auf die Gefühle und Gedanken Ihrer Klienten einstimmen, die ihr Leiden und ihre Symptome verursachen. Zur Energiearbeit gehört auch der Einsatz medialer Fähigkeiten, wobei Sie beispielsweise mit den Energiefeldern verstorbener Personen arbeiten, die Ihre Klienten beeinflussen. Wenn diese das Wohlbefinden Ihres Klienten beeinträchtigen, dann wird Ihre Energiearbeit auch Clearings umfassen.

In der Welt des Egos herrscht die Vorstellung, dass Materie solide ist und einen eigenen Geist, ein eigenes Leben hat. Wenn der Mensch versteht, dass Materie in Wahrheit Energie ist und dass Gedanken Energie lenken, beginnt er zu erkennen, dass er der Schöpfer seiner eigenen Realität ist. Das heißt, er ist der Träumer des Traums.

Zur Welt des wahren Selbst gehört das Arbeiten mit bewusster Aufmerksamkeit, statt sich auf Materie oder Energie zu konzentrieren. Die Welt des Egos definiert »Leben« als Körper und andere Arten von Materie, daher ist ihr Fokus kontinuierlich auf »Tun«, »Haben« und »Bekommen« ausgerichtet. Energie strahlt nach innen und nach außen als Reflexion des materiellen Glaubens an das Handeln. Diese Seinsweise erfordert zudem den Glauben an die Zeit als etwas, mit dem man messen kann, was vorher und nachher passiert. In der Welt des wahren Selbst ist »Leben« als Geist definiert, und daher liegt ihr Fokus auf dem »Sein«. In dieser Welt gibt es nichts, was man tun oder bekommen müsste, da alle Bedürfnisse im »Jetzt« vorhanden sind und erfüllt werden.

Lichtarbeiter, die zu spirituellem Heilen aufgerufen sind, arbeiten auf der Ebene des wahren Selbst. Daher liegt ihr Fokus nicht so sehr auf der aktiven Behandlung ihrer Klienten. Vielmehr ist es ihre Aufgabe, ihren Klienten zu helfen, vom Videotape des Egos auf das des wahren Selbst umzuschalten. Das lässt sich auf vielfache Weise erreichen, zum Beispiel durch Gespräche, Gebete oder affirmative Gedanken über die wahre Situation des Betreffenden. In der Welt des wahren Selbst gibt es nur *einen* Geist, und wir alle sind Teil dieses einen Geistes. Daher kann ein Lichtarbeiter sein Bewusstsein der Wahrheit benutzen, um die geistige Einstellung eines Klienten zu heilen. Der Lichtarbeiter kann außerdem die Engel und heiligen Meister anrufen und sozusagen deren geistige Einstellung »ausleihen«, um die Heilung zu fördern.

In diesem zweiten Teil des Buches werden verschiedene Methoden von Energiearbeit beschrieben, gefolgt von Richtlinien für spirituelles Heilen. Während Sie sich mit diesen Darstellungen vertraut machen, sollten Sie darauf achten, wie Ihr innerer Führer reagiert. Würdigen Sie unbedingt die Führung Ihres wahren Selbst, das Ihnen zeigt, zu welcher Art von Heilung Sie sich hingezogen fühlen. Ihr innerer Führer wird Sie zu dem Weg leiten, auf dem Sie Gott am besten dienen können. Auf diesem Weg kümmert sich Gott um alle Ihre menschlichen Bedürfnisse, während Sie voller Freude mit jenen arbeiten, die Sie am meisten brauchen.

KAPITEL 17

Die Vorbereitung auf hellsichtiges und spirituelles Heilen

»Eine Hecke hindert die Augen nicht am Sehen;
vor Gott bleibt nichts verborgen.«

Afrikanisches Sprichwort

Als Lichtarbeiter sind Sie auf die Welt gekommen, um heilende Funktionen zu übernehmen. Gott und die Engel wissen, welche spezielle Art des Heilens Ihnen am meisten liegt, also werden Sie von ihnen durch intuitive Impulse zu bestimmten Aspekten von Heilung geführt. Manche Lichtarbeiter fühlen sich von physischem Heilen angezogen und widmen sich dieser Aufgabe, während andere sich für emotionales Heilen, Lehrtätigkeit, Forschung, Beratung, Schreiben, künstlerische Tätigkeit, Arbeit mit den Medien oder andere wichtige Funktionen entscheiden.

Ihre innere Führung wird Sie zu dem Ort und der Aufgabe führen, die für Sie das Richtige ist. Sie werden durch Ihre inneren Anstöße wissen, ob Sie dafür eine praktische Ausbildung oder eine akademische Vorbereitung benötigen. In diesem Fall wird Ihr innerer Führer Sie zu der Schule oder dem Lehrer führen, den Sie brauchen, und Ihnen helfen, die nötigen Finanzmittel dafür aufzubringen. Gleichzeitig werden Ihre potenziellen Klienten und Schüler durch ihre eigene innere Führung den Weg zu Ihnen finden.

Manchmal haben Lichtarbeiter die Tendenz, zu weit in die Zukunft zu schauen und sich zu fragen: »Wie komme ich dazu anzunehmen, ich könnte jemals ein Heiler werden?«, oder: »Woher sollen die Klienten kommen?« Dann bekommen sie es mit der Angst zu tun und geben ihr Ziel auf. Wichtig ist also: Machen Sie sich keine Sorgen darüber, wie Sie lernen sollen, Ihre Aufgabe als Lichtarbeiter auszuführen. Das *Wie* liegt in Gottes Hand, und Sie werden Schritt für Schritt seine Führung erhalten. Außerdem zeigen wissenschaftliche Untersuchungen, dass Sorgen hellsichtigen und spirituellen Heilfähigkeiten abträglich sind.[1]

Ihre innere Führung wird sich schrittweise bemerkbar machen. Achten Sie auf den ersten Schritt und vollenden Sie ihn. Danach werden Sie weitere Anweisungen erhalten und Schritt für Schritt perfekt auf Ihre Rolle vorbereitet.

Sie können Ihre intuitiven Kanäle durch Meditation, Chakra-Harmonisierung und andere Methoden öffnen, die ich bereits beschrieben habe. Wenn Sie sich diese Methoden zur täglichen Gewohnheit machen, werden Sie ganz schnell feststellen, dass Sie übersinnliche Informationen über Ihre Beziehungen, Arbeit, Gesundheit und Zukunft erhalten. Ich empfehle Ihnen, sich ein Tagebuch zuzulegen, in dem Sie alle Informationen, die Sie empfangen, schriftlich festhalten. Dieses Tagebuch wird Ihnen helfen, Vertrauen in die Gültigkeit Ihrer hellsichtigen Eindrücke zu entwickeln. Außerdem werden Sie in der Lage sein, alle wiederholt auftauchenden Themen in den Ihnen übermittelten Botschaften zu erkennen.

Sollten Sie sich irgendwann von all den hellsichtigen Informationen überwältigt fühlen, die in Ihr Bewusstsein strömen, können Sie das Volumen jederzeit nach Wunsch verringern. Dazu müssen Sie einfach nur die Entscheidung treffen, sich der hellsichtigen Frequenzen weniger bewusst zu sein. Benutzen Sie die Kraft Ihrer Intention, um das Volumen entsprechend einzustellen.

Erster Schritt: Meditation

Untersuchungen zeigen eine definitive Beziehung zwischen Meditation und übersinnlichen Fähigkeiten.[2] Wissenschaftler haben beobachtet, dass Meditation die Wellenmuster der linken und rechten Gehirnhälfte synchronisiert. Diese Synchronisation ermöglicht offensichtlich den freien Fluss der Informationen von der »hellsichtigen« rechten Gehirnhälfte zu den verbalen Zentren der linken Gehirnhälfte. Untersuchungen haben darüber hinaus gezeigt, dass die Gehirnwellen eines Meditierenden und eines anderen Menschen, an den der Meditierende denkt, sich synchronisieren.[3]

Es ist nicht nötig, viel Zeit in Meditation zu investieren, um davon zu profitieren. Je zehn Minuten Meditation am Morgen und abends vor dem Schlafengehen können Ihre intuitiven, hellsichtigen und heilenden Fähigkeiten bereits enorm verbessern. Vergessen Sie nicht, dass Zeit ein menschliches Konzept ist und dass es im Himmel keine Autoritätsfigur gibt, die auf die Uhr schaut, um sicherzugehen, dass wir unsere Meditationsübungen zu Ende gebracht haben.

Meditation erfüllt einen doppelten Zweck. Erstens zentriert sie Ihren Verstand auf das Göttliche im Inneren. Auf diese Weise hilft sie Ihnen, den Tag über ruhig, kreativ und liebevoll zu bleiben. Es fällt Ihnen leichter, in allen Situationen die wahre Vollkommenheit zu erkennen, statt auf die Illusion des Problems zu reagieren. Meditation ist eine Methode, die Ihnen hilft, bei Ihren täglichen Aufgaben ruhig im Zentrum des Sturms zu bleiben.

Zweitens gibt Meditation Ihnen Zugang zur unendlichen universalen Weisheit, von der Sie alle Information oder Führung erhalten können, die Sie benötigen. Wir sind oft so beschäftigt, dass wir die Antworten auf unsere Gebete nicht hören. Meditation ist eine Zeit der Ruhe, in der wir eine private Unterrichtsstunde mit dem Göttlichen haben. Sie können alles fragen, was Sie wollen, und vollkommen sicher sein, dass Sie eine Antwort erhalten.

Manchmal erhalten Sie Führung auch schrittweise in aufeinander folgenden Meditationssitzungen. Als ich zum Beispiel einmal die Frage gestellt hatte: »Wie kann ich die Qualität meiner Hellsichtigkeit verbessern?«, bekam ich im Laufe einer Woche immer wieder Antworten dazu. Wie ein erfahrener Trainer half mir mein geistiger Führer, Schritt für Schritt mein Ziel zu erreichen. Zunächst wurde ich aufgefordert, meinen Kaffeekonsum zu reduzieren, da die Stimulation durch das Koffein meine Aufnahmefähigkeit behinderte. Nachdem ich dieser Aufforderung Folge geleistet hatte, wurde ich angewiesen, keine Schokolade mehr zu essen, und zwar aus dem gleichen Grund. Als Nächstes empfahl mir mein geistiger Führer eine hauptsächlich vegetarische Ernährungsweise, falls ich wirklich meine Hellsichtigkeit verbessern wollte. Als Erklärung dafür wurde mir übermittelt, dass wir beim Verzehr von Fleisch Abbauprodukte aus dem Todeskampf des Tieres aufnehmen. Dieser vom Körper absorbierte Schmerz blockiert die Sensibilität für hellsichtige Übermittlungen.

Meditative Anleitung kommt immer in Form liebevoller Vorschläge als Antwort auf Ihre Fragen. Machen Sie sich also keine Sorgen, dass ein Geist die Kontrolle über Ihr Leben an sich reißen könnte. Als ich die Anweisungen bezüglich meiner Ernährung erhielt, hatte ich die freie Wahl, diesen Vorschlägen zu folgen oder nicht. Ich entschied, dem Rat zu folgen, da er sich richtig für mich anfühlte. Es ist wichtig, dass auch Sie nur die Vorschläge und Anweisungen übernehmen, die Ihrer höchsten Wahrheit entsprechen.

Einer der überraschenden Vorteile des Meditierens bestand darin, dass ich eine wunderbare Entspannung verspürte, nachdem ich erst einmal meine innere Führung entdeckt hatte. Diese Entdeckung half mir, die falsche Vorstellung loszulassen, dass ich alles kontrollieren muss, um Frieden und Harmonie aufrechtzuerhalten. Ich erkannte, dass es eine göttliche Ordnung im Leben gibt. Dieses Vertrauen in den Prozess des Lebens gab mir einen tiefen Frieden und eine Gelassenheit, die ich vorher nie gekannt hatte.

Heute würde es mir nicht im Traum einfallen, meine beiden täglichen Meditationszeiten auszulassen. Ich habe mich dieser Praxis hundertprozentig verpflichtet, weil ich mich dabei so wohl fühle. Wenn Sie mehr über Meditation erfahren möchten, sollten Sie sich vielleicht für ein entsprechendes Seminar oder einen Kurs anmelden, wie sie inzwischen überall angeboten werden. Es gibt viele verschiedene Arten der Meditation, und Sie können ausprobieren, welche Methode für Sie die richtige ist.

Hier folgt eine kurze Anleitung.

BASISMEDITATION

1. Nehmen Sie sich vor, regelmäßig nach dem Aufwachen und unmittelbar vor dem Schlafengehen zu meditieren.
2. Wählen Sie einen ruhigen und angenehmen Platz, wo Sie nicht Gefahr laufen, unterbrochen zu werden. Es muss nicht unbedingt ein ganzer Raum sein. Eine Ecke eines Schlaf-, Wohn- oder Arbeitszimmers reicht aus.
3. Machen Sie es sich bequem. Sie können sich ruhig hinlegen, wenn Sie sicher sind, dass Sie dabei nicht einschlafen werden. Lassen Sie die Arme entspannt an den Seiten ruhen, damit die Energie ungehindert durch Ihren Körper fließen kann. Lockern Sie alle einengenden Kleidungsstücke oder ziehen Sie sie aus.
4. Schließen Sie die Augen.
5. Atmen Sie tief und langsam durch die Nase ein. Genießen Sie das Gefühl, wie frische Luft tief in Ihre Lungen dringt und sie völlig ausfüllt. Halten Sie den Atem vier Sekunden oder länger an.
6. Atmen Sie langsam durch den Mund aus. Spüren Sie, wie Sie beim Ausatmen alle Ängste, Sorgen oder Anspannungen loslassen.

Es gibt viele Möglichkeiten, die Meditation zu vertiefen, während Sie weiter tief ein- und ausatmen. Sie können eine geführte Meditation verwenden, bei der Sie sich auf bestimmte Bilder, Fragen oder Gebete konzentrieren. Oder Sie können Ihrem bewussten Verstand erlauben, völlig leer zu werden, und dann darauf achten, welche Gedanken in Ihnen auftauchen. Hier folgen ein paar Beispiele für geführte Meditationen.

Beginnen Sie mit der Basismeditation. Dann visualisieren Sie, wie sich die Spitze Ihres Kopfes wie eine Kuppel oder Blume öffnet. Stellen Sie sich eine wunderschöne Wolke über Ihrem Kopf vor, die hell in Ihrer Lieblingsfarbe strahlt. Diese Wolke ist die unendliche Weisheit und allumfassende Liebe des himmlischen Schöpfers. Bitten Sie die Wolke, durch die Spitze Ihres Kopfes in Ihren Körper zu kommen. Atmen Sie weiter tief ein und aus und beobachten Sie, wie die Wolke mit jedem Atemzug tiefer in Ihren Körper eintaucht. Sehen Sie sich selbst erfüllt und umgeben von dieser wunderschönen, farbenprächtigen Wolke.

Machen Sie sich bewusst, dass Sie den ganzen Tag über nur an diese Farbe zu denken brauchen und im selben Moment Zugang zu jeder Antwort oder Information haben, die Sie brauchen. Jeder Gedanke an diese Farbe wird Sie daran erinnern, dass Sie rückhaltlos geliebt sind und immer für Sie gesorgt ist. Erlauben Sie sich, sich vollkommen zu entspannen und den Augenblick zu genießen in dem Wissen, dass die unendliche Intelligenz und Liebe in Ihrem Innern Sie den ganzen Tag über zuverlässig führen wird. Sie können alle Sorgen über den vor Ihnen liegenden Tag loslassen und dieser Weisheit in jeder Hinsicht vertrauen.

Bitten Sie Ihren inneren Führer, Ihnen dabei zu helfen, den ganzen Tag über in der göttlichen Liebe und Intelligenz zentriert zu bleiben. Lassen Sie diese Bitte in vollem Vertrauen und mit dem sicheren Wissen los, dass Sie wahrhaftig geliebt und in jeder Hinsicht unterstützt werden.

Beenden Sie Ihre Meditation mit der Chakra-Reinigung, wie sie im zweiten Schritt beschrieben wird.

ABENDMEDITATION FÜR LICHTARBEITER

Beginnen Sie mit der Basismeditation. Dann konzentrieren Sie sich auf die Region Ihres Herzens. Während Sie Ihre Aufmerksamkeit auf diesen Bereich richten, spüren Sie, wie mit jedem Atemzug ein Gefühl der Wärme von Ihrem Herzen ausstrahlt. Machen Sie sich bewusst, dass diese Wärme Sie zutiefst mit der Quelle aller Liebe verbindet.

Während Sie einatmen, spüren Sie, wie Ihr Atem Liebe, Wärme und Güte in Ihr Herz zieht. Beim Ausatmen nehmen Sie wahr, wie Sie Liebe an die Quelle zurückgeben. Atmen Sie weiter ruhig ein und aus und spüren Sie die Liebe, die Sie empfangen und geben, bis Ihr Herz sich in einem Gefühl von Wärme und Freude immer mehr weitet.

Denken Sie einen Augenblick über einige der Personen und Erlebnisse nach, die Ihnen im Laufe des Tages begegnet sind. Sagen Sie innerlich zu allen Menschen, über die Sie sich geärgert haben, wie auch zu sich selbst: »Ich bin bereit, dir zu vergeben.« Auch wenn Sie vielleicht nicht bereit sind, den Betreffenden ihre Handlung zu verzeihen, löst die Bereitschaft, ihnen als Person zu vergeben, Sie von Ihren Ego-Bindungen.

Dann listen Sie innerlich die Gaben auf, die Sie während des Tages in Form von Liebe, Situationen und Einsichten empfangen haben. Danken Sie der Quelle für diese Geschenke. Atmen Sie tief ein und aus, bis Sie von einem Gefühl der Dankbarkeit erfüllt sind. Bitten Sie Ihre Engel, in Ihren Träumen zu erscheinen und Ihnen Führung und alle Informationen zuteil werden zu lassen, die wichtig für Sie sind. Während Sie in den Schlaf sinken, visualisieren Sie Ihr Heim umgeben von weißem Licht und beschützt von Engeln.

Zweiter Schritt: Chakra-Reinigung und -Harmonisierung

Nachdem Ihre morgendliche Meditation zur vertrauten Gewohnheit geworden ist, besteht der nächste Schritt beim Öffnen Ihrer Kanäle in einer speziell auf die Klärung und Harmonisierung Ihrer Energiezentren abgestimmten Meditation. Dieser Schritt wird Ihre Fähigkeit zur übersinnlichen Kommunikation und Ihre Energie sofort verstärken.

Es ist eine gute Idee, diese Meditation täglich durchzuführen. Außerdem ist es empfehlenswert, sie jeweils unmittelbar vor einem hellsichtigen Reading zu machen. Je mehr Sie mit Ihren Chakren arbeiten, desto genauer wird Ihre übersinnliche Kommunikation werden. Ich habe einmal an einem Wochenendseminar teilgenommen, bei dem wir einen Großteil unserer Zeit mit verschiedenen Chakra-Reinigungstechniken verbrachten. Am letzten Tag des Seminars führte ich mehrere Readings durch und stellte fest, dass ich Zugang zu kleinsten Details hatte, wie ich sie normalerweise nicht empfange.

In einem Reading sah ich zum Beispiel ein Bild des hellgelben Stuckhauses meines Klienten. Ich wusste intuitiv, dass mein Klient dieses Haus kürzlich verkauft hatte und gerade ausgezogen war. Nun ist diese Art von Information auch im Lauf eines normalen hellsichtigen Readings leicht zugänglich. An diesem Tag empfing ich jedoch aufgrund der intensiven Chakra-Arbeit der vorangegangenen zwei Tage besonders detaillierte Informationen, unter anderem die Tatsache, dass das von meinem Klienten verkaufte Haus im südkalifornischen Downey stand. Diese besondere Information wäre mir auf normalem Wege nicht zugänglich gewesen, da ich den Klienten eben erst kennen gelernt hatte, nichts über ihn wusste und wir uns weit von Downey entfernt befanden.

MEDITATION ZUR REINIGUNG UND HARMONISIERUNG DER CHAKREN

Beginnen Sie mit der Basismeditation. Dann visualisieren oder fühlen Sie eine runde, durchsichtige Kugel in einem wunderschönen rubinroten Farbton, die in der Nähe der Basis Ihrer Wirbelsäule in Ihrem Körper schwebt. Dies ist Ihr »Wurzelchakra«, das Zentrum Ihrer Kraft und Individualität. Betrachten oder spüren Sie die Kugel innerlich. Achten Sie darauf, ob sie irgendwelche dunklen Stellen aufweist. Dabei handelt es sich um Unausgeglichenheiten in der Energie dieses Chakras, die Sie jetzt gleich entfernen werden. Sehen Sie, wie die Kugel von innen heraus mit einem kräftigen, reinen weißen Licht erstrahlt. Dies ist das universale Licht Gottes, der allumfassenden Liebe, Macht und Weisheit. Atmen Sie tief durch die Nase ein und sehen oder fühlen Sie, wie Ihr Atem die Intensität des weißen Lichts in der roten Kugel verstärkt. Atmen Sie weiter tief ein und aus, um die Intensität des weißen Lichts im Innern der roten Kugel so lange zu verstärken, bis diese vollkommen klar und durchsichtig ist.

Als Nächstes verlagern Sie Ihre Aufmerksamkeit ungefähr zehn Zentimeter nach oben, wo Sie eine schöne orangefarbene Glaskugel sehen, die in Ihrem Inneren schwebt. Dies ist Ihr »Sakralchakra«, das Ihre physischen Begierden reguliert. Kontrollieren Sie die Kugel auf irgendwelche dunkle Flecken. Atmen Sie tief ein und fachen Sie das weiße Licht im Zentrum des Chakras an, bis es alle Unregelmäßigkeiten entfernt hat und die Kugel vollkommen durchsichtig ist, wie orangefarbenes Glas.

Nun konzentrieren Sie sich auf den Bereich gleich hinter dem Bauchnabel. Sehen oder spüren Sie eine wunderschöne, klare gelbe Kugel in Ihrem Inneren, die wie eine kleine Sonne erstrahlt. Dies ist Ihr »Solarplexus«, der Bereich, der mit Ihren Einstellungen zu Macht und Kontrolle zu tun hat. Prüfen Sie, ob es im Bereich Ihres Solarplexus irgendwelche undurchsichtigen oder dunklen Stellen gibt. Wenn Sie welche finden, atmen Sie tief ein und aus, bis das Chakra von innen heraus in einem leuchtenden Gelb erstrahlt und vollkommen durchsichtig ist wie ein funkelnder Ball aus gelbem Glas.

Dann richten Sie Ihre Aufmerksamkeit auf Ihre Herzgegend. Visualisieren oder fühlen Sie eine herrliche, grüne Glaskugel in Ihrer Brust. Dies ist Ihr »Herzchakra«, das Zentrum Ihrer Liebesenergie. Suchen Sie das Herzchakra nach irgendwelchen dunklen Schatten ab und atmen Sie diese dann mit weißem Licht fort. Lassen Sie das Herzchakra von innen her erstrahlen und fühlen Sie, wie es sich in Ihrer Brust mit Wärme und positiver Energie weitet. Atmen Sie weiter, bis die grüne Kugel vollkommen fleckenlos und durchsichtig ist.

Als Nächstes konzentrieren Sie sich auf Ihren Hals im Bereich des Kehlkopfs. Sehen oder fühlen Sie eine Kugel in einem hellblauen Farbton. Dies ist Ihr »Kehlkopfchakra«, das Zentrum, das die Klarheit Ihrer Kommunikation bestimmt. Überprüfen Sie innerlich auch dieses Chakra und sehen oder fühlen Sie, ob es dort dunkle Bereiche gibt. Nehmen Sie einen tiefen Atemzug und beobachten Sie, wie er einen weißen Lichtball im Zentrum des Chakras entflammt. Lassen Sie das Licht immer leuchtender werden, bis die weißen Strahlen die blaue Kugel vollkommen gereinigt haben. Visualisieren Sie die Kugel als völlig transparent, ohne Flecken oder dunkle Stellen.

Jetzt bringen Sie Ihre Aufmerksamkeit zu dem Bereich zwischen Ihren Augen. Ohne sich in irgendeiner Weise zu zwingen, betrachten Sie ruhig einen runden oder ovalen Ball, der an dieser Stelle schwebt. Dies ist Ihr »drittes Auge«. Lassen Sie das Bild des Chakras in einer Mischung von Dunkelblau mit etwas Purpur und Weiß immer deutlicher werden. Während das Bild klarer wird, werden Sie vielleicht feststellen, dass Sie ein Augenlid betrachten. Falls Sie kein ovales oder augenförmiges Objekt sehen, nehmen Sie weiter tiefe Atemzüge und reinigen das Chakra mit dem weißen Licht, bis das Bild klar wird. Sobald Sie das dritte Auge erkennen können, achten Sie darauf, ob es offen oder geschlossen ist. Falls es geschlossen ist, bitten Sie es, sich zu öffnen und Sie anzusehen. Erlauben Sie dem dritten Auge, jegliche liebevolle Botschaft zu übermitteln, die es vielleicht für Sie hat.

Wenn Sie so weit sind, richten Sie nun Ihre Aufmerksamkeit auf die Innenseite an der Spitze Ihres Kopfes. Dies ist Ihr »Kronenchakra«, der Bereich, der Ihnen Zugang zur universalen Weisheit gibt. Fühlen oder sehen Sie dieses Chakra als eine violette oder purpurfarbene Glaskugel. Indem Sie so tief wie möglich ein- und ausatmen, reinigen Sie das Kronenchakra mit weißem Licht, bis es in absoluter Makellosigkeit erstrahlt.

Atmen Sie weiter tief ein und aus und danken Sie Ihrem

göttlichen Schöpfer dafür, dass er Sie mit Liebe und Weisheit erfüllt hat. Umgeben Sie sich mit einer Schicht aus weißem Licht, gefolgt von einer zweiten Schicht aus grünem und einer dritten Schicht aus violettem Licht. Diese dreifache Versiegelung wird Ihnen helfen, bei hellsichtigen Readings zentriert zu bleiben.

SCHNELLREINIGUNG DER CHAKREN

Falls Sie keine Zeit für eine vollständige Reinigung und Harmonisierung Ihrer Chakren haben, erfüllt die folgende Methode den gleichen Zweck. Sie dauert nur zwei Minuten und ist eine gute Möglichkeit, sich schnell und zuverlässig auf ein Last-Minute-Reading vorzubereiten. Während die zuvor beschriebene Chakra-Reinigung mit einem gründlichen Frühjahrsputz verglichen werden kann, ist diese kürzere Methode mehr wie eine oberflächliche Reinigung. Sie ist durchaus ausreichend in einer »Notsituation«, doch sollten Sie sich nicht an diese Methode gewöhnen.

Stellen Sie sich sieben Glaskugeln in den Farben des Regenbogens vor, die übereinander gestapelt sind. Die Reihenfolge der Kugeln von unten nach oben ist wie folgt: Rot, Orange, Gelb, Grün, Hellblau, Dunkelblau und Purpur. Visualisieren Sie diesen Stapel von Kugeln im Inneren Ihres Körpers. Stellen Sie sich dann einen Strahl reinen weißen Lichts vor, der von unten nach oben durch das Zentrum der Kugeln dringt und alle reinigt. Prüfen Sie zunächst innerlich die rote Kugel und sehen Sie, wie sie hell leuchtet. Visualisieren Sie die rote Kugel als perfekt gereinigt. Nehmen Sie dann die gleiche Inspektion nacheinander mit jeder Kugel in dem Stapel vor.

Sorgen Sie dafür, dass alle Kugeln die gleiche Größe haben. Falls eine Kugel viel größer oder kleiner ist als die anderen, bitten Sie innerlich darum, dass sich die Größe verändert, bis der betreffende Ball die gleiche Größe hat wie die anderen.

Ihre Chakren sind jetzt sauber und harmonisch genug für ein hellsichtiges Reading.

Dritter Schritt: Mentale Einstimmung

Meditation und Chakra-Reinigung sind zwei wichtige Schritte zum Öffnen der Kanäle für übersinnliche und spirituelle Kommunikation. Der dritte Schritt, die mentale Einstimmung, ist genauso wichtig. Mentale Einstimmung bedeutet, seine Aufmerksamkeit auf die Verbindung des höheren Selbst mit der Quelle des Wissens und der Liebe zu richten. Wenn wir ins Ego abdriften, werden unsere hellsichtigen Readings widersprüchlich und unzuverlässig, außerdem fühlen wir uns unglücklich und ängstlich. Zweifellos haben wir allen Grund, ständig auf der Ebene des höheren Selbst zu leben. Nachfolgend einige hilfreiche Möglichkeiten, dieses Ziel zu erreichen.

1. *Identifizieren Sie sich mit der Liebe Gottes.* Sehen Sie sich selbst und jeden, dem Sie begegnen, als eins mit Gott, und Ihre Handlungen und Gedanken werden automatisch voller Liebe sein. Sie müssen dann nicht einmal mehr darüber nachdenken, was Sie tun oder sagen sollen, weil die Weisheit ganz natürlich aus der Quelle in Ihrem Inneren entspringt.

2. *Vermeiden Sie es, sich mit dem Ego anderer Menschen zu identifizieren.* Wenn Sie andere als bedürftig, krank, ängstlich, wütend, unerleuchtet, arm oder so ähnlich empfinden, betrachten Sie ihr Ego als real. Immer wenn wir das Ego als einen wahren Seinszustand betrachten, verleihen wir der Illusion Macht und Leben.
   Eine liebevollere und hilfreichere Möglichkeit, mit den scheinbaren Problemen anderer Menschen umzugehen, besteht darin, so zu reagieren, als würde man Ihnen einen Furcht einflößenden Film beschreiben. Dann werden Sie dem Betreffenden zwar Aufmerksamkeit und liebevolles Mitgefühl schenken, doch niemals vergessen, dass das, worüber der andere spricht, nur ein Film ist. Machen Sie

sich bewusst, dass es nichts zu fürchten gibt, und wie in allen Filmen wird auch diese Situation ein gutes Ende nehmen. Vergessen Sie nicht, dass Sie nur Öl ins Feuer schütten, wenn Sie sich um andere Sorgen machen. Wenn Sie jedoch die Wahrheit über die Situation Ihrer Freunde sehen, verstärken Sie dadurch die Kraft ihres wahren Selbst. Das wahre Selbst und seine Qualitäten – Gesundheit, glückliche Beziehungen und rechte Lebensweise – manifestieren sich dann als Realität.

Achten Sie stets auf Ihre Gedanken über andere Menschen, einschließlich Filmstars, berüchtigte Verbrecher oder Politiker. Jedes Mal, wenn Sie andere mit Eifersucht, Mitleid oder Zorn betrachten, führt diese Beurteilung automatisch dazu, dass Sie auch sich selbst verurteilen. Denn so wie wir andere sehen, sehen wir uns selbst.

Andererseits können wir wertvolle Einsichten über uns selbst erlangen, wann immer ein anderer Mensch uns irritiert. Haben Sie Freunde oder Bekannte, die Ihnen auf die Nerven gehen? Wir alle kennen solche Situationen, und sie haben einen bestimmten Grund. Diese Menschen fungieren als Spiegel für einen Teil unseres Selbst, den wir loslassen müssen. Wann immer mir so etwas passiert, benutze ich folgende Affirmation: »Ich bin jetzt bereit, jenen Teil von mir loszulassen, der mich irritiert, wenn ich dich ansehe.«

Üben Sie, jeden Menschen als eins mit Gott zu sehen, und Ihnen werden so viel Kraft und Liebe zufließen, dass es Sie verblüffen wird.

3. *Machen Sie sich eine »Null Toleranz für Schmerz«-Einstellung zu Eigen.* Wann immer Sie emotionale oder körperliche Schmerzen empfinden, ist dies ein sicheres Zeichen dafür, dass Sie in Ihr Ego abgerutscht sind. Geben Sie diesem Schmerz kein Aufenthaltsrecht in Ihrem Inneren, oder Sie werden sich einen Untermieter aufhalsen, den Sie nur schwer wieder loswerden. Andererseits ist es auch keine gute Idee, den Schmerz zu ignorieren und zu hoffen, dass

er von selbst wieder verschwindet. Schmerzen zu verdrängen bedeutet, einen Teil Ihres Selbst abzutrennen. Außerdem verpassen Sie dann die Lektionen und das Wachstum, die damit verbunden sind – wertvolle Geschenke, die auf Sie warten.

4. *Wenn Sie sich eines Schmerzes bewusst werden, lassen Sie ihn los.* Stellen Sie sich dem Schmerz ohne Angst, denn er ist nicht real. Verurteilen Sie den Schmerz nicht, sondern nehmen Sie ihn einfach nur wahr. Sagen Sie Ihrem höheren Selbst, den Engeln, aufgestiegenen Meistern, dem Heiligen Geist oder Gott: »Ich merke, dass mein Ego gerade die Zügel in der Hand hält, und das gefällt mir nicht. Ich übergebe dir diesen Schmerz rückhaltlos und bitte darum, dass ich diese Situation in einem anderen Licht sehen und Frieden statt Schmerz fühlen kann. Ich schicke diesen Schmerz fort und weiß, dass nur die darin enthaltene Lektion zurückbleibt, um mir zu helfen, in Liebe zu wachsen.« Seien Sie bereit, alle Erwartungen hinsichtlich des Ergebnisses aufzugeben, und innerer Frieden wird Ihnen sicher sein. Wiederholen Sie dieses affirmative Gebet, bis Sie spüren, wie sich der Schmerz verflüchtigt.

5. *Achten Sie Ihr wahres Selbst.* Gott in Ihrem Inneren wird Ihre Handlungen im Laufe des Tages lenken. Falls Sie zu viel Zeit mit Dingen verbringen, die nicht Teil Ihrer himmlischen Aufgabe sind, wird Ihr innerer Führer Ihnen entsprechende Impulse geben. Es ist wichtig, auf diese zu achten und sich entsprechend zu verhalten.

Lichtarbeiter ziehen oft Beziehungen an, die eine Tendenz zu Disharmonie aufweisen. Vielleicht ruft Sie beispielsweise ständig eine Freundin an, die Ihre Hilfe zu benötigen scheint. Oder eine Organisation bittet Sie, verschiedene Projekte oder Kommittees zu leiten. Oder einer Ihrer Klienten befindet sich immerzu am Rande einer Krise und behauptet, dass nur Sie ihm helfen können. Hüten Sie sich vor diesen Fallen des Egos, die sich hinter scheinbarer Hilfsbereitschaft verbergen. Wie der *Kurs in Wundern* sagt: »Die Beschäftigung mit Problemen, für die es anscheinend keine Lösung gibt, ist ein beliebtes Mittel des Egos, um den Lernfortschritt zu behindern.«

Achten Sie also auf diese Versuchungen des Egos, die nur dazu führen würden, dass Sie Ihre wahre Aufgabe aufschieben und einen bedeutungslosen Umweg machen. Wenn Ihr inneres Selbst Ihnen sagt, dass Sie zu viel Zeit und Energie in die Arbeit mit einer bestimmten Person oder Sache investieren, dann würdigen Sie diese Stimme und schenken Sie ihr Beachtung. Es ist wichtig für die Welt, dass Sie für Ihre tatsächliche Aufgabe zur Verfügung stehen.

Falls Sie Angst haben, einem Freund, einer Organisation oder einem Klienten weniger Zeit und Energie zuteil werden zu lassen, sollten Sie sich die folgende Wahrheit vor Augen halten:

»Wenn ich davon ausgehe, dass mich jemand ›braucht‹, dann betrachte ich seinen Mangel als real. Dieses Urteil sorgt dafür, dass mein Ego in Aktion tritt. Wenn ich mich auf die ›Probleme‹ des Betreffenden konzentriere, dann mache ich mich zum Mitverschwörer und trage nur dazu bei, dass jene Probleme größer werden. Ich kann der Welt am meisten helfen, wenn ich in meinem höheren Selbst zentriert bleibe. Ich treffe jetzt die Entscheidung, von nun an jeden Menschen so zu sehen, wie er wirklich ist: vollkommen geheilt und geliebt. Ich lehne es ab, mich noch länger mit den Illusionen des Egos zu beschäftigen.«

Eine gute Regel ist die, nie irgendetwas zu tun, was Sie nicht tun möchten. Wenn Sie sich dazu zwingen müssen, etwas zu tun – wie beispielsweise den Anruf einer Freundin entgegenzunehmen –, gibt es einen Grund für Ihren Widerstand. Nehmen Sie sich Zeit und meditieren Sie über Ihre wahren Gefühle. Würdigen Sie sie. Lassen Sie jeglichen Schmerz los. Während Ihrer Meditation werden Sie entweder entscheiden, die Bitte um Ihre Zeit abzulehnen, oder die Situation mit anderen Augen sehen und sich motiviert fühlen, liebevoll auf den anderen einzugehen. In jedem Fall wird Ihr Handeln dann auf Liebe und Wahrheit beruhen statt auf Ärger, Schuldgefühlen oder Angst.

6. *Hüten Sie sich vor der Ego-Falle der »besonderen Kräfte«.* Wenn Sie mit der Durchführung hellsichtiger Readings oder spiritueller Heilungen beginnen, werden Sie feststellen, dass Ihre Klienten Ihnen sehr dankbar sind. Achten Sie jetzt besonders auf Ihre Gedanken, damit Sie nicht anfangen zu glauben, dass Sie »besondere Kräfte« haben. Diese Selbsteinschätzung würde dazu führen, dass Ihr Ego die Kontrolle an sich reißt, denn wenn wir uns als etwas »Besonderes« sehen, bedeutet dies, dass wir uns als getrenntes Wesen betrachten. Und wenn Sie sich als getrennt verstehen, unterbinden Sie das Bewusstsein um Ihre Quelle des Wissens und Heilens, der Liebe und des Glücks. Das hat zur Folge, dass Sie sowohl Ihr Glück als auch Ihre hellsichtige Wahrnehmungsfähigkeit verlieren. Ein gutes Gegenmittel besteht darin, den Dank der Klienten einfach anzunehmen und dann beispielsweise zu sagen: »Das war nicht mein eigenes Tun; es ist nur durch mich geschehen«, oder: »Vielen Dank. Natürlich war nicht ich es, der Sie geheilt hat; es war Gott, der Ihnen geholfen hat zu erkennen, dass Sie schon immer vollkommen waren.«

Zu Beginn der Entwicklung Ihrer hellsichtigen Fähigkeiten ist es normal, dass Sie zuweilen Angst haben und sich eingeschüchtert fühlen. Unter Umständen fragen Sie sich: »Was, wenn es nicht klappt?«, oder: »Was, wenn ich während des Readings eine falsche Antwort gebe?« Diese Ängste haben ihren Ursprung in der Überzeugung des Egos, dass hellsichtige Fähigkeiten etwas »Besonderes« sind. Um diese Angst zu verlieren, erinnern Sie sich daran, dass die Kraft von *Gott* kommt und nicht von *Ihnen. Sie* können während des hellsichtigen Readings oder spirituellen Heilens keinen Fehler machen, da *Sie* überhaupt nichts tun. Wenn Sie der Unfehlbarkeit Ihres göttlichen Schöpfers vertrauen, dann werden Sie nie fürchten, dass die Informationen, die Sie erhalten, falsch sind. Vertrauen Sie in Gott, dann werden Sie automatisch darauf vertrauen, dass Sie alle Voraussetzungen besitzen, ein Kanal für seine heilende Kraft zu sein.

Bei meinen früheren Hinweisen auf die wissenschaftlichen Studien an führenden Universitäten sahen wir, dass diese zu dem Schluss kamen, dass jeder Mensch übersinnliche Fähigkeiten besitzt. Ich betone dies noch einmal, um Ihnen klarzumachen, dass Sie keine besonderen Kräfte oder Ausbildungen brauchen, um Ihre übersinnliche Arbeit antreten zu können. Sie müssen einfach nur den ersten Schritt tun und es versuchen, damit Sie wissen, dass es sich um eine Fähigkeit handelt, die Sie bereits besitzen.

7. *Unternehmen Sie Schritte der Reinigung.* Ich habe festgestellt, dass meine übersinnlichen Fähigkeiten sich enorm verstärkten, nachdem ich sowohl Alkohol und Koffein als auch Fleisch, Milchprodukte und die meisten konservierten und künstlich behandelten Nahrungsmittel aus meinem Ernährungsplan gestrichen hatte. Der Unterschied in den mentalen Bildern vor und nach diesen Veränderungen war vergleichbar mit der Umstellung von einem kleinen Fernseher mit Antenne auf einen Großbildschirm mit Kabelanschluss. Die hellsichtigen Bilder erschienen nun wesentlich klarer, heller und größer.

Die Veränderung meiner Ernährungsweise ging allmählich vor sich, und meine geistigen Führer sagten mir liebevoll, aber bestimmt: »Wenn du ungesunde Nahrungsmittel weglässt, wirst du ein besseres Instrument für die geistige Kommunikation.« Zuerst forderten mich meine geistigen Führer auf, auf stimulierende Genussmittel wie beispielsweise Kaffee und Schokolade zu verzichten. Dann baten sie mich, kein Geflügel mehr zu essen (Rind- und Schweinefleisch hatte ich schon seit einiger Zeit gestrichen). Die Führer erklärten, dass Tiere beim Schlachten Schmerzen erleiden und dass wir ihren Schmerz in uns aufnehmen, wenn wir ihr Fleisch essen. Dieser Schmerz behindert unsere Fähigkeit, uns auf das unsichtbare Universum einzustimmen. Einige Monate später, nachdem ich auch kein Geflügel mehr aß, drängten mich meine inneren Führer liebevoll, aber bestimmt, auf Milchprodukte zu verzichten. Sie sagten: »Milchprodukte verstopfen dein System.« Also begann ich, mein Müsli mit Sojamilch zuzubereiten. Statt mit Käse koche ich heute mit einem Käseersatz, der aus Tofu hergestellt wird.

Es gibt tatsächlich eine Verbindung zwischen der Ernährungsweise und übersinnlichen Fähigkeiten. Veranschaulichen Sie sich nur einmal diesen Satz aus dem *Surangama Sutra*, einem überlieferten buddhistischen Text: »Wer versucht, Meditation zu praktizieren, und dabei weiter Fleisch isst, ist wie ein Mann, der sich die Ohren zuhält, laut schreit und dann behauptet, nichts gehört zu haben.«

Ich möchte betonen, dass ich dabei weder unter Entzugserscheinungen litt, wie zum Beispiel dem Verlangen nach bestimmten Genussmitteln, noch ein Gefühl der Entbehrung oder des Mangels verspürte. Ich glaube, das lag daran, dass ich bei jeder Nahrungsumstellung göttlich geführt wurde. Also zwingen Sie sich nicht, bestimmte Nahrungs- und Genussmittel aus Ihrer Ernährung zu streichen. Falls und wenn Sie sich dazu bereit fühlen, werden Sie ganz natürlich die entsprechende Entscheidung treffen.

Außerdem entdeckte ich, dass die Fähigkeit zu vergeben für meine übersinnliche Entwicklung in zwei Punkten von großer Bedeutung war. Erstens schien sie den Umfang und die Häufigkeit der Informationen, die ich empfing, zu steigern. Zweitens war ich besser in der Lage, bei hellsichtigen Readings objektiv zu bleiben, statt die mir übermittelten Eindrücke im Licht meiner eigenen emotionalen Last zu interpretieren.

Jeder Mensch kann durch den Prozess des Vergebens mehr inneren Frieden und mehr Energie erreichen. Hier folgt eine Beschreibung der Methode, die ich benutzte, um meine alten Probleme mit Vergebung loszulassen, und die von der Arbeit des Autors John Randolph Price inspiriert ist. Die gleiche Methode wende ich bei meinen Klienten an. Der Prozess erinnert mich ein wenig an das Abwerfen von Gewichten bei der Fahrt im Heißluftballon, damit der Ballon steigen kann. Wenn Sie der Welt vergeben – einschließlich sich selbst –, fühlen Sie sich leichter und haben viel weniger Angst.

a. *Machen Sie sich die Vorteile von Vergebung bewusst.* Vergebung ist etwas anderes als die Aussage: »Ich habe verloren« oder »Ich hatte Unrecht, und du hattest Recht«. Es ist auch etwas anderes, als jemanden für eine Tat »davonkommen« zu lassen, die man als falsch empfindet. Vergebung ist einfach eine Möglichkeit, Ihre Seele zu befreien und Ihre grenzenlose wahre Natur zu erkennen. Innerer Frieden und größere Energie sind die Belohnung, und Vergebung ist der Preis dafür.

b. *Führen Sie eine »Vergebungs-Inventur« durch.* Schreiben Sie den Namen *jeder einzelnen* Person auf, lebend oder verstorben, die Sie jemals irritiert hat. Die meisten Menschen stellen zu ihrer Überraschung fest, dass daraus eine drei- oder vierseitige Liste wird und sie sich plötzlich an Namen von Menschen erinnern, an die sie seit Jahren nicht mehr gedacht hatten. Manche Leute schreiben sogar die Namen von Haustieren auf, die sie irritiert haben, und jeder setzt auch seinen eigenen Namen auf die Liste.

c. *Lassen Sie los und vergeben Sie allen, einschließlich sich selbst.* Ziehen Sie sich allein in ein ruhiges Zimmer zurück, stellen Sie das Telefon ab, hängen Sie ein »Bitte nicht stören«-Schild an die Tür und gehen Sie die Liste mit den Namen nacheinander durch. Halten Sie das Bild jeder Person vor Ihrem geistigen Auge fest und sagen

Sie ihm oder ihr: »Ich vergebe dir vollkommen, ohne etwas zurückzuhalten, und lasse dich gehen. Ich bin frei und du bist frei.« Visualisieren und fühlen Sie, wie Ihre Engel die alte Verbitterung in Ihrem Inneren auflösen. Der gesamte Prozess kann dreißig Minuten oder noch länger dauern. Es ist wichtig, dass Sie ihn ohne Unterbrechung so lange fortsetzen, bis Sie jedem auf der Liste vergeben haben.

d. *Tägliches Vergeben.* Blicken Sie jeden Abend vor dem Schlafengehen auf den vergangenen Tag zurück. Gibt es irgendjemandem, dem Sie vergeben müssen? Ich persönlich tue dies jeden Abend. Genauso wie ich jeden Abend mein Gesicht wasche, reinige ich auch jeden Abend meine Seele, damit sich Wut und Verbitterung gar nicht erst ansammeln können.

8. *Sorgen Sie für eine angenehme Atmosphäre.* Ihre äußere Umgebung kann positiv zu Ihren übersinnlichen Fähigkeiten beitragen oder davon ablenken. An führenden Universitäten durchgeführte wissenschaftliche Studien haben bewiesen, dass hellsichtige Menschen in ablenkungsfreien Räumen, die nur schwach beleuchtet sind und in denen leise Musik spielt, genauere Readings geben.[4] Ich selbst habe festgestellt, dass meine Readings besser sind, wenn ich ausgeruht bin, bequeme Kleidung trage und einen Strauß duftender Blumen wie beispielsweise Rosen in der Nähe habe.

KAPITEL 18

VERBESSERUNG DER ÜBERSINNLICHEN EMPFÄNGLICHKEIT

»Der Geist, der allen Menschen auf der Welt Leben verleiht –
das ist der Geist, der auch mich nährt.«

Moritake Arakida,
japanisches Shinto-Gedicht

Auch wenn übersinnliche Fähigkeiten etwas völlig Normales sind, können wir sie doch – wie jede Fertigkeit – verfeinern und polieren. Hier folgen ein paar Möglichkeiten, Klarheit und Umfang der Informationen, die Sie bei Ihren hellsichtigen Readings empfangen, zu steigern.

Chakra-Scanning

Sie können Ihre übersinnliche Empfänglichkeit steigern, indem Sie die Chakren der Menschen prüfen, denen Sie im Laufe des Tages begegnen. Sie können die Chakren jedes Menschen scannen, sogar die von Personen, mit denen Sie gerade telefonieren. Wenn Sie die Chakren eines anderen Menschen prüfen, gehen Sie genauso vor wie bei der Visualisierung Ihrer eigenen Chakren. Dabei können Sie ohne Schwierigkeiten sehen, welche Chakren verunreinigt sind und wo sich diese dunklen Stellen befinden. Diese Bilder sind kein Produkt Ihrer Vorstellungskraft; es sind echte übersinnliche Visionen der inneren Energiezentren.

Entspannen Sie sich, nehmen Sie einen tiefen Atemzug, und dann halten Sie diesen Gedanken fest: »Ich beabsichtige, die Chakren dieses Menschen zu sehen.« Dann richten Sie Ihre Aufmerksamkeit auf das innerste Zentrum des Betreffenden und visualisieren sein Wurzelchakra. Achten Sie auf seine Größe, Farbe und Klarheit. Sehen Sie irgendwelche dunklen Flecken? Ist das Chakra auffällig groß oder klein? Bringen Sie Ihre Aufmerksamkeit nach oben zu den anderen Chakren und prüfen Sie diese auf dieselbe Weise.

Schließlich betrachten Sie die verschiedenen Chakren im Zusammenhang. Sind irgendwelche Chakren größer oder kleiner als die anderen? Gibt es eines oder mehrere Chakren, die besonders dunkel sind im Vergleich zu den anderen? Ein vergrößertes Chakra bedeutet, dass der Betreffende viel Zeit und Energie damit verbracht hat, über die Themen nachzudenken, die mit diesem Zentrum verbunden sind. Ein kleines Chakra bedeutet, dass der Mensch vor den mit diesem Chakra verbundenen Themen Angst hat. Dunkle Energie im Inneren eines Chakras und in seiner Umgebung weist darauf hin, dass der Betreffende an alten Gefühlen rund um das Thema dieses Chakras festhält und Angst hat, diese Gefühle vor sich selbst oder anderen Menschen zuzugeben.

Sie können die Chakren eines anderen Menschen klären und ins Gleichgewicht bringen, indem Sie dieselbe Visualisierung anwenden, die Sie bei Ihren eigenen Chakren benutzt haben. Viele Heiler sind der Ansicht, dass sie erst eine Erlaubnis einholen müssen, bevor sie anderen eine Chakra-Behandlung zukommen lassen, weil es ein Verstoß gegen das karmische Gesetz sei, an jemandem ohne seine Erlaubnis zu arbeiten. Einige Heiler bitten innerlich um Erlaubnis, indem sie das höhere Selbst des anderen Menschen fragen: »Möchtest du, dass ich an deinen Chakren arbeite?« Dann warten sie auf eine Antwort. Andere Heiler glauben jedoch, dass man verbal um Erlaubnis bitten muss, um eine Chakra-Heilung vorzunehmen. Wieder andere Heiler sind der Ansicht, dass man immer helfen muss, wenn man jemanden sieht, der spirituelle Hilfe benötigt, gleichgültig, ob derjenige um Hilfe bittet oder nicht. Ihr höheres Selbst wird Sie zu der Einstellung hinsichtlich dieses Themas führen, die für Sie richtig ist.

Nachfolgend finden Sie einen Überblick über die sieben Hauptchakren und ihre Charakteristika.

Name des Chakras	Lage im Körper	Farbe der Energie	Thema
Wurzelchakra	Wirbelsäulenbasis	Rot	Sicherheit und Überleben
Sakralchakra	ca. 9 Zentimeter unter dem Bauchnabel	Orange	physische und materielle Wünsche
Solarplexus	Bauchnabel	Gelb	Macht und Kontrolle
Herzchakra	Herzbereich	Grün	Liebe
Kehlkopfchakra	Kehlkopf	Hellblau	Kommunikation
Drittes Auge	zwischen den Augen	Dunkelblau	Hellsichtigkeit
Kronenchakra	Spitze des Kopfes	Violett	spirituelle Weisheit

Übersinnliche Aktivierung

Es gibt zwei Möglichkeiten, übersinnliche Informationen anzuzapfen: indem Sie eine Frage stellen oder indem Sie die Information spontan in Ihr Bewusstsein fließen lassen.

Bei der ersten Methode erlauben Sie Ihrem Kopf, so leer und entspannt zu werden wie möglich. Ich persönlich empfinde es als hilfreich, meinen Kopf als riesige, leere Schale zu visualisieren, bereit, sich mit unendlicher universaler Weisheit füllen zu lassen. Dann stelle ich mental eine Frage – zum Beispiel: »Um welche Uhrzeit werde ich an meinem Ziel ankommen?«, oder: »Bei welchem Thema braucht die Klientin, die gleich einen Termin bei mir hat, Hilfe?« Sie können Ihre Frage an Gott richten, an den Heiligen Geist, an Jesus, Buddha oder einen anderen liebevollen geistigen Führer. Oder Sie können die Frage einfach in Ihre Schale geben und darauf vertrauen, dass die höchste Weisheit als Antwort darauf auftauchen wird. Sie werden die Antwort in Ihrer Seele oder Ihrem Körper als Bild, Gefühl, inneres Wissen oder als hörbare Worte empfangen.

Die zweite Methode ist ähnlich, doch anstatt um eine Antwort zu bitten, *geben Sie sich selbst die Erlaubnis*, die notwendige Information *zu wissen*. Nachdem Sie also Ihren Geist als eine leere Schale visualisiert haben, entspannen Sie sich und geben eine mentale Erklärung ab. Wenn Sie zum Beispiel irgendwohin fahren und intuitive Richtungsanweisungen brauchen, können Sie affirmativ erklären: »Ich weiß jetzt genau, welche Straße ich nehmen muss, um mein Ziel zu erreichen.« Sie werden sofort Führung erhalten, indem Sie entweder den Namen der Straße hören, die Sie nehmen müssen, oder das deutliche Gefühl verspüren, an der entscheidenden Kreuzung entweder rechts oder links abbiegen zu müssen.

Nachfolgend ein paar spezielle Übungen, um das Vertrauen in Ihre Fähigkeiten zu stärken.

• *Parkplatzsuche:* Auf einem voll besetzten Parkplatz erlauben Sie Ihrem Geist und Körper, sich mithilfe mehrerer tiefer Atemzüge zu entspannen und so offen zu werden wie möglich. *Fühlen* Sie Ihren Weg zu einem freien Platz und gestatten Sie Ihrer Intuition, Sie zu führen. Oder bitten Sie einen Ihrer Engel oder geistigen Führer, einen leeren Parkplatz zu finden und Ihnen Zeichen oder Richtungshinweise zu geben, damit Sie ihn finden können.

• *Beim Autofahren:* Stellen Sie übersinnliche Fragen dazu, welche Manöver der Fahrer vor Ihnen plant, in welche Straße Sie einbiegen müssen, um Ihr Ziel zu erreichen, oder um welche Uhrzeit Sie ankommen werden. Sie werden die Antwort entweder hören, vor Ihrem inneren Auge sehen, fühlen oder einfach wissen.

• *Verabredungen:* Wenn Sie eine Verabredung mit jemandem haben, den Sie noch nicht kennen, bitten Sie um die Übermittlung hellsichtiger Eindrücke über den Betreffenden. Fragen Sie nach seinen körperlichen Merkmalen, seinen persönlichen Vorlieben und Abneigungen oder nach seinen Sorgen und Interessen. Darüber hinaus können Sie auch fragen, um welche Uhrzeit der andere zu Ihrer Verabredung erscheinen wird und ob er zu früh kommt oder sich verspätet.

- *Telefonanrufe:* Wann immer das Telefon klingelt, lassen Sie zu, dass ein hellsichtiger Eindruck der Person, die Sie anruft, in Ihr Bewusstsein dringt, bevor Sie den Hörer abnehmen. Fragen Sie: »Handelt es sich um einen Mann oder eine Frau?« Mit etwas Übung werden Sie feststellen, dass Sie sich sehr gut auf Ihre Anrufer einstimmen können. Wenn Sie zu beschäftigt sind, um Anrufe entgegenzunehmen, können Sie unerwünschte Anrufe »übersinnlich blockieren«, indem Sie affirmieren: »Die Telefonanrufe, die ich erhalte, gehorchen der göttlichen Ordnung, und ich sehe jetzt, dass mich nur absolut dringende Anrufe erreichen.«
- *Fernsehen:* Schalten Sie ein Fernsehprogramm ein, das Ihnen unbekannt ist. Wenden Sie dem Fernseher den Rücken zu, damit sie weder den Bildschirm noch irgendwelche Reflexionen sehen können. Lauschen Sie den Worten der Schauspieler oder Schauspielerinnen und visualisieren Sie deren Aussehen. Drehen Sie sich hin und wieder um und prüfen Sie, ob Ihre Vorstellungen zutreffen.
- *Führen Sie ein »Tagebuch der Fügungen«.* Schreiben Sie jede Gelegenheit auf, egal ob klein oder groß, bei der eine Fügung in Ihrem Leben eine Rolle gespielt hat. Diese Liste hilft Ihnen, Ihr Bewusstsein auf Fügungen, Synchronizitäten oder »seltsame Zufälle« zu fokussieren. Je mehr Sie auf Fügungen achten, desto öfter werden Sie sie erleben.

Die Macht des Gebets

Eine im Jahre 1995 von William MacDonald durchgeführte Studie an der Universität von Ohio kam zu dem Ergebnis, dass Menschen, die regelmäßig beten, eher zu telepathischen Erfahrungen neigen als Menschen, die nicht beten. MacDonald erklärte diese Ergebnisse, indem er sagt: »In gewisser Weise sind die Resultate nicht überraschend. Man kann sich Gebete als eine Art geistige Kommunikation zwischen einem Menschen und Gott vorstellen. Daher sind Gebet und Telepathie verwandte Konzepte.«[1]

Meditation zur Erhöhung der Rezeptivität

Viele Menschen möchten erst Vertrauen in ihre übersinnlichen Fähigkeiten gewinnen, bevor sie mit der Durchführung hellsichtiger Readings für andere beginnen. Sie können die Zeit Ihrer Meditation dazu benutzen, Ihre Empfänglichkeit für übersinnliche Eindrücke zu verbessern und dabei gleichzeitig wundersame Einsichten und Enthüllungen zu gewinnen.

Während Sie meditieren, stellen Sie sich das Bild eines heiligen Meisters vor, wie beispielsweise Jesus, die Muttergottes, Buddha, Krishna oder Ihren Lieblingsheiligen. Bitten Sie den himmlischen Meister, zu Ihnen zu kommen. Lassen Sie alle Zweifel los und denken Sie daran, dass diese hoch entwickelten Wesen in einer anderen Dimension leben, die es ihnen erlaubt, an vielen verschiedenen Orten gleichzeitig zu sein. Jeder heilige Meister kann zur gleichen Zeit sowohl bei Ihnen als auch bei Millionen anderer Menschen sein. Wenn Sie sich entspannen, sind Sie besser in der Lage, seine Präsenz zu fühlen oder zu sehen. Führen Sie ein inneres Gespräch mit dem heiligen Meister, und es wird Ihnen eine Erfahrung zuteil werden, die mit Worten nicht zu beschreiben ist.

Während der Meditation können Sie auch darum bitten, auf eine Reise zu gehen. Schließen Sie die Augen und nehmen Sie ein paar tiefe Atemzüge. Begeben Sie sich nun an einen Ort Ihrer Wahl, vielleicht in ein anderes Land oder in die Hallen der Akasha-Chronik, der himmlischen Bücherei mit den Lebensgeschichten und der göttlichen Aufgabe jedes einzelnen Menschen.

Alle in diesem Kapitel beschriebenen Methoden werden Ihnen helfen, sich an Ihre spirituellen Kommunikationskanäle zu gewöhnen. Zunächst werden Sie sich vielleicht wie jemand fühlen, der gerade erst seinen Führerschein gemacht hat. Das Vertrauen in Ihre Fähigkeiten ist noch nicht sehr ausgeprägt, und vielleicht machen Sie sich sogar Sorgen um Ihre Sicherheit. Doch bald werden Sie mit Ihren neuen übersinnlichen Fähigkeiten vertraut sein und sich damit wohl fühlen.

KAPITEL 19

DIE DURCHFÜHRUNG VON HELLSICHTIGEN READINGS UND ENERGIEHEILUNGEN

»Es lodert ein Feuer im Inneren der Erde,
und es brennt in den Pflanzen, und die Wasser führen es mit sich;
selbst in den Steinen glüht es. Ein tiefes Feuer brennt im Menschen,
und auch in den Tieren lebt das Feuer:
dasselbe Feuer, das auch in den himmlischen Regionen lodert …«

Atharva Veda,
spritueller hinduistischer Text

Die Aufgabe von Lichtarbeitern bei der Durchführung hellsichtiger Readings unterscheidet sich von dem stereotypen Bild eines »Hellsehers«. Lichtarbeiter sind hier, um Heilungsaufgaben zu erfüllen. Sie würden ihre Zeit und Talente verschwenden, würden sie sich zu hellsichtigen Readings nur zum Amusement anderer oder aus finanziellen Gründen hinreißen lassen.

Es gibt nur einen gültigen Grund für Lichtarbeiter, sich in übersinnlicher Kommunikation zu engagieren, und der besteht darin, schnell die mentale oder emotionale Wurzel der psychischen oder physischen Leiden eines Klienten freizulegen. Der Vater der New-Thought-Bewegung, Phineas Quimby, benutzte diese Art übersinnlicher Kommunikation bei seinen Heilungen. Er beschrieb seine Methode als eine Kombination von Hellsehen, Trance und Telepathie, die es ihm erlaubte, in die Seele seines Patienten zu schauen und die Überzeugungen zu entdecken, die die Krankheit auslösten.

Ihre hellsichtigen Fähigkeiten werden auch Ihnen helfen, die Quelle des emotionalen oder physischen Leidens Ihrer Klienten zu sehen, zu hören, zu fühlen oder zu wissen. Als Hellseherin sehe ich in der Regel einen »Kurzfilm« über die

Ereignisse im Leben meiner Klienten, die mit ihren momentanen Schwierigkeiten zusammenhängen. Gemeinsam schauen wir uns dann diese Ereignisse an, um zu erkennen, auf welche Weise sie eventuell schmerzhafte Gefühle ausgelöst haben. Wenn ein Klient den alten Schmerz aufdeckt und loslässt und zwischen seinem Ego und seinem wahren Selbst unterscheiden lernt, verschwinden die vorhandenen Symptome in der Regel sofort.

Methode für Anfänger

Es ist nicht schwierig, ein hellsichtiges Reading zu geben, doch können Sie es sich schwer machen, indem Sie sich vor lauter Sorgen, ob Sie es auch richtig machen, selbst Steine in den Weg legen. Vergessen Sie nicht, dass nicht Sie es sind, der die Arbeit bei einem hellsichtigen Reading macht – Gott ist es. Übersinnliche Fähigkeiten sind völlig natürliche Gaben, die jedem von uns zur Verfügung stehen. Wenn Sie erst einmal anfangen, Ihre Chakren regelmäßig zu reinigen und zu harmonisieren, sorgt die Natur für den Rest. Dann werden Sie feststellen, dass Sie ganz spontan übersinnliche Informationen empfangen.

Beginnen Sie mit einer Chakra-Reinigungsmeditation, wobei Sie dem dritten Auge und dem Kronenchakra, den Zentren für übersinnliche Empfänglichkeit, besondere Aufmerksamkeit schenken. Ihre hellsichtigen Readings werden genauer, wenn Sie auch Ihren Körper darauf einstimmen. Aus diesem Grund sollten Sie vor einer Sitzung keine Substanzen zu sich zu nehmen, die die Stimmung oder Energie verändern, auch keine beruhigenden oder stimulierenden Kräuter. Außerdem ist Ihre übersinnliche Rezeptivität besser, wenn Ihr Magen nicht zu voll ist.

Es ist empfehlenswert, ein hellsichtiges Reading mit einem stillen oder laut gesprochenen Gebet zu beginnen. Dieses Gebet hat eine Doppelfunktion. Zunächst einmal dient es als »Schutzgebet«. Zuweilen stellen sich während hellsichtiger

Readings unerwünschte Geister ein. Diese Seelen besitzen keine destruktive oder böse Macht, sie könnten Ihnen jedoch unwissentlich falsche oder sogar schädliche Informationen übermitteln, die Sie dann an Ihre Klienten weitergeben. Solche ungebetenen Gäste sollten Sie also nicht in Ihre Nähe lassen. Ein Gebet, eine Bibel in der Nähe, vollkommene Abstinenz von Alkohol vor einer Sitzung und eine Einladung an die heiligen Meister und Erzengel, Sie schützend zu begleiten, halten niedrig schwingende Seelen und Geister von Ihren hellsichtigen Sitzungen fern.

Zweitens hilft Ihnen ein Gebet, sich in Ihrem höheren Selbst zu zentrieren. Es erinnert Sie daran, dass nicht *Sie* das Reading vornehmen, sondern dass Sie lediglich ein Kanal für Botschaften sind, die aus höheren Dimensionen kommen. Das hilft Ihnen, alle Nervosität abzulegen, die den Empfang übersinnlicher Informationen blockieren könnte.

Verwenden Sie ein Gebet, das Ihnen ein Gefühl spirituellen Schutzes vermittelt und ehrlich Ihren Glauben und Ihre Überzeugungen reflektiert. Aufgrund meines christlichen Hintergrunds schließen meine Gebete und hellsichtigen Readings immer Jesus und den Heiligen Geist ein. Doch zählen zu meinen Klienten auch Juden, Buddhisten und Agnostiker. Ich oktroyiere niemals einem anderen meinen Glauben auf, und meine nichtchristlichen Klienten sind immer dankbar für die Heilung, die sie erhalten. Daher (und ich habe sie gefragt) macht es ihnen nicht das Geringste aus, wenn ich während unserer Sitzungen den Namen Jesu benutze. Wenn ich jedes Mal aus Sorge um »politisch korrekte« Formulierungen mein normales Vokabular korrigieren müsste, würde solch unauthentisches Verhalten mein Ego auf den Plan rufen, und ich könnte kein Kanal für Heilung mehr sein.

Das Gleiche gilt für Sie und Ihre Überzeugungen; daher sollten Sie ein Gebet wählen, das mit Ihrem Glauben übereinstimmt und Sie geistig stärkt.

In der Regel beginne ich meine Readings, indem ich das »Vaterunser« oder folgendes Gebet spreche:

SCHUTZGEBET

Ich rufe die himmlische Präsenz und Führung Jesu und des Heiligen Geistes an und lade sie ein, in diesen Raum zu kommen. Ich rufe den Erzengel Michael an und bitte ihn, während dieses Readings über uns zu wachen. Und ich rufe die Liebe und Führung unserer Engel und geistigen Führer an und lade sie ein, uns zu behüten. Nun versiegele ich diesen Raum mit dem weißen Licht göttlicher Liebe. Sollten irgendwelche Geister bei unserer Sitzung erscheinen, die nicht unserem Höchsten und Besten dienen, bitte ich den Erzengel Michael und seine Truppen, diese Wesen zu ihrem eigenen Besten zum Licht zu führen. Wir bitten um klare Führung hinsichtlich des Themas, zu dem [Name des Klienten] heute hier ist. Ich bitte darum, dass mir diese Informationen klar übermittelt werden und mir geholfen wird, sie exakt weiterzuleiten.

Amen.

Viele Hellsichtige verbrennen während ihrer Sitzungen auch Räucherwerk mit Salbei oder Weihrauch, da diese unerwünschte Geister abwehren.

Kristalle

Während Ihrer hellsichtigen Readings werden Sie es unter Umständen als hilfreich empfinden, einen klaren Quarzkristall in Ihrer empfangenden Hand zu halten (die Hand, mit der Sie normalerweise *nicht* schreiben). Auch wenn Materie keine eigene Kraft besitzt, haben Kristalle doch die Fähigkeit – »Piezoelektrizität« genannt –, das Volumen und die Klarheit der spirituellen Kraft und Kommunikation, die durch Sie fließen, zu verstärken. Schließlich werden Quarzkristalle auch in modernen Kommunikationsgeräten wie beispielsweise Radios, Armbanduhren und Computern verwendet.

Kristalle absorbieren übersinnliche Energie, daher sind sie nach gewisser Zeit mit übersinnlichen Schlacken »verstopft«. Wenn sich der Kristall in einem Raum befindet, wo Menschen sich Sorgen machen oder Angst haben, ist er bald voller nega-

tiver Gedankenenergie. Sie können Kristalle reinigen, indem
Sie sie vier bis fünf Stunden in die Sonne legen. Legen Sie sie
nicht in Salzwasser oder andere Lösungen, da diese den Kristall erodieren könnten.

Durchführung eines hellsichtigen Readings

Setzen Sie sich Ihrem Klienten gegenüber und schließen Sie
die Augen. Es ist hilfreich, aber nicht notwendig, die Hände
des Klienten zu halten. Stattdessen können Sie auch eine Arm-
banduhr, einen Schlüssel, Ring oder irgendeinen anderen Gegenstand in der Hand halten, mit dem Ihr Klient oft Kontakt
hat. Die Hände Ihres Klienten oder sein persönliches Eigen-
tum besitzen Schwingungen, die Informationen über seine
Person enthalten. Wenn Sie diese in der Hand halten, funktionieren Sie wie ein Fernsehapparat oder ein Plattenspieler, der
die Schwingungen in ein verständliches Bild überträgt.

Falls Sie oder Ihr Klient nervös oder aufgeregt sind, beginnen Sie die Sitzung, indem Sie ihn auffordern, drei tiefe
Atemzüge zu nehmen, während Sie das Gleiche tun. Eine andere gute Möglichkeit, die übersinnlichen Kanäle zu öffnen,
besteht darin, Ihren Klienten zu bitten, folgende Worte entweder innerlich oder laut zu wiederholen: »Einssein in Liebe,
Einssein in Liebe, Einssein in Liebe.« Das stimmt Ihren Klienten auf die universelle Einheit ein und ermöglicht es der göttlichen Weisheit, sich in Ihre Sitzung zu ergießen.

Dann bitten Sie Ihren Klienten, sich innerlich auf seine
Frage zu konzentrieren. Gleichzeitig können Sie im Stillen
den Heiligen Geist, Jesus oder einen aufgestiegenen Meister
fragen: »Was soll ich wissen?« Erlauben Sie Ihrem Geist, sich
völlig zu öffnen, um die Antwort zu empfangen. Vertrauen
Sie dem, was Sie empfangen, selbst wenn die Information für
Sie keinen Sinn ergeben sollte.

Teilen Sie Ihrem Klienten die Informationen so mit, als
würden Sie die neuesten Nachrichten weitergeben. Erzählen
Sie einfach nur, was Sie sehen, hören, wissen und fühlen, und
zwar genau in der Reihenfolge, wie es in Ihr Bewusstsein

dringt. Wenn Sie eine Information erhalten, über die Sie sich nicht sicher sind, dann sagen Sie das. Das Gleiche gilt, wenn Sie Informationen empfangen, die zweideutig scheinen. Wenn Sie den Eindruck haben, irgendwelche Informationen könnten durch Ihr eigenes Ego getrübt sein, dann erwähnen Sie auch das. Seien Sie Ihrem Klienten gegenüber absolut offen und ehrlich bezüglich aller Informationen, Einzelheiten und Eindrücke, die in Ihrem Bewusstsein auftauchen. Sie wissen nie, welcher Teil einer Information für Ihren Klienten wichtig ist. Vertrauen Sie seiner Fähigkeit, das Reading sinnvoll zu interpretieren.

Falls Sie beschließen, Ihrem Klienten ein wenig menschlichen Rat zukommen zu lassen, sollten Sie Ihre Erklärung mit den Worten beginnen: »Dieser Rat kommt jetzt von mir.« Andernfalls geht Ihr Klient vielleicht davon aus, dass der Ratschlag seinen Ursprung in den höheren Dimensionen hat und lediglich durch Sie weitergeleitet wurde.

Falls Sie oder Ihr Klient sich der Bedeutung einer Information, die Sie erhalten, nicht sicher sind, bitten Sie Ihre geistigen Führer um Klärung. Zuweilen haben wir Angst, dass unsere geistigen Führer ärgerlich oder ungeduldig werden könnten und uns vielleicht sogar verlassen, wenn wir nachfragen: »Was meinst du damit?«, oder: »Könntest du bitte noch einmal wiederholen, was du eben gesagt hast?«, oder: »Ein wenig lauter, bitte.« Nichts könnte weiter von der Wahrheit entfernt sein! Die aufgestiegenen Meister möchten, dass wir ihre Botschaften klar und deutlich erhalten, und sie begrüßen unsere Bemühungen, ihre Informationen klar zu empfangen.

Falls sich Ihr Ego mitten in einem Reading mit nervtötenden Fragen dazwischendrängt, wie beispielsweise: »Ich frage mich, ob ich mir das nicht vielleicht alles einbilde.«, oder: »Ist die Information, die ich gerade empfange, auch wirklich echt?«, dann halten Sie einen Augenblick inne und nehmen ein paar tiefe Atemzüge. Beten Sie um Hilfe und bitten Sie die Engel, Ihre Zweifel zu vertreiben.

Während Sie bei Klienten ein Reading durchführen, können Sie Informationen über alle Personen empfangen, mit denen diese in Kontakt stehen. Wenn eine Klientin zum Beispiel etwas über ihren Chef, Vater, Kollegen oder Ehemann wissen möchte, fragen Sie Ihre geistige Führung: »Was soll ich über diesen Menschen wissen?« Sie werden sofortigen Zugang zu Informationen über die andere Person haben, so als sei sie mit Ihnen im Raum.

Einmal gab ich einer Unternehmerin ein Reading, die dabei war, eine Wohltätigkeitsorganisation für Kinder zu gründen. Sie machte sich Sorgen wegen der Integrität der Vorstandsmitglieder und bat um ein Reading über die wahren Absichten jedes einzelnen. Ich konnte sofort jedes Vorstandsmitglied sehen und »lesen«. Als ich den letzten von ihnen lesen wollte, sah ich eine Gruppe von Menschen, die jemanden in ihrer Mitte umringten. Es war, als ob sie diese Person vor meinen Blicken verbergen wollten. Ich erzählte meiner Klientin, was ich sah, und sie erwiderte, der Betreffende sei ein gläubiger Mormone. So wie ich den Glauben der Mormonen verstehe, gehe ich davon aus, dass verstorbene Mitglieder seiner Kirche mich daran hinderten, ihn zu lesen. Also respektierte ich ihren Wunsch, seine Privatsphäre zu achten, und versuchte nicht, ihn zu lesen.

Bei dieser Episode taucht das Thema »Ethik« im Zusammenhang mit hellsichtigen Readings auf. Sie werden feststellen, dass Sie Zugang zu jeder Art privater Informationen haben, die man sich nur vorstellen kann. Eine Klientin wollte einmal etwas über ihre Finanzen wissen, und im nächsten Augenblick wurde mir ein Bild ihres Scheckhefts übermittelt, zusammen mit der Geldsumme, die sie auf ihrem Konto hatte! Bei einem anderen Klienten sah ich vor meinem inneren Auge eine sehr peinliche Vision seiner sexuellen Gewohnheiten. Genau wie ein Arzt sollten Sie bei der Übermittlung der Dinge, die Sie sehen, Mitgefühl walten lassen.

Die wichtigste Frage bei der Entscheidung, wie Sie mit Ihren hellsichtigen Fähigkeiten umgehen sollten, lautet: »Wozu wird diese Information gebraucht?« Benutzen Sie Ihre übersinnlichen Kräfte im Sinne von Liebe und Heilung oder aus fehlgeleiteten Ängsten oder einem Wunsch nach Drama und Aufregung? Falls Sie über Ihre wahren Motive verwirrt sein sollten, seien Sie ehrlich zu Ihren geistigen Helfern. Sagen Sie ihnen: »Mir gefällt nicht, was ich im Moment fühle und denke. Bitte helft mir, in meinem Inneren Liebe und Frieden wieder herzustellen.«

Sie werden höchstwahrscheinlich hier und da Klienten haben, die sich von Ihren Readings abhängig machen. Das bringt Sie in eine schwierige Situation. Zunächst werden Sie sich vielleicht geschmeichelt fühlen. Die Möglichkeit, durch solche regelmäßige Klienten ein zuverlässiges Einkommen zu erzielen, erscheint Ihnen vielleicht verführerisch. Doch vergessen Sie nicht, dass Sie Ihren Klienten und sich selbst einen schlechten Dienst erweisen, wenn diese glauben, Sie hätten »besondere Kräfte«. Ihre Arbeit muss bei allen Klienten in die Richtung gehen, dass diese lernen, Gottes Stimme durch ihre eigene innere Führung zu hören. Das ist es, was Ihre Klienten letzten Endes heilt, und Teil Ihrer Funktion als Lichtarbeiter ist es, andere zu ihrer Göttlichkeit aufzuwecken.

Das direkte Übermitteln von Botschaften

Beinahe alle Hellsichtigen leiden hin und wieder unter Selbstzweifeln hinsichtlich der Botschaften, die sie während eines Readings empfangen. Sie denken dann vielleicht: »Bilde ich mir das nur ein oder handelt es sich hier um eine echte übersinnliche Botschaft?« Sie können solche Ängste vermeiden, indem Sie Ihren Klienten einfach alles weitergeben, was Sie sehen, hören, fühlen und wissen. Vertrauen Sie darauf, dass diese in der Lage sind, den Sinn der Botschaften zu verstehen.

Manchmal, wenn ich mir der empfangenen Informationen wirklich nicht sicher bin, schicke ich die Erklärung voraus: »Ich bin mir jetzt nicht sicher, ob diese Information aus den höheren Dimensionen kommt oder aus meinem eigenen Unbewussten, doch ich höre Folgendes ...« Mein Ziel ist immer, mit der geistigen Welt wie auch mit meinen Klienten hundertprozentig authentisch zu sein.

Zugegebenermaßen teile ich einem Klienten manchmal aber auch zu viele Informationen mit, was vorübergehend zu Verwirrung führen kann. Zum Beispiel gab ich meiner Klientin Kim ein Reading über eine bevorstehende Liebesbeziehung. Ich konnte sehen, dass sie sehr bald einem besonderen Mann begegnen würde, doch gleichzeitig sah ich auch eine Menge anderer Begebenheiten, die irgendwie mit dieser Begegnung zu tun hatten. Ich erzählte ihr alles, was ich bezüglich ihrer potenziellen Beziehung sah und fühlte, auch wenn ich mir nicht sicher war, welche Einzelheiten sich direkt auf die Begegnung bezogen. Hier ist Kims späterer Bericht:

Im März 1996 sprach ich mit Doreen über meinen Wunsch nach einer erfüllenden Liebesbeziehung. Doreen sagte, sie sei ziemlich sicher, dass ich demnächst einen Mann kennen lernen würde, dessen Name mit dem Buchstaben »J« anfing. Was Doreen nicht wusste: Vier andere Personen mit hellsichtigen Fähigkeiten hatten mir bereits das Gleiche gesagt!

Anfang Mai gab Doreen mir dann ausführlichere Informationen. Sie meinte, dass ich wahrscheinlich zunächst den Bruder meines zukünftigen Partners kennen lernen und dass dieser mir die Telefonnummer seines Bruders geben würde. Doreen sagte weiter, dass unser erstes Rendezvous wohl in einem Straßencafé in der Nähe einer Wasserfläche stattfinden würde. Sie sah Tische mit Sonnenschirmen und Tauben. Sie erwähnte, dass der Mann sehr auffallende blaue Augen hatte, und meinte, sein Name könnte Joel sein. Außerdem sei er geschieden und habe zwei kleine Kinder.

Gegen Ende Mai waren meine Freundin Susan (die die ganze Geschichte kannte) und ich bei einer Esoterikmesse. Ein hoch gewachsener, gut aussehender Mann kam auf mich zu, und wir sprachen kurz über meine Arbeit. Nach zwei Minuten sagte er: »Mein Bruder lebt ganz in Ihrer Nähe, und ich glaube, Sie sollten ihn kennen lernen. Ich schreibe Ihnen seinen Namen und seine Telefonnummer auf.« Susan stupste mich an und flüsterte aufgeregt: »Das muss der Mann mit dem Bruder sein!«

Ich war mir fast sicher, dass dieser Bruder mein lang erwarteter Partner sein könnte, abgesehen von der Tatsache, dass sein Name mit »B« anfing. »Na ja«, dachte ich, »vielleicht hat Doreen sich ja bei diesem kleinen Detail geirrt.« Also verabredete ich mich mit ihm zum Mittagessen in einem Restaurant seiner Wahl.

Als ich mich dem Restaurant näherte (in dem ich noch nie gewesen war), sah ich, dass es gleich an der Straße oberhalb des Strandes lag, dass die Tische mit Sonnenschirmen bestückt waren und dass es sogar Tauben gab, die über die Terrasse spazierten. Außerdem fiel mir auf, dass der Mann, der dort auf mich wartete, sehr lebhafte blaue Augen hatte. Es gab nur ein Problem: Ich wusste in dem Moment, als ich ihn zum ersten Mal erblickte, sofort, dass *er nicht der war, auf den ich schon so lange wartete!* Zu sagen, ich sei enttäuscht gewesen, wäre eine Untertreibung.

Am nächsten Tag sollte ich an einem lokalen Tennisturnier teilnehmen. Der Turnierleiter, ein netter Mann namens Jake, gab mir die notwendigen Anweisungen, wir hatten eine kurze Unterredung, und er schickte mich ins erste Match. Ich spielte zwei Matches, verlor das zweite und ging dann nach Hause. Nichts Außergewöhnliches war passiert. Doch im Laufe des Nachmittags ging mir immer wieder der Name »Jake« durch den Kopf.

»Wieso denke ich ständig an diesen Mann? Das ist doch wirklich seltsam!«, sagte ich zu mir selbst. Die Tatsache, dass sein Name mit »J« begann, kam mir überhaupt nicht in den Sinn!

Am Spätnachmittag des gleichen Tages hinterließ ein Mann namens Joel – mit dem ich ein paar Monate vorher am Telefon gesprochen, den ich jedoch nie gesehen hatte – eine Nachricht auf meinem Anrufbeantworter, in der er sagte, er fände es an der Zeit, dass wir uns mal treffen. *Joel war geschieden und hatte zwei kleine Kinder!*

Diese Begegnung fand jedoch nie statt, da Jake mich am Sonntag zu einem Ausgleichsmatch einlud. Danach gingen wir auf eine Party, trafen uns am Dienstag zum Mittagessen, gingen abends auf ein paar Drinks ... und am Donnerstag – fünf Tage nach unserer ersten Begegnung – ließ ich meine Freundinnen wissen: »Das ist der Mann, den ich heiraten werde.« *Das hatte ich noch nie zuvor über irgendeinen Mann gesagt!*

Und so stellte sich heraus, dass Jake, der Tennisprofi mit den unglaublich blauen Augen (die ich erst bei unserer zweiten Begegnung zu sehen bekam, da er beim ersten Mal eine Sonnenbrille getragen hatte), der »J«-Mann war, den Doreen vorausgesagt hatte. Fünf Monate später waren Jake und ich glücklich verlobt, und bald werden wir heiraten!

Kims Geschichte ist ein gutes Beispiel dafür, dass Klienten die Informationen, die Sie empfangen und an sie weitergeben, schon irgendwie richtig verstehen werden. Manchmal bekomme ich sehr detaillierte hellsichtige Informationen, die sich speziell auf die Fragen oder Anliegen meiner Klienten beziehen. In anderen Fällen, wie bei Kims Reading, erhalte ich periphere Informationen, die nur indirekt mit dem Anliegen der Klienten zu tun haben. Bei Kims Reading spürte ich jedoch definitiv, dass sie bald eine wichtige Liebesbeziehung eingehen würde. Immer wieder erwähnte ich dieses Gefühl ihr gegenüber; alles andere war offensichtlich nur eine Art Ausschmückung dieses zentralen Themas.

Falls Ihr Reading falsch zu sein scheint

Selbst die besten Hellseher der Welt geben zuweilen Readings, die offenbar falsch sind. Tatsächlich berichten die führenden Hellseher/innen, dass zehn bis dreißig Prozent der Informationen, die sie während eines Readings weitergeben, unrichtig sind. Was ist der Grund dafür?

Die am weitesten verbreitete Ursache, wie ich bereits erwähnt habe, besteht darin, dass die Information aus dem Ego des Hellsehers kommt und nicht aus seinem höheren Selbst. Jeder rutscht hin und wieder aus verschiedenen Gründen in sein Ego – zum Beispiel aufgrund von Angst, Müdigkeit oder Vorurteilen.

Davon abgesehen beruht ein Teil der Informationen, die wir unseren Klienten geben, auf ihren gegenwärtigen Gedankenmustern. Nehmen wir an, Sie geben ein Reading, bei dem Sie sehen, dass Ihr Klient einen neuen Job annimmt. Zum Zeitpunkt des Readings trifft diese Information noch zu. Doch später ändert Ihr Klient seine Sichtweise vielleicht in eine positive oder negative Richtung. Diese Veränderung im Denken wird sich natürlich auf seine Zukunft auswirken – und damit auch auf seine berufliche Situation.

Hinzu kommt die Möglichkeit, dass Ihr Reading die Gedanken eines Klienten so stark verändert, dass es dadurch ungültig wird. Wenn Sie zum Beispiel einer Klientin mitteilen, dass sie demnächst einem wunderbaren Liebespartner begegnen wird, macht sie vielleicht vor lauter Nervosität dicht. Ihre innere Spannung kann dann verhindern, dass sie ihren potenziellen Partner trifft oder attraktiv auf ihn wirkt.

Manchmal hat es nur deshalb den Anschein, ein Reading sei unrichtig, weil die Vorhersagen nicht sofort eintreffen. Vielleicht wird sich Ihr Reading jedoch nach einer gewissen Zeit als richtig herausstellen. Nach meiner Erfahrung ist es schwierig, den Zeitpunkt eines zukünftigen Ereignisses genau zu bestimmen. Zum Beispiel fragt ein Klient möglicherweise: »Wann werde ich mein Haus verkaufen?«, und ich kann ihm darauf keine genaue Antwort geben, doch kann ich sehen, dass er es verkaufen wird, wenn es wärmer ist. Vielleicht sage ich dann so etwas wie: »Es fühlt sich wie Sommer an, und ich höre die Zahl ›Zwei‹ in meinem Kopf. Da in zwei Monaten August ist, würde ich sagen, dass es dann aller Wahrscheinlichkeit nach so weit ist. Doch da Zeitangaben nicht meine Stärke sind, bin ich mir nicht hundertprozentig sicher. Auf jeden Fall habe ich aber ein starkes, positives Gefühl, dass Sie das Haus verkaufen und mit dem Verkaufspreis einigermaßen zufrieden sein werden.«

Es ist wichtig, dass Sie sich nicht verurteilen, wenn Ihnen bei Readings gelegentliche »Fehler« unterlaufen. Wenn Sie sich jedes Mal über sich selbst ärgern, wenn Ihr Reading nicht hundertprozentig genau war, werden Sie Ihre hellsichtige Tätigkeit bald nicht mehr genießen können. Ihre Klienten sind liebevolle und verzeihende Wesen. Es ist äußerst unwahrscheinlich – es sei denn, Ihr Reading basiert ausschließlich auf Ihrem Ego und ist daher völlig unzutreffend –, dass Ihre Klienten bestürzt reagieren, falls Sie in Ihren Sitzungen zwei oder drei Details »falsch« weitergeben.

Konzentrieren Sie sich auf Ihre Erfolge und bitten Sie Ihre geistigen Führer, Ihnen bezüglich der Genauigkeit Ihrer Readings zu helfen. Wahrscheinlich werden Sie feststellen, dass es sich bei unrichtigen Aussagen um Symbole handelte, die Sie wörtlich gedeutet haben. Nehmen wir zum Beispiel an, dass Ihnen hellsichtig ein Baby gezeigt wird. Sie nehmen an, dass Ihre Klientin ein Kind erwartet, und fragen sie: »Denken Sie daran, ein Kind zu bekommen?« Worauf sie abwehrend antwortet: »Nein, ich bin sterilisiert.« Verzweifeln Sie jetzt nicht und geben Sie Ihre hellsichtige Arbeit deshalb nicht gleich auf! Ihre geistigen Führer haben vermutlich das Bild eines Babys nur verwendet, um das Thema »Neubeginn« zu symbolisieren. Um unnötige Verwirrung zu vermeiden, erzählen Sie Ihren Klienten einfach, was Sie sehen, und erklären, dass Sie nicht sicher sind, ob die Botschaft symbolisch gemeint oder ein tatsächliches Bild der Zukunft ist. Prüfen Sie immer wieder Ihr inneres Gefühl, und bald werden Sie in der Lage sein, Symbole von tatsächlichen Vorhersagen zu unterscheiden.

Readings auf Distanz

Ein Klient muss während eines hellsichtigen Readings nicht unbedingt physisch anwesend sein. Ich persönlich erledige die meiste Arbeit mit Klienten über das Telefon. Sie können auch während Ihrer Meditation andere Menschen »lesen«. Wenden Sie sich dabei an Ihr höheres Selbst, um abzuklären, ob es in Ordnung ist, ein Reading bei einer anderen Person durchzuführen, der nicht bewusst ist, dass Sie sie lesen, oder die nicht ihre Erlaubnis dazu erteilt hat.

Wenn Sie hellsichtige Readings übers Telefon geben, werden Sie es unter Umständen als hilfreich empfinden, wenn Ihnen Ihr Klient vorher eine handgeschriebene Notiz schickt. Wenn Sie diese Notiz während des Readings in der Hand halten, kann Ihnen dies helfen, sich auf das Energiefeld Ihres Klienten einzustimmen. Nach meiner Erfahrung gibt es keinen qualitativen Unterschied zwischen den Readings, die ich telefonisch gebe, und denen, die ich unter vier Augen vornehme.

Dankbarkeit

Ich empfinde es als sehr wichtig und empfehlenswert, jede Sitzung mit einem Dank an die geistigen Führer zu beenden, die Ihnen ihre Hilfe zukommen ließen. Dankbarkeit ist ihr Honorar, und außerdem trägt sie auch bei Ihnen zu größerer Freude bei.

Hellsichtige Überprüfung der Chakren

Um Ihren Klienten zu helfen, können Sie ihre Chakren hellsichtig scannen, um Größe und Reinheit zu prüfen. Eine andere gern von mir benutzte Methode besteht darin, meine Klienten zu bitten, ihre Schuhe auszuziehen und sich hinzulegen. Dann platziere ich die empfangende Hand (die Hand, mit der Sie normalerweise nicht schreiben) ungefähr drei Zentimeter über den Fuß des Klienten auf der sendenden Seite (der Seite, mit der Sie normalerweise schreiben). Dies ist eine Methode, die von der Heilerin Ina Bryant inspiriert wurde und die die Polarität beziehungsweise den Energiefluss eines Menschen prüft.[1] Wenn ich eine gleichmäßige und starke Energie spüre, die aus dem Fuß meines Klienten kommt, dann weiß ich, dass seine Polarität im Gleichgewicht ist. Falls ich keinerlei Energie aus dem sendenden Fuß meines Klienten kommen spüre, dann sind seine Chakren wahrscheinlich verunreinigt oder nicht im Gleichgewicht.

Außerdem habe ich entdeckt, dass ich an den Stellen »Unebenheiten« und Energieunterschiede fühlen kann, wo ein

Chakra verkleinert oder vergrößert ist, wenn ich über einem liegenden Klienten stehe und meine Hand ungefähr einen halben Meter über seinem Körper bewege. In diesem Fall bestehen unterdrückte Probleme, die mit dem Chakra zu tun haben, das die Unebenheit oder die dichte Energie aufweist.

Wenn Sie feststellen, dass die Chakren eines Klienten in Bezug auf Größe oder Reinheit extrem unterschiedlich sind, ist das eine wertvolle Information. Helfen Sie dem Klienten dann herauszufinden, warum er so viel Energie in diesem Chakra ansammelt. In der Regel ist Angst die Wurzel des Problems. Wenn Sie offen mit dem Klienten reden, wird er wahrscheinlich eine andere Perspektive finden, die ihm helfen kann, seine Angst zu verlieren. Wenn die Angst erst einmal aufgelöst ist, können die Chakren ohne weitere Hilfe in ihren natürlichen und ausgeglichenen Zustand zurückkehren. Sie können die Chakren Ihrer Klienten auch nach jeder Sitzung prüfen, um sicherzugehen, dass sie rein und im Gleichgewicht sind.

Es gibt viele Möglichkeiten, die Energiezentren Ihrer Klienten zu reinigen und zu harmonisieren. Sie können eine Kassette mit einem entsprechenden Text abspielen oder eine geführte Meditation sprechen, bei der Ihre Klienten jedes Chakra als gereinigt und im Gleichgewicht mit den anderen Chakren visualisieren. Zuweilen taste ich auch den Körper meiner Klienten mit meinem geistigen Auge ab und schaue nach Bereichen, die dunkel wirken. Meine innere Führung übermittelt mir dann immer den Grund für diese dunklen Stellen. Manchmal bezieht sich die Dunkelheit auf ein verhärtetes Muster, das in diesem Bereich des Körpers festsitzt. Zum Beispiel habe ich einmal eine Klientin gescannt, eine Verdickung in ihrer Brust bemerkt und intuitiv gefühlt, dass es sich dabei um eine Stauung handelte. Gleichzeitig mit dieser Information sah ich ein Bild ihrer Mutter und Großmutter, die hinter ihr standen. Diese beiden Frauen hielten meine Klientin so erdrückend fest, dass sie praktisch um Luft ringen musste. Sie erklärte, dass ihre Mutter sich nach dem kürzlichen Tod ihrer Großmutter sehr an sie klammerte. Auch erzählte sie, sie hätte eine Bronchitis, und stimmte mir zu, dass diese Erkrankung mit dem Gefühl des Gefangenseins durch ihre Mutter zusammenhing. Wir arbeiteten daran, dass sie ihrer Mutter vergeben und alle Urteile über sie loslassen konnte, woraufhin ihre Atmung sich sofort verbesserte.

Ein anderes Mal scannte ich eine Klientin und fand dunkle Flecken im Bereich ihrer Eierstöcke. Intuitiv spürte ich, dass diese Flecken auf nicht verarbeitete Trauer im Zusammenhang mit einer Abtreibung zurückzuführen waren. Meine Klientin bestätigte, dass sie zwei Abtreibungen hinter sich hatte und diesbezüglich tiefe Schuldgefühle hegte. Unsere Arbeit konzentrierte sich dann darauf, sich selbst und dem Vater des Babys zu vergeben.

Das Durchtrennen ätherischer Schnüre

Jeder Mensch, mit dem wir im Laufe unseres Lebens eine emotionale Erfahrung gemacht haben, bleibt durch eine ätherische Schnur mit uns verbunden. Sie können Ihren Klienten einen großen Dienst erweisen, wenn Sie sie bei Ihren Readings hellsichtig auf solche Schnüre überprüfen, die wie Gummischläuche oder Arterien wirken und in der Regel aus den Chakren kommen. Intensive Beziehungen erzeugen dickere Schnüre als beiläufige Begegnungen.

Suchen Sie bei Ihren Klienten nach solchen Schnüren und stellen Sie dann hellsichtig fest, wer sich am anderen Ende befindet. Die Schnüre, die zu Geschwistern und früheren Liebhabern führen, sind meist besonders dick. Falls diese Beziehungen gesund sind und auf Liebe basieren, können die Schnüre eine Quelle heilender Energie sein, die zwischen diesen beiden Menschen hin- und herfließt. Jedoch werden Sie in der Regel feststellen, dass Ihre Klienten Gefühle von Wut und Angst durch die Schnur empfangen (was auch als »übersinnlicher Angriff« bezeichnet wird) oder die Person am anderen Ende der Schnur Ihrem Klienten Energie absaugt.

Stellen Sie hellsichtig fest, wohin jede einzelne Schnur bei Ihrem Klienten führt. Dann bitten Sie um Erlaubnis, die problematischen Schnüre zu durchtrennen. Dabei können Sie Ihren Klienten verbal und die Person am anderen Ende der Schnur mental um Erlaubnis bitten. Falls die nicht anwesende Person keine Erlaubnis erteilt (die Sie hellsichtig empfangen, indem Sie ein »Ja« hören oder fühlen), dann schneiden Sie die Schnur einfach nur von Ihrem Klienten los, ohne das andere Ende abzuschneiden.

Um eine Schnur zu durchtrennen, visualisieren Sie, wie eine scharfe Schere sie zerschneidet; dann lösen Sie die Schnur mental auf oder stellen sich vor, wie Sie die Schnur aus den beiden beteiligten Personen herausziehen. Ich hatte auch einmal eine Klientin, die so viele Schnüre zu ihren früheren Liebhabern aufwies, dass ich in meiner Vorstellung einen Rasenmäher verwendete, um sie alle zu entfernen.

Das Durchtrennen dieser Schnüre ist deutlich spürbar, und Ihr Klient wird möglicherweise zusammenzucken, wenn Sie diese Verbindungen durchtrennen. Wahrscheinlich werden Sie dabei eine Veränderung des Luftdrucks feststellen. Die Person am anderen Ende der Schnur wird die Veränderung ebenfalls bemerken. Vielleicht wird der Betreffende an Ihren Klienten denken, ohne den Grund dafür zu kennen; möglicherweise ruft er auch an und sagt: »Ich musste gerade an dich denken.«

Heilende Energie senden

Eine andere wirkungsvolle Heilungsmethode besteht darin, reines weißes Licht zu visualisieren, das von Gott durch Ihr Kronenchakra und durch Ihre Fingerspitzen fließt. Richten Sie Ihre Fingerspitzen auf Ihren Klienten, um den Fluss der Lichtstrahlen auf ihn zu lenken.

Die Frage des Honorars

Die beste Führung bezüglich der Bezahlung für Ihre Dienste kann Ihnen Ihr höheres Selbst geben. Ich empfehle Ihnen, über dieses Thema zu meditieren und bei der Entscheidung, was sich für Sie richtig anfühlt, um geistige Hilfe zu bitten. Als ich mit meiner hellsichtigen Beratungsarbeit begann, nannte mir mein innerer geistiger Führer einen bestimmten Betrag, den ich fordern sollte. Ich wehrte mich gegen diese Summe und sagte: »Das ist zu viel Geld. Ich würde es nicht wagen, so viel zu fordern!« Also begann ich, einen wesentlich niedrigeren Betrag als den empfohlenen zu verlangen. Doch bald hatte ich so viele Klienten, dass ich eine Warteliste anlegen musste. Ich war dermaßen mit Klienten überlastet, dass ich meine Arbeit nicht mehr genießen konnte. Ich dachte: »Hätte ich doch nur auf den Rat meines Führers gehört und die Summe gefordert, die mir genannt wurde, dann wäre meine Situation jetzt ausgeglichener und harmonischer.« Ich betete um Führung in dieser Angelegenheit und gelangte schließlich zu einer Entscheidung, die für mich stimmig war.

Viele Heiler/innen empfinden es als richtig, ihre Dienste zum Beispiel einem oder zwei Klienten pro Monat umsonst zukommen zu lassen. Manche Heiler – unter anderen auch Edgar Cayce und Phineas Quimby – nahmen kein Geld für ihre Dienste. In der Regel brachten ihre Klienten ihnen Lebensmittel oder andere Geschenke mit, um auf diese Weise ihre Dankbarkeit zu zeigen. Gerry Jampolsky ist ein Heiler der Gegenwart, der genauso verfährt.

Folgen Sie beim Festlegen des Honorars dem Weg, der sich für Sie richtig anfühlt. Vergessen Sie dabei aber nicht, dass Sie Ihre heilige Mission als Lichtarbeiter eventuell nicht erfüllen können, wenn Sie sich mit zu vielen Klienten überlasten. Wenn Sie zudem nur geben und es ablehnen zu empfangen, versagen Sie dem anderen das Geschenk des Gebens. Würdigen Sie sich selbst und finden Sie ein inneres Gleichgewicht, und Sie werden sich vieler Jahre des fruchtbaren Dienstes am Nächsten erfreuen.

KAPITEL 20

MEDIALARBEIT UND CLEARINGS

*»Je mehr ich die Dinge beobachte und studiere,
desto mehr bin ich der Überzeugung, dass der Schmerz über Trennung
und Tod vielleicht die größte aller Illusionen ist. Zu erkennen,
dass es sich um eine Illusion handelt, bedeutet, frei zu werden.
Es gibt keinen Tod, keine Trennung von der Substanz.«*

MAHATMA GANDHI,
indischer Nationalist und spiritueller Lehrer

So wie Sie Ihren Klienten problemlos ein hellsichtiges Reading über ihre Freunde und Bekannten geben können, können Sie ihnen auch ein Reading über ihre verstorbenen Verwandten geben. Mediale Tätigkeit ist nicht schwerer oder leichter, als ein hellsichtiges Reading zu geben. Lassen Sie sich also von dem Begriff »Medium« nicht einschüchtern.

Wie bei hellsichtigen Readings sollten Sie sich auch hier über die Motive im Klaren sein, aus denen heraus Sie die Verstorbenen kontaktieren. Praktisch alle großen Religionen warnen vor der Gefahr, Rat von denen zu suchen und anzunehmen, die gestorben sind – und aus gutem Grund. Der physische Tod eines Menschen löscht nicht automatisch dessen Ego aus und gibt der Seele auch keinen sofortigen Zugang zu höherer Weisheit. Menschen, seien sie nun lebendig oder verstorben, gelangen nur durch das Bewusstsein ihres wahren Selbst in Gott zu Weisheit. Manchmal sind Menschen so beeindruckt von der Tatsache, dass sie tatsächlich Kontakt mit einem Verstorbenen hergestellt haben, dass sie jedes seiner Worte als höchste Weisheit betrachten. Jedoch ist eine Seele im Jenseits nicht automatisch Gott oder der höchsten Wahrheit näher als eine Seele, die noch ihren physischen Körper bewohnt. Warum sollte man also den Rat eines Wesens annehmen, das praktisch nicht mehr als ein Drittklässler ist, wenn man doch genauso gut gleich mit Gott, dem ultimativen Lehrer, oder zumindest mit einem aufgestiegenen Meister sprechen kann?

Dennoch gibt es legitime und gute Gründe, Verstorbene zu kontaktieren. Ein wichtiger Grund, warum Sie vielleicht zur Tätigkeit als Medium aufgefordert werden, ist der, Ihren Klienten bei der Auflösung alter Bitterkeit zwischen ihnen und verstorbenen Verwandten zu helfen. Dies gilt vor allem dann, wenn Sie mit Klienten arbeiten, die in ihrer Kindheit missbraucht wurden, wobei der Täter inzwischen verstorben ist.

Wie ich schon an früherer Stelle erwähnte, werden verstorbene Gewalttäter oft zu erdgebundenen Geistern. Meist klammern sie sich aus Reue an die Aura ihres noch lebenden Opfers, weil sie ihre Übergriffe wieder gutmachen wollen, oder auch aus dem ungesunden Verlangen, in der Nähe des betreffenden Menschen zu sein. In einem späteren Abschnitt dieses Kapitels (siehe *Clearing*) beschreibe ich detailliert Möglichkeiten, mit dieser Art von Situation umzugehen.

Ein anderer wichtiger Grund für die Tätigkeit als Medium besteht darin, trauernden Klienten eine Kommunikation mit ihren verstorbenen Verwandten zu ermöglichen. Diese Sitzungen zählen zu meinen liebsten Tätigkeiten, da sie oftmals sehr bewegend sind. Die Verstorbenen sagen den Überlebenden meist: »Mir geht es gut. Mach dir keine Sorgen um mich. Bitte leb dein Leben weiter.« Wenn die Trauer der Überlebenden sehr stark ist, kann sie den spirituellen Fortschritt der verstorbenen Seele im Jenseits behindern. So kann es sein, dass wir unsere verstorbenen Liebsten durch unsere Trauer erdgebunden halten. Das ist für niemanden gut, und Teil Ihrer Tätigkeit als Medium ist es, Ihren Klienten zu ermöglichen, Verstorbene loszulassen und ihr eigenes Leben weiterzuleben.

Ein anderer guter Grund für die Arbeit als Medium ist der, Ihren Klienten die Angst vor dem physischen Tod zu nehmen. Diese Angst hält viele von uns davon ab, das Leben voll zu genießen, da wir ständig krampfhaft versuchen, unsere physische Sicherheit zu gewährleisten. Sobald Sie jedoch davon überzeugt sind, dass Ihre Seele unsterblich ist, können Sie automatisch einen großen Teil Ihrer Angst und Depression loslassen. Als ich James Redfield, den Autor der *Prophezeiungen von Celestine,* für das Magazin *Complete Woman* interviewte, fragte ich ihn nach der elften und zwölften Einsicht, um die es in seinem nächsten Buch gehen sollte. Redfield sagte, er sei sicher, dass es dabei um eine verstärkte Zusammenarbeit zwischen den Seelen auf beiden Seiten des Schleiers, also hier und im Jenseits, gehen würde. Redfield ist wie ich der Ansicht, dass der Schleier, der die beiden Welten trennt, zusehends dünner wird.

Geistführer

Viele Medien empfangen ihre Informationen durch einen Geistführer, der als kontrollierende Instanz wirkt. Dabei handelt es sich in der Regel um einen hoch entwickelten Führer, der als Wächter fungiert und dessen Aufgabe es ist, zu entscheiden, welche Seelen während einer Sitzung »durchkommen«. Sehr oft wirkt er als Kanal für die Kommunikation mit der geistigen Welt. Die Seelen sprechen mit diesem Geistführer, der die Botschaften an das Medium weitergibt, das sie dann dem Klienten mitteilt.

Die meisten Medien bitten nicht um einen solchen kontrollierenden Geistführer, sondern werden vielmehr von ihm ausgewählt. Doch kann man auch darum bitten, dass einem ein solcher Führer zugewiesen wird. Wenn Sie nicht sicher sind, ob Sie einen bei sich haben oder nicht, fragen Sie während Ihrer Meditation oder unmittelbar vor dem Schlafengehen danach. Wie bei allen Fragen werden Sie auch hier eine Antwort erhalten. Ich persönlich nehme nicht die Dienste eines solchen Geistführers in Anspruch, da es mir leicht fällt, Geister zu unterscheiden und direkt mit ihnen zu sprechen.

Trance-Medien

Die Kommunikation mit Geistern findet normalerweise statt, während das Medium sich in einem leicht veränderten Bewusstseinszustand befindet, oft auch Trance genannt. Es gibt hierbei drei Ebenen der Trance: leicht, halb und voll.

Ein Voll-Trance-Medium fällt in einen schlafähnlichen Zustand, und ein kontrollierender Geistführer übernimmt den Körper. Dieser spricht durch das Medium; er ist das Wesen, das die Botschaften aus dem Jenseits übermittelt. Nach der Sitzung weiß das Voll-Trance-Medium nicht, was gesagt oder getan wurde. Unter Umständen fühlt es sich anschließend leicht erschöpft oder benommen.

Ein Halb-Trance-Medium ist sich teilweise dessen bewusst, was während der Sitzung gesagt wird. Wie das Voll-Trance-Medium gestattet es in der Regel dem kontrollierenden Geistführer oder dem verstorbenen Familienangehörigen des Klienten, durch ihn zu sprechen. Andere Halb-Trance-Medien und alle Leicht-Trance-Medien fungieren als Übermittler, indem sie weitergeben, was der verstorbene Verwandte sagt. Diese Art von medialer Tätigkeit beinhaltet keinerlei »Channeling«.

Der hauptsächliche Unterschied zwischen einem »Channel« und einem Medium besteht darin, dass die Übermittlungen beim Channeling normalerweise auf eine bestimmte Wesenheit beschränkt sind. Im Gegensatz dazu sprechen Medien mit vielen verschiedenen Geistern.

Die mediale Erfahrung

Wenn Sie sich zu der Arbeit als Medium hingezogen fühlen, dann folgen Sie mit großer Wahrscheinlichkeit einer inneren Berufung. Heiler scheinen diese Form der Arbeit entweder zu genießen oder sie völlig zu vermeiden, da die Vorstellung, mit verstorbenen Menschen zu reden, ihnen Angst macht. Bitte vergessen Sie nicht, dass die Tätigkeit als Medium, genau wie jede andere hellsichtige Arbeit, keine speziellen Kräfte erfordert. Jeder kann mit den Seelen im Jenseits kommunizieren. Alles, was dazu nötig ist, sind ein wenig Übung und Geduld. Möglicherweise hilft Ihnen eine Beschreibung der Erfahrung als Medium, damit Sie wissen, was Sie zu erwarten haben, wenn Sie eine Sitzung durchführen.

Stellen Sie sich vor, Sie betreten einen großen, schwach beleuchteten Raum. Zunächst können Sie die Gegenwart anderer Menschen in diesem Raum kaum spüren; Sie empfinden nur ein Gefühl von »Ich bin nicht allein«. Dann werden langsam die Umrisse und Formen der Personen klarer. Sie entdecken eine Person in dem Raum, die Ihnen freundlich gesinnt zu sein scheint, und Sie beginnen mit ihr zu sprechen. Je mehr Sie mit ihr reden, desto mehr gewöhnen sich Ihre Augen an die schwache Beleuchtung im Raum. Allmählich beginnen Sie genauere Einzelheiten Ihres Gegenübers zu erkennen, einschließlich des Aussehens. Außerdem erhalten Sie Eindrücke über die Persönlichkeit dieser Person – ob sie ausgelassen, ruhig, gutmütig, intellektuell oder emotional ist. Je mehr Sie mit ihr reden, desto leichter fällt es Ihnen, sich auf sie zu fokussieren, so als würden Sie sich beide in einem voll erleuchteten Raum befinden. Die Erfahrung, mit einer verstorbenen Person zu reden, unterscheidet sich kaum von dem Gespräch mit einer lebenden Person.

Die meisten Verstorbenen werden Ihnen bei der Kommunikation helfen. Sehr oft sind sich die Toten einer bevorstehenden medialen Sitzung bewusst (falls sie diese nicht sogar arrangiert haben), und sie bereiten sich schon vorher darauf vor. Meist ist es ihnen ein dringendes Anliegen, ihre lebenden Verwandten zu erreichen. Die einzigen Ausnahmen, die ich erlebt habe, sind reuige und von Schuldgefühlen gequälte Gewalttäter oder Kriminelle, die Angst haben, für ihre Taten verurteilt zu werden. In den meisten Ihrer medialen Sitzungen werden die Verstorbenen Sie jedoch unterstützen.

In der Regel machen es die verstorbenen Personen Ihnen leicht, sie zu identifizieren, indem sie so gekleidet und frisiert erscheinen, wie es im Leben ihre Gewohnheit war. Als zum Beispiel eine meiner Klientinnen ihre verstorbene Großmutter kontaktieren wollte, erschien die Frau vor meinem inneren Auge mit einer Rüschenschürze. Dies bestätigte meiner Klientin, dass sie wirklich mit ihrer Großmutter sprach, da diese praktisch täglich eine solche Schürze umgebunden hatte. Oder der Verstorbene trägt vielleicht ein Symbol bei sich, an dem man ihn erkennen kann. Zum Beispiel erschien die verstorbene Tante einer Klientin mit einer Orchidee in einer Glasvase. Meine Klientin erklärte, dass ihre Tante immer Orchideen in Glasvasen auf dem Klavier in ihrem Wohnzimmer stehen hatte.

Machen Sie sich also keine Sorgen darüber, ob Sie als Medium erfolgreich sein werden. Bei all der Hilfe, die Sie von Gott, den Engeln und den verstorbenen Seelen erhalten, können Sie beruhigt davon ausgehen, dass Ihnen ein mächtiges Team von Helfern zur Seite steht.

Beginn der Tätigkeit als Medium

Nehmen Sie vor Ihren medialen Sitzungen eine besonders gründliche Chakren-Reinigung vor. Sorgen Sie dafür, dass Ihr drittes Auge fleckenlos rein ist, da Sie Zugang zu Ihren hellsichtigen Kanälen brauchen, um die verstorbenen Personen sehen zu können. Beginnen Sie mit einem Schutzgebet, wie in Kapitel 19 beschrieben.

Während der Sitzung sollten Sie sich so setzen, dass zwischen Ihnen und Ihren Klienten ein Abstand von ungefähr einem Meter besteht. Sie brauchen sich nicht an den Händen zu fassen, es sei denn, Sie fühlen sich dazu angeleitet. Helfen Sie Ihren Klienten, sich zu entspannen, und teilen Sie ihnen mit, dass Sie nach einer Weile zu sprechen beginnen werden.

Schließen Sie die Augen und nehmen Sie drei tiefe, lange Atemzüge. Falls Sie sich ängstlich oder nervös fühlen, sollten Sie um die geistige Unterstützung Ihrer Engel oder heiligen Meister bitten. Erlauben Sie Ihrem Geist, sich zu entspannen und wie eine Schale zu öffnen, wie in Kapitel 18 beschrieben.

Dann, ohne Ihre Gedanken in irgendeiner Weise zu beurteilen oder zu erzwingen, konzentrieren Sie sich innerlich auf den Bereich rund um die Schultern Ihres Klienten. Achten Sie darauf, ob Sie irgendwelche Unterschiede in der Luft um eine der Schultern spüren können. Versuchen Sie wahrzunehmen, ob es dort irgendeine Form oder ein Gefühl von Schwere gibt. Wenn Sie das Gefühl haben, dass sich in der Nähe einer Schulter »irgendetwas« befindet, stimmen Sie sich auf diese Energie ein.

Falls der Geist neben der rechten Schulter eines Rechtshänders auftritt, handelt es sich dabei in der Regel um einen Verwandten väterlicherseits. Sollte der Geist sich neben der linken Schulter aufhalten, ist es ein Verwandter mütterlicherseits. Bei Linkshändern ist es umgekehrt.

Gehen Sie nach innen und spüren Sie, ob sich die Seele neben der Schulter Ihres Klienten wie eine weibliche oder wie eine männliche Energie anfühlt. Das ist vergleichbar damit, zu spüren, ob Sie sich in einem dunklen Raum in der Gegenwart einer Frau oder eines Mannes befinden. Weibliche Energie fühlt sich weicher an und besitzt eine höhere Schwingung als die eines Mannes.

Damit haben Sie nun festgestellt, ob Sie zu einer männlichen oder einer weiblichen Seele sprechen und zu welcher Seite der Familie Ihres Klienten die Seele gehört. Jetzt können Sie die besondere Beziehung der Seele zu Ihrem Klienten bestimmen. Jede Beziehung – Bruder, Schwester, Tante, Onkel, Vater, Mutter etc. – besitzt ein ganz eigenes, besonderes Energiemuster. Selbst zu Beginn Ihrer Tätigkeit als Medium können Sie die Energiemuster dieser Beziehungen vermutlich ohne Schwierigkeiten auseinander halten. Für mich besitzen ältere Verwandte stets eine langsamere Schwingung, während die der Eltern etwas schneller ist, gefolgt von der Schwingung von Tanten und Onkeln sowie Geschwistern und Cousins/Cousinen. Die Seelen von Kindern haben die höchste

Schwingungsrate. Die Gestalt der Seelen nimmt ungefähr den gleichen Raum ein wie ein lebender menschlicher Körper, sodass eine kleine Seele entweder eine klein gewachsene Frau oder ein Kind sein muss.

Falls Sie hellhörig sind, werden Sie vielleicht den Namen der Seele hören. Falls nicht, können Sie die Seele bitten, sich zu identifizieren. Ich habe festgestellt, dass Geister in der Regel gern alle Fragen beantworten, die wir ihnen stellen.

Nachdem Sie Kontakt aufgenommen haben, wird die verstorbene Person Ihnen so viele Informationen übermitteln, wie Sie aufzunehmen bereit sind. So kann es sein, dass Sie plötzlich einen kleinen »Film« oder ein Symbol vor Ihrem geistigen Auge sehen. Vielleicht hören Sie so etwas wie eine Stimme oder Musik. Oder es steigt Ihnen Zigarettenrauch oder der Duft eines Parfüms in die Nase. Alles dies sind Signale jener Seele, die Ihnen helfen sollen, sie leichter zu identifizieren.

Lassen Sie sich von diesen Botschaften weder ablenken noch aus Ihrer Halbtrance reißen. Beginnen Sie nun einfach, Ihrem Klienten zu erzählen, welche Informationen Sie empfangen. Erlauben Sie Ihrem Klienten, Ihnen bei der Interpretation dieser Eindrücke zu helfen.

Wie ich bereits an früherer Stelle erwähnt habe, besteht der Zweck der Sitzung darin, Ihrem Gegenüber zu helfen, Trauer, Schuldgefühle oder einen anderen Schmerz zu heilen. Lichtarbeiter, die nach Börsentipps und Lottozahlen fragen oder Ratschläge von verstorbenen Seelen einholen wollen, spielen mit dem Feuer. Bleiben Sie sich selbst treu, und Ihre Freude wird grenzenlos sein.

Geistführer und erdgebundene Seelen

Die meisten medialen Sitzungen sind zu Ende, wenn der Geist Ihnen sagt, dass es für ihn an der Zeit ist, in die jenseitige Dimension zurückzukehren. Seelen müssen viel Energie und Mühe aufwenden, um mit den Lebenden zu kommunizieren. Manchmal müssen sie zuerst eine »Erlaubnis« einholen oder um die Hilfe ihrer eigenen Geistführer und Lehrer bitten, um mit uns kommunizieren zu können. Dazu gehört auch, dass sie ihre Schwingung der dichteren und langsameren Frequenz der irdischen Ebene anpassen müssen. Die meisten Geister können die dichte Frequenz der Erde nur für kurze Zeit ertragen, so wie es uns schwer fallen würde, uns in Höhenlagen wohl zu fühlen, die sich deutlich von den uns gewohnten unterscheiden.

Sie werden jedoch auch Geister treffen, die sich auf der irdischen Ebene sehr wohl fühlen. Dabei handelt es sich um »erdgebundene« Seelen, die sich weigern, in die Dimension des Jenseits hinüberzuwechseln. Die Gründe für ihre Entscheidung, sich in Erdnähe aufzuhalten, sind unterschiedlich. Einige Seelen haben Angst vor der Verurteilung durch Gott oder davor, dass er Vergeltung üben könnte. Andere Seelen, die zum Zeitpunkt ihres Todes alkohol- oder drogensüchtig waren, bleiben auf der irdischen Ebene, um indirekt an den Rauschzuständen Lebender teilzuhaben. Wieder andere halten so sehr an ihrem Haus oder ihrer früheren Firma fest, dass sie den Gedanken nicht ertragen können, zu gehen. Manche Seelen sind sich gar nicht bewusst, dass sie tot sind. Andere Geister bleiben in der Nähe ihrer lebenden Verwandten, in der Regel aus Sorge um deren große Trauer.

Manche Seelen bleiben auch aus dem gut gemeinten Wunsch heraus, den Schaden oder Schmerz rückgängig zu machen, den sie im Laufe ihres Lebens angerichtet haben. Das gilt vor allem für Kindesmisshandler, die bei ihrem Tod ihre Fehler erkennen. Daraufhin klammern sie sich an die Person, die sie missbraucht oder misshandelt haben, in der Hoffnung, ihre Tat wieder gutmachen zu können. Das Problem ist jedoch, dass ihre Gegenwart zu Störungen führt, denn meist ist der verstorbene Misshandler eine drepressive Persönlichkeit. Wenn man sich aber in Gegenwart eines depressiven Menschen befindet – sei er nun lebendig oder tot –, hat dessen Negativität eine ansteckende Wirkung. Der verstorbene Täter kann der lebenden Person unter Umständen auch fehlgeleiteten Rat zukommen lassen, wobei diese keine Ahnung hat, woher ihre plötzliche Idee gekommen ist.

Geistführer unterscheiden sich dadurch von erdgebundenen Seelen, dass sie im Jenseits ein Training durchlaufen haben, das sie auf ihre Tätigkeit vorbereitete. Obwohl solche Seelen einen Großteil ihrer Zeit auf der irdischen Ebene zubringen, sind sie nicht erdgebunden. Tatsächlich ist es so, dass Geistführer zwischendurch oft in die jenseitige Dimension zurückkehren, um ihre Ausbildung fortzusetzen und andere Aufgaben zu übernehmen. Sie befinden sich aber stets in Hörweite, und wann immer sich die lebende Person in Schwierigkeiten befindet, kehrt der Geistführer sofort an ihre Seite zurück.

Bei vielen Menschen sind die Geistführer verstorbene Verwandte. Diese Führer haben gelernt, den Lebenden zu helfen, ohne ihren freien Willen zu beeinträchtigen. Außerdem wissen sie, dass wir, die wir auf der irdischen Ebene leben, die Dinge selbst lernen müssen. Während also ein Geistführer immer bereit ist, Ihnen zu helfen, wird er niemals Entscheidungen für Sie treffen.

Clearing

Ihre Arbeit als Medium wird auch die Kommunikation mit erdgebundenen Seelen umfassen. Wenn Sie jemals an einer Familientherapie teilgenommen haben, werden Sie feststellen, dass ein Clearing ganz ähnlich verläuft. Sofern Sie nicht ein Trance-Medium sind, das die Sitzung einem kontrollierenden Geistführer überlässt, wird Ihre Rolle darin bestehen, die Kommunikation zwischen dem Jenseits und der irdischen Ebene zu ermöglichen.

Nehmen wir an, dass Ihre Klientin einen erdgebundenen ehemaligen Misshandler neben sich hat. Es ist die Seele ihres Vaters, der zu Lebzeiten Alkoholiker war. Dieser Mann missbrauchte Ihre Klientin auf vielfältige Weise, und nach seinem Tod bereute er zutiefst das Leid und den Schmerz, den er seiner Tochter zugefügt hatte. Er sieht nun, welche Auswirkungen dieser Schmerz auf ihre Selbstachtung hatte und wie er letzten Endes ihre Fähigkeit unterminierte, ihre Lebensaufgabe zu erfüllen. Jetzt will er das, was er angerichtet hat, wieder gutmachen, damit sie ihr Leben auf gute Art weiterführen kann, und er wird nicht von ihrer Seite weichen, bis er sicher ist, dass es ihr gut geht. In der Regel bedeutet das, dass er ihre Vergebung sucht.

Ihre Klientin wird wahrscheinlich ihrem Vater gegenüber argwöhnisch sein und nicht bereit, ihm zu vergeben, da ihr das wie ein Gutheißen seines gewalttätigen Verhaltens erscheinen würde. Vielleicht hat sie ihm gegenüber auch Rachefantasien und freut sich sogar heimlich, dass er infolge seiner Reue Schmerz empfindet. »Das geschieht ihm Recht, nach allem, was er mir angetan hat!«, wird sie vielleicht sagen, wenn sie von der Situation ihres Vaters erfährt.

Wenn Sie unverheilte Wunden aufgrund Ihrer eigenen Erfahrungen mit Missbrauch oder Gewalt haben, werden Sie sehr vorsichtig vorgehen müssen, damit die Sitzung nicht von Ihren eigenen Gefühlen überlagert wird. Ihre Rolle ist es, Ihrer Klientin zu erklären, wie selbstzerstörerisch ihre Weigerung ist, ihrem Vater zu vergeben. Außerdem sollten Sie ihr erklären, dass sie nicht die *Handlungsweise* ihres Misshandlers, sondern nur ihm als Person vergeben muss. Dadurch wird die Seele ihres Vaters befreit und sie von der Qual erlöst, die seine Präsenz ihr verursacht.

Ermöglichen Sie ein Gespräch zwischen Ihrer Klientin und deren Vater. In der Regel wird der Misshandler erklären, dass Alkoholsucht, eigene Missbrauchserfahrungen als Kind oder irgendwelche anderen ungünstigen Umstände sein Verhalten beeinflusst haben. Auch wenn diese Erklärungen ihn nicht von der Verantwortung für seine Taten entbinden, wird Ihre Klientin höchstwahrscheinlich auf diese Äußerungen hören und bereit sein, ihm zu vergeben.

Sobald Ihre Klientin Bereitschaft zum Vergeben zeigt, bitten Sie um geistige Unterstützung. Rufen Sie entweder mit lauter Stimme oder innerlich den Erzengel Michael an, damit entweder er oder ein anderer toter Verwandter den Verstorbenen ins Jenseits geleitet. Die geistige Welt wird umgehend auf Ihre Bitte reagieren, und Sie werden sehen oder fühlen, wie die Seele sich erhebt und sich von Ihrer Klientin entfernt. Ihre Klientin wird ein körperliches Gefühl verspüren, vergleichbar einem Vakuum oder einer Veränderung im Luftdruck. Beenden Sie die Sitzung, indem Sie sich bei den hilfreichen Geistwesen bedanken.

Anschließend wird Ihre Klientin höchstwahrscheinlich einen Unterschied in ihren Gefühlen oder ihrem Aussehen bemerken. Mehrere meiner Klienten stellten fest, dass Ängste, übermäßiges Verlangen nach bestimmten Nahrungsmitteln und Depressionen verschwanden. In der Regel führt ein Clearing erdgebundener Seelen zu positiven Veränderungen in der physischen Erscheinung des Klienten, wie beispielsweise entspannteren Gesichtszügen und Augen, die glücklicher und strahlender in die Welt blicken. Zuweilen kommt es vor, dass sich nach einer Sitzung Hautveränderungen einstellen und Klienten entweder einen Ausschlag bekommen oder ihn loswerden. Ich glaube, dass die Ursache für solche physischen Veränderungen in der Intensität des Loslassens starker Emotionen zu suchen ist.

Mediale Tätigkeit und Clearing auf Distanz

So wie Readings übers Telefon möglich sind, können Sie auch mediale Sitzungen und Clearings auf diese Weise durchführen.

Die Kommunikation mit den verstorbenen Verwandten Ihres Klienten während eines Telefonats folgt den gleichen Richtlinien wie bei einer Sitzung unter vier Augen. Sie können die Seele genauso sehen, hören, fühlen und wahrnehmen, als wäre Ihr Klient im gleichen Raum wie Sie. Manchmal ist die Seele während einer solchen telefonischen Sitzung auch bei *Ihnen*.

Bei einem Clearing auf Distanz sorgen Sie ebenfalls dafür, dass Geister sich aus der Aura Ihrer Klienten zurückziehen. Der einzige Unterschied dabei ist, dass Sie an Ihren Klienten arbeiten, ohne in persönlichem oder telefonischem Kontakt zu stehen.

Eine Methode, die ich persönlich gern benutze, beinhaltet das mentale Abtasten des Körpers und der Aura des Klienten, wobei Sie nach dunklen Flecken Ausschau halten. Visualisieren Sie dann so etwas wie einen Staubsaugerschlauch, der durch das Kronenchakra in den Körper Ihres Klienten führt und alle Dunkelheit heraussaugt. Wenn der Betreffende gereinigt ist, betätigen Sie den Schalter an dem Staubsauger erneut, nur jetzt in umgekehrter Richtung, sodass dichtes weißes Licht ausströmt. Füllen Sie den Körper Ihres Klienten mit diesem Licht an und versiegeln dann das Kronenchakra mit Liebe.

Viele Therapeuten, die Clearings auf Distanz durchführen, arbeiten paarweise. Ein Therapeut »channelt« dabei die an den Klienten gebundenen Seelen, während der andere mit dem Erzengel Michael arbeitet, um diese Seelen ins Licht zu führen. Falls Sie sich für diese Art von Tätigkeit entscheiden, sollten Sie Schutzgebete verwenden, vor allem, wenn Sie sich als Kanal für die Geister zur Verfügung stellen.

Clearing ist eine großartige Möglichkeit, körperliche und emotionale Symptome bei Ihren Klienten zu heilen. In *The Book of James* channelt das Medium Susy Smith den spirituellen Psychologen William James, der sagt, dass Clearing zu den wichtigsten Aufgaben gehört, die ein übersinnlich begabter Heiler übernehmen kann. Er fordert alle Hellsichtigen auf, diese Tätigkeit in ihre Arbeit zu integrieren, und erklärt, dass dies aufgrund der großen Anzahl erdgebundener Seelen dringend nötig sei. Denn diese Seelen tragen enorm zu dem Massenbewusstsein von Angst auf der Erde bei. Jedes Mal, wenn wir einer Seele helfen, ins Jenseits zu gehen, verringern wir die Atmosphäre von Angst auf unserem Planeten.[1]

KAPITEL 21

DIE HILFE DER ENGEL

»Macht euch mit den Engeln vertraut und nehmt sie
so oft wie möglich in eurem Inneren wahr;
denn wenn ihr sie auch nicht sehen könnt,
so sind sie doch stets bei euch.«

FRANZ VON SALES (1567–1622),
Autor zahlreicher spiritueller Werke

Ob Sie nun auf der energetischen Ebene oder im Bereich spiritueller Heilung arbeiten – in jedem Fall haben Sie immer Zugang zum Reich der Engel. Diese mächtigen geistigen Helfer sind Lichtwesen, die nie in einem physischen Körper inkarniert waren, und sie operieren auf einer anderen Ebene als die geistigen Führer. Sie sind dazu da, uns an Gottes beständige Liebe zu erinnern.

Uns Menschen steht eine unendliche Zahl von Engeln zur Verfügung, die bereit sind, uns jederzeit und überall zu helfen. Darüber hinaus hat jeder von uns von Geburt an bis zu seinem letzten Atemzug einen oder mehrere Schutzengel an seiner Seite. Diese Engel bieten uns zwar Rat und Weisheit an, mischen sich jedoch niemals in unseren freien Willen ein. Tatsächlich können Engel weder für uns intervenieren noch uns helfen, *wenn wir sie nicht darum bitten*. Die einzige Ausnahme gilt dann, wenn die Gefahr besteht, dass unser Leben ein vorzeitiges Ende nimmt. Nur dann kann ein Engel eingreifen, ohne darum gebeten worden zu sein. Die Engel würden es begrüßen, wenn wir sie öfter um Hilfe bitten, denn die Freude am Dienen ist ihr Lebensinhalt.

Erzengel beaufsichtigen die Engel, die auf die Erde hinabschwärmen. Der Erzengel Raphael, dessen Name »Gott heilt« bedeutet, steht in enger Beziehung zu Lichtarbeitern. Raphael hilft Heilern, indem er ihnen Anleitung und Weisheit zukommen lässt. Raphael überwacht Ihre Entwicklung als Heiler/in, und Sie können ihn jederzeit um besondere Hilfe und Information bitten.

Die Gesellschaft der Engel kann Ihnen helfen, sich auf Ihr höheres Selbst einzustimmen. Wann immer Ihr Ego Sie herabzuziehen droht, bitten Sie um einen Engel, damit er Ihnen den Rücken stärkt. Wenn Sie wollen, können Sie darum bitten, von Tausenden von Engeln umgeben zu sein. Sie können die Engel auch bitten, über Ihre Kinder zu wachen, über Ihre Klienten und über andere Menschen, die Ihnen am Herzen liegen. Um Engel in Ihr Leben einzuladen, müssen Sie keine formelle Anrufung vornehmen. Sie müssen einfach nur aufrichtig darum bitten.

Sobald Sie Engel in Ihr Leben einladen, werden Sie eine Veränderung in Ihren äußeren Erfahrungen bemerken. Ich persönlich sehe Funken weißen Lichts, die mir anzeigen, wann ein Engel in der Nähe ist. Andere Zeichen himmlischer Präsenz sind zum Beispiel wundersame Zufälle, ein plötzliches Gefühl warmer Liebe oder sanften Friedens, süße Klänge oder himmlische Düfte. Die liebevolle Gegenwart der Engel hilft Ihnen, sich auf Gott einzustimmen, sodass Sie beständig in der harmonischen Welt des wahren Selbst verweilen. Da Engel Ihnen auch Führung und Ideen in Ihrer Arbeit als Heiler geben können, ist es empfehlenswert, sie zu Ihren Sitzungen einzuladen.

Eine wichtige Aufgabe der Engel besteht zum Beispiel darin, alte Gedankenformen zu beseitigen. Zum Beispiel arbeite ich oft mit Klienten daran, die Glaubenssätze zu identifizieren, die ihren emotionalen oder physischen Schmerz verursachen. Ich benutze hellsichtige Kommunikation, um die Quelle des Leidens rasch aufzudecken. Vielleicht hat ein Erlebnis in der Kindheit der Klienten ihre Weltsicht geprägt, oder jemand ist von Bitterkeit sich selbst oder anderen gegenüber erfüllt. Was immer die Ursache ist, sie muss identifiziert und beseitigt werden, um eine Heilung möglich zu machen.

Wenn der entsprechende Glaubenssatz identifiziert ist, sagen meine Klienten häufig: »Oh, ich versuche schon seit Jahren, dieses Denkmuster abzulegen. Doch ich kehre immer wieder zu ihm zurück, obwohl ich weiß, dass es nicht gut für mich ist.« Manchmal hatten diese Klienten aufrichtig versucht, ihre unerwünschten Gefühle Gott zu übergeben, und waren frustriert, dass der Glaubenssatz nach wie vor bestand. Ich habe festgestellt, dass sofortige Befreiung und dauernde Heilung eintreten, wenn der Klient visualisiert, wie er seine negative Gedankenform den Engeln übergibt.

Bei den meisten Sitzungen bitte ich den Erzengel Michael um Hilfe. Michael fungiert als Schutzengel der Welt, und er ist ein Meister darin, die göttliche Ordnung in jeder Situation wieder herzustellen. Wenn Sie mit Energiearbeit zu tun haben, vor allem aber bei medialer Tätigkeit und Clearings, sollten Sie auf jeden Fall um die Anwesenheit des Erzengels Michael bei Ihren Sitzungen bitten. Wie bei allen Engeln braucht es auch bei Michael keine formelle Anrufung oder Einladung. Bitten Sie einfach um sein Erscheinen, leise oder laut, und er ist sofort anwesend.

Genau wie die aufgestiegenen Meister leben die Erzengel in einer parallelen Dimension, in der andere Gesetze gelten als auf der Erde. Daher besitzen sie die Fähigkeit, zur gleichen Zeit bei vielen verschiedenen Menschen überall auf der Welt zu sein. Sie müssen sich also keine Sorgen machen, dass Michael, Raphael oder die anderen Erzengel zu beschäftigt sind, um Ihnen zu Hilfe zu kommen.

In meinem Buch *Das Heilgeheimnis der Engel* beschreibe ich zahlreiche Möglichkeiten, wie Sie Engel in Ihr eigenes Leben und das Ihrer Klienten einladen können. Die Engel sind wunderbare Heiler, denn sie sind reine Liebe, und allein der Gedanke an sie führt schon dazu, dass heilende Energie in Ihre Arbeit strömt. Darüber hinaus sehen sie uns mit den Augen des wahren Selbst, das nichts anderes kennt als reine Vollkommenheit. Wenn es Ihnen also einmal schwer fällt, einen Klienten als vollkommen gesund zu sehen, bitten Sie die

Engel, die heiligen Meister und den Heiligen Geist um Hilfe. Die Engel, die ununterbrochen auf die Erfahrung reiner Liebe fokussiert sind, können an Ihre Stelle treten, wenn Sie von der Ebene des Egos aus arbeiten. Da es in Wahrheit nur *einen* Geist gibt, braucht es auch nur *einen* Lichtarbeiter, Engel oder aufgestiegenen Meister, der von der Perspektive reiner Liebe aus wirkt, um wunderbare Heilungen herbeizuführen.

Hier ein Gebet, das ich jeden Morgen an Gott richte:

Bitte schick mir heute Deine Engel zu Hilfe,
auf dass sie mir beistehen, mich in der Liebe zu zentrieren.
Hilf mir, von Deiner Perspektive der Liebe aus zu leben
und mein Einssein mit allem, was lebt, zu erkennen. Amen.

KAPITEL 22

Spirituelles Heilen

»Lebe im Zustand der Wahrheit,
indem du dich von äußeren Erscheinungen löst.«

Diamant-Sutra,
spiritueller Text des Buddhismus

Übersinnliches Heilen wirkt auf die Welt der Materie, deren kleinste Komponenten vibrierende Energieteilchen sind. Diese Energieschwingungen enthalten Informationen, die der Hellseher während seiner Arbeit »liest«. Zu verstehen, dass alle Materie aus Energie besteht, ist ein wichtiger Schritt zum Heilen von der Ebene des Geistes aus.

Jenseits der materiellen Illusionen warten das reine Bewusstsein und die Erfahrung der Liebe Gottes. Ihr wahres Selbst erlebt diesen Zustand immerzu, genau wie das wahre Selbst Ihres Klienten. Wenn wir hellsichtige Readings geben, betreffen diese das Ego. Würde Ihr Klient oder sein verstorbener Verwandter vollkommen im Zustand des wahren Selbst leben, würde Ihr Reading lauten: »Ich sehe Liebe, ich höre Liebe, ich fühle Liebe und ich erkenne Liebe.«

Materie, Gedanken und Energien befinden sich alle auf einer bestimmten Ebene der Existenz. Der Geist befindet sich auf einer anderen, parallelen Ebene. Auf der materiellen Ebene gibt es Energie und die Erfahrung von Materie, Zeit und Bewegung. Auf der Ebene des wahren Selbst existiert ausschließlich die reine Erfahrung von Liebe, Einssein und Einheit. Denken ist nicht erforderlich, denn es gibt weder etwas, worüber nachzudenken wäre, noch Vergleiche, die angestellt werden könnten. Hier gibt es kein *Tun*, da »Tun« bedeutet, etwas zu verbessern oder etwas zu erreichen. Auf der Ebene des wahren Selbst, wo alles vollkommen ist, gibt es nichts, was der Verbesserung bedarf, und nichts, dem etwas hinzugefügt oder das korrigiert werden müsste. Dies sind alles Funktionen des Körpers, der der materiellen Ebene angehört.

Engel, Geistführer und Verstorbene wirken und intervenieren in unserer materiellen Welt. Viele Geistführer und die meisten Verstorbenen, die mit der irdischen Ebene interagieren, handeln zum größten Teil von einer Ego-Perspektive aus, die die materielle Welt als etwas Reales betrachtet. Engel, der Heilige Geist, aufgestiegene Meister und hoch entwickelte Geistführer wissen dagegen um die göttliche Vollkommenheit des Lebens. Jedoch sehen sie auch, dass wir Hilfe brauchen, solange wir glauben, dass wir uns in der materiellen Welt befinden. Ihre Aufgabe ist es, auf beiden Ebenen zu wirken, um uns zu helfen, sanft zu unserem höheren Selbst auf der Ebene des Geistes zu erwachen.

Der Sinn von Krankheiten

In dieser Welt tut niemand etwas ohne die Überzeugung, dass es ihm entweder Vergnügen verschafft oder Strafe vermeidet. Verletzungen, Krankheiten und selbstzerstörerische Gewohnheiten sind Entscheidungen, die das Ego trifft, um diese beiden Ziele zu erreichen.

Jedes körperliche Leiden ist letztendlich eine Form von Geisteskrankheit. Verletzungen und Krankheiten sind Symptome des Irrglaubens, dass wir dem Körper Schmerzen oder Vergnügen bereiten und damit die Stimme Gottes übertönen könnten. Als ich Angst hatte, auf meine innere Führung zu hören und Bücher zu schreiben, versuchte ich, meine Gefühle durch übermäßiges Essen zum Schweigen zu bringen. Je mehr Gott mich drängte, mein Leben zu verändern, desto größer wurde meine Angst. Übermäßiges Essen war der Weg, den ich wählte, um mich davor zu bewahren, auf meine innere Führung zu hören, weil ich dies für gefährlich hielt. Außerdem glaubte ich, dass Essen mir mehr Vergnügen bereiten würde, als der Führung Gottes zu folgen. In uns allen wohnt diese innere Stimme Gottes oder des Heiligen Geistes. Sie ist

Teil unseres wahren Selbst, und wenn wir es zulassen, wird diese Stimme uns helfen, alle unsere Bedürfnisse vollkommen zu erfüllen.

Alle Krankheiten, Verletzungen und gestörten Geisteszustände beruhen auf dem Versuch, die Stimme Gottes von uns fern zu halten. Alle geistigen und körperlichen Erkrankungen rauben ungeheuer viel Zeit und Energie und erfüllen daher den gleichen Zweck, wie ständig den Pausenknopf am Wecker zu drücken, damit der Alarm uns nicht aus unseren Träumen reißt. Gott versucht, uns aus unseren Albträumen zu wecken, doch wir bestehen darauf, dass wir noch nicht wirklich bereit sind aufzuwachen. Also drücken wir den Pausenknopf noch einen weiteren Tag.

Ihre Klienten sind krank, verletzt oder in selbstzerstörerischen Gewohnheiten gefangen, weil sie entschieden haben, dass ihr Körper einen eigenen Geist besitzt. Außerdem ziehen die Betreffenden so etwas wie einen »Trostpreis« aus ihrem Leiden, wie zum Beispiel eine dringend benötigte Ruhepause, Krankengeld, Befriedigung von Rachegefühlen oder Sympathie. Doch der wichtigste »Nutzen« eines kranken oder verletzten Körpers besteht darin, dass er einem Menschen erlaubt, sich für das Opfer äußerer Umstände zu halten.

Außerdem gedeiht das Ego prächtig bei Schuldgefühlen. Es glaubt, dass Gott und die Welt es strafen werden, und fürchtet daher Vergeltung für seine Schuld und seine imaginären Vergehen. Also kommt es zu dem Schluss: »Wenn ich mich selbst bestrafe, werden Gott und die anderen Menschen es nicht tun.« Da das Ego sich als Körper versteht, bestraft es sich durch Krankheiten, Unfälle und selbstzerstörerisches Verhalten.

Das Ego sieht sich als getrennt von Gott und den anderen Menschen, und das ist einer der Gründe, warum es sich auf den Körper konzentriert. Um die Illusion der Trennung aufrechtzuerhalten, schwankt das Ego zwischen den Gefühlen von Überlegenheit und Unterlegenheit gegenüber Gott und den anderen Menschen. Dieses Schwanken führt dazu, dass das Ego in einem Moment denkt: »Ich bin Gottes Führung nicht würdig«, und im nächsten Augenblick glaubt: »Mein eigener Wille ist dem Willen Gottes überlegen.«

Also wird der kranke oder schmerzende Körper dazu benutzt, die innere Stimme und die Erkenntnis des Einsseins mit Gott und den anderen Menschen zu blockieren. Das Auflösen der Gedanken, die Krankheit oder Verletzung verursachen, erfordert die Bereitschaft Ihrer Klienten, auf Gottes Stimme zu hören. Fordern Sie sie auf, über das zu sprechen, was ihre innere Stimme sagt. Helfen Sie ihnen, das Misstrauen in die Führung der Stimme aufzugeben. Sie könnten Ihre Klienten fragen: »Welche Ahnungen und inneren Gefühle haben Sie in letzter Zeit zu unterdrücken versucht?« Vielleicht werden diese dann protestieren und behaupten, sich keiner inneren Gefühle bewusst zu sein. Wenn Sie weiter sanft drängen, werden sie jedoch bald zugeben, dass sie den Ruf ihrer inneren Stimme sehr wohl hören. Für mich sind »hören« und »heilen« synonyme Begriffe, da unsere Bereitschaft, die Stimme Gottes zu hören, gleichbedeutend ist mit unserer Entscheidung, geheilt zu werden.

Wahrscheinlich kennen Sie ein paar wunderbare Geschichten, die Sie Ihren Klienten über Ihre eigenen Erfahrungen mit Ihrer inneren Stimme erzählen können. Wenn Sie Ihren Klienten helfen, sich zu entspannen und ihre Abwehrhaltung gegenüber der inneren Stimme aufzugeben, werden sie eher bereit sein, auf diese Stimme zu hören und ihr zu folgen. Zudem werden Sie feststellen, dass es Ihnen umso leichter fällt, Ihrer eigenen inneren Stimme zu folgen, je mehr Sie anderen helfen, dieser inneren Stimme zu vertrauen. Wir lernen, was wir lehren.

Das Überwinden von Barrieren, die einer Heilung im Weg stehen

Der Begriff *spirituelle Heilung* ist in Wahrheit irreführend, da Sie – um von einer spirituellen Ebene aus heilen zu können – zuerst wissen müssen, dass es nichts gibt, was der Heilung bedarf. Zur Heilung gehört nicht, dass dem Klienten irgendetwas *hinzugefügt* werden muss; vielmehr helfen Sie Ihrem Klienten, jene Glaubenssätze *loszulassen*, die die Erfahrung einer Krankheit oder Verletzung verursacht haben.

Ihre Heilkraft basiert auf Ihrer Fähigkeit, das Wissen aufrechtzuerhalten, dass Ihr Klient kein Körper ist, sondern ein vollkommenes geistiges Wesen. Als Heiler *tun* wir nichts, da ja »tun« bedeuten würde, dass wir uns mit dem Körper identifizieren. Außerdem ist vollkommene Gesundheit der natürliche Zustand Ihrer Klienten. Sie helfen ihnen nur, die Gedanken zu identifizieren, aufzugeben und loszulassen, die sie davon abhalten, sich vollkommener Gesundheit zu erfreuen. Ihre Klienten als krank oder verletzt zu sehen, würde Ihre Wirksamkeit als Heiler/in untergraben, da diese Sichtweise die Illusion unterstützt oder verstärkt, dass Materie etwas Reales ist.

In unserer Welt der Zeit, der Materie und der physischen Körper glauben wir an bestimmte »Naturgesetze«. Dazu zählt auch der Glaube, dass Krankheiten und Verletzungen eine gewisse Zeit brauchen, um zu heilen. Viele Menschen wären durch eine plötzliche Heilung zutiefst verschreckt, da dieses grundlegende Gesetz dadurch widerlegt würde. Das würde große Verwirrung auslösen, da ihr gesamtes Verständnis davon, wie die Welt funktioniert, dadurch infrage gestellt würde. Ein Klient, der an Wunder glaubt, läuft dagegen weniger Gefahr, bei einer plötzlichen Heilung Angst zu bekommen, und ist daher eher in der Lage, sie zu erfahren.

Ihre Klienten werden auf die Andeutung, dass sie ihren Zustand durch ihre Gedanken selbst verursacht und die Fähigkeit haben, sich auch wieder »gesund zu denken«, zunächst vielleicht mit Wut oder Schuldgefühlen reagieren. Das Ego sucht ständig nach Anzeichen dafür, dass es angegriffen wird. Sobald es sich angegriffen fühlt, geht es zum Gegenangriff über, und es ist durchaus möglich, dass Sie bei Heilungssitzungen das Ziel solcher Angriffe werden. Oft wird Ihr Klient seine Gedanken und Gefühle nicht aussprechen, da er fürchtet, Ihre Unterstützung zu verlieren. Sie werden sie jedoch hellsichtig wahrnehmen, und sobald sie auftauchen, sollten Sie sie willkommen heißen und damit arbeiten, indem Sie Ihrem Klienten helfen, Gefühle von Angst und Wut loszulassen.

Das Ego glaubt, dass es bestraft wird, wenn es einen Fehler macht. Also geht es in die Defensive, anstatt seine Fehler zuzugeben. Aus diesem Grund mag Ihr Klient defensiv erscheinen oder Widerstand leisten, wenn Sie ihm die grundlegenden Glaubenssätze aufzeigen, die seine Krankheit verursachen. Vielleicht wird er auch die Gültigkeit Ihrer Behauptung anzweifeln oder sich davor fürchten, auf eine Heilung zu hoffen, um Enttäuschungen zu vermeiden.

Ich habe auch schon mit Klienten gearbeitet, die befürchteten, ihr Leben würde im Falle einer Heilung farblos, eintönig und langweilig werden. Diese Menschen genossen die Aufregung und die Dramen rund um ihre Krankheit oder ihre zwanghaften Verhaltensweisen und widersetzten sich daher einer Heilung. In diesen Fällen war es hilfreich, den Betreffenden von meinen eigenen Erfahrungen zu erzählen und wie aufregend es ist, zu erfüllenden Beziehungen und der eigenen Lebensaufgabe geführt zu werden.

Auch hier kann es sein, dass Ihr Klient Angst hat, offen von seinem Widerstand zu sprechen, und nach außen hin so tut, als stimme er ihnen zu. Dann werden Sie seinen Widerstand auf einer intuitiven Ebene wahrnehmen. Sie können diese Abwehr überwinden, indem Sie besonders sanft und liebevoll vorgehen und Ihrem Klienten klarmachen, dass Irrtümer im Denken lediglich eine *Korrektur* erfordern, keine Bestrafung, und dass diese Korrektur nur bedeutet, die innere Einstellung zu sich selbst zu verändern, was jederzeit sofort möglich ist.

Während Ihrer Sitzungen sollten Sie sich jedoch keine Sorgen darüber machen, ob Ihre Heilungsversuche aufgrund der Ängste und des Widerstands Ihrer Klienten erfolglos bleiben. Selbst wenn ein Klient Ihre heilenden Worte anfangs ablehnt, werden Ihre Gedanken der Wahrheit und Liebe für immer in seinem Inneren weiterleben. Sie werden wie glitzernde Ornamente an einem Weihnachtsbaum in seiner Aura verbleiben. Wenn er bereit ist, sie zu hören, wird er Ihre liebevollen Gedanken empfangen.

Außerdem ist es wichtig, dass Sie sich selbst immer wieder daran erinnern, dass das Ego Ihres Klienten keine wirkliche Realität besitzt. Kämpfen Sie nicht mit den Ego-Gedanken Ihres Klienten, denn dadurch gewinnen diese nur an Macht. Außerdem werden Sie unweigerlich in Ihren eigenen Ego-Zustand verfallen, wenn Sie das Ego Ihres Klienten verurteilen oder sich damit identifizieren. Das Gleiche gilt, wenn Ihnen Ihr Klient Leid tut oder Sie ihn als jemanden sehen, dem es an irgendetwas mangelt. Stattdessen sollten Sie versuchen, jenseits des Egos zu blicken und nur den liebevollen Zustand des wahren Selbst zu sehen. Vergessen Sie nicht: So wie Sie Ihr Gegenüber sehen, so sehen Sie auch sich selbst.

Die einzig wahre Realität in dieser Welt ist die Liebe, und jedes Verhalten, jedes Wort Ihres Klienten (und jedes anderen Menschen) hat seinen Ursprung in der Liebe. Wenn Sie sich entscheiden, auf die Gegenwart der Liebe bei Ihren Klienten zu achten, werden Sie in allem, was sie tun und sagen, Liebe sehen. Sie werden erkennen, dass Ihre Klienten, wenn sie aus einem Gefühl der Angst heraus sprechen, in Wahrheit sagen: »Ich möchte mich sicher und geliebt fühlen.« Wenn sie aus einem Gefühl der Wut sprechen, sagen Sie in Wahrheit: »Ich möchte mich sicher und geliebt fühlen.« Und wenn sie aus einem Gefühl von körperlichem Schmerz sprechen, so sagen sie ebenfalls: »Ich möchte mich sicher und geliebt fühlen.«

Wenn Sie auf einen Klienten ungeduldig oder ärgerlich reagieren, sollten Sie bei Ihren Sitzungen mit ihm folgende wunderbare Heilungsaffirmation verwenden und sich innerlich vorsagen: »Ich weiß, dass ich etwas in dir sehe, das ich in mir selbst nicht sehen will. Ich danke dir für dieses Geschenk, dass du mir als Spiegel dienst. Liebevoll lasse ich diesen Teil meiner selbst los, der mich bei dir irritiert, und bitte darum, dass nur die Lektionen, die ich lernen muss, zurückbleiben.«

Während Ihrer Sitzungen sollten Sie sich immer in Erinnerung rufen, dass Sie ein Kanal für Gottes Liebe sind. Wenn Sie laufend den Zustand Ihrer Klienten überprüfen, um zu sehen, ob sie bereits geheilt sind, haben Sie ihnen noch nicht hundertprozentig die liebevollen Gedankenformen übermittelt, sodass jene sie wirklich empfangen können. Sie müssen Ihr Geschenk der Heilung rückhaltlos anbieten, damit Ihre Klienten es entgegennehmen können. Sie sollten sich nicht wie ein Amateurkoch verhalten, der immer wieder das Backrohr öffnet, um nachzusehen, ob seine köstliche Kreation schon gar ist, und auf diese Weise verhindert, dass der Braten schön knusprig wird. Wenn Sie aufrichtig von einem inneren Zentrum der Liebe aus wirken, können Sie darauf vertrauen, dass dies *immer* wirksam ist, und Ihren Klienten voller Vertrauen dieses Geschenk der Heilung machen.

Unterstützung durch Gebete

Die Macht des Gebets bei Heilungen ist von Laien, Theologen und sogar von Wissenschaftlern vielfach belegt worden. Dr. Larry Dosseys Buch *Heilende Worte: die Kraft der Gebete und die Macht der Medizin* gibt einen wunderbaren Überblick über die wissenschaftlichen und medizinischen Untersuchungen über die bemerkenswerte Heilkraft des Gebets.

Bereits die Gebete eines einzelnen Menschen können heilen, doch gibt es zahlreiche Beweise dafür, dass Gebete von Gruppen zu wahrhaft erstaunlichen Heilungserfolgen führen können. Vielleicht erinnern Sie sich an die von mir zitierte Aussage von Betty Eadie, die sagte, ein Gebet sei wie ein Lichtstrahl, der direkt in den Himmel aufsteigt. Wenn wir nun unsere Gebete mit denen gleich gesinnter Menschen zusammentun, werden sie zu einem dicken Seil gebündelter Lichtstrahlen, die zum Himmel emporleuchten.

Aus diesem Grund können Sie Ihre Arbeit der spirituellen

Heilung durch die Gebete anderer Menschen ergänzen lassen. Sie oder Ihr Klient können seinen Namen auf die Gebetsliste irgendeiner Kongregation setzen lassen. Eine meiner Klientinnen bat mich vor einiger Zeit wegen eines Knotens in der Brust um spirituelle Hilfe. Gleichzeitig ließ sie ihren Namen auf die Gebetsliste mehrerer Kirchen setzen. Außerdem beteten viele ihrer Freunde für sie. Als sich der Knoten bei der Biopsie als gutartig herausstellte, sagte sie mir, sie sei davon überzeugt, dass ihr ursprünglicher Zustand durchaus ernst war und dass nur die spirituelle Intervention ihre Gesundheit wieder hergestellt hatte.

Schritte zu spiritueller Heilung

Spirituelle Heilung kann sowohl aus der Ferne als auch unter vier Augen geschehen. Bei einer Heilung in Anwesenheit des Klienten sollten Sie zunächst dafür sorgen, dass Ihr Klient und Sie sich entspannt fühlen. Die Umgebung, in der Sie die Heilungssitzung abhalten – in Ihrer Praxis oder bei sich zu Hause –, sollte durch sanfte Beleuchtung, Kerzen, leise Musik, Räucherwerk oder duftende Blumen zu Entspannung einladen und Ihre übersinnlichen Fähigkeiten fördern. Normalerweise wird Ihr Klient am Anfang der Sitzung nervös sein, vor allen Dingen beim ersten Mal. Vielleicht spüren Sie intuitiv die Nervosität Ihres Klienten und nehmen irrtümlich an, es sei Ihre eigene. Damit Sie beide sich besser entspannen können, ist es ratsam, die Sitzung mit drei oder vier tiefen Atemzügen zu beginnen. In der Regel sage ich dabei zu meinen Klienten:

»*Spüren Sie, wie Sie ein köstliches Gefühl der Entspannung einatmen, und halten Sie den Atem so lange an, wie es Ihnen angenehm ist. Dann atmen Sie langsam aus und lassen dabei alle Sorgen, Ängste und Spannungen los. Stellen Sie sich vor, Sie legen alle Sorgen auf ein Bücherregal oder eine Fensterbank in dem Wissen, dass Sie sie später problemlos wieder an sich nehmen können, falls Sie das möchten. Doch für den Moment geben Sie sich selbst die Erlaubnis, alle Sorgen abzulegen und sich mehr und mehr zu entspannen.«*

So wie die Spannung Ihrer Klienten spürbar ist, werden Sie auch den Moment wahrnehmen, in dem die Spannung sich auflöst. Wenn es sich vorher so anfühlte, als würde der Raum den Atem anhalten, so verändert sich das nun zu dem Gefühl, als könnte die Luft im Raum frei fließen. Falls ihre Klienten oder Sie weiter nervös sind, können Sie die folgende zentrierende Meditation sprechen:

»Visualisieren Sie einen weißen Lichtstrahl, der in die Spitze Ihres Kopfes eindringt und durch Ihren Körper in die Erde fließt. Konzentrieren Sie sich auf dieses Licht und fühlen Sie, wie Sie dadurch zu Ihrem inneren Zentrum hingezogen werden. Nehmen Sie die Kernessenz Ihres Wesens wahr, die vollkommen ausgeglichen, harmonisch und voller Frieden ist. Danken Sie dem Licht für die Erinnerung daran, dass alles in vollkommener göttlicher Ordnung ist.«

Es ist wichtig, dass Sie während der Heilungssitzung entspannt sind, da die Heilung Ihres Klienten großteils von seinem Vertrauen in Ihre Fähigkeiten abhängt. Wenn ein Kind Angst vor Donner und Blitz hat, wendet es sich zum Trost an einen Erwachsenen. Falls dieser Erwachsene ebenfalls Angst zeigt, wird das Kind sich noch mehr fürchten. Achten Sie also darauf, welche Wirkung Ihr Verhalten auf das Vertrauen Ihres Klienten ausübt. Die Art und Weise, wie Sie sprechen und agieren, wird Harmonie vermitteln, wenn Sie sich vor der Sitzung mental entsprechend eingestimmt haben.

Wenn Sie mit Ihren Klienten sprechen, sollten Sie darauf achten, dass Ihre Worte Ihr Wissen um die Vollkommenheit Ihres Gegenübers reflektieren. Benutzen Sie Ausdrücke wie »offenbare Erkrankung« oder »Anzeichen von Disharmonie« statt »Krankheit«. Wenn Ihr Klient Worte benutzt, die Krankheit personifizieren oder affirmieren (wie beispielsweise: »Ich kämpfe mit einer Krankheit«, »Ich bin krank«, »Ich habe ein Leiden« oder »Ich bin gerade dabei, mir etwas einzufangen«), erklären Sie ihm liebevoll, dass solche Worte und Formulierungen das Erlebnis von Krankheit nur verstärken. Dabei sollten Sie den Eindruck vermeiden, Sie würden die Ängste Ihres Klienten nicht ernst nehmen; gleichzeitig sollten Sie jedoch auch nicht der Illusion Gewicht verleihen. Sie können Ihre Engel oder geistigen Führer bitten, Ihnen Worte der Liebe und Weisheit zu schenken.

Hören Sie sich die Beschwerden Ihrer Klienten voll Mitgefühl an, doch betonen Sie sie nicht. Versuchen Sie, Ihren Fokus nicht auf Schmerz, sondern auf Gesundheit zu richten – nicht um Ihre Klienten künstlich aufzuheitern, sondern um Ihre Intention, die auf Gesundheit ausgerichtet ist, durch diesen ständigen Fokus und Bewusstheit zu stärken. Es ist empfehlenswert, sich die Klagen von Klienten so anzuhören, als würden sie einen Albtraum beschreiben. Albträume sind nicht real, doch enthalten sie wertvolle Symbole und Metaphern.

Ich begrenze ganz bewusst die Zeit, die ich mit einem Klienten über Symptome und Beschwerden spreche, da solche Diskussionen letzten Endes niemandem helfen. Ich stelle niemals Diagnosen, da das Benennen die Realität eines Zustands nur bestätigen würde. Ich frage meine Klienten nur nach ihren Symptomen, um eine klare Vorstellung ihrer generellen Sichtweise zu gewinnen. Außerdem achte ich genau auf ihre Ausdrucksweise und halte nach Formulierungen Ausschau, die ihre Glaubenssätze bezüglich ihrer eigenen Person und der Welt im Allgemeinen anzeigen.

Während ich meinen Klienten zuhöre, lausche ich gleichzeitig auf die Stimme meiner inneren Führung sowie die Stimmen der Engel oder Geistführer meines Gegenübers. Außerdem achte ich auf Bilder und »Filme«, die vor meinem geistigen Auge auftauchen und die mit vergangenen Erlebnissen oder gegenwärtigen Symptomen meines Klienten zu tun haben.

Die körperliche Gesundheit Ihrer Klienten reflektiert ihre

innere Gesundheit. Unterdrückte Angst, Wut oder Schuld können sich in allen möglichen körperlichen Beschwerden manifestieren. Als Heiler betrachten Sie jedoch alle Probleme als identisch, gleichgültig, in welcher Form sie sich zeigen. Ihre Behandlung einer anscheinend lebensgefährlichen Erkrankung wird sich nicht sehr von der Behandlung einer Schnittverletzung oder eines Blutergusses unterscheiden. Unabhängig von ihrer Erscheinungsform haben alle Probleme die gleichen Wurzeln. Sie alle sind Produkte der Überzeugung, dass dieser Mensch von anderen getrennt, ungeschützt, angegriffen oder ungeliebt ist. In Wahrheit trifft keine dieser Aussagen auf Ihre Klienten zu, und sobald sie das erkennen, wird ihr Körper zur Harmonie zurückkehren.

Auch wenn Ihre Klienten auf der Seelenebene beschlossen haben, krank zu bleiben oder sogar die Erde zu verlassen, ist Ihre Heilungsarbeit dennoch wertvoll. Jedes Mal, wenn Sie jemandem helfen, Angst zu erkennen und loszulassen, sind Sie ein Segen für die Welt.

Heilen in Stille

Zum spirituellen Heilen gehört eine Verlagerung von der Perspektive des Egos zum Bewusstsein des wahren Selbst. Durch die Brücke friedvoller Aufmerksamkeit und Bewusstheit verbinden Sie diese beiden Welten. Das wahre Selbst bedarf keiner Worte, da sein Bewusstsein ausschließlich Liebe und Erfüllung beinhaltet. Es befindet sich jenseits aller Worte, denn Worte sind in erster Linie Werkzeuge des Egos zum Zweck des Differenzierens und Urteilens.

Ihr uneingeschränktes, von keinem Schatten eines Zweifels getrübtes Wissen um die wahre Vollkommenheit Ihres Klienten und Ihr Einssein mit ihm und mit Gott genügt, um eine plötzliche Heilung zu bewirken, selbst wenn Sie dieses Bewusstsein nur einen Augenblick lang aufrechterhalten können. Aus diesem Grund kann Ihre Sitzung Phasen des Schweigens enthalten, in denen Sie meditieren.

Während Ihrer Meditation sollten Sie sich bewusst machen, dass Ihr Klient Ihr Geliebter ist, da seine innerste Realität der Essenz Gottes, des Heiligen Geistes und des Christusbewusstseins entspricht. Verbinden Sie sich mental mit diesem innersten Kern Ihres Klienten, der Ihr Geliebter in Gott ist. Fühlen Sie, wie Ihr Herz weit wird mit warmer Liebe für diesen Menschen. Machen Sie sich bewusst, dass Sie und Ihr Klient eins sind mit Gott.

Außerdem können Sie um spirituelle Hilfe bei der Einstimmung auf Ihren Klienten bitten. Ihre Gebete für seine Heilung sind dabei nicht so sehr Bitten an Gott, die konkrete physische Erfahrung Ihres Klienten zu verändern. Vielmehr geht es darum, seine und Ihre *Gedanken* bezüglich dieser Erfahrung zu transformieren. Denn nur der Verstand braucht Heilung. Sollte ein Engel herniederschweben und die Krankheit Ihres Klienten heilen, ohne eine entsprechende Veränderung seiner Glaubenssätze zu bewirken, so würde die Krankheit bald wiederkehren.

Ich wende mich oft an den Heiligen Geist oder an Jesus und sage innerlich: »Bitte erleuchte meine Seele und mein Herz und hilf mir, diese Situation in einem anderen Licht zu sehen. Heile meine Gedanken, damit Harmonie und Wahrheit hergestellt werden.« In der Welt des wahren Selbst gibt es nur einen Geist, und falls Ihr Geist von irdischen Problemen abgelenkt ist, so leihen Sie sich einfach den Geist eines spirituellen Meisters, der nichts kennt als vollkommenen Frieden. Das Bewusstsein der Einheit ist das eigentliche Instrument der Heilung, gleichgültig, welcher Seele oder welchem Geist dieses Wissen entspringt.

Sie können Ihre Meditation mit der folgenden Visualisierung beenden:

Lassen Sie Ihr Wissen um die Einheit ins Universum fließen, indem Sie sich vorstellen, Ihre Gedanken seien von einer durchsichtigen Blase aus Licht umgeben. Lassen Sie diese Blase aus Ihrem Herzen oder Solarplexus aufsteigen (was immer sich rich-

tig anfühlt), und fühlen oder sehen Sie, wie sie zum strahlenden Licht der Liebe Gottes getragen wird. Sehen Sie Gottes Liebe, wie sie jeden Gedanken und jede Idee innerhalb der Blase reinigt, sodass sie Wahrheit und Liebe widerspiegeln. Visualisieren Sie die Blase, wie sie in freudiger Ekstase zerplatzt und sich mit diesem Licht vereinigt, wobei ihr Inhalt sich zerstreut und in Form von Freude und Gesundheit auf die Erde zurückkehrt. Sehen Sie Ihren Klienten, wie er von diesem Geschenk der Liebe erfüllt wird.

Heilen mit Worten

Vor und nach Ihren Meditationen werden Sie natürlich mit Ihren Klienten sprechen. Der wertvollste Aspekt des Redens besteht darin, dem Klienten zu helfen, seine Energie von einer angsterfüllten Ego-Perspektive zu einer Zentrierung in der Liebe zu verlagern. Ihre Worte können Ihre Klienten erkennen lassen, dass sie weder Opfer ihres Körpers sind noch Opfer von Bakterien, Viren oder anderen Menschen. Wie bereits erwähnt, kann die Erkenntnis, dass ihre Gedanken zu ihrem momentanen Zustand beigetragen haben, dazu führen, dass Ihre Klienten sich selbst zürnen und sich fragen: »Warum habe ich mir das angetan?« Diese Sichtweise ist nicht hilfreich, da es sich dabei nach wie vor um die Perspektive des Opfers handelt – nur dass der Betreffende jetzt glaubt, er sei ein Opfer seiner eigenen Gedanken.

Es braucht Übung und Geduld, bevor jemand in der Lage ist zu erkennen, wie wir unsere Gedanken bewusst wählen. Meditation hilft uns, die kleine zeitliche Lücke zu erkennen, die jedem Gedanken vorausgeht. Viele Ihrer Klienten werden jedoch nur wenig Erfahrung mit Meditation haben und daher nicht verstehen, dass sie selbst es sind, die ihre Gedanken wählen. Die meisten Menschen glauben, dass ihre Gedanken *sie* wählen.

Sie sollten sich jedoch diesbezüglich nicht auf Diskussionen einlassen. Alle Debatten sind ein Produkt des Egos und führen nur zu Machtkämpfen statt zu Heilung. Ihre Rolle als Lichtarbeiter besteht darin, der Führung Ihres höheren Selbst zu folgen und Ihren Klienten zu helfen, bereitwillig alle Gedanken, Glaubenssätze und Gefühle loszulassen, die ihre Symptome hervorgerufen haben. Viele der Methoden, die ich in den folgenden Abschnitten beschreibe, wurden mir von meinen geistigen Führern und meinem höheren Selbst bei Heilungssitzungen übermittelt, und ich kann ihre Wirksamkeit bestätigen. Wenn Sie sich dazu angeleitet fühlen, können Sie gern eine oder mehrere dieser Methoden bei der Arbeit mit Ihren eigenen Klienten anwenden.

Die Bedeutung von Vergebung

Die Unfähigkeit, einem anderen Menschen, Gott oder dem eigenen Selbst zu vergeben, ist die am weitesten verbreitete Ursache körperlicher Leiden und Krankheiten. Der *Kurs in Wundern* drückt es folgendermaßen aus: »Es gibt keine Form des Leidens, der nicht ein Gedanke des Nicht-vergeben-Könnens zugrunde liegt. Noch gibt es irgendeine Form von Schmerz, die nicht durch Vergebung geheilt werden kann.«

Um vollständig im Zustand des wahren Selbst leben zu können, müssen wir frei sein von den Urteilen des Egos. Das wahre Selbst ist unser natürlicher Zustand, und wir müssen nichts hinzufügen, um in diesem Zustand leben zu können. Stattdessen müssen wir einfach nur alle Ego-Gedanken über unsere Trennung von anderen Menschen und von Gott ablegen. Wenn Sie glauben, dass auch nur eine Person »schlecht« oder »voller Sünde« ist, betrachten Sie sich selbst als von anderen getrennt. Diese Sichtweise bringt Sie in Ihr Ego, und der Zustand von Freude und Gesundheit, der Ihr wahres Selbst charakterisiert, wird blockiert.

Das Ego freut sich, wenn es »Schlechtigkeit« in einem anderen Menschen sieht. Dieses Urteil sorgt dafür, dass sich das Ego überlegen oder als etwas Besseres fühlt, was wiederum sofort ein Gefühl des Getrenntseins zwischen dem eigenen

Selbst, anderen Menschen und Gott zur Folge hat. Das, was uns an einem anderen Menschen irritiert, ist in der Regel eine Eigenschaft, die wir an uns selbst nicht sehen wollen. In solchen Fällen sind wir geheilt, sobald wir sowohl der anderen Person als auch uns selbst vergeben.

Rückhaltlose Vergebung für das eigene Selbst und die Welt ist der Weg, alle Ego-Blockaden aufzulösen, die zwischen Ihren Klienten und dem Leben stehen, das sie sich wirklich wünschen. Spirituelle Intervention ermöglicht uns, unseren Klienten zu helfen, hartnäckigen Groll zu identifizieren und loszulassen. Aus diesem Grund konzentriert sich die erste Phase Ihrer Behandlungen in der Regel darauf, Ihren Klienten beim Loslassen von Urteilen und Gefühlen zu helfen, die mit der Unfähigkeit zu vergeben in Zusammenhang stehen. Wenn Sie einen entsprechenden Gedanken bei einem Klienten identifizieren und beseitigen, entfernen Sie im wahrsten Sinne des Wortes einen Blut saugenden Vampir.

Wenn Ihre Klienten die Unfähigkeit zur Vergebung loslassen, gewinnen sie den Frieden und die Gesundheit, die mit dem Zustand des wahren Selbst einhergehen. Krankheiten und Verletzungen treten auf, wenn das Ego glaubt, getrennt zu sein, und sich aufgrund seiner Angriffe auf andere schuldig fühlt. Dieses Schuldgefühl führt zur Angst vor Vergeltung. Das Ego glaubt, Bestrafung von außen verhindern zu können, wenn es sich selbst Schaden zufügt, bevor andere es tun. Krankheiten und Unglücksfälle sind die bevorzugten Mittel des Egos, sich selbst zu bestrafen, in dem verrückten Glauben: »Wenn ich genug leide, kann ich weiteren Schmerzen entgehen.«

Ihre Heilungssitzungen könnten sich getrennt mit der Befreiung von Angst, Schuldgefühlen und der Unfähigkeit zur Vergebung beschäftigen. Ich habe jedoch festgestellt, dass ein derart weiter Fokus sowohl zeitraubend als auch unnötig ist. Wenn Sie sich ausschließlich auf die Unfähigkeit zu vergeben konzentrieren, helfen Sie Ihrem Klienten, dieses wesentliche Hindernis zu beseitigen und gleichzeitig alle Überreste von

Angst, Schuld, Scham und anderen Emotionen des Egos aufzulösen.

Vergebung und das Loslassen von Problemen hängen einzig und allein von der inneren Bereitschaft ab, nicht von irgendwelchen Zeitfaktoren. Jedoch kann es einige Zeit dauern, bis Ihre Klienten bereit sind zu vergeben. Vielleicht klammern sie sich sogar hartnäckig an ihre Ablehnung und sagen: »Warum sollte ich derjenige sein, der vergibt? Schließlich war das Ganze nicht mein Fehler!«

In der Regel erfordert solch ein Protest, dass der Heilende den Unterschied zwischen »Gutheißen« und »Vergebung« erläutert. Ihre Klienten müssen das gewalttätige oder negative Verhalten eines anderen nicht gutheißen. Um sich von der Gefangenschaft im Ego zu befreien, müssen sie einfach nur dem Menschen vergeben, unabhängig von seinem Verhalten. Vergebung bedeutet auch nicht: »Ich halte dein Verhalten für falsch, doch da ich ein erleuchteter Mensch bin, beschließe ich, es zu übersehen.« Vergebung hat *dann* die Kraft zu heilen, wenn alle Urteile, die mit der Situation zu tun haben, losgelassen und durch Liebe ersetzt werden. Wenn dies geschieht, erfährt der Betreffende den Zustand seines wahren Selbst.

»Das kann doch nicht so einfach sein!«, protestierte meine Klientin Patricia, als ich ihr den Zusammenhang zwischen ihrer Unfähigkeit zur Vergebung und ihren Symptomen erklärte. Sie hatte Jahre auf der Couch und in den Praxen von Psychiatern, Psychologen und Hypnotherapeuten verbracht, bevor sie mit dem Wunsch nach einer spirituellen Beratung zu mir kam. Diese vielen Jahre und all das Geld, das sie in diese Sitzungen investiert hatte – wie konnte ich es wagen zu behaupten, dass ihr emotionaler Schmerz verschwinden würde, wenn sie bereit wäre zu vergeben?

Im *Kurs in Wundern* heißt es: »Komplexität ist eine Spezialität des Egos und nichts weiter als ein Versuch, das Offensichtliche undurchsichtig zu machen.« Das Ego möchte uns glauben machen, dass wir und unsere »Probleme« komplex und etwas Besonderes sind, um den Glauben an Trennung zu verstärken. Das Ego will eine dramatische Diagnose und anschließend ein höchst komplexes Behandlungsprogramm. Es sucht Dramen und endlose Folgen von Problemen und Schwierigkeiten anstatt Lösungen.

Glücklicherweise ist zur Vergebung nichts weiter erforderlich als ein winziger Moment der Bereitschaft, und schon entsteht eine Öffnung, die Heilung möglich macht. Hier folgen einige Methoden, um Ihren Klienten zu helfen, ihre Unfähigkeit zur Vergebung loszulassen.

• *Metaphorische Heilung.* Suchen Sie nach dem Symbolgehalt in der Krankheit Ihres Klienten. Der Körper gibt normalerweise deutliche Hinweise auf die Ursache seiner Leiden und Schmerzen. Wenn Ihr Klient zum Beispiel über einen schmerzenden Nacken klagt, fragen Sie ihn: »Wer oder was in Ihrem Leben liegt Ihnen schwer auf den Schultern?« Bei einem Klienten mit Magenproblemen sollten Sie fragen: »Was schlägt Ihnen auf den Magen?« Halsschmerzen könnten zu der Frage führen: »Was wollen Sie nicht mehr hinunterschlucken?« Hat ein Klient Schmerzen im Bein, so sollten Sie ihn fragen: »Was können Sie nicht mehr ausstehen?« Manchmal weisen Probleme mit den Beinen auch auf die Notwendigkeit hin, von einer hektischen auf eine langsamere Lebensweise herunterzuschalten. Lassen Sie sich von Ihrer Intuition leiten. Sobald Sie die Metapher des Symptoms identifiziert haben, prüfen Sie, ob ein nicht vergebener Groll zugrunde liegt. In den allermeisten Fällen handelt es sich dabei um das Gefühl, das zur Erkrankung Ihres Klienten geführt hat.

Meine Klientin Barbara klagte über intensive Ohrenschmerzen, wobei eine schulmedizinische Behandlung keine Erleichterung gebracht hatte. Intuitiv nahm ich wahr, dass die Schmerzen mit Schwierigkeiten in ihrer Ehe zu tun hatten. Als ich sie danach fragte, brachen aus ihr wütende Beschimpfungen gegen ihren Mann hervor. Sie sagte mir, er sei rücksichtslos, grob und aggressiv.

In den nächsten dreißig Minuten erkannte Barbara, dass ihr die Ohrenschmerzen dazu dienten, die Stimme ihres Mannes zu überdecken. Außerdem wurde ihr klar, dass sie ihre Krankheit als Waffe gegen ihren Mann benutzte, und zwar auf eine verdeckte Art, so als wollte sie sagen: »Schau, was du mir angetan hast!« Wir arbeiteten also daran, ihre Unfähigkeit zur Vergebung gegenüber ihrem Ehemann aufzulösen.

Zunächst führte ich ein hellsichtiges Reading durch und stellte fest, dass sein aggressives Verhalten in Wahrheit ein Ausdruck des Zorns sich selbst gegenüber war. Ihr Mann betrachtete sich als Versager, da seine Frau ständig unglücklich, depressiv und krank war. Barbara konnte schließlich die Wahrheit darin erkennen. Zusammen affirmierten wir, dass Barbara wie auch ihr Ehemann in Wahrheit perfekte Funken der Liebe Gottes waren und von Grund auf unfähig, Schmerz zuzufügen oder zu erfahren. Nachdem sie ihren Groll losgelassen hatte, waren Barbaras Ohren am Ende der Sitzung praktisch schmerzfrei.

Louise L. Hays Buch *Heile deinen Körper A–Z*[1] ist ein grundlegendes Handbuch, um die metaphorische Bedeutung verschiedener Krankheiten zu entziffern. Bei meinen Sitzungen habe ich immer ein Exemplar griffbereit, und oft geschieht es, dass ein Klient durch das Nachschlagen in diesem Buch und das Auffinden der metaphorischen Bedeutung seines Leidens einen sofortigen Durchbruch erlebt, der zu einer schnellen Heilung führt.

• *Kollabieren der Zeit.* Zuweilen haben Klienten Angst zu vergeben, weil sie glauben, dass das so viel bedeuten würde wie die Aussage: »Du hattest Recht, und ich hatte Unrecht.« Sie fürchten, dass Vergeltung und Strafe folgen könnten, wenn sie zugeben, dass sie im Unrecht waren. In solchen Fällen können Sie eine Veränderung der Gedanken benutzen, die der *Kurs in Wundern* als »Kollabieren der Zeit« bezeichnet, um Ihrem Klienten zu helfen, die Furcht vor Vergeltung loszulassen.

Zunächst einmal sollten Sie sich in Erinnerung rufen, dass lineare Zeit in der Welt des wahren Selbst nicht existiert. Wir leben hier auf der Erde in einem Zeit-Raum-Kontinuum, weil das Ego seine materiellen Leistungen messen und vergleichen will. Da die Zeit vom Ego erschaffen wird, ist sie das Produkt einer nicht realen Quelle. Also ist Zeit eine unwirkliche Illusion, da nur Gott das Wahre und Ewige erschaffen kann.

Vielleicht sind wir nicht in der Lage, die Zeit zu verlangsamen oder zu beschleunigen, doch können wir das verändern, woran wir und alle anderen sich erinnern. Schließlich ist der Hauptgrund, warum wir uns hinsichtlich unserer Vergangenheit überhaupt Sorgen machen, der, dass wir über etwas Schlechtes oder Unangenehmes aus der Vergangenheit negative Gedanken und Gefühle hegen. Wenn wir also die Erinnerungen und alle negativen Auswirkungen dieser schlechten Dinge in der Vergangenheit beseitigen könnten, wäre das so, als würden wir die Vergangenheit auslöschen. Wir würden die vergangenen Ereignisse buchstäblich ungeschehen machen.

Laut dem *Kurs in Wundern* tun wir genau das, wenn wir vergeben. Unsere Vergebung uns selbst und allen Menschen gegenüber, die mit dem negativen Ereignis zu tun hatten, macht die Vergangenheit ungeschehen und löscht sie aus. Der Grund dafür ist folgender: Das Ereignis in der Vergangenheit war ein Produkt des Egos. Das wissen wir, da es nicht auf Liebe basierte. Also beruhte das falsche Verhalten in der Vergangenheit auf Irrtümern im Denken, die wiederum zu verletzten Gefühlen oder Zorn führten. Ein Irrtum war also die Ursache für emotionalen Schmerz.

Wenn wir die Ursache entfernen, verschwinden auch die Auswirkungen. Vergebung beseitigt die Ursache schmerzhafter Gefühle: das Ego. Und ohne ihre Ursache können die schmerzhaften Gefühle nicht bestehen bleiben. Die verhärteten Gefühle werden weich und können rasch heilen, bis sie zu einer fernen Erinnerung verblassen.

Das Kollabieren der Zeit ist ein Phänomen, das heute weltweit erforscht wird. Wissenschaftler aus den Bereichen von Medizin, Quantenphysik und Parapsychologie sind dabei zu entdecken, wie unsere gegenwärtigen Gedanken unser vergangenes Verhalten beeinflussen oder sogar ungeschehen machen können. Zum Beispiel benutzte der Wissenschaftler Helmut Schmidt bei mehreren Untersuchungen zu diesem Thema einen Computer, der willkürlich Zahlen generiert. Frühere Studien von Wissenschaftlern an führenden Universitäten hatten bereits gezeigt, dass Menschen mental Einfluss darauf nehmen können, welche Zahl der Computer anzeigt. Schmidt führte diese Untersuchung noch einen Schritt weiter. Er ließ vom Computer eine willkürliche Zahlenreihe erzeugen, bevor das Experiment begann. Niemand schaute sich diese Zahlen an. Stattdessen forderte Schmidt die Testpersonen auf, mental den Computer bei der Wahl einer neuen Zahlenreihe zu beeinflussen, wobei sie jede Zahl wählen konnten, die ihnen gerade in den Sinn kam. Am Ende des Experiments stellte Schmidt fest, dass ein signifikanter Prozentsatz der zweiten Zahlenreihe mit der ersten Zahlenreihe übereinstimmte. Schmidt glaubt, dass in dem Moment, als er sich nach dem Experiment die erste Zahlenreihe anschaute, seine Gedanken in der Zeit zurückkreisten und die zweite Zahlenreihe des Experiments beeinflussten.[2]

Experimente wie dieses erinnern uns daran, dass es sich bei der Zeit nicht um die lineare Bewegung handelt, für die wir sie normalerweise halten. Lichtarbeiter können ihren Klienten helfen, die Vergangenheit zu heilen, indem sie ihre Gedanken in der Gegenwart verändern. Schließlich sagen Menschen, bei denen wir uns für etwas entschuldigen, häufig: »Vergiss es einfach!« Das bedeutet: »Ich habe dir vergeben und das Ereignis vergessen.«

Meine eigenen Erfahrungen haben gezeigt, dass dann, wenn wir uns selbst oder anderen Menschen vergeben, die an dem Ereignis beteiligten Personen häufig so etwas wie eine Massenamnesie aufweisen. Oft sind sie nicht mehr in der

Lage, sich auch nur an ein einziges Detail rund um das Ereignis zu erinnern. Und wenn wir uns selbst wirklich für unser vergangenes schädliches Verhalten vergeben – wie zum Beispiel Alkohol-, Drogen-, Ess- oder Nikotinsucht –, können wir meiner Ansicht nach auch die daraus resultierenden körperlichen Auswirkungen ungeschehen machen, so als hätte es sie nie gegeben.

Es liegen wissenschaftliche Beweise für diese Theorie vor, wie zum Beispiel eine Untersuchung von William Braud, bei der eine Testperson aufgefordert wurde, mental die Hautwiderstandswerte zu beeinflussen, die bei einer *in der Vergangenheit* durchgeführten Messung angezeigt wurden (und die erst nach Beendigung des Experimentes geprüft und mit den neuen Werten verglichen wurden). Auch wenn die Resultate keine statistische Signifikanz aufwiesen, war die Testperson doch in der Lage, die Messwerte der Vergangenheit durch die gegenwärtigen Gedanken in gewissem Umfang willentlich zu beeinflussen.[3]

Zu der spirituellen Behandlungsmethode, die ich zum Kollabieren der Zeit anwende, gehört es, dass ich den Heiligen Geist anrufe (die Stimme Gottes in unserem Inneren, die unseren Geist heilt und in den Zustand der Wahrheit bringt). Ich spreche die Worte laut aus und benutze dabei die »Wir-Form«, um anzuzeigen, dass auch mein Geist Heilung braucht, um die wahre Vollkommenheit meines Klienten zu erkennen.

»Heiliger Geist, (Name des Klienten) empfindet Schmerz und braucht deine Hilfe bei der Heilung der Gedanken hinter dem Schmerz. Wir wissen, dass Schmerz nicht real ist, da Gott ihn nicht erschaffen hat, also müssen wir einen unwahren Gedanken gewählt haben. Wir möchten Frieden statt Schmerz erfahren. Bitte komm zu uns und hilf uns, diese Situation in einem anderen Licht zu sehen. Bitte korrigiere alle unsere Gedanken, damit sie mit der Wahrheit Gottes übereinstimmen. Wir bitten darum, dass alle Auswirkungen unseres falschen Denkens bald von allen vergessen werden, die an dieser Situation beteiligt waren.«

Ich formuliere diese und viele meiner anderen Anrufungen in Wir-Form, da die Heilung immer sowohl im Klienten als auch im Heiler eintritt.

Diese Behandlung führt immer zu dramatischen Veränderungen in den persönlichen Beziehungen des Klienten, da sie gleichzeitig alle Seelen heilt, die mit dem negativen Ereignis zu tun hatten. Sie können Ihre Klienten bitten, Ihnen von diesen Heilungen zu berichten, um Ihr Vertrauen in die Wirksamkeit dieser Behandlungsform zu vertiefen.

• *Die Lichtblase.* Diese Behandlungsmethode hilft Ihren Klienten, Einheit mit den Menschen zu erfahren, gegen die sie einen Groll hegen. Bitten Sie Ihren Klienten, die Augen zu schließen und mehrmals tief ein- und auszuatmen. Dann führen Sie ihn durch die folgende Meditation:

>*Sehen oder fühlen Sie* (Name der Person, der Ihr Klient vergeben möchte). *Können Sie diese Person sehen oder fühlen? Bitte nicken Sie mit dem Kopf, wenn Sie diese Person sehen oder fühlen können.*
(Arbeiten Sie mit Ihrem Klienten so lange, bis ein Bild oder Gefühl deutlich wird; Widerstand gegen Vergebung hält ihn davon ab, die andere Person zu sehen. Sobald Ihr Klient den Betreffenden sieht oder fühlt, zeigt dies eine erste Bereitschaft zur Vergebung an. Diese kleine Öffnung ist alles, was für ein Wunder nötig ist!)
Jetzt bitte ich Sie, in diese Person hineinzusehen oder hineinzufühlen. Achten Sie auf den kleinen weißen Lichtfunken in ihrer Mitte, wie die Zündflamme in einem Gasofen. Geben Sie mir Bescheid, sobald Sie dieses weiße Licht wahrnehmen oder fühlen können.
Nachdem Sie das weiße Licht in dieser Person bemerkt haben, bitte ich Sie nun, es wachsen zu lassen. Sie müssen das Licht einfach nur bitten, stärker zu werden. Können Sie wahrnehmen, wie es wächst? Gut. Können Sie das Licht jetzt immer größer werden lassen, bis es die Person gänzlich erfüllt? Falls Sie irgendwelche

Dunkelheit in dieser Person wahrnehmen, bitten Sie das Licht, diese dunklen Flecken zu entfernen. Sobald die Person vollkommen mit dem Licht angefüllt ist, möchte ich Sie bitten, das Licht über den Körper hinaus wie eine Aura wachsen und erstrahlen zu lassen. Können Sie das sehen oder fühlen?

Können Sie nun sich selbst sehen oder fühlen, wie Sie neben dieser Person stehen? Sehen oder fühlen Sie sich neben dieser anderen Person? Gut. Würden Sie jetzt bitte in das weiße Licht treten, das von der anderen Person ausstrahlt? Können Sie sich selbst zusammen mit der anderen Person sehen, gebadet in dem weißen Licht? Das Licht wird nun immer strahlender, bis es so hell ist, dass keine Trennung zwischen Ihnen und der anderen Person mehr erkennbar ist. Fühlen und sehen Sie, wie die Grenzen zwischen Ihnen immer mehr verwischen und verschwinden. Nehmen Sie wahr, wie das weiße Licht sich wie eine riesige, liebevolle Wolke immer weiter ausdehnt. Sie können diese Wolke der heilenden Liebe bitten, sich noch weiter auszudehnen, bis sie die ganze Stadt bedeckt, dann das ganze Land, den ganzen Kontinent und die ganze Welt. Fühlen Sie, wie diese Liebe die Welt umfängt, und machen Sie sich bewusst, dass Sie und die andere Person eins sind mit allen Lebewesen, mit der Welt und miteinander.«

Diese Behandlungsmethode führt immer zu wundersamen Fügungen im Zusammenhang mit den Menschen, denen die Vergebung galt. Da wir in unserem wahren Selbst alle miteinander verbunden sind, können andere Menschen fühlen, dass Sie Ihren Groll gegen sie losgelassen haben. Die straff gespannten Taue der Verbitterung werden im Moment der Vergebung durchtrennt, und das spüren alle Beteiligten. Vielleicht wissen die Betreffenden nicht, warum, doch sie werden plötzlich an Sie denken. Zunächst ist es nur ein neutraler Gedanke, dann wird er durch Liebe sanft. Die andere Person hat Ihnen im gleichen Moment vergeben wie Sie ihr, obwohl sie keine Ahnung hat, warum. Die anderen behandeln uns automatisch anders, da wir bei dieser Heilung allen Groll gegen sie loslassen. Das wahre Selbst der anderen kommuniziert mit unserem wahren Selbst durch alle Dimensionen und Zeiten, und ihre Seelen reagieren auf unsere Vergebung – unabhängig von ihrer Persönlichkeit, ihrem geografischen Standort und unabhängig davon, ob sie noch leben oder schon gestorben sind.

Wahrscheinlich sind Sie sich bewusst, dass Sie sich in Gesellschaft anderer Menschen unterschiedlich verhalten. Wir alle kennen das. Sie reagieren dabei auf die Art und Weise, wie jemand über Sie denkt. Falls der andere Vorurteile Ihnen gegenüber hegt, reagieren Sie auf eine bestimmte Art. Ist er offen und freundlich, reagieren Sie anders. Die Menschen haben gewisse Vorstellungen und Erwartungen, wie Sie handeln und sich verhalten werden, und das führt häufig dazu, dass Sie diese Erwartungen auch erfüllen. Außerdem bemerken die anderen oftmals auch nur diejenigen Aspekte Ihres Verhaltens, die ihren Erwartungen entsprechen.

Andere Menschen reagieren auf Ihre Urteile auf die gleiche Weise. Ihre Gedanken sind die Ursache, und ihr Verhalten ist die Wirkung. Wenn Ihre Gedanken über andere Menschen auf dem Ego basieren, rufen Sie bei den Betreffenden ein negatives Verhalten hervor. Doch wenn Sie durch das Wunder der Vergebung diese Menschen mit den Augen der Liebe sehen, werden sie sich Ihnen gegenüber ganz anders verhalten. Haben Sie schon einmal längere Zeit mit einem Menschen verbracht, der Sie bewundert oder liebt? Fühlten Sie sich in Gegenwart dieses Menschen nicht wohler als in Gesellschaft eines kritischen Gegenübers?

Wenn Ihre Klienten anderen vergeben, seien es nun der Chef, der Ehepartner, Kollegen, die Mutter, die Schwester oder die Kinder, dann werden diese Menschen aufgrund der neuen Sichtweise Ihrer Klienten erstrahlen. Sie werden sich verändern, da die Sichtweise nicht länger die des Egos ist, sondern die des wahren Selbst. Vergebung erspart uns so viel Zeit!

- *Die Korral-Visualisierung.* Nachdem Sie Ihrem Klienten geholfen haben, sich durch mehrere tiefe, langsame Atemzüge zu entspannen, bitten Sie ihn, die Augen zu schließen und es sich bequem zu machen. Beschreiben Sie Ihrem Klienten sanft die folgende Szenerie:

> *»Stellen Sie sich vor, Sie stehen auf einer Wiese in freier Natur. Eine Straße führt zu Ihnen, eine Straße, die Ihnen alles liefert, was Sie materiell, emotional und spirituell benötigen. Die Straße führt auf dem Weg zu Ihnen durch einen Korral mit zwei Toren, einem zur Straße hin und einem zu Ihnen. Wenn beide Tore geöffnet sind, fließt Ihnen alles zu, was Sie benötigen, und gleichzeitig fließen Ihre Geschenke und Talente hinaus in die Welt.*

(Lassen Sie Ihren Klienten sehr langsam dreimal tief ein- und ausatmen oder benutzen Sie irgendeine andere Methode tiefer Entspannung, bevor Sie weitersprechen.)

Wann immer wir einem anderen Menschen nicht vergeben können, sperren wir diesen Menschen in unserem Inneren ein, wo wir ihn mit unseren Schuldzuweisungen und Vorwürfen fesseln. Das Bild der Person, auf die wir wütend sind, ist in unserem Bewusstsein wie in einem Korral gefangen, und die Tore sind verschlossen wie Gefängnistüren. Und natürlich sind auch Sie mit dem Menschen, den Sie verurteilt haben, darin gefangen, damit sie ihn ständig überwachen können. Beide Tore sind also verschlossen, und das blockiert den gesamten Fluss in Ihrem Leben.

Werfen Sie jetzt also einmal einen Blick in Ihren Korral und prüfen Sie, wer sich alles darin befindet. Erkennen Sie den hohen Preis, den Sie für ihre Gefangenschaft bezahlen? Falls Sie bereit sind zu vergeben, stellen Sie sich vor, wie sich die Tore Ihres Bewusstseins öffnen. Visualisieren Sie, wie diejenigen, die in dem Korral gefangen waren, frei, glücklich und im Geist der Vergebung davongehen. Wünschen Sie ihnen alles Gute. Falls Ihnen das schwer fällt, versuchen Sie, den Menschen zu vergeben, auch wenn sie ihre Taten nicht entschuldigen können. Fühlen Sie die Erleichterung, die sich durch die Vergebung einstellt, und die neue Energie, die Sie durchströmt. Achten Sie darauf, dass Sie nicht allein im Korral zurückbleiben, weil Ihr Ego Sie vielleicht selbst beschuldigt. Lassen Sie auch sich selbst frei.«

• *Loslassen mithilfe der Engel.* Eine der wirksamsten Hilfen zur Vergebung ist das Anrufen der Engel. Immer wenn die oben beschriebenen Methoden meinen Klienten nicht den erhofften Frieden bringen, weil sie noch nicht bereit sind zu vergeben oder aus irgendeinem Grund Angst davor haben, können die Engel intervenieren und die Widerstände sanft auflösen.

Nachdem Ihr Klient sich entspannt hat, leiten Sie ihn sanft dazu an, alle Gedanken von Groll und Widerstand als ein Stück Papier zu visualisieren. Erklären Sie ihm, dass dieses Papier irgendwann einmal einen sinnvollen Zweck erfüllt hat. Doch heute ist es wie eine alte Zeitung, die nicht mehr gebraucht wird. Bitten Sie Ihren Klienten, sich vorzustellen, wie Engel und Cherubime ihn umkreisen und er die Papierseiten mit negativen Gedanken und Gefühlen den Engeln überreicht. Visualisieren Sie gemeinsam, wie die Engel diese ins Licht tragen, wo alle Gedanken und Gefühle gereinigt werden. Dann kehren die Engel zu Ihrem Klienten zurück und überreichen ihm als Geschenk die gereinigten Gedanken der Liebe.

Mentale Einstimmung für Heiler/innen

Sie sind ein Instrument der Heilung, und daher sollten Sie alle erforderlichen Schritte unternehmen, um sicherzustellen, dass Ihr Geist immer im Einklang mit der Wahrheit ist. Wir alle lassen uns hin und wieder in unser Ego hineinziehen, und das bedeutet nicht, dass Sie ein unqualifizierter Heiler sind. Der Weg des Lichtarbeiters erfordert von Ihnen lediglich, die Zeichen Ihres Egos so schnell wie möglich zu erkennen und die nötigen Schritte vorzunehmen, um wieder in einen Zustand des Friedens zu gelangen. Das kann bedeuten, einen tiefen Atemzug zu nehmen, ein Gebet zu sprechen oder zu meditieren.

Mentale Einstimmung kann unter Umständen auch einige Veränderungen in Ihrer Lebensweise erfordern, zum Beispiel, dass Sie Diskussionen oder Nachrichten über Krankheiten, Unfälle oder Katastrophen vermeiden. Ihre innere Führung wird Ihnen helfen, einen Weg zu finden, Ihre fürsorgliche Natur (die Sie vielleicht dazu bringt, sich im Fernsehen den Bericht über eine Katastrophe anzuschauen) und Ihr Wissen um das Gesetz von Ursache und Wirkung (wonach das verstärkt wird, worauf Sie sich konzentrieren) ins Gleichgewicht zu bringen. Sie werden wissen, wann es an der Zeit ist, die Fernsehnachrichten abzuschalten und die Situation durch Ihr Wissen um die grundlegende Wahrheit des Friedens zu heilen.

KAPITEL 23

DIE WELT HEILEN

»Wir müssen erkennen, dass alles im Universum
aus dem Äther kommt oder im Äther lebt.«

PIERRE TEILHARD DE CHARDIN,
französischer Wissenschaftler, Seher und Philosoph

So wie die Heilung eines Menschen oder anderer Materie kann auch die Heilung der Welt aus der Perspektive der Materie oder des Geistes stattfinden. Sowohl Energiearbeit als auch spirituelles Heilen können Ihre Einstellung zum Zustand der Welt dramatisch verändern.

Massenangst ist eine sich selbst erfüllende Energie

Prophezeiungen über den Untergang der Welt hat es anscheinend schon immer gegeben. Die Geschichte sagt uns, dass der Glaube an »das Ende der Welt« zum Beispiel auch vor dem ersten Jahrtausendwechsel weit verbreitet war. Offensichtlich ist jede Generation, die den Wechsel in ein neues Jahrhundert erlebt, davon überzeugt, dass die Prophezeiungen über den Untergang der Welt auf sie zutreffen. Das Problem ist, dass dann, wenn genug Menschen diesen negativen Glauben teilen, ihre kollektive Angst tatsächlich Probleme auf der Erde erzeugt.

Gott weckt die Lichtarbeiter auf, jetzt mit ihrer Heilarbeit zu beginnen, da das Millenniumfieber der Jahre 1990 bis 2040 die ätherische Dimension mit der dichten Energie menschlicher Panik überfluten könnte. Durch ihr Bewusstsein von Wahrheit und Liebe können Lichtarbeiter die Prophezeiungen über das Ende der Welt aufheben. Sollten die Vorhersagen sich jedoch erfüllen, werden die Lichtarbeiter die nötigen Dienste leisten, wie zum Beispiel Heilung, Manifestation und Beistand für die Menschen.

Klima- und Wetterveränderungen

Weltweit schauen viele Menschen ängstlich auf das Wetter, weil sie glauben, dass drastische Klimaveränderungen das Ende der Welt anzeigen. Während der letzten beiden Jahrzehnte war unser kollektiver Fokus so intensiv auf anormale Wetterbedingungen gerichtet, dass wir dadurch tatsächlich Schwankungen und Unregelmäßigkeiten erzeugt haben. Wir müssen immer daran denken, dass alle materiellen Erscheinungen, auch Wasser, Gestein, Schnee, Wind und Unwetter, ein Produkt unserer Gedanken sind. Gottes Engel können uns helfen, wenn wir durch unsere kollektiven Überzeugungen schlechtes Wetter erschaffen. Das bedeutet jedoch nicht, dass Gott das Wetter erzeugt oder dafür sorgt, dass es schlecht ist.

Wir sind keine hilflosen Opfer, die isoliert auf einem Planeten leben, auf dem das Wetter einfach »passiert« und wir ihm ausgeliefert sind. Wir haben die vollkommene Kontrolle über unseren Traum. Das heißt, dass wir uns an das Gesetz von Ursache und Wirkung erinnern müssen: *Das, woran wir denken, verstärkt sich.* Wir Lichtarbeiter müssen täglich über das meditieren, was wir sehen wollen, und nicht über das, was vielleicht an Schrecklichem passieren könnte.

Extreme Wetterbedingungen wie beispielsweise Stürme, Überflutungen und Erdbeben sind möglicherweise ein Ventil, durch das die Erde übermäßige negative Energie freisetzt. Lichtarbeiter können jedoch die Erde darin unterstützen, diese Energie auf sanftere Weise loszulassen.

Wissenschaftler sind derzeit damit beschäftigt, Beweise dafür zu sammeln, dass unsere geistige Kraft das Wetter beeinflussen kann.[1] Diese Studien bestätigen, was Lichtarbeiter schon immer gewusst haben: Wir können visualisieren, wie die negative Energie aufgelöst und von Engeln zur Reinigung ins Licht getragen wird. Außerdem können wir uns auf mentale Bilder von kollektiver Vergebung konzentrieren. Auf diese Weise helfen wir, das Ego der Erde zu transformieren, das – genau wie unser menschliches Ego – selbstzerstörerisch ist.

Wie bei der spirituellen Heilung eines menschlichen Körpers können Gebete auch zu wundersamen Heilungen des Erdenkörpers führen. Es liegen bereits gut dokumentierte wissenschaftliche Beweise vor, dass Gebete sowohl die Wachstumsgeschwindigkeit von Pflanzen und Mikroben[2] als auch die Eigenschaften von Luft und Wasser[3] positiv beeinflussen. Warum sollten Gebete nicht auch für den Rest der Natur segensreich sein? Ihre Gebete, kombiniert mit denen anderer Lichtarbeiter, könnten die Erde wieder in ihren natürlichen Zustand vollkommener, strahlender Gesundheit versetzen.

Energiearbeit für die Erde

Der britische Wissenschaftler James Lovelock hat eine Hypothese aufgestellt, die die Erde als einen lebendigen Organismus sieht, der versucht, durch Verlagerung der Landmassen und Wetterveränderungen sein Gleichgewicht aufrechtzuerhalten. Lovelock gab seiner Theorie den Namen »Gaia«, nach der griechischen Göttin der Erde.[4] Die Gaia-Hypothese beschreibt irdische Katastrophen als natürliche Auswirkungen der menschlichen Grausamkeit gegenüber der Natur. Lovelocks Gaia-Hypothese ist intuitiv sinnvoll.

Außerdem wissen wir aus Untersuchungen mit Kirlianfotografie, dass das Licht um ein Objekt herum sich je nach den Gefühlen des Menschen, der das Objekt in der Hand hält, verändert. Wenn jemand wütend ist und dabei einen Gegenstand in der Hand hält, wird dieser Gegenstand auf dem Foto eine kleinere und dunklere Aura haben, als wenn er in den Händen eines Menschen lag, der Glück empfand.

Die Kirlianfotografie ist in letzter Zeit unter Beschuss geraten, weil sich die Wissenschaft über die Quelle der Aura uneins ist. Viele Forscher glauben heute, dass die Aura bei der Kirlianfotografie in Wahrheit nur die Feuchtigkeit und Temperatur der abgebildeten Materie widerspiegelt. Doch im Endeffekt ist es nicht entscheidend, ob es sich bei der Aura, die

die Gegenstände auf Kirlianfotografien umgibt, um Feuchtigkeit, Hitze oder Licht handelt. Tatsache ist jedenfalls, dass die Fotografien deutliche Veränderungen in Reaktion auf Gefühle zeigen. Außerdem beweisen sie, dass Objekte die Gefühle des Menschen, die sie in der Hand hält oder besitzt, absorbieren.

Diese Information ist nichts Neues für Hellseher, die ja häufig bei ihren Sitzungen den Ring, die Uhr oder den Schlüssel eines Klienten halten. Diese Gegenstände intensivieren und vergrößern die Menge der Informationen, die sie über Gefühle, Gedanken und Lebensweise des Betreffenden empfangen. Viele Male habe ich einfach nur den Ring eines Klienten in die Hand genommen und wurde sofort mit hellsichtigen Informationen über diesen Menschen überflutet.

Diese mit Information aufgeladene Energie ist verschiedentlich als »Lebenskraft«, »Qi«, »Chi« oder »Prana« bezeichnet worden. In den Vierzigerjahren des neunzehnten Jahrhunderts sprachen Wissenschaftler auch von der »Orgon-Energie«. Der Forscher Wilhelm Reich konnte Orgon-Energie in unterschiedlicher organischer Materie nachweisen, unter anderem in Wasser, Wolle, Holz und in der Atmosphäre. Reich entwickelte schließlich einen pistolenähnlichen Apparat, der die Orgon-Energie beeinflussen konnte, und bei mehreren kontrollierten Experimenten konnte Reich mit diesem Gerät tatsächlich Veränderungen im Wetter herbeiführen.[5] Reich war der Ansicht, dass der blaue Himmel in Wahrheit sichtbare Orgon-Energie ist, da diese seiner Theorie nach eine blaue Farbe aufweist. Satellitenfotos der Erde bestätigen, dass der Planet von einer elektrischen blauen Schicht umgeben ist.[6]

Wir können an der Heilung der Erde so arbeiten, als handle es sich um die Heilung eines Klienten. Unsere Energiearbeit und hellsichtige Heilungsarbeit kann die gleichen Schritte umfassen wie bei einem Menschen. Zum Beispiel sollten wir uns zunächst entspannen und unseren Geist leer werden lassen. Dann können wir uns auf die Erde einstimmen und nach schmerzhaften Bereichen suchen. Sie können dann direkt zu dem Schmerz sprechen und dabei viele Informationen erhalten. Zum Beispiel könnten Sie fragen: »Was versuchst du mir zu sagen?« Dann hören Sie hin, und Sie werden feststellen, dass der Schmerz eine eigene Stimme hat. Diese Stimme wird Sie in die Richtung weisen, wo Ihre Hilfe am dringendsten gebraucht wird. Vielleicht wird sie Sie bitten, ein paar Engel oder weißes Licht an bestimmte Orte auf der Welt zu schicken. Sie sollten alle Zweifel und Urteile loslassen, während Sie der Führung dieses weisen Patienten folgen.

Sie können die Erde auf die gleiche Weise hellsichtig abtasten, wie Sie die Chakren eines Klienten prüfen. Ich hatte einmal einen Klienten, der in einer entlegenen Gegend in den USA wohnte und mich bat, während eines telefonischen Readings die Gegend um sein Haus herum hellsichtig abzutasten. Ich schritt geistig die Umgebung ab und fühlte mich bald zu drei verschiedenen Bereichen hingezogen. In jedem dieser Bereiche bemerkte ich einen dunklen Schatten, der wie ein riesiges Weinglas aussah, das in der Erde vergraben war. Während ich diese Bereiche innerlich abtastete, spürte ich Schauer von intensiver negativer Energie. Es war mir sehr unangenehm, Kontakt mit diesen dunklen Flecken aufzunehmen, und ich informierte meinen Klienten umgehend über mein Unbehagen. Er erklärte, dass die von mir beschriebenen Bereiche eingezäunt und mit amtlichen Warnzeichen über gefährliche Strahlung versehen seien. Mein Klient glaubte, dass meine hellsichtige Vision toxische Abfallschächte unter der Erdoberfläche repräsentierte. Anschließend arbeitete ich an der hellsichtigen Reinigung dieser Bereiche.

Ich nehme oft Clearings an Städten vor, die einen besonders hohen Grad gesellschaftlicher Unruhe aufzuweisen scheinen. Eine meiner Lieblingsvisualisierungen sieht so aus, dass ich einen gigantischen ätherischen Staubsaugerschlauch auf die Stadt richte. Ich bitte den Schlauch, alle dunklen Stellen zu finden, die auf Angst und mangelnder Vergebung basieren. Dann stelle ich mir vor, wie ich den Staubsauger auf höchster Stufe einschalte, sodass er in kürzester Zeit alle Dunkelheit aufsaugt. Ich visualisiere, wie diese Dunkelheit in das Licht Gottes eingeht, wo sie sofort gereinigt und aufgelöst wird. Nachdem die Dunkelheit verschwunden ist, lege ich den Schalter des Staubsaugers um, sodass aus dem Schlauch weißes Licht quillt, sich über den Ort ergießt und die Stadt mit einer Decke aus Liebe, Frieden und vollkommener Sicherheit einhüllt. Ich beende diese Visualisierung, indem ich Gott und seinen Engeln für die vollkommene Gesundheit der betreffenden Stadt danke. Außerdem benutze ich diese Visualisierung gelegentlich auch bei Zentren politischer Macht. Vielleicht fühlen Sie sich dazu angeleitet, sie bei Gefängnissen, dem Regenwald oder sonstigen Bereichen anzuwenden, zu deren Heilung Sie sich inspiriert fühlen.

Eine andere wirksame Technik besteht darin, eine riesige Wolke der Liebe in Ihrer Lieblingsfarbe zu visualisieren. Hüllen Sie die Erde in dieser Wolke ein und sehen Sie zu, wie sie Tropfen der Freude herniederregnet. Fühlen Sie die Freude der Erde, die durstig diese liebevolle Energie aufsaugt. Sehen Sie die Pflanzen und Tiere, die mit strahlender Gesundheit reagieren, während das ökologische System Ihr Geschenk der Liebe in Umlauf bringt.

Spirituelle Heilung der Welt

Spirituelle Heilung und Energiearbeit haben identische Ziele. Sie unterscheiden sich lediglich in der Art, wie sie an das erwünschte Resultat herangehen. Spirituelle Heilung erkennt die illusorische Natur von Problemen und affirmiert ausschließlich die zugrunde liegende Vollkommenheit als Wahrheit, während Energiearbeit sich auf das Problem konzentriert und dann versucht, es zu heilen. Spirituelles Heilen benutzt Gedanken, Worte, Geist und Bewusstsein, während bei der Energiearbeit Licht und materielle oder ätherische Werkzeuge zum Einsatz kommen. Ihre innere Führung wird Ihnen helfen, die Form von Heilung zu wählen, die der jeweiligen Situation angemessen ist.

Wie bei der spirituellen Heilung menschlicher Klienten geht es auch bei der spirituellen Heilung der Erde in erster Linie um das Loslassen der Unfähigkeit zur Vergebung, da es dieser Aspekt des menschlichen Massenbewusstseins ist, der zu sozialen und Umweltproblemen führt.

Nicht-vergeben-Können ist ein geistiger Zustand, der die Welt in gute und schlechte Menschen unterteilt. Das Ego fühlt sich wohl, wenn es äußeren Kräften die Schuld an seinen Albträumen geben kann. Auf diese Weise sorgt es für seine eigene fortdauernde Existenz. Denn schließlich wird das Ego von seinem Thron gestoßen, sobald ein Mensch entdeckt, dass das Ego und seine Wahrnehmungen nichts als reine Illusionen sind. Wie der Zauberer von Oz fordert uns das Ego ständig auf, »nicht auf den Mann hinter dem Vorhang zu achten«, während es mit dramatischen äußeren Erscheinungen von Donner und Blitz unsere Aufmerksamkeit ablenkt.

Wir können den Albtraum von Erderwärmung, Zerstörung des Regenwalds und Ähnlichem nicht heilen, wenn wir an unseren Urteilen und unserem Zorn auf die »bösen Täter« festhalten. Das sorgt aufgrund des unfehlbaren Gesetzes von Ursache und Wirkung nur dafür, dass wir damit »böses Verhalten« geradezu züchten. Denn alles, woran wir denken, gewinnt an Macht.

Lichtarbeiter können jedoch spirituell die *Ursache* für das unverantwortliche Verhalten jener Menschen heilen, die rücksichtslos den Regenwald abholzen oder sich in anderer Form gegen die Natur vergehen. Unter Umständen erfordert das jedoch ein gewisses Maß an Mut und Vertrauen darauf, dass die Lösung – Vergebung – funktionieren wird.

Gott hat zu denjenigen gesprochen, die der Erde Schmerz zufügen. Diese Menschen wissen in ihrem Innersten, dass sie Schmerz verursachen, und dieses Wissen hat bei ihnen zu einem negativen Selbstbild geführt. Sie betrachten sich selbst als Menschen, die es nicht wert sind, ein glücklicheres, produktiveres Leben zu führen. Die meisten von ihnen fürchten, dass finanzieller Ruin der Preis für eine Veränderung ihrer

Denk- und Handlungsweise wäre. Doch die meisten stehen kurz vor einer Heilung, und der kollektive Glaube der Lichtarbeiter an die Liebe kann für den kleinen Anstoß sorgen, der nötig ist, um den Geist dieser Menschen aufzuwecken.

Wir Lichtarbeiter können Tausende von gesellschaftlichen Übeln heilen, indem wir kollektiv entscheiden, diesen Kriminellen zu vergeben und sie zu lieben. Wir müssen nicht die Handlungen vergeben, sondern nur den Menschen, die die Handlungen ausgeführt haben. Dazu mag auch gehören, dass Sie bereit sind, einigen »bösen Menschen« in Ihrem eigenen Leben zu vergeben. Denn oftmals projizieren wir unsere alte Unfähigkeit zur Vergebung auf neue Situationen, die uns an unsere Schmerzen in der Vergangenheit erinnern.

Sehen Sie die Übeltäter als das, was sie in Wirklichkeit sind: heilige und liebevolle Kinder Gottes. Visualisieren Sie, wie die Betreffenden die Einsicht gewinnen, dass ihr Streben nach Sicherheit und Glück ihnen und anderen Leid gebracht hat. Stellen Sie sich vor, wie diesen Menschen eine Offenbarung zuteil wird, die sie in Ehrfurcht vor der Liebe Gottes auf die Knie sinken lässt. Und stellen Sie sich vor, wie diese Menschen dann ihr Wissen positiv anwenden, um andere Übeltäter zu heilen.

Falls Sie solche Visualisierungen als unnatürlich oder problematisch empfinden, können Sie sich auch darauf beschränken, bewusst neutral über Verbrechen zu denken. Auf diese Weise verstärken Sie das Problem zumindest nicht, indem sie mit zornigen oder angsterfüllten Gedanken Öl in die Flammen gießen, denn durch diese Art von Gedanken wurde überhaupt erst die erschreckende Illusion von Verbrechen erzeugt.

Bitten Sie die Engel, Sie dabei zu unterstützen, in Ihrem Herzen Liebe für die Betreffenden zu empfinden. Diese Liebe wird Ihnen helfen, wahrhaft zu dem *Wissen* zu finden, dass wir alle eins sind in Gott. Denn wie das Zitat von Ralph Waldo Trine zu Beginn dieses Buches erklärte, ist das Wissen um unser aller Einssein der Schlüssel zu jeder Form von Heilung.

Als ich die ersten Schritte auf dem Weg des Lichtarbeiters machte, drängte mich meine Intuition dazu, negative Gespräche, Sendungen und Artikel zu meiden. Meine Intuition musste mich nicht zweimal bitten! Ich folgte dieser Aufforderung gerne, da es mir wichtig war, die noch zerbrechliche Freude über die Wiederentdeckung meines spirituellen Selbst zu bewahren.

Wenn ich mit anderen Lichtarbeitern spreche, stelle ich häufig fest, dass auch sie diese innere Führung erhalten haben und ihr folgen. Doch befinden sich manche Lichtarbeiter aufgrund ihrer Tätigkeit in exponierten Positionen, wobei die Interaktion mit den Medien unvermeidbar ist. Andere Lichtarbeiter, die beispielsweise in der Regierung oder im traditionellen Gesundheitswesen arbeiten, sind unter Umständen häufig mit drastischen Szenen und hitzigen Debatten konfrontiert.

Es ist mit Sicherheit einfacher, auf die Wahrheit fokussiert zu bleiben, wenn man auf die neuesten Nachrichten und Debatten über »Probleme« verzichtet. Dies mag jedoch nicht immer durchführbar oder wünschenswert sein. Eine Lichtarbeiterin sagte mir einmal, dass sie es sogar genießt, sich die Abendnachrichten im Fernsehen anzuschauen, weil sie dann weiß, worauf sie ihre Gebete konzentrieren soll. Ihre Sichtweise ist ein wunderbares Vorbild für alle von uns, die sich fragen, wie sie die Sehnsucht nach einem reinen Geist mit dem Wunsch verbinden können, zur Heilung der Welt beizutragen.

Immer können wir auch die Engel bitten, uns dabei zu helfen, Ängste und Zorn über irdische Gegebenheiten loszulassen. Die Engel *wollen* uns helfen, die Welt zu heilen, doch müssen wir – außer in Fällen unmittelbarer Lebensgefahr – aufgrund unseres freien Willens zuerst um ihre Intervention bitten. Die Engel reagieren mit Freuden auf unsere Bitten um Hilfe, da sie wissen, dass sie automatisch die Welt heilen, wenn sie die Herzen und Seelen von Lichtarbeitern heilen.

Zeit und Energie der Lichtarbeiter lassen sich beim Heilen am nutzbringendsten einsetzen. Aus diesem Grund sind Diskussionen und Debatten über irdische Probleme für den Weg des Lichtarbeiters kontraproduktiv. Jeder Konflikt kommt aus dem Ego und basiert darauf, dass wir andere Menschen und uns selbst als getrennt sehen. Die Zeit und Energie, die in Debatten investiert werden, könnten wesentlich besser für Energiearbeit, spirituelle Heilung oder einfache menschliche Gesten der Liebe zur Erde genutzt werden.

Zu unserem Anliegen, die Erde zu heilen, gehört es auch, auf die Formulierungen zu achten, die wir in Worten und Gedanken benutzen. So sollten wir zum Beispiel Diskussionen darüber vermeiden, wie »furchtbar« dieser oder jener Teil der Welt geworden ist. Es gibt immer eine Möglichkeit, solche Gespräche sanft in Richtung Hoffnung und Heilung zu lenken. Ich persönlich bitte in solchen Situationen oft Jesus oder den Heiligen Geist, mir bei der Wahl meiner Worte zu helfen, und ich bin immer wieder verblüfft, wie umgehend sie mir die passenden Formulierungen übermitteln.

Weltgesundheit und Frieden

Auf einer geistigen Ebene gibt es nichts auf der Welt, was in Unordnung wäre, denn *es gibt gar keine Welt*. Die Illusion solider Materie entspringt dem Geist des Menschen, nicht dem Geist des Schöpfers. Nichtsdestotrotz können mitfühlende Lichtarbeiter sich selbst und ihren Brüdern und Schwestern auf Erden helfen, ihre irdischen Träume zu genießen.

Sie haben sicher schon einmal die Erfahrung eines luziden Traums gemacht, bei dem Sie träumten und sich gleichzeitig bewusst waren, dass Sie träumten. Ein Teil von Ihnen war mit dem Träumen beschäftigt, während der andere Teil von Ihnen sich selbst beim Träumen beobachtete. Jener Teil Ihres Bewusstseins, der beobachtete, war in der Lage, die Richtung des Traums zu beeinflussen. Auf die gleiche Weise können Sie mit Ihrem Bewusstsein den Massentraum dirigieren.

Wann immer ein Lichtarbeiter die Offenbarung des Eins-seins mit der Liebe Gottes und mit allen anderen Lebewesen erfährt, bedeutet dies einen Beitrag zum Bewusstsein jedes anderen Lebewesens. Die Wirkung ist vergleichbar mit der Art und Weise, wie sich eine neue Synapse im Gehirn bildet, wann immer ein Mensch etwas Neues lernt. Der eine Geist empfängt die Gedanken dieses Lichtarbeiters über die wahre Realität, und die neue Synapse hilft allen anderen Söhnen und Töchtern Gottes zu erwachen.

Bei der spirituellen Heilung des Planeten geht es um das Bewusstsein des wahren Selbst, nicht den physischen Körper. Daher werden Ihre Behandlungen innerhalb der Welt des wahren Selbst erfolgen. Sie betreten diese Welt durch liebevolle Gedanken. Das bedeutet, dass Sie angsterfüllte oder zornige Gedanken über die Welt vermeiden müssen. Möglicherweise kann es dabei hilfreich sein, das »Nichtanhaften« an Materie zu praktizieren, wie es von östlichen Philosophien gelehrt wird. Auch wenn Sie die Natur lieben und sie nicht zerstört sehen möchten, erweisen Sie ihr doch den größten Dienst, wenn Sie Gedanken hegen, die der höchsten Ebene der Wahrheit entspringen. Wir können schließlich nicht von einer Ebene der Angst und Verzweiflung aus heilen.

Die Welt ist in dem Moment geheilt, in dem Sie beschließen, eine geheilte Welt zu sehen. Ich habe in meinem Haus überall Zettel verteilt, auf denen steht: »Die Welt ist liebevoll, glücklich und vollkommen.« Das erinnert mich daran, die Welt zu heilen, indem ich sie als geheilt sehe – nicht um Hässlichkeit oder Schmerz zu verleugnen, sondern um alle unerwünschten äußeren Illusionen abzustreifen. Der Kern unserer Welt ist wunderschön, rein und friedvoll, und wir können diese Welt erfahren, indem wir einfach entscheiden, sie in ihrem wahren Zustand zu sehen.

Daher müssen Lichtarbeiter, die der Welt helfen möchten, einfach nur in einer Perspektive der Liebe zentriert bleiben. Indem wir Lichtarbeiter individuell Heilung finden, wird gleichzeitig die Welt geheilt.

Der *Kurs in Wundern* sagt dazu:

Daher ist deine Heilung alles, was die Welt braucht, um ihrerseits geheilt zu werden. Die Welt wartet auf deine Heilung und dein Glück, auf dass du einen Weg zur Heilung der Welt zeigen kannst.

DAS GEBET DES LICHTARBEITERS

»Im Himmel geboren, muss die Seele einen Kurs halten,
der sie zum Himmel zurückbringt, der sie aus der Welt in die Höhe führt;
der Weise, behaupte ich, kann keine Ruhe finden in dem, was vergeht,
noch wird er sein Herz dem weihen, das an die Zeit gebunden ist.«

MICHELANGELO BUONAROTTI,
italienischer Renaissancekünstler und Philosoph

Manchmal sagen wir uns: »Wenn die Welt nur besser wäre, dann wäre ich glücklich.« In Wahrheit sind solche Gedanken verkehrt, da sie die Reihenfolge von Ursache und Wirkung auf den Kopf stellen.

Ihr Glück hängt nicht vom Frieden auf der Welt ab, sondern der Frieden auf der Welt hängt von Ihrem Glück ab. Die ganze Welt und alle Lebewesen auf ihr sind perfekte Reflexionen Ihrer innersten Gedanken. Wenn Sie die Welt und sich selbst durch die Linse des Egos sehen, werden Sie nur Angst, Schuld und Unglück empfinden. Das Ego wird Sie auf die vergebliche Jagd nach der goldenen Gans schicken, auf die Suche nach äußeren Bedingungen, die endlich Glück versprechen. Doch das Ego und seine Gaben können nie wirkliches Glück schenken, da Glück die rote Karte ist, die das Ego vom Feld verweist und seine Existenz beendet.

Wenn Sie dagegen auf die Stimme Gottes hören, die durch innere Ahnungen und Intuitionen zu Ihnen spricht, werden Sie dazu angeleitet, die Welt durch die Augen Ihres wahren Selbst zu sehen. Durch diese Sichtweise wird die Welt auf der Stelle geheilt, da Liebe alles ist, was Ihr wahres Selbst sieht und kennt.

Den Weg des Lichtarbeiters zu gehen bedeutet, Ihr Bewusstsein im Zustand des wahren Selbst zentriert zu halten. Auf diesem Weg werden Sie entdecken, dass das wahre Selbst Ihnen alles schenkt, was Sie sich wahrhaft wünschen. Auf diesem Weg entscheiden Sie sich, nicht mehr an der materiellen Welt festzuhalten und dadurch Zugang zur einzigen Quelle der Freude zu erhalten, die in dieser materiellen Welt verfügbar ist. Sie heilen *in* der Welt, indem Sie nicht *von* der Welt sind und sich nicht der Illusion hingeben, dass die Materie real ist.

Während wir zusammen den Weg der Lichtarbeiter beschreiten, lassen Sie uns gemeinsam affirmieren:

Das Gebet des Lichtarbeiters

Ich entscheide mich, im Bewusstsein Gottes, der Liebe und meines wahren Selbst zentriert zu bleiben. In diesem Zentrum herrschen Stille, Sicherheit und vollkommener Frieden. Meine Macht, meine Weisheit und mein Frieden rühren daher, dass ich in diesem Zentrum ruhe, und ich bitte Gott und seine Engel um Unterstützung, damit meine Seele in Harmonie mit der Wahrheit bleibt.

Ich löse mich bewusst von der materiellen Welt in dem Wissen, dass ich auf diese Weise anderen wirksam helfen kann. Ich vertraue darauf, dass Gott alle meine Bedürfnisse erfüllt, und ich erlaube seiner allmächtigen Weisheit, mich jederzeit und auf allen meinen Wegen zu führen.

Ich lasse es zu, kontinuierlich von Liebe und Freude genährt zu werden, und weiß, dass mir Glück und Gesundheit zustehen. Ich lasse bereitwillig und liebevoll alle Ego-Urteile über mich und andere Menschen los in dem Wissen, dass aufgrund meiner Entscheidung, die Einheit des Lebens zu erfahren, alles, was ich mir wünsche, erfüllt wird.

Ich weiß, dass ich zum Heiler und Lehrer im Namen Gottes bestimmt bin, und nehme meine Aufgabe jetzt ohne Zögern oder Bedenken rückhaltlos an. Ich gebe jedes Verhalten auf, das mich hindern könnte, meine innere Stimme zu hören, und vertraue meiner inneren Führung, mich auf dem Weg des Lichtarbeiters zu führen, auf dem ich als freudiges Instrument der Liebe diene. Ich lasse alle Zweifel oder Ängste bezüglich der Erfüllung meiner göttlichen Mission los und verpflichte mich, mir der Stimme Gottes in meinem Innern immer bewusst zu bleiben, denn ich weiß, dass sie das einzige Werkzeug ist, das ich für meine eigene Heilung und die Heilung der Welt benötige.

Amen.

ANMERKUNGEN

Wenn unter einer Ziffer mehr als eine Studie erscheint, sind diese in chronologischer Ordnung aufgeführt, mit der neuesten Studie an erster und der frühesten an letzter Stelle.

KAPITEL 1: FRÜHE WUNDER

[1] MacDonald, William L. (1995): The effects of religiosity and structural strain on reported paranormal experiences. *Journal for the Scientific Study of Religion*, Vol. 34, S. 366–376.

[2] Nelson, Roger D. (1996): Wishing for Good Weather. A Natural Experiment in Group Consciousness. Der schriftliche Bericht wurde beim 15. Jahrestreffen der *Society for Scientific Exploration* vorgelegt, basierend auf Forschungen von *Princeton Engineering Anomalies* an der Princeton University, Princeton, New Jersey, USA.

Pyatnitsky, L. N. und Fonkin, V. A. (1995): Human consciousness influence on water structure. *The Journal of Scientific Exploration*, Vol. 9, Nr. 1, Seite 10.

Robinson, Laurie J. (1995): Cloud Busting. An Experiment in Orgone Energy. Franklin Pierce College (unveröffentlichter Bericht einer Studie mit zwanzig Testpersonen, die angeleitet wurden, sich auf das Auflösen einer willkürlich gewählten Wolke zu konzentrieren. Die Resultate wurden mit dem Chi-Quadrat-Test analysiert und wiesen statistische Signifikanz auf).

Schmeidler, Gertrude R. (1984): Further analyses of PK with continuous temperature recordings. *Journal of the American Society for Psychical Research*, Vol. 78, Nr. 4, S. 355–362.

Schmeidler, Gertrude R. (1973): PK effects upon continually recorded temperature. *Journal of the American Society for Psychical Research*, Vol. 67, Nr. 4, S. 325–340.

Barth, L. (1961): The Sectarian Attitude in Orgonomy. *Bulletin of the Intersciences Research Institute*, Vol. 3, Nr. 2, S. 125–140.

[3] Morse, Melvin: *Verwandelt vom Licht: über die transformierende Wirkung von Nah-Todeserfahrungen.* Droemer Knaur, München 1994.

KAPITEL 2: FAMILIENEINFLÜSSE

[1] Vreeland, Susan: *What Love Sees. A Biographical Novel.* Thorndike Press, Thorndike 1996.

[2] Dresser, Annetta G.: *The Philosophy of P. P. Quimby, with Selections from his Manuscripts and a Sketch of his Life.* Geo, H. Ellis, Boston.

[3] DeWitt, John & Canham, Erwin D.: *The Christian Science Way of Life.* Prentice-Hall, New York 1962.

[4] Eddy, Mary Baker: *Science and Health with Key to the Scriptures.* Boston 1875. Deutsche Ausgabe: *Wissenschaft und Gesundheit mit Schlüssel zur Heiligen Schrift.* The Writings of Mary Baker Eddy, Boston 1997 (Druck 1998).

KAPITEL 3: GEIST UND MATERIE

[1] *Ein Kurs in Wundern.* Greuthof, Gutach i. Br.

[2] Watkins, G. K., Watkins, A. M. & Wells, R. A. (1972): Further studies on the resuscitation of anesthetized mice. *Research in Parapsychology,* Vol. 35, Nr. 4, S. 157–159.

Watkins, G. K. & Watkins, A. M. (1971): Possible PK influence on the resuscitation of anesthetized mice. *Research in Parapsychology,* Vol. 35, Nr. 4, S. 257–272.

[3] *Die Bibel. Einheitsübersetzung der Heiligen Schrift.* Katholische Bibelanstalt, Stuttgart 1980, Lukas 8,50.

[4] Haraldsson, Erlendur & Houtkooper, Joop M. (1992): Effects of perceptual defensiveness, personality and belief on extrasensory perception tasks. *Personality and Individual Differences,* Vol. 13, Nr. 10, S. 1085–1096.

Irwin, Harvey J. (1986): Personality and psi performance: Direction of current research. *Parapsychology Review,* Vol. 17, Nr. 5, S. 1–4.

Debes, Jeffrey & Morris, Robert L. (1982): Comparison of striving and nonstriving instructional sets in a PK study. *Journal of Parapsychology,* Vol. 46, Nr. 4, S. 297–312.

Solvin, G. F. (1982): Psi expectancy effects in psychic healing studies with malarial mice. *European Journal of Parapsychology,* Vol. 4, Nr. 2. S. 160–197.

Benassi, Victor A., Sweeney, Paul D. & Drevno, Gregg E. (1979): Mind over Matter. Perceived success at psychokinesis. *Journal of Personality and Social Psychology,* Vol. 37, Nr. 8. S. 1377–1386.

Schmeidler, Gertrude R. (1975): Personality differences in the effective use of ESP. *Journal of Communication,* Vol. 25, Nr. 1, S.33–141.

[5] Nelson, R. D., Bradish, G. J., Dobyns, Y. D., Dunne, B. J. & Jahn, R. G. (1996): Field REG anomalies in group situations. *Journal of Scientific Explorations,* Vol. 10, Nr. 1, S. 111.

Dunne, B. J. & Jahn. R. G. (1992): Experiments in remote human/machine interaction. *Journal of Scientific Explorations,* Vol. 6., Nr. 4, S. 311–332.

Jahn, Robert G. & Dunne, Brenda J.: *Margins of Reality: The Role of Consciousness in the Physical World.* Harcourt Brace Jovanovich, New York 1987.

[5] Dossey, Larry: *Heilende Worte: die Kraft der Gebete und die Macht der Medizin.* Martin, Südergellersen 1995.

[6] Braud, William G.: Consciousness interactions with remote biological systems: Anomalous intentionality effects. *Subtle Energies Journal,* Vol. 2, Nr. 1, S. 1–46.

Pleass, C. M., Dey, N. Dean (1990): Conditions that appear to favour extrasensory interactions between homo sapiens and microbes. *The Journal of Scientific Exploration,* Vol. 4, Nr. 2, S. 213.

Nash, C. B. (1984): Test of psychokinetic control of bacterial mutation. *Journal of the American Society of Psychical Research,* Vol. 78, Nr. 2, S. 145–152.

Barry, J. (1968): General and comparative study of the psychokinetic effect on a fungus culture. *Journal of Parapsychology,* Vol. 32, S. 237–243.

KAPITEL 4: EIN BESUCH AUS DEM JENSEITS

[1] Huxley, Laura: *Glücklichsein ist keine Kunst. Anleitungen zum Leben und Lieben.* Sphinx, Basel 1989.

[2] Eddy, Mary Baker: *Science and Health with Key to the Scriptures.* Boston 1875. Deutsche Ausgabe: *Wissenschaft und Gesundheit mit Schlüssel zur Heiligen Schrift.* The Writings of Mary Baker Eddy, Boston 1997 (Druck 1998).

Deutsche Version mit leichten Veränderungen gegenüber der Originalübersetzung.

[3] Gillian, R., Mondell, B. & Warbasse, J. R. (1977): Quantitative evaluation of Vitamin E in the treatment of angina pectoris. *American Heart Journal,* Vol. 92, S. 444–449.

Anderson, T. W. (1974): Vitamin E in angina pectoris. *Canadian Medical Association Journal,* Vol. 110, S. 401–406.

Uhlenhuth, E. H. et al. (1966): Drug, doctor's verbal attitude and clinical setting in the symptomatic response to pharmacotherapy. *Psychopharmacologia,* Vol. 9, S. 392–418.

KAPITEL 5: DEM GEIST VERTRAUEN

[1] Reeves, Frances R.: *Selected Passages from the Teachings of Sri Sathya Sai Baba.* Sathya Sai Baba Society, Tustin 1993.

[2] Peale, Norman Vincent: *So hilft positive Phantasie: die Wirkung der aktiven Vorstellungskraft.* Oesch-Verlag, Zürich 1984.

KAPITEL 6: »THE CARE UNIT«

[1] Moody, Raymond: *Leben nach dem Tod: die Erforschung einer unerklärten Erfahrung.* Rowohlt, Reinbek 1977.

KAPITEL 7: DER GÖTTLICHE PLAN

[1] Virtue, Doreen: *Constant Craving. What your Food Cravings Mean and How to Overcome Them.* Hayhouse, Carlsbad 1995.
[2] Frankl, Viktor E.: *Der Mensch auf der Suche nach Sinn: zur Rehumanisierung der Psychotherapie.* Herder, Freiburg 1972.

KAPITEL 8: »EINE NEUE TÜR WIRD SICH ÖFFNEN«

[1] *Ein Kurs in Wundern.* Greuthof, Gutach i. Br.

KAPITEL 9: DIE PRÄSENZ

[1] Head, Joseph & Cranston, S. L. (Hrsg.): *Reincarnation. An East-West-Anthology.* The Theosophical Publishing House, Wheaton 1981.
[2] Eadie, Betty: *Licht am Ende des Lebens. Bericht einer außergewöhnlichen Nah-Todeserfahrung.* Droemer Knaur, München 1994.
[3] Radin, D. I., Taylor, R. D. & Braud, W. (1995): Remote mental influence of human electrodermal activity. A pilot replication. *European Journal of Parapsychology,* Vol. 11, Nr. 19–34.
[4] Hirasawam, Yamamoto M., Kawano, K. & Furukawa, A. (1966): An experiment on extrasensory information transfer with electroencephalogram measurement. Journal der *International Society of Life Information Science,* Vol. 14, S. 43–48.
Radin, Dean I. (1996): Silent shockwaves? Evidence for presentiment of emotional futures. *European Journal of Parapsychology,* Vol. 12.
[5] Honorton, C. et al. (1990): Psi-communication in the Ganzfeld. Experiments with an automated testing system and a comparison with a meta-analysis of earlier studies. *Journal of Parapsychology,* Vol. 54.
Varvoglis, Mario (1986): Goal-directed and observer-dependent PK. An evaluation of the conformance-behavior model and the observation theories. *The Journal of the American Society for Psychical Research,* Vol. 80.
Braud, William & Schlitz, M. (1983): Psychokinetic influence on electrodermal activity. *Journal of Parapsychology,* Vol. 47.

KAPITEL 10: EIN ERWACHEN

[1] Robertson, Pat: *Ruft's von den Dächern.* Fix, Schorndorf 1981.

KAPITEL 11: DIE GABEN DER LICHTARBEITER

[1] Alvarado, Carlos & Zingrone, Nancy L. (1994): Individual differences in aura vision. Relationships to visual imagery and imaginative-fantasy experiences. *European Journal of Parapsychology,* Vol. 10, S. 1–30.

Braud, William G. (1990): Meditation and psychokineses. *Parapsychology Review*, Vol. 21, Nr. 1, S. 9–11.

Rao, K. Ramakrishna & Puri, Irpinder (1978): Subsensory perception (SSP), extrasensory perception (ESP) and transcendental meditation (TM). *Journal of Indian Psychology*, Vol. 1, Nr. 1, S. 69–72.

Rao, K. Ramakrishna, Dukhan, Hamlyn & Rao, P. V. Krishna (1978): Yogic meditation and psi scoring in forced-choice and free-response. *Journal of Indian Psychology*. Vol. 1, Nr. 2, S. 160–175.

[2] *Die Bibel. Einheitsübersetzung der Heiligen Schrift*. Katholische Bibelanstalt, Stuttgart 1980, Korinther 1, Verse 13,2, 14,1.

[3] Bem, Daryl J. & Honorton, Charles (1994): Does psi exist? Replicable evidence for an anomalous process of information. *Psychological Bulletin*, Vol. 115, S. 4–18.

Science News, 29. Januar 1994, Vol. 145, Nr. 5, S. 68: Scientists Peer into the Mind.

KAPITEL 12: DAS »DRITTE AUGE« ÖFFNEN

Dyer, Wayne W.: *Die Kunst, Berge zu versetzen. Erfolg wird wahr*. Mvg-Verlag, München 1993.

KAPITEL 13: DER SCHLEIER HEBT SICH

[1] Altea, Rosemary: *Sag ihnen, dass ich lebe! Der Adler und die Rose – Mittler zwischen irdischer und jenseitiger Welt*. Goldmann, München 1996.

[2] Palmer, John (1975): Some recent trends in survival research. *Parapsychology Review*, Vol. 6. Nr. 3, S. 15–17.

Harlandsson, Erlendur & Stevenson, Ian (1974): An experiment with the Icelandic medium Hafsteinn Bjornsson. *Journal of the American Society for Psychical Research*, Vol. 68, Nr. 2, S. 192–202.

KAPITEL 14: FRIEDEN MIT GOTT

[1] Brinkley, Dannion & Perry, Paul: *Zurück ins Leben: die wahre Geschichte des Mannes, der zweimal starb*. Droemer Knaur, München 1994.

TEIL II
EINFÜHRUNG: DIE PARALLELEN WELTEN VON ENERGIE UND GEIST

[1] Wigner, E. P. (1962): Op. cit.

[2] Wapnick, Kenneth: *Die Illusion der Zeit. Zeit als Phänomen in »Ein Kurs in Wundern«*. Greuthof, Gutach i. Br. 2002.

KAPITEL 17: DIE VORBEREITUNG AUF HELLSICHTIGES UND SPIRITUELLES HEILEN

[1] Harlandsson, Erlendur & Houtkooper, Joop M. (1992): Op. cit.
Irwin, Harvey J. (1986): Op. cit.
Debes, Jeffrey & Morris, Robert L. (1982): Op. cit.
Solfvin, G. F. (1982): Op. cit.
Benassi, Victor A., Sweeney, Paul D. & Drevno, Gregg E. (1979): Op. cit.
[2] Alvarado, Carlos & Zingrone, Nancy L. (1994): Op. cit.
Braud, William G. (1990): Op. cit.
Rao, P. Krishna & Rao, K. Ramakrishna (1982): Op. cit.
Rao, K. Ramakrishna & Puri, Irpinder (1978): Op. cit.
Rao, K. Ramakrishna, Dukhan, Hamlyn & Rao, P. V. Krishna (1978): Op. cit.
[3] Honorton, C. et al. (1990): Op. cit.
Varvoglis, Mario (1986): Op. cit.
Braud, William & Schlitz, M. (1983): Op. cit.
[4] Bem, Daryl J. & Honorton, Charles (1994): Op. cit.
Quider, R. F. (1984): The effect of relaxation/suggestion and music on forced-choice ESP scoring. *Journal of the American Society for Psychical Research*, Vol. 78, S. 241–262,

KAPITEL 18: VERBESSERUNG DER ÜBERSINNLICHEN EMPFÄNGLICHKEIT

[1] MacDonald, William L. (1995): Op. cit.

KAPITEL 19: DIE DURCHFÜHRUNG VON HELLSICHTIGEN READINGS UND ENERGIEHEILUNGEN

[1] Bryant, Ina: *Magnetic Electricity. A Life Saver.* Kingsport Press, Kingsport 1978.

KAPITEL 20: MEDIALARBEIT UND CLEARINGS

[1] Smith, Susy: *The Book of James.* G. P. Putnam & Sons, New York 1974.

KAPITEL 22: SPIRITUELLES HEILEN

[1] *Ein Kurs in Wundern.* Greuthof, Gutach i. Br.
[2] Schmidt, Helmut (1984): Comparison of a teleological model with a quantum collapse model of psi. *Foundations of Physics*, Vol. 12, S. 565–581.

Schmidt, H. (1981): Op. cit.

Schmidt, H. (1978): Op. cit.

Schmidt, H. (1976): PK effects with prerecorded targets. *Journal of the American Society for Psychical Research*, Vol. 70, S. 267–291.

[3] Braud, William et al. (1979): Experiments with Matthew Manning. *Journal of the American Society for Psychical Research*, Vol. 50, Nr. 782, S. 199–223.

KAPITEL 23: DIE WELT HEILEN

[1] Nelson, Roger D. (1996): Op. cit.

Robinson, Laurie J. (1995): Op. cit.

Barth, L. (1961): Op. cit.

[2] Braud, William G.: Op. cit.

Krieger, Dolores (1981): Op. cit.

Pleass, C. M. & Dey, N. Dean (1990): Op. cit.

Nash, C. B. (1984): Op. cit.

Barry, J. (1968): Op. cit.

[3] Pyatnitsky, L. N. & Fonkin, V. A. (1995): Op. cit.

Schmeidler, Gertrude R. (1984): Op. cit.

Schmeidler, Gertrude R. (1973): Op. cit.

[4] Lovelock, J. E.: *Unsere Erde wird überleben. Gaia – eine optimistische Ökologie*. Piper, München 1982.

[5] Starz, K. (1978): The effects of the orgone energy accumulation on air. The creative process. *Bulletin of Interscience Research Institute*, Vol. 2, Nr. 4, S. 125–137.

[6] Reich, W. (1945): A case history. *International Journal of Sex, Economy, and Orgone Research*, Vol. 4, S. 59–64.

Reich, W. (1944): Thermical and electroscopical orgonometry. *International Journal of Sex, Economy, and Orgone Research*, Vol. 3, Nr. 1.

DANKSAGUNG

Dieses Buch wäre nicht möglich gewesen ohne die Hilfe und Inspiration einiger Engel, die unter uns weilen. Als Erstes möchte ich Jill Kramer danken, die mir vorschlug, dieses Buch zu schreiben. Jill ist nicht nur eine ausgezeichnete Lektorin, sondern darüber hinaus eine wunderbare Freundin und bewusste Lichtarbeiterin. Als Nächstes möchte ich Louise L. Hay danken, die ein Vorbild für Lichtarbeiter überall auf der Welt ist. Louise hat gezeigt, dass dann, wenn wir alle Dinge dankbar Gott übergeben, automatisch für alle Einzelheiten und Notwendigkeiten des Lebens gesorgt wird. Meine Dankbarkeit geht auch an Reid Tracy, den Vizepräsidenten von Hay House, der meine diversen Buchprojekte entscheidend unterstützt hat. Auch Kristina Tracy hat viel persönliche Zeit, Energie und Begeisterung gegeben, um Gottes Liebe zu verbreiten, und ich fühle mich geehrt, mit ihr zu arbeiten. Ich bin auch Jeannie Liberati für ihre engagierte und liebevolle Arbeit dankbar, zu deren Aufgabe als Lichtarbeiterin es gehört, unermüdlich in der Welt herumzureisen.

Außerdem möchte ich den anderen Teammitgliedern danken, die mich beim Schreiben dieses Buches unterstützt haben, unter anderen Ron und Heidi Tillinghast, Christy Salinas, Jenny Richards, Adrian Eddie Sandoval, Barbara Spivak, Margarete Nielsen, Polly Tracy, Gwen Washington, Lisa Kelm, Lynn Collins und allen anderen bei Hay House.

Mein Herz ist von Dankbarkeit erfüllt für meine Lehrer: Jesus Christus, Phineas Quimby, Mary Baker Eddy, Ernest Holmes, Forrest Holly, Joan Hannan, William Hannan, Louise L. Hay, Wayne Dyer, John Randolph Price, Betty Eadie, Dannion Brinkley und Rosemary Altea.

Beim Schreiben dieses Buches erhielt ich bei diversen Nachforschungen besonders von zwei der Lichtarbeitern in meinem Leben unersetzliche Führung und Hilfe, und zwar Pearl Reynolds und Ted Hannan. Danke euch beiden dafür, dass ihr genau zum richtigen Zeitpunkt mit genau der richtigen Information in meine Träume gekommen seid! Einen Strauß von »Dankeschöns« auch an meine wunderbar hilfreiche Familie: Michael Tienhaara, Grant Schenk, Charles Schenk Ken Hannan und meiner Katze Romeo.

Darüber hinaus bin ich zutiefst dankbar für die entscheidende Hilfe, die mir von Bonnie Krueger, der Chefredakteurin des Magazins *Complete Woman*, sowie ihrer Mitarbeiterin Martha Carlson zuteil wurde, die es mir ermöglichten, viele der Lehrer, die mein Leben veränderten, persönlich kennen zu lernen und zu interviewen. Ich möchte auch Beverly Hutchinson, Michele Gold, Nancy Griffin und Dr. Jordan Weiss für ihre Geschenke des Lichts danken. Und ewiger Dank geht an meinen Schutzengel Frederique. Dank euch allen! Es ist mein größter Wunsch, die Geschenke, die ich von euch erhalten habe, an andere weiterzugeben.

ÜBER DIE AUTORIN

Doreen Virtue arbeitet als hellseherisch begabte Psychotherapeutin. Sie hat an der Chapman-Universität, einem angesehenen Privatinstitut in Kalifornien, studiert und einen Doktorgrad in beratender Psychologie erworben. Doreen hat bislang zweiundzwanzig Bücher verfasst, von denen einige auch in deutscher Sprache erschienen sind.

Doreen Virtue veranstaltet in ganz Nordamerika Seminare über spirituelle Psychologie, in denen sie die Kommunikation mit Engeln und spirituelle Heilmethoden lehrt. Zu ihren Schülern zählen viele Ärzte, Psychologen und Angehörige anderer medizinischer und sozialer Berufe. Doreen ist dank ihrer hellsichtigen Fähigkeiten in der Lage, die Engel von Ratsuchenden zu sehen und mit ihnen zu kommunizieren. Daher wird sie häufig von Radio- oder Fernsehsendern eingeladen, vor Publikum oder per Telefon so genannte »Engel-Readings« abzuhalten, bei denen sie die Schutzengel oder verstorbene Angehörige von Zuschauern und Anrufern beschreibt und mit ihnen Gespräche führt. Doreen Virtue war bereits in zahlreichen Fernsehsendungen zu Gast, unter anderem bei *Oprah*, *CNN*, *Good Morning America* und *The View* mit Barbara Walters. Artikel über ihre Arbeit sind in zahlreichen Magazinen und Zeitschriften erschienen.

Informationen über Seminare mit Doreen Virtue erhalten Sie über ihren amerikanischen Verlag *Hay House* oder auf ihrer Website *www.AngelTherapy.com*.

Sanfte Medizin

Gesund werden, gesund bleiben mit Hilfe der Natur